"十二五"高职高专精品课程规划教材·财经管理系列

仓储管理实务

主　编　邵广利
副主编　张利分　郭道斌·花　明

清 华 大 学 出 版 社
北京交通大学出版社
·北京·

内 容 简 介

本教材分为五个学习情境：认识仓储及其资源、仓储经营组织与管理、仓储作业管理、仓储信息技术及其应用、库存控制与仓储绩效考核。每个学习情境中包含若干工作任务，每个工作任务为一个独立的学习单元。每个工作任务包括知识与能力目标、案例放送、相关知识、实训项目、阅读材料及课后习题等部分。

本教材适合物流相关专业教学之用。

本书封面贴有清华大学出版社防伪标签，无标签者不得销售。

版权所有，侵权必究。侵权举报电话：010 – 62782989　13501256678　13801310933

图书在版编目（CIP）数据

仓储管理实务／邵广利主编．—北京：北京交通大学出版社：清华大学出版社，2013.8
（2018.7 重印）

（"十二五"高职高专精品课程规划教材·财经管理系列）

ISBN 978 – 7 – 5121 – 1570 – 5

Ⅰ．① 仓…　Ⅱ．① 邵…　Ⅲ．① 仓库管理 – 高等职业教育 – 教材　Ⅳ．① F253.4

中国版本图书馆 CIP 数据核字（2013）第 186634 号

责任编辑：赵彩云　　特邀编辑：张奉格

出版发行：清华大学出版社　　　邮编：100084　　电话：010 – 62776969
　　　　　北京交通大学出版社　　邮编：100044　　电话：010 – 51686414

印　刷　者：北京泽宇印刷有限公司

经　　　销：全国新华书店

开　　　本：185×260　　印张：18.5　·字数：468 千字

版　　　次：2013 年 8 月第 1 版　　2018 年 7 月第 3 次印刷

书　　　号：ISBN 978 – 7 – 5121 – 1570 – 5/F·1230

印　　　数：3 501 ～ 5 000 册　　定价：32.00 元

本书如有质量问题，请向北京交通大学出版社质监组反映。对您的意见和批评，我们表示欢迎和感谢。

投诉电话：010 – 51686043，51686008；传真：010 – 62225406；E-mail：press@bjtu.edu.cn。

前　言

　　仓储是社会经济活动的重要组成部分，是物流的两大基本功能之一，是连接生产、运输及消费的蓄水池，也是政治、军事活动的必然要求。通过对仓储活动的管理，不仅可以降低成本，还可以提高效率和效益。但仓储管理同时具有理论上的抽象和现实中的具体的特点，二者往往以分离的形式表现出来，因此把仓储管理理论和实践紧密地结合起来是我们面临的紧迫任务。

　　本教材根据高等职业教育的培养目标和基于工作过程导向的教学改革的要求进行编写，力图把理论和实践结合起来。教材内容涉及了仓储操作及管理重点内容，覆盖面宽，不仅可以满足物流管理专业培养适用新型仓储管理人才的需要，以更好地满足专业物流企业及工商企业对仓储管理人才的急迫需求，也可以用于社会物流人才的培训。

　　本教材既有知识要求，又有技能要求。学生通过本教材的理论学习和实践训练，应能全面系统地掌握仓储管理业务、仓库设施与设备、仓储规划设计、仓库进出库作业、仓库保管作业、仓库安全、库存管理、仓储经营等基本原理、基本技能和基本操作方法，为未来从事物流仓储管理工作打下坚实的基础。

　　本教材把教学内容按照职业活动的特点和要求进行整合，按照实际的工作情境、工作任务、工作过程来组织。每个情境都是以企业的实际案例为背景的，在情境中提出具体的工作任务、教学要求，引起学生的注意和思考。在随后的"相关知识"部分中讲述任务所用到的知识点，最后，每个任务安排一个实训项目，分小组对学生的学习成果进行检查和评价。这样不仅巩固了所学习的知识和技能，而且有利于学生把所学的知识和技能富有创造性地应用于社会实践，解决了理论知识与实习操作关联性较差的矛盾，达到了教、学、做的统一，还能提高学生的学习兴趣和创造性，培养必要的工作技能和职业迁移能力，也有利于学生接触最前沿的知识及技能，真正达到学以致用的目的。

　　本教材分为五个学习情境：认识仓储及其资源、仓储经营组织与管理、仓储作业管理、仓储信息技术及其应用、库存控制与仓储绩效考核。每个学习情境中包含若干工作任务，每个工作任务为一个独立的学习单元。每个工作任务包括知识与能力目标、案例放送、相关知识、实训项目、阅读材料及课后习题等部分。本教材除了包括仓储实务的基本知识及技能以外，还补充仓储经营管理部分，以适应仓储服务不断发展的需要。

　　本教材由邵广利任主编，张利分、郭道斌、花明任副主编。本书编写分工为：浙江工商职业技术学院的邵广利负责全书的总体策划、结构设计、情景一的编写及全文的统稿和修订工作；湖北交通职业技术学院的张利分老师负责情景二的编写；长春职业技术学院的郭道斌老师负责情景三的编写；浙江工商职业技术学院的花明老师负责情景四的编写；宁波太平鸟女装物流中心的余江峰负责情景一、二的案例收集及改编工作；宁波彩虹大药房股份有限公司的周亚丽负责情景三、四的案例收集及改编工作。此外，在编写过程中还得到了宁波太平鸟集团、宁波彩虹大药房股份有限公司、宁波天航国际物流有限公司等企业的大力支持，在此一并表示感谢。

　　本书大量引用了互联网上的最新资讯及资料，在此一并向原作者和刊发机构致谢，对于不能一一注明引用来源深表歉意。对于网络上收集到的共享资料没有注明出处或由于时间、疏忽等原因找不到出处的，以及作者对有些资料进行加工、修改而纳入书中的，作者郑重声明其著作权属于原作者，并在此向他们在网上共享和提供的创作内容表示致敬和感谢。

　　由于作者是在尝试新的编写结构，肯定还存在很多不足，敬请广大读者批评指正。

编者
2013 年 8 月

目　　录

认识仓储及其资源

任务1 认识仓储

知识与能力目标

◎ 掌握仓储的概念、性质、作用、功能和仓储活动的类型
◎ 掌握仓储管理的概念、基本原则、内容

任务描述

■ 案例放送

艾夫斯招聘物流部经理

艾夫斯是宁波博洋服饰集团拥有的六大著名品牌之一，是公司继"唐狮"之后又一个时尚休闲品牌。随着公司业务量的扩大，仓储业务也增长很快，为了更好地满足仓储支持销售的需要，提升仓储管理质量，公司决定招聘新的物流部经理，条件是制订一份2011年艾夫斯物流部计划，以下是具体的要求。

2010年即将结束，对于我们的工作也将做一个总结和验证，所以，在总结和检讨的同时，公司将提前做好2011年的规划及预算，为弥补2010年工作的不足及时做好调整方案，为2011年工作的顺利开展奠定基础。

根据市场预测的结果，公司提出了以下预测数据。2011年的总进仓量将达到550万件，退货量将在121万件，仓库损耗率在出货率0.5‰以内，每日的出货量在原有的基础上将要做大幅度的提升，从原来的3万件，调整到5.5万件，可能也只是一个基础的指标，故2011年在2010年的基础上我们将对以下几方面做怎样的考虑：

A. 仓储的面积；

B. 仓储设施的使用方式；

C. 人员的配备，架构设置；

D. 费用支出预算；

E. 客户满意度及部门协作等。

■ 案例讨论问题

如果你作为一个物流部经理，你将如何从每一季来更好地做好仓储的进、理、配、运、

达、退、收、理等工作，更规范有效及时地为终端做好服务，为营销做好坚实的后盾呢？以上请用表文并存的方式做表达，且需要分季来做跟进项目表。

■ 案例研讨

要做好 2011 年艾夫斯物流部计划，不仅需要熟悉仓储管理及其需要承担的工作，还要对仓储的规模、仓储内部空间的合理使用、设备及人员的合理配备、成本的降低和仓储效率的提高及客户满意度等方面做好规划。看来还要从认识仓储及其资源开始，才能做出一份好的方案，进而胜任这个岗位。

相关 知识

一、仓储

（一）仓储的含义

在物流系统中，仓储是一个不可或缺的构成要素。仓储业是随着物资储备的产生和发展而产生并逐渐发展起来的。仓储是商品流通的重要环节之一，也是物流活动的重要支柱。在社会分工和专业化生产的条件下，为保持社会再生产过程的顺利进行，必须储存一定量的物资，以满足一定时期内社会生产和消费的需要。

仓储是指通过仓库对暂时不用的物品进行储存和保管。"仓"即仓库，为存放物品的建筑物和场地，可以是房屋建筑、洞穴、大型容器或特定的场地等，具有存放和保护物品的功能；"储"即储存、储备，表示收存以备使用，具有收存、保管、交付使用的意思。

仓储具有静态和动态两种，当产品不能被及时消耗掉，需要专门场所存放时，就产生了静态的仓储；而将物品存入仓库以及对于存放在仓库里的物品进行保管、控制、提供使用等的管理，则形成了动态的仓储。可以说仓储是对有形物品提供存放场所，并在这期间对存放物品进行保管、控制的过程。

对仓储概念的理解要把握以下几点：

（1）满足客户的需求，保证储存物品的质量，确保生产、生活的连续性是仓储的使命之一；

（2）仓储活动发生在仓库等特定的场所；

（3）仓储的对象既可以是生产资料，也可以是生活资料，但必须是实物动产；

（4）当物品不能被即时消耗，需要专门的场所存放时，形成了静态仓储；对仓库里的物品进行物品等作业活动，便产生了动态仓储；

（5）储存和保管物品要根据物品的性质选择相应的储存方式，不同性质的物品应该选择不同的储存方式，例如，食品、生物药品等对温度有特殊要求的物品需要采用冷藏库储存，液体性的原油或成品油就需要使用油品库储存；

（6）物品的仓储也创造价值。

（二）仓储的性质

1. 生产性和非生产性的统一

1）仓储活动是生产性的

（1）仓储活动是社会再生产过程中不可缺少的一环。产品从脱离生产到进入消费，一般情况下都要经过运输和储存。所以说商品的储存和运输一样，都是社会再生产过程的中间环节。

（2）仓储活动具有生产三要素。仓储活动同其他物质生产活动一样，具有生产三要素，即劳动力（仓库作业人员）、劳动资料（各种仓库设施）、劳动对象（储存保管的物品）。也就是说仓储活动是具有一定技能的仓库作业人员借助于各种仓库设施，作用于储存保管的物品的活动。

（3）仓储活动中的某些环节，实际上已经构成生产过程的一个组成部分。例如，卷板在储存中的碾平及切割、原木的加工、零部件的配套、机械设备的组装等，都是为投入使用做准备的，其生产性更为明显。

2）仓储活动不同于一般的物质生产活动

（1）具有服务性质。商品仓储活动的产品——仓储劳务，无实物形态，只有实际内容，其生产过程和消费过程是同时进行的，既不能储存也不能积累。

（2）不创造使用价值，只增加价值。商品仓储活动所消耗的物化劳动和活劳动，不改变劳动对象的功能、性质和使用价值，只是保持和延续其使用价值；经过储存保管的商品要消耗劳动，价值增加。

（3）具有不均衡性和不连续性。产品生产是成批、连续进行的，而仓储活动是服务于生产和销售、根据用户需要进行的相关业务活动，因此，具有不均衡性和不连续性。

2. 自然属性和社会属性的统一

仓储活动作为一种管理活动具有两重性，即自然属性和社会属性。一方面，为更好地完成仓储管理任务，在仓储活动中形成的方法和原则适用于任何社会，具有自然属性；另一方面，仓储活动作为管理的组成部分，在不同的社会制度下体现不同的生产关系，因此，具有社会属性。

（三）仓储的作用

1. 仓储的正作用

（1）仓储是物流的主要功能要素之一。在物流体系中，运输和仓储被称为两大支柱。运输承担着改变物品空间状态的重任；仓储则承担着改变物品时间状态的重任。

（2）仓储是整个物流业务活动的必要环节之一。仓储作为物品在生产过程中各间隔时间内的物流停滞，是保证生产正常进行的必要条件，它使上一步生产活动顺利进行到下一步生产活动。

（3）仓储是保持物资原有使用价值和物资使用合理化的重要手段。生产和消费的供需在时间上的不均衡、不同步造成物资使用价值在数量上减少，质量上降低，只有通过仓储才能减小物资损害程度，防止产品一时过剩浪费，使物品在效用最大的时间发挥作用，充分发挥物品的潜力，实现物品的最大效益。

（4）仓储是加快资金周转，节约流通费用，降低物流成本，提高经济效益的有效途径。有了仓储的保证，就可以免除加班赶工的费用，免除紧急采购的成本增加。同时，仓储也必然会消耗一定的物化劳动和活劳动，还占用大量的资金，这些都说明仓储节约的潜力是巨大的。通过仓储的合理化，就可以加速物资的流通和资金的周转，从而节省费用支出，降低物流成本，开拓"第三利润源泉"。

2. 仓储的逆作用

仓储是物流系统中的一种必要活动，但也经常存在冲减物流系统效益，恶化物流系统运行的趋势。甚至有人明确提出，仓储中的库存是企业的"癌症"。因为仓储会使企业付出巨大代价，这些代价主要包括各种固定费用和可变费用支出，储存物资占用资金以及资金利息，储存商品年的陈旧损失与跌价损失，对储存物投保缴纳的保险费等。

由此可见，仓储既有积极的一面也有消极的一面。只有考虑到仓储作用的两面性，尽量使仓储合理化才能有利于物流业务活动的顺利开展。

（四）仓储的功能

仓储的功能分为基本功能和增值功能。

1. 仓储的基本功能

仓储的基本功能是指仓库所具有的基本操作或行为，包括储存、保管、拼装、分类等基础作业。其中，储存和保管是仓储最基础的功能。

1）储存功能

现代社会生产的一个重要特征就是专业化和规模化生产，绝大多数产品都不能被及时消费，需要经过仓储手段进行储存，这样才能避免生产过程堵塞，保证生产过程能够继续进行。另一方面，对于生产过程来说，适当的原材料、半成品的储存，可以防止因缺货造成的生产停顿。而对于销售过程来说，储存尤其是季节性储存可以为企业的市场营销创造良机。适当的储存是市场营销的一种战略，它为市场营销中特别的商品需求提供了缓冲和有力的支持。

2）保管功能

生产出的产品在消费之前必须保持其使用价值，否则将会被废弃。这项任务就需要由仓储来承担，在仓储过程中对产品进行保护、管理，防止损坏而丧失价值。如水泥受潮易结块，使其使用价值降低，因此在保管过程中就要选择合适的储存场所，采取合适的养护措施。

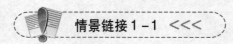

情景链接 1-1 <<<

库存、储备、储存和保管

库存：指的是仓库中处于暂时停滞状态的物资存量。物资所停滞的位置是在仓库中。物资的停滞状态可能由任何原因引起，而不一定是某种特殊的停滞。这些原因大体有：① 能动的各种形态的储备；② 被动的各种形态的超储；③ 完全的积压。

储备：是一种有目的的储存，也是这种有目的的行动和其对象总体的称谓。储备的位置可能在生产及流通中的任何结点上，可能是仓库中的储备，也可能是其他形式的储备。物资储备的目的是保证社会再生产连续不断地、有效地进行。所以，物资储备是一种能动的储存形式。

储存：保护、管理、贮藏物品。是包含库存和储备在内的一种广泛的经济现象，是一切社会形态都存在的经济现象，是以改变"物"的时间状态为目的的活动，创造时间价值。

保管：商品在储存过程中，由于商品本身自然属性及外界因素的影响，随时会发生各种各样的变化，从而降低产品的使用价值甚至丧失其使用价值。仓储商品保管就是研究商品性质以及商品在储存期间的质量变化规律，积极采取各种有效措施和科学的保管方法，创造一个适宜于商品储存的条件，维护商品在储存期间的安全，保护商品的质量和使用价值，最大限度地降低商品的损耗。

资料来源：http://baike.baidu.com/view/3044216.htm

3）加工功能

加工本是生产的环节，但是随着满足消费多样化、个性化，又为了严格控制物流成本的需要，生产企业将产品的定型、分装、组装、装潢等工序留到最接近销售的仓储环节进行，使得仓储成为流通加工的重要环节。

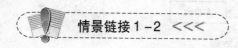 情景链接1-2 <<<

赤湾港的散装化肥的流通加工

赤湾港是中国重要的进口散装化肥灌包港口和集散地之一，每年处理进口化肥灌包量均在100万吨以上。赤湾港涉及了对化肥多品种、多形式的港口物流拓展，涵盖了散装灌包、进口保税、国际中转、水路铁路公路配送等多项服务。

赤湾港从国外进口化肥的装运采用散装方式，到达港口以后，通过门式起重机的抓斗，卸货到漏斗，通过漏斗输送到灌包房，灌包房设有28套散货灌包机（45～51吨/时），利用灌包机将散装化肥灌成每包50公斤装的袋装肥料再进行销售。

赤湾港的散粮钢板筒仓采用美国齐富技术（容量52 000立方米）和德国利浦技术（容量70 000立方米）建造，两大系统功能互享，最大程度上对粮谷的装卸、输送、计量、储存、灌包、装船、装车、倒仓、测温、通风、除尘、清仓、灭虫等进行科学有效的控制，将进出仓的合理损耗控制在严格的范围内。港运粮食码头对小麦、大麦、大豆、玉米等农产品多品种的分发操作积累了专业技术优势和仓储保管经验。

资料来源：http：//www. worlduc. com/blog2012. aspx? bid =408691

4）整合功能

整合是仓储活动的一个经济功能。通过这种安排，仓库可以将来自于多个制造企业的产品或原材料整合成一个单元，进行一票装运。其好处是有可能实现最低的运输成本，也可以减少由多个供应商向同一客户进行供货带来的拥挤和不便。图1-1说明了这种整合流程。

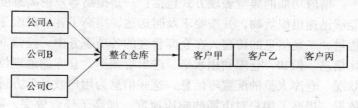

图1-1　仓储过程中的整合流程

为了能有效地发挥仓储整合功能，每一个制造企业都必须把仓库作为货运储备地点，或用作产品分类和组装的设施。这是因为，整合装运的最大好处就是能够把来自不同制造商的小批量货物集中起来形成规模运输，使每一个客户都能享受到低于其单独运输成本的服务。

5）分类和转运功能

分类的仓储作业与整合仓库作业相反。分类作业将来自制造商的组合订货分类或分割成个别订货，然后安排适当的运力运送到制造商指定的个别客户。图1-2说明了这种分类流程。

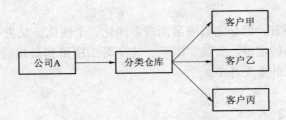

图1-2   仓储过程中的分类流程

转运作业与分类作业的不同，是仓库从多个制造商而不是单个制造商处运来整车的货物。在收到货物后，如果货物有标签，就按客户要求进行分类；如果没有标签，就按地点分类，然后货物不在仓库停留直接装到运输车辆上，装满后运往指定的零售店。同时，由于货物不需要在仓库内进行储存，因而，降低了仓库的搬运费用，最大限度地发挥了仓库装卸设施的功能。图1-3说明了这种转运流程。

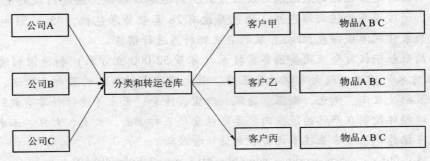

图1-3   仓储过程中的分类和转运流程

2. 仓储的增值功能

增值功能是指仓库在完成基本功能基础上，通过仓储高质量的作业和服务为客户提供的各种延伸业务活动，使经营方或供需方获取除这一部分以外的利益。这是现代仓库与传统仓库的重要区别之一。增值功能的典型表现方式包括：一是提高客户的满意度，当客户下达订单时，物流中心能够迅速组织货物，并按要求及时送达，提高了客户对服务的满意度，从而增加了潜在的销售量；二是信息的传递，在仓库管理的各项事务中，经营方和供需方都需要及时而准确的仓库信息。例如，仓库利用水平、进出货频率、仓库的地理位置、仓库的运输情况、客户需求状况、仓库人员的配置等信息，这些信息为用户或经营方进行正确的商业决策提供了可靠的依据，提高了用户对市场的响应速度，提高了经营效率，降低了经营成本，从而带来了额外的经济利益。

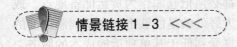
情景链接1-3 <<<

仓储的增值服务功能

作为仓储业来讲，除了经济利益和服务利益外，还必须提供其他的增值服务，以保持其竞争能力。这对配送中心、公共仓库和合同仓库的经营人和私有仓储的经营人来说，是至关重要的。仓库增值服务主要集中在包装或生产上。

最普通的增值服务与包装有关。在通常情况下，产品往往是以散装形式或无标签形式装运到仓库里来的。所以，这种存货基本上没有什么区别。一旦收到顾客的订单，配送中心的仓库管理就要按客户要求对产品进行定制和发放。如制造商把未贴标志的电池发送到仓库中，向仓库的作业人员提供销售所需带有的商标牌号的包装材料。接到订货，仓库作业人员按要求将标志图案贴到电池上，然后用定制的盒子将其包装上。所以即使该产品在仓库里存放时是没有区别的，但是零售商实际收到的是已经定制化了的产品和包装。由于支持个别零售商需求所需要的安全储备量较少，所以该配送中心可以减少其存货。与此同时，还可以相应减少市场预测和配送计划的复杂性。

此外，配送中心仓库可以通过优化包装来提高这种增值服务，以满足整个渠道的顾客需求。例如，仓库可以通过延伸包装和变换托盘来增值。这种做法可以使配送中心只处理一种统一的商品，与此同时，延伸包装，以使包装需求专门化。另一个有关仓库增值的例子是在商品交付给零售商或顾客以前，解除保护性包装。因为有时要零售商或顾客处理掉大量的包装是有困难的，因此解除或回收包装材料是提供的增值服务。

配送中心还可以通过改变包装特点来增值，诸如厂商将大片的防冻剂运到仓库，由配送中心对该商品进行瓶装，以满足各种牌号和包装尺寸的需要。这类延期包装使存货风险降到最低程度，减少了运输成本，并减少损坏（即相对于玻璃瓶包装的产品而言）。

另一个增值服务是对诸如水果和蔬菜之类的产品进行温控。配送中心可以依赖储存温度，提前或延迟香蕉的成熟过程，这样产品可以按照市场的状况成熟。

提供增值的仓储服务，是配送中心经理履行合同承担的特别责任。尽管外部活动及其经营管理可以提高存货的有效性和作业的效率，但他们也要承担厂商控制范围外的责任。例如，仓库包装需要仓库经营人严格按照厂商内部所适应的质量标准进行操作。因此，仓库必须按相同的质量运行，并符合外部厂商的服务标准。

资料来源：http://wl. 100xuexi. com/view/examdata/20100414/3DDA714A – CBE1 – 4037 – A7F5 – 7E5CAB07E866. html

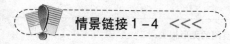

情景链接1－4　<<<

仓单、仓单质押融资和库存商品融资

仓单：保管人（仓库）在与存货人签订仓储保管合同的基础上，对存货人所交付的仓储物进行验收之后出具的物权凭证。

仓单质押融资：业务申请人以物流企业（中介方）开出的仓单作为质押物向银行申请贷款的信贷业务，是物流企业参与下的权利质押业务。

库存商品融资：需要融资的企业（即借方），将其拥有的动产作为担保，向资金提供企业（即贷方）出质，同时，将质物转交给具有合法保管动产资格的物流企业（中介方）进行保管，以获得贷方贷款的业务活动，是物流企业参与下的动产质押业务。

3. 仓储的社会功能

仓储的社会功能，主要从三个方面理解。第一，时间调整功能。一般情况下，生产与消费之间会产生时间差，通过储存可以克服物品产销在时间上的隔离（如季节生产，但需全年消费的大米）。第二，价格调整功能。生产和消费之间也会产生价格差，供过于求、供不应求都会对价格产生影响，因此通过仓储可以克服物品在产销量上的不平衡，达到调控价格的效果。第三，衔接商品流通的功能。商品仓储是商品流通的必要条件，为保证商品流通过程连续进行，就必须有仓储活动。通过仓储，可以防范突发事，如运输被延误、卖主缺货等，保证商品顺利流通。

（五）仓储活动的类型

1. 按仓储活动的主体分类

1）自建仓库仓储

自建仓库仓储是生产企业和流通企业为保障自身原材料、半成品及成品的保管需要而自建仓库进行仓储保管，以满足生产和支持销售为原则。其特点见表 1-1。

表 1-1 自建仓库仓储的特点

	自建仓库仓储
优点	1. 可以根据企业特点加强仓储管理； 2. 可以依照企业的需要选择地址和修建特需的设施； 3. 长期仓储时成本低； 4. 可以为企业树立良好形象
缺点	1. 存在位置和结构的局限性； 2. 企业的部分资金被长期占用

2）租赁仓库仓储

租赁仓库仓储是存货人通过订立仓储合同的方式与仓储经营人建立仓储关系，租赁仓储经营人拥有的仓储设施，并且依据合同约定缴纳仓储费用。其特点见表 1-2。

表 1-2 租赁仓库仓储的特点

	租赁仓库仓储
优点	1. 需要保管时保证有场所，不需要保管时不用承担仓库场地空闲的无形损失； 2. 有专家进行保管和进出货物的工作，管理安全； 3. 不需要仓库建设资金； 4. 可以根据市场需求变化选择仓库的租用面积与地点
缺点	1. 当货物流通量大时，仓库保管费与自家仓库相比较高； 2. 所保管的货物须遵守营业仓库的各种限制规则

3）第三方仓储

第三方仓储（Third-Party Warehousing）或称合同仓储（Contract Warehousing），是指企业将物流活动转包给外部公司，由外部公司为企业提供综合物流服务。

第三方仓储不同于一般的租赁仓库仓储，它能够提供专业化的高效、经济和准确的分销服务。第三方仓储公司与传统仓储公司相比，能为货主提供特殊要求的空间、人力、设备和特殊服务。其特点见表 1-3。

表1-3　第三方仓储的特点

	第三方仓储
优点	1. 有利于企业有效利用资源； 2. 有利于企业扩大市场； 3. 有利于企业进行新市场的测试； 4. 有利于企业降低运输成本
缺点	对物流活动失去直接控制

对仓储模式的选择应考虑货物周转总量、需求的稳定性及市场密度等因素。见表1-4。

表1-4　仓储模式选择比较

仓储模式	周转总量		需求的稳定性		市场密度	
	大	小	是	否	集中	分散
自建仓库仓储	√	×	√	×	√	×
租赁仓库仓储	√	√	√	√	√	√
第三方仓储	√	√	√	√	√	√

情景链接1-5　<<<

美国某药品和杂货零售商的混合仓储管理模式

美国某药品和杂货零售商成功实现其并购计划之后销售额急剧上升，需要扩大分拨系统以满足需要。一种设计是利用6个仓库供应全美约1 000家分店。公司既往的物流战略是全部使用自有仓库和车辆为各分店提供高水平的服务，因而此次公司计划投入700万美元新建一个仓库，用来缓解仓储不足的问题。新仓库主要供应匹兹堡附近的市场，通过配置最先进的搬运、存储设备和进行流程控制降低成本。管理层已经同意了这一战略，且已经开始寻找修建新仓库的地点。

然而，公司同时进行的一项网络设计研究表明，新仓库并没有完全解决仓储能力不足的问题。这时，有人建议采用混合战略——除使用自建仓库外，部分地利用营业型租赁仓库，这样做的总成本比全部使用自建仓库的总成本要低。于是企业将部分产品转移至营业型仓库，然后安装新设备，腾出足够的自有空间以满足可预见的需求。新设备的成本为20万美元。这样，企业成功地通过混合战略避免了单一仓储模式下可能导致的700万美元的巨额投资。

（案例选编自（美）巴罗《企业物流管理——供应链的规划、组织和控制》，机械工业出版社2002年版）

2. 按仓储的集中程度分类

（1）集中仓储。以一定的较大批量集中于一个场所之中的仓储活动，被称为集中仓储。集中仓储是一种大规模储存的方式，可以利用"规模效益"，有利于仓储作业采用机械化、自动化方式进行，有利于先进科学技术的应用。集中仓储从储存的调节作用来看，有比较强的调节能力及对需求的更大的保证能力，集中仓储的单位仓储费用较低，经济效果较好。

（2）分散仓储。分散仓储是较小规模的储存方式，往往和生产企业、消费者、流通企业相结合，不是面向社会而是面向某一企业的仓储活动，因此仓储量取决于企业生产或消费要求的经营规模。分散仓储的主要特点是容易和需求直接密切结合，仓储位置离需求地很近，但是由于数量有限，保证供应的能力一般较小。同样的供应保证能力，集中仓储总量远低于分散仓储总量之和，周转速度也高于分散仓储，资金占用量也低于分散仓储占用之和。

（3）零库存。零库存是现代物流学中的重要概念，指某一领域不再保有库存，以无库存（或很低库存）作为生产或供应保障的一种系统方式。

3. 按储存对象进行分类

（1）普通物品仓储。普通物品仓储是指不需要特殊条件的物品仓储。其设备和库房建造都比较简单，使用范围较广。这类仓储有一般性的保管场所和设施，常温保管，自然通风，无特殊功能。

（2）特殊物品仓储。特殊物品仓储是在保管中有特殊要求和需要满足特殊条件的物品仓储。如危险品、石油、冷藏物品等。这类仓储必须配备有防火、防爆、防虫等专门设备，其建筑构造、安全设施都与一般仓库不同。例如，冷冻仓库、石油库、化学危险品仓库等。

二、仓储管理

（一）仓储管理概念

仓储管理就是对仓库及仓库内的物资所进行的管理，是仓储机构为了充分利用所具有的仓储资源提供高效的仓储服务所进行的计划、组织、控制和协调过程。具体来说，仓储管理包括仓储资源的获得、仓储流程管理、仓储作业管理、保管管理、安全管理、仓储商务管理等多种管理工作及相关的操作。仓储管理的内涵是随着其在社会经济领域中的作用不断扩大而变化。现代仓储管理已从静态管理向动态管理发生了根本性的变化，对仓储管理的基础工作也提出了更高的要求。

（二）仓储管理的基本原则

1. 效率的原则

效率是指在一定劳动要素投入量时的产品产出量。只有较小的劳动要素投入和较高的产品产出量才能实现高效率。劳动量的投入包括生产工具、劳动力的数量以及他们的作业时间和使用时间。效率是仓储其他管理的基础，没有生产的效率，就不会有经营的效益，就无法开展优质的服务。仓储的效率表现为仓容利用率、货物周转率、进出库时间、装卸车时间等指标上，表现出"快进、快出、多存储、保管好"的高效率仓储。

高效率的实现是管理艺术的体现，通过准确地核算、科学地组织、妥善地安排场所和空间、机械设备与人员合理配合，部门与部门、人员与人员、设备与设备、人员与设备之间默契配合，使生产作业过程有条不紊地进行。

高效率还需要有效管理过程的保证，包括现场的组织、督促，标准化、制度化的操作管理，严格的质量责任制的约束。现场作业混乱、操作随意、作业质量差甚至出现作业事故显然不可能有效率。

2. 经济效益的原则

厂商生产经营的目的是为了追求获得最大化利润，这是经济学的基本假设条件，也是社会现实的反映。利润是经济效益的表现。利润＝经营收入－经营成本－税金。实现利润最大化则需要做到经营收入最大化和经营成本最小化。

3. 服务的原则

仓储活动本身就是向社会提供服务产品。服务是贯穿在仓储中的一条主线，从仓储的定位、仓储具体操作、对储存货物的控制都围绕着服务进行。仓储管理就需要围绕着服务定位，如何提供服务、改善服务、提高服务质量开展的管理。

仓储的服务水平与仓储经营成本有着密切的相关性，两者互相对立。服务好，成本高，收费则高，仓储服务管理就是在降低成本和提高（保持）服务水平之间保持平衡。

（三）仓储管理的主要内容

1. 仓库的选址与建筑

即仓库的选址原则，仓库建筑面积的确定，库内运输道路与作业的布置等。

2. 仓库机械作业的选择与配置

如何根据仓库作业特点和所储存货物种类以及其物理、化学特性，选择机械装备以及应配备的数量，如何对这些机械进行管理等。

3. 仓库的业务管理

如何组织货物入库前的验收，如何存放入库货物，如何对在库货物进行保管养护，发放出库等。

4. 仓库的库存管理

如何根据企业生产的需求状况和销售状况，储存合理数量的货物，既不因为储存过少引起生产或销售中断造成的损失，又不因为储存过多占用过多的流动资金等。

5. 仓库的组织管理

即货源的组织，仓储计划，仓储业务，货物包装，货物养护，仓储成本核算，仓储经济效益分析，仓储货物的保税类型，保税制度和政策，保税货物的海关监管，申请保税仓库的一般程序等。

6. 仓库的信息技术

即仓库管理中信息化的应用以及仓储管理信息系统的建立和维护等问题。

此外，仓储业务考核、新技术新方法在仓库管理中的运用、仓库安全与消防等，都是仓储管理所涉及的内容。

 实训 项目1.1

实训项目：美国仓库业的掠影案例分析

实训目的	实训要求及内容	实训评价		
		评价标准	评价主体	评价结果
1. 理解仓库的类型及基本情况； 2. 掌握仓储的功能； 3. 能根据外部环境的变化不断改善仓储管理	5～7人组成项目小组，各小组成员阅读资料并针对问题进行扩展阅读和讨论，并推选一名代表进行主讲，评价结果作为小组成绩	1. 运用理论正确； 2. 分析理由充分； 3. 表达流利	其他小组占60%	
			老师评分占40%	
			综合	

阅读材料

美国仓库业的掠影

美国的营业仓库分成三大类：冷藏仓库、家具仓库与杂货仓库，美国现在的仓库协会是其中杂货仓库的行业自律组织。美国杂货仓库所储存的商品包括农产品、化学物品、化学危险品、药品、机械等。美国的仓库行业是一种比较自由的私人企业，它与美国政府机构没有直接的联系，只是间接地与几个联邦政府机关有些联系。它的经营活动受《普通仓库基本法》第七章规范，该法规定了普通仓库的合同条款、义务、注意事项及仓库证券、船货证券的一般性质。

与仓库有间接关系的联邦政府和州政府的机构，首先是掌握工人安全、健康及排除危险的职业安全和健康条例的机关；其次是在卫生管理上与食品、药品有关的管理机构以及管理化工产品的环境保护厅；再次是掌管包括仓库行业以及所有产业在内的，有关排除产业间竞争及不正当商业行为的联邦贸易委员会；另外还有各州的商业管理机关，包括1887年设立的管理铁路及汽车运输的州际商务委员会，以及掌管全面运输政策的运输部。

这些间接机构虽与仓库行业有关，但对仓库内部的保管、装卸其他服务性工作的费率等并没有规定的约束，在仓库业者之间可以在仓租费率上自由竞争，这样用户就有较为广泛的选择权。因此，仓库业者必须不断提高工作效率，维持自身的费率水平，新建仓库和建何样的仓库必须与市场相适应。美国仓库协会有会员单位404家，仓库1 600个，建筑面积1 200万平方米，相当于美国全国仓库总量的70%，会员单位拥有15万平方米现代化的平房仓库，占全部仓库的70%。

行业协会建于1891年，在建会后有较大发展，对促进仓库发展作出了贡献。美国劳动力的成本较高，作为补偿必须提高技术革新的效率。仓储从业者为了在市场上生存，必须力求降低生产成本，提高工作效率。机械电子技术的发展，为仓库提高工作效率提供了可能和必要条件，叉车、电子自控搬运器和托盘的配套作业，使仓库由低层向高层立体化发展。由于搬运机械的迅速发展，浓缩包装、堆装整个装袋的出现，使仓库节约劳力、节省通道的高层立体仓库有了迅速发展。这种仓库由于保管的科学性，必须通过按计划编组的电子计算机控制系统实施作业。目前会员单位仓库的商品进出库和货位安排等工作程序均已实现了自动化。

一般来讲，平均每个会员单位有2.8万平方米库房，有30～60家货主。他们在商品保管方面各具特点，有的专营食品、有的专营日杂货、有的专营机械商品，共分十余类。多数仓库开展运用各种产业需要的服务工作。库存商品大致分类如下：食品占33%；化工及塑料制品占15%；日杂及服装占10%；机械占6%；汽车零配件占4%；医药品占3%；其他占29%。

从仓库利用情况看，既有大企业，也有不利用外库难以进行商品流通的小企业。大厂可以自建仓库，而中小厂商难以办到。这些中小企业利用"仓库协会"仓库占到70%。在会员仓库中专门保管原料的占5%，专门保管制成品的占50%，除担负日常商品保管和装卸业务外，还开办以下代办服务：再保管82%，托盘交换80%，地方集配发运78%，捆包管理46%，配货11%，州间运输49%。办理货物输送是商品流通不可缺少的环节，仓库要发挥货主输送部门的职能，要帮助货主制订运输计划，选择合理运输路线以及代垫交纳费用等工作。仓库行业协会成立百余年来成绩很大，日常活动有：召开仓库业者年度大会；发行月刊；开展立法活动以及进行有关电子计算机自动化控制系统使用情况调研；还有保险、寄存合同雇佣关系等方面服务工作。在教育方面，每年召开专门讨论会，研究仓储管理、事务管理、职工教育等问题。还向一万余户第一流的大公司寄送会员簿，与有关产业团体召开各种讨论会，从而协调仓储从业者之间的关系。

资料来源：http：//wl.100xuexi.com/ExamItem/ExamDataInfo.aspx？id

1. 美国仓储具有哪些功能？这些功能对我国仓储企业有哪些借鉴？

2. 美国各级政府从哪些方面对仓储企业进行管理，这与中国政府对企业的管理有何不同？

3. 美国仓库协会在仓储管理中发挥怎样的作用？这对我国仓储管理有何启示？

课后 习题

1. 如何理解仓储的含义及其性质？

2. 仓储有哪些作用？具有哪些功能？

3. 仓储活动的类型是如何划分的？

4. 如何理解仓储管理概念及仓储管理的基本原则？

5. 仓储管理包括哪些主要内容？

任务2 仓库规划与布局

知识 与能力目标

◎ 掌握仓库的概念、类型和功能

◎ 掌握仓库的规划与布局

◎ 学生能够从仓库的数量、规模、结构、地址选择角度对仓库进行总体规划

◎ 学生能够根据仓库分布及库内库区分布情况画出总平面分布图

任务 描述

■ 案例放送

日本神户生协连锁超市鸣尾浜配送中心

神户生协是消费者合作社中规模最大的连锁商业企业。它拥有会员约123万户，年销售总额3 840亿日元（折合人民币300亿元），销售商品以食品为主（占72%）。神户生协拥有超市连锁门店171个，每天购货达35万人次；对于那些会员少、尚不具备开设门店的地区，则建立无店铺销售网，设送货地点22万多个、服务对象近33万户家庭。面对供应面广、品种多、数量大的供配货需求，神户生协建造了鸣尾浜配送中心，承担了全部销售商品的配送任务。

在规划这座配送中心时，他们认为，首先应有利于提高对客户（商场）的服务水平，根据商品多品种、小批量、多批次要货的特点，做到能在指定的时间里，将需要的商品、按所需的数量送到客户的手中，以促进提高销售额、消减商场库存、提高商店作业效率，减少

流通过程的物流成本，增强企业的竞争能力。

一、多功能的供货枢纽

鸣尾浜配送中心具有以下几种重要功能。

（1）商品出货单位要小，以满足商场越来越强烈的拆零要求。

（2）将原来由商场承担的工作量大、耗时多的贴标签、改包装等流通加工作业，放到配送中心里完成，以满足小型超市商场运营的需要。

（3）扩大库存商品的品种，以强化配送中心的供货能力，降低商品的缺货率；特别是采用了与 POS 系统联网的 EOS 电子订货系统，来处理连锁店的订货，并根据库存信息，预测总订货量，向供应商发出订货单。

（4）扩大分拣功能，根据对中转型商品的集约化作业，改善零售店收货和搬运作业。

（5）除一部分特殊商品（如日配品）外，全部由配送中心供货，为实现向商场配送计划奠定基础。

（6）满足无店铺定点销售物流的要求。

（7）开发支撑配送中心高效运转的信息处理系统。

二、现代化的物流设施

配送中心的选址是一项至关重要的工作。神户生协把配送中心选在神户西宫市鸣尾浜地区，其理由是：第一，日本关西商业经营的重心在大阪，配送中心必须能迅速调运商品；第二，神户生协连锁超市发展区域点多面广，尽可能利用附近的 43 号国道和大阪海岸公路；第三，大量车辆出入配送中心，产生较大的噪声，必须选择在准工业地域。

鸣尾浜地区全部都是填海造地而成，配送中心基地面积 38 000 平方米，宽 190 米、长 200 米，呈长方形；四周为宽 12 米和 20 米的公路。

配送中心建筑平面呈 L 形，大部分为两层建筑，仅南端生活办公用房为 3 层。总建筑面积 33 805 平方米。其中，用于配送作业面积 2 790 平方米。

为了更合理地组织车流，基地设两个出入大门，东门出、西门进，各宽 15 米。建筑中心两翼各有一条卡车坡道，宽 6.5 米（包括 1 米宽人行道），坡度为 15%。卡车由西坡道下楼，单向行驶。

配送中心是现浇钢筋混凝土结构的建筑物，柱网尺寸为 12 米×9 米，底层高 7.5 米，二层为 6 米；屋盖为钢结构，桁架梁、金属瓦楞屋面。建筑物底层为分拣系统及发货场地、站台、储存货架及拣货作业场。上下两层站台总长 460 米，拥有停靠车位 147 个，其中收货 58 个、发货 89 个。

■ 案例讨论问题

此配送中心在设计其位置、规模、空间布局、建筑结构时考虑了哪些因素？运用什么方法？

■ 案例研讨

无论是配送中心还是仓库，都是仓储设施，它们都要具有必要的储运功能以满足顾客（包括内部顾客）经济地储运物资的需求。要实现这个基本功能，在规划设计阶段就要考虑影响其位置、规模、空间布局、建筑结构的因素。而这不仅需要考虑其所储运物资本身的特点，即货物包装及规格大小、货物性质（易燃、易爆、易霉、易锈蚀、易虫蛀、易挥发等要求），还要考虑所配置的仓储设备的参数要求，以方便作业。因此，需要深入学习仓储规划和布局的知识。

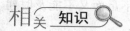

仓库

（一）仓库的含义

仓库，一般是指以库房、货场及其他设施、装置为劳动手段的，对商品、物资进行收进、整理、储存、保管和分发等工作的场所，在工业中则是指储存各种生产需用的原材料、零部件、设备、机具、半成品、产成品的场所。

（二）仓库的类型

1. 按使用范围分类

（1）自用仓库。是生产或流通企业为本企业经营需要而修建的附属仓库，完全用于储存本企业的原材料、燃料、产成品等货物。

（2）营业仓库。是一些企业专门为了经营储运业务而修建的仓库。

（3）公用仓库。是由国家或某个主管部门修建的为社会服务的仓库，如机场、港口、铁路的货场、库房等仓库。

（4）出口监管仓库。是经海关批准，在海关监管下存放已按规定领取了出口货物许可证或批件，已对外买断结汇并向海关办完全部出口海关手续的货物的专用仓库。

（5）保税仓库。是经海关批准，在海关监管下专供存放未办理关税手续而入境或过境货物的场所。

2. 按保管物品的种类分类

（1）综合库。指用于存放多种不同属性物品的仓库。

（2）专业库。指用于存放一种或某一大类物品的仓库。

3. 按仓库保管条件分类

（1）普通仓库。指用于存放无特殊保管要求的物品的仓库。

（2）保温、冷藏、恒湿恒温库。指用于存放要求保温、冷藏或恒湿物品的仓库。

（3）特种仓库。通常是指用于存放易燃、易爆、有毒、有腐蚀性或有辐射性的物品的仓库。

（4）气调仓库。指用于存放要求控制库内氧气和二氧化碳浓度的物品的仓库。

4. 按仓库建筑结构分类

（1）平房仓库。平房仓库是指仓库建筑物是平房，结构简单，最小高度一般不超过 $5 \sim 6$ m 的仓库。这类仓库建筑费用便宜，人工操作比较方便，中国现有大量的平房仓库。

（2）楼房仓库。楼房仓库是指二层楼以上的仓库。这类仓库可以减少土地占用面积，进出库作业可采用机械化或半机械化。

（3）高层货架仓库。高层货架仓库是指以高层货架为主而组成的仓库。建筑本身是平房结构，内部货架层数较多，具有可以保管 10 层左右货架或托盘的能力，这类仓库一般配备拣选式巷道堆垛起重机等自动化设备，主要使用电子计算机控制，可实现机械化和自动化操作。

（4）罐式仓库。罐式仓库的构造特殊，呈球形或柱形，主要是用来储存石油、天然气和液体化工品等。

（5）简易仓库。简易仓库的构造简单、造价低廉，一般是在仓库不足而又不能及时建库的情况下采用的临时代用办法，包括一些固定或活动的简易货棚等。

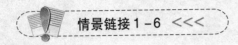

库房、货场和料棚

库房：有屋顶和围护结构，供储存各种物品的封闭式建筑物。

货场：用于存放某些物品的露天场地。

料棚：供储存某些物品的简易建筑物，一般没有或只有部分围壁。

资料来源：中华人民共和国国家标准《物流术语》。

5. 按库内形态分类

（1）地面型仓库。一般指单层地面库，多使用非货架型的保管设备。

（2）货架型仓库。指采用多层货架保管的仓库。在货架上放着货物和托盘，货物和托盘可在货架上滑动。货架分固定货架和移动货架。

（3）自动化立体仓库。指出入库用运送机械存放取出，用堆垛机等设备进行机械化自动化作业的高层货架仓库。

6. 按仓库功能分类

现代物流管理力求进货与发货同期化，使仓库管理从静态管理转变为动态管理，仓库功能也随之改变，这些新型仓库据点有了以下新的称谓。

（1）集货中心。将零星货物集中成批量货物称为"集货"。集货中心可设在生产点数量很多，每个生产点产量有限的地区；只要这一地区某些产品的总产量达到一定水平，就可以设置这种有"集货"作用的物流据点。

（2）分货中心。将大批量运到的货物分成批量较小的货物称为"分货"，分货中心是主要从事分货工作的物流据点。企业可以采用大规模包装、集装货散装的方式将货物运到分货中心，然后按企业生产或销售的需要进行分装。利用分货中心可以降低运输费用。

（3）转运中心。转运中心的主要工作是承担货物在不同运输方式间的转运。转运中心可以进行两种运输方式的转运，也可进行多种运输方式的转运，在名称上有的称为卡车转运中心，有的称为火车转运中心，还有的称为综合转运中心。

（4）加工中心。加工中心的主要工作是进行流通加工。设置在供应地的加工中心主要进行以物流为主要目的的加工，设置在消费地的加工中心主要进行实现销售、强化服务为主要目的的加工。

（5）储调中心。储调中心以储备为主要工作内容，其功能与传统仓库基本一致。

（6）配送中心。是具有发货、配送、流通加工功能的物流场所或组织。它基本符合下列要求：① 主要为特定的用户服务；② 配送功能健全；③ 完善的信息网络；④ 辐射范围小；⑤ 多品种、小批量；⑥ 以配送为主，储存为辅。

（7）物流中心。是具有储存、发货、配送、流通加工功能的物流场所或组织。它基本符合下列要求：① 主要面向社会服务；② 物流功能健全；③ 完善的信息网络使得辐射范围大；④ 少品种、大批量；⑤ 存储、吞吐能力强；⑥ 统一经营管理物流业务。

（三）仓库布局

1. 仓库总体布局

1）仓库总体布局的概念

仓库总体布局是指在城市规划管理部门批准使用地的范围内，按照一定的原则，把一个仓库的各个组成部门，如库房、货棚、货场、辅助建筑物、铁路专用线、库内道路、附属固定设备等，进行平面和立体的全面合理安排，即仓库总平面布局，如图1-4所示。

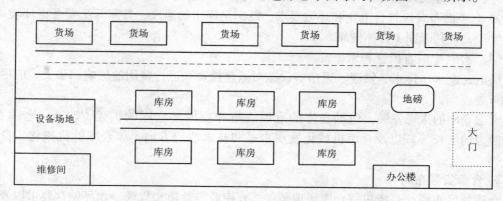

图1-4 仓库总平面布局图

2）影响仓库总体布局的主要因素

（1）周围环境。仓库周围的环境包括四邻及附近产生的有害气体、固体微粒、震动等情况，以及交通运输条件和协作方的分布等。

（2）存货特点。存货特点指仓库建成后存放的物品的性质、类型、数量、外形尺寸以及所要求的保管条件。

（3）仓库类型。仓库类型指仓库本身的性质特点，如综合仓库与专业仓库就会有明显的不同。

（4）作业流程。作业流程指仓库作业的构成及相互关系。

（5）作业手段。自动化、机械化和人工作业在布局方面会有质的差别。

3）仓库总体布局的基本原则

（1）要适应仓储业生产流程，有利于仓储业生产正常进行。

① 单一的物流方向。仓库内物品的卸车、验收、存放地点之间的安排，必须适应仓储生产流程，按一个方向流动，避免逆向操作。

② 最短的运距。应尽量减少迂回运输，专用线的布置应在库区中部，并根据作业方式、仓储物品品种、地理条件等，合理安排库房、专用线与主干道相对应。

③ 最少的装卸环节。减少在库物品的装卸搬运次数和环节，物品的卸车、验收、堆码作业最好一次完成。

④ 最大的利用空间。仓库总平面布置是立体设计，应有利于物品的合理存储和充分利用库容。

（2）有利于提高仓储经济效益。

① 要因地制宜，充分考虑地形、地址条件，满足商品运输和存放上的要求，并能保证仓库充分利用。

② 总平面布局应能充分、合理地使用机械化设备。合理配置搬运设备的数量和位置，并注意与其他设备的配套，便于开展机械化作业。

（3）有利于保证安全生产和文明生产。

① 总体布局必须符合安全部门规定的防火、防洪、防盗、防爆等要求。

② 集装箱货物仓库和零担仓库尽可能分开设置，库内货物应按发送、中转、到达货物分区存放，并分线设置货位，以防事故发生。

③ 总平面布置应符合卫生和环境要求，既满足库房的通风、日照等又要考虑环境绿化、文明生产，有利于职工身体健康。

（4）有利于节省投资和未来发展。

供电、供水、排水、供暖、通信等设施对基建投资和运行费用的影响都很大，应尽可能集中布置。

考虑仓库的未来发展，包括仓库的发展战略和规模（仓库的扩建、改造、仓库吞吐、存储能力的增长等）以及仓库机械化发展水平和技术改造方向，如仓库的机械化、自动化水平等。

2. 仓库货区布局

仓库货区布局，是指根据仓库场地条件、仓库业务性质和规模、物品储存要求以及技术设备的性能和使用特点等因素，对仓库各组成部分，如存货区、理货区、配送备货区、通道以及辅助作业区等，在规定的范围内进行平面和立体的合理安排和布置，最大限度地提高仓库的储存能力和作业能力，并降低各项仓储作业费用。货区布局的目的一方面是提高仓库平面和空间利用率；另一方面是提高物品保管质量，方便进出库作业，从而降低物品的仓储处置成本。仓库的货区布局，是仓储业务和仓库管理的客观需要，其合理与否直接影响到各项工作的效率和储存物品的安全。因此，不但建设新仓库时要重视仓库货区的合理布置，随着技术的进步和作业情况的变化，也应重视对老仓库的必要改造。

1）仓库货区布局的基本形式

仓库货区布局分为平面布局和空间布局。

（1）平面布局。平面布局是指对货区内的货垛、通道、垛间距、收发货区等进行合理的规划，并正确处理它们的相对位置。平面布局的形式可以概括为垂直式和倾斜式。

① 垂直式布局。垂直式布局是指货垛或货架的排列与仓库的侧墙互相垂直或平行，具体包括横列式布局、纵列式布局和纵横式布局。

横列式布局是指货垛或货架的长度方向与仓库的侧墙互相垂直。这种布局的主要优点是主通道长且宽，副通道短，整齐美观，便于存取查点，有利于通风和采光。如图1-5所示。

纵列式布局是指货垛或货架的长度方向与仓库侧墙平行。这种布局的优点主要是可以根据库存物品在库时间的不同和进出频繁程度安排货位：在库时间短、进出频繁的物品放置在主通道两侧；在库时间长、进出库不频繁的物品放置在里侧。如图1-6所示。

纵横式布局是指在同一保管场所内，横列式布局和纵列式布局兼而有之，可以综合利用两种布局的优点。如图1-7所示。

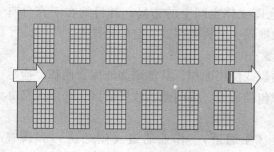

图 1-5　横列式布局

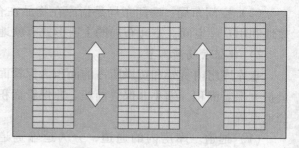

图 1-6　纵列式布局

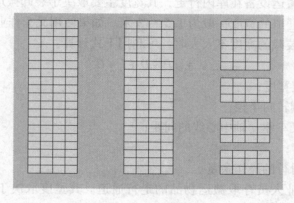

图 1-7　纵横式布局

② 倾斜式布局。倾斜式布局是指货垛或货架与仓库侧墙或主通道成 60、45 或 30 度夹角。具体包括货垛倾斜式布局和通道倾斜式布局。

货垛倾斜式布局是横列式布局的变形，它是为了便于叉车作业、缩小叉车的回转角度、提高作业效率而采用的布局方式。如图 1-8 所示。

通道倾斜式布局是指仓库的通道斜穿保管区，把仓库划分为具有不同作业特点，如大量存储和少量存储的保管区等，以便进行综合利用。这种布局形式，库房内形式复杂，货位和进出库路径较多。如图 1-9 所示。

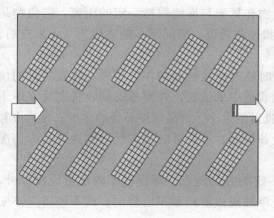

图 1-8　货垛倾斜式布局

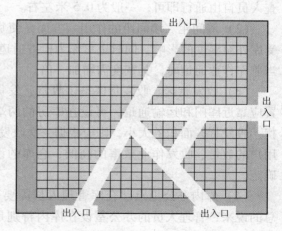

图 1-9　通道倾斜式布局

（2）空间布局。空间布局是指库存物品在仓库立体空间上的布局，其目的在于充分有效地利用仓库空间。空间布局的主要形式有就地堆码、上货架存放、空中悬挂等。

　　2）非保管场所布置

仓库库房内货架和货垛所占的面积为保管面积或使用面积，其他则为非保管面积。应尽量扩大保管面积，缩小非保管面积。非保管面积包括通道、墙间距、收发货区、仓库人员办公地点等。

（1）通道。库房内的通道，分为运输通道（主通道）、作业通道（副通道）和检查通道。

运输通道供装卸搬运设备在库内行走，其宽度主要取决于装卸搬运设备的外形尺寸和单元装载的大小。运输通道的宽度一般为 1.5～3 米。如果使用叉车作业，其通道宽度可以通过计算求得。当单元装载的宽度不太大时，可利用下式计算：

$$A = P + D + L + C \qquad\qquad (1-1)$$

式中：A——运输通道宽度；

　　　　P——叉车外侧转向半径；

　　　　D——货物至叉车驱动轴中心线的间距；

　　　　L——货物长度；

　　　　C——转向轮滑行的操作余量。

作业通道是供作业人员存取搬运物品的走行通道。其宽度取决于作业方式和货物的大小。当通道内只有一人作业时，其宽度可按下式计算：

$$A = B + L + 2C \qquad\qquad (1-2)$$

式中：A——作业通道的宽度；

　　　　B——作业人员身体的厚度；

　　　　L——货物的最大长度；

　　　　C——作业人员活动余量。

一般情况下，作业通道的宽度为 1 米左右。

检查通道是供仓库管理人员检查库存物品的数量及质量走行的通道，其宽度只要能使检查人员自由通行即可，一般为 0.5 米左右。

（2）墙间距。墙间距的作用一方面是使货物和货架与库墙保持一定的距离，避免物品受库外温湿度的影响，同时也可作为检查通道和作业通道。墙间距一般宽度为 0.5 米左右，当兼作作业通道时，其宽度需增加一倍。

（3）收发货区。收发货区是供收货、发货时临时存放物品的作业用地。收发货区的位置应靠近库门和运输通道，可设在库房的两端或适中的位置，并要考虑到收货发货互不干扰。收发货区面积的大小，则应根据一次收发批量的大小、物品规格品种的多少、供货方和用户的数量、收发作业效率的高低、仓库的设备情况、收发货的均衡性、发货方式等情况确定。

（4）库内办公地点。仓库管理人员需要一定的办公地点，可设在库内也可设在库外。总的说来，管理人员的办公室设在库内特别是单独隔成房间是不合理的，既不经济又不安全。所以办公地点最好设在库外。

3）仓库面积的组成及计算

（1）使用面积。又称保管面积，指仓库中货垛和货架占用的面积。使用面积的计算主要有 3 种方法。

① 计重物品就地堆码。使用面积按仓容定额计算，公式为：

$$S = Q/N \qquad (1-3)$$

式中：S——使用面积（平方米）；

Q——该种物品的最高储备量（吨）；

N——该种物品的仓容定额（吨/平方米）。

仓容定额是单位面积上的最高储备量。不同物品的仓容定额是不同的。同种物品在不同的储存条件下其仓容定额的大小受物品本身的外形、包装状态、仓库地坪的承载能力和装卸作业手段等因素的影响。

② 计件物品就地堆码。使用面积按可堆层数计算，公式为：

$$S = 单件底面积 \times 总件数 \div 规定堆积层数 \qquad (1-4)$$

③ 上架存放物品。上架存放物品要计算货架占用面积，公式为：

$$S = Q \cdot \frac{L \times B}{L \times B \times H \times K \times R} = \frac{Q}{H \times K \times R} \qquad (1-5)$$

式中：Q——上架存放物品的最高储备量（吨）；

L，B，R——货架的长、宽、高（米）；

K——货架的容积充满系数（%）；

R——上架存放物品的容重（吨/平方米）。

（2）有效面积。是指仓储作业占用面积，包括使用面积、通道、检验作业场地面积之和。计算方法主要有以下几种。

① 比较类推法。比较类推法以现已建成的同级、同类、同种仓库面积为基准，根据储量增减比例关系，加以适当调整来推算新建库的有效面积。公式为：

$$S = S_0 \cdot \frac{Q}{Q_0} \cdot k \qquad (1-6)$$

式中：S——拟新建仓库的有效面积（平方米）；

S_0——参照仓库的有效面积（平方米）；

Q——拟新建仓库的最高储备量（吨）；

Q_0——参照仓库的最高储备量（吨）；

K——调整系数（当参照仓库的有效面积不足时，$k > 1$；当参照仓库的有效面积有余时，$k < 1$）。

② 系数法。系数法是根据实用面积及仓库有效面积利用系数计算拟新建仓库的有效面积。公式为：

$$S = \frac{S_T}{\alpha} \qquad (1-7)$$

式中：S——拟新建仓库的有效面积（平方米）；

S_T——实用面积（平方米）；

α——仓库有效面积利用系数，即仓库实用面积占有效面积的比重。

③ 直接计算法。先计算出货垛、货架、通道、收发作业区、垛距、墙距所占用的面积，然后将它们相加求和。

$$A = A_1 + A_2 + \cdots + A_n$$

3. 仓库结构设计

仓库的结构对实现仓库的功能起着很重要的作用。因此，仓库的结构设计应考虑以下几个方面。

1）平房建筑和多层建筑选择

仓库的结构，从出入库作业的合理化方面考虑，尽可能采用平房建筑，这样储存产品就不必上下移动，因为将储存产品在楼层间搬运费时费力，而且用数量有限的电梯影响库存作业效率。但是在城市内，尤其是在商业中心地区，那里的土地有限或者昂贵，为了充分利用土地，采用多层建筑成为了最佳的选择。在采用多层仓库时，要特别重视对上下楼的通道设计。

2）仓库出入口设计

根据出入库机车的不同，要设计不同的出入口。出入库口尺寸的大小是由卡车是否出入库内，所用叉车的种类、尺寸、台数、出入库次数，保管货物尺寸大小所决定的。例如，作为载货汽车的出入口，要求宽度和高度最低必须达到 4 m。作为铲车的出入口，要求宽度和高度最低必须达到 2.5 ～ 3 m。

3）立柱间隔设计

库房内的立柱是出入库作业的障碍，会导致保管效率低下，因而立柱应尽可能减小。一般仓库的立柱间隔，通常以汽车或托盘的尺寸为其中一个基准，通常以 7 m 的间隔较为合适，恰好适合两台大型货车的宽度（2.5 m×2 = 5 m），或者 3 台小型载货车（1.7 m×3 = 5.1 m）的作业。

4）天花板的高度

由于实现了仓库的机械化、自动化，因此现在对仓库天花板的高度也提出了很高的要求。即使用叉车的时候，标准提升高度是 3 m；而使用多端式高门架的时候要达到 6 m。另外，从托盘装载货物的高度看，包括托盘的厚度在内，密度大且不稳定的货物，通常以 1.2 m 为标准；密度小而稳定的货物，通常以 1.6 m 为标准。以其倍数（层数）来看，1.2 m/层×4 层 = 4.8 m，1.6 m/层 ×3 层 = 4.8 m，因此，仓库的天花板高度最低应该是 5 ～ 6 m。

5）地面设计

地面的构造主要是地面的耐压强度，地面的承载力必需根据承载货物的种类或堆码高度具体研究。通常，一般平房普通仓库 1 平方米地面承载力为 2.5 ～ 3 吨，其次是 3 ～ 3.5 吨，多层仓库层数加高，地面受负荷能力减少，一层是 2.5 ～ 3 吨，二层是 2 ～ 2.5 吨，三层是 2 ～ 2.5 吨，四层是 1.5 ～ 2 吨，五层是 1 ～ 1.5 吨甚至更小。地面的负荷能力是由保管货物的重量、所使用的装卸机械的总重量、楼板骨架的跨度等所决定的。流通仓库的地面承载力，则必须要保证重型叉车作业的足够受力。

6）站台（货台）的高度

库外停放的货车车厢底板高度尺寸应与库内地面平齐，这样利用叉车在站台与车厢间作业非常方便。

4. 仓库地址选择

仓库选址是指在一个具有若干供应点及若干需求点的经济区域内，选一个地址建立仓库的规划过程。合理的选址方案应该使商品通过仓库的汇集、中转、分发及达到需求点的全过程的效益最好。因为仓库的建筑物及设备投资太大，所以选址时要慎重，如果选址不当，损失不可弥补。

1）选址原则

（1）适应性原则。仓库的选址要与国家及地区的产业导向、产业发展战略相适应，与国家的资源分布和需求分布相适应，与国民经济及社会发展相适应。

（2）协调性原则。仓库的选址应将国家的物流网络作为一个大系统来考虑，使仓库的设施设备在区域分布、物流作业生产力、技术水平等方面相互协调。

（3）经济性原则。选址的结果要保证建设费用和物流费用最低，如选定在市区、郊区，还是靠近港口或车站等，既要考虑土地费用，又要考虑将来的运输费用。

（4）战略性原则。要有大局观，一是要考虑全局；二是要考虑长远。要有战略眼光，局部利益要服从全局利益，眼前利益要服从长远利益，要用发展的眼光看问题。

（5）可持续发展原则。主要指在环境保护上，充分考虑长远利益，维护生态环境，促进城乡一体化发展。

2）仓库选址的影响因素

（1）自然环境因素。

① 气象条件。要考虑的气象条件有：年降水量、空气温湿度、风力、无霜期长短、冻土厚度等。

② 地质条件。主要考虑土壤的承载能力，仓库是大宗商品的集结地，货物会对地面形成较大的压力，如果地下存在着淤泥层、流沙层、松土层等不良地质环境，则不适宜建设仓库。

③ 水文条件。要认真搜集选址地区近年来的水文资料，需远离容易泛滥的大河流域和上溢的地下水区域，地下水位不能过高，河道及干河滩也不可选。

④ 地形条件。仓库建在地势高、地形平坦的地方，尽量避开山区及陡坡地区，最好选长方地形。

（2）经营环境因素。

① 政策环境背景。选择建设仓库的地方是否有优惠的物流产业政策对物流产业进行扶持，这将对物流业的效益产生直接影响，当地劳动力素质的高低也是需要考虑的因素之一。

② 商品特性。经营不同类型商品的仓库应该分别布局在不同地域，如生产型仓库的选址应与产业结构、产品结构、工业布局紧密结合进行考虑。

③ 物流费用。仓库应该尽量选择建在接近物流服务需求地，如大型工业、商业区，以便缩短运输距离，降低运费等物流费用。

④ 物流服务水平。这是影响物流产业效益的重要指标之一，所以在选择仓库地址时，要考虑是否能及时送达，应保证客户无论在任何时候向仓库提出需求，都能获得满意的服务。

（3）基础设施状况。

① 交通条件。仓库的位置必须交通便利，最好靠近交通枢纽，如港口、车站、交通主

干道（国、省道）、铁路编组站、机场等，应该有两种运输方式衔接。

②公共设施状况。要求城市的道路畅通，通信发达，有充足的水、电、气、热的供应能力，有污水和垃圾处理能力。

（4）其他因素。

①国土资源利用。仓库的建设应充分利用土地，节约用地，充分考虑到地价的影响，还要兼顾区域与城市的发展规划。

②环境保护要求。要保护自然与人文环境，尽可能降低对城市生活的干扰，不影响城市交通，不破坏城市生态环境。

③地区周边状况。一个是仓库周边不能有火源，不能靠近住宅区；二是仓库所在地周边地区的经济发展情况，是否对物流产业有促进作用。

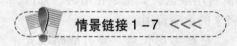

情景链接 1-7 <<<

卷烟仓库选址

成品卷烟虽然经过了密封防潮的包装，同烟叶贮存相比贮存时间也较短，但其价值更高，如果贮存不当，导致数量短缺、挤压变形、水浸、污染、异味、霉变、虫害等质量事故，所造成的经济损失会更大。因此，卷烟贮存更要科学管理，精心养护。因此，合理选择卷烟仓库的地址、满足仓库建筑标准要求、配备充分的仓库设施设备是卷烟安全贮存的基础保障。

卷烟仓库应设置在交通便利、地下水位低、地势高燥、地形平坦、排水通畅、交通方便、四周无污染源、有供水供电条件的地方。卷烟仓库吞吐量大、业务繁忙，应尽量利用铁路、公路交会点以便于运输。选择合适的地质条件，避免由于地下水位过高引起地面潮湿，影响仓库的相对湿度；避免基础下沉、滑坡等建筑安全隐患。库址要具备良好的排水条件，防止雨季和汛期积水，影响卷烟保管和交通运输。靠近江河的地区，要根据水文资料，考虑和防范洪水倒灌。卷烟仓库与其他建筑物必须留有安全距离，不得建在村庄、居民区内，应远离危险品仓库、污染源区和有挥发性气体的工厂，防止周围环境影响仓库安全和有害气体对卷烟商品的侵蚀污染。

3）选址步骤

仓库的选址可分为两个步骤进行：第一步为分析阶段，具体有需求分析、费用分析、约束条件分析；第二步为选址及评价阶段，根据所分析的情况，选定具体地点，并对所选地点进行评价。

（1）分析阶段。

①需求分析。根据物流产业的发展战略和产业布局，对某一地区的顾客及潜在顾客和供应商的分布情况进行分析，具体内容有：工厂到仓库的运输量、向顾客配送的货物数量（客户需求）、仓库预计最大容量、运输路线的最大业务量。

②费用分析。具体内容有：工厂到仓库之间的运输费、仓库到顾客之间的配送费、与设施和土地有关的费用及人工费等，如所需车辆数、作业人员数、装卸方式、装卸机械费

等，运输费随着距离的变化而变动，而设施费用、土地费是固定的，人工费是根据业务量的大小确定的。以上费用必须综合考虑，进行成本分析。

③ 约束条件分析。具体内容有：地理位置是否合适，是否靠近铁路货运站、港口、公路主干道，道路通畅情况，是否符合城市或地区的规划；是否符合政府的产业布局，有没有法律制度约束，地价情况。

（2）选址及评价阶段。分析活动结束后，根据分析结果在本地区内初选几个仓库地址，然后在初选几个地址中进行评价确定一个可行的地址。

4）选址方法

（1）盈亏平衡分析法。此种方法也叫量本利分析法，它是根据投资项目生产中的产销量、成本和利润三者间的关系，测算出投资项目的盈亏平衡点，并据此分析投资项目适应市场变化能力和承担风险能力的一种不确定性分析方法。按采用的分析方法的不同分为图解法和方程式法；按分析要素间的函数关系不同分为线性和非线性盈亏平衡分析；按分析的产品品种数目多少分为单一产品和多产品盈亏平衡分析；按是否考虑货币的时间价值分为静态和动态的盈亏平衡分析。本书主要讲解单一产品的线性的图解法和方程式法。

① 线性盈亏平衡分析的假设条件：

生产量 = 销售量，用 Q 表示（生产多少就销售多少，即生产量等于销售量）；

生产总成本（TC）按性态区分为固定成本（F）、单位变动成本（V），是产销量的线性函数 $TC = F + VQ$；

一定条件下，产品销售单价不变，产品销售收入为产销量的线性函数 $TR = P \times Q$（TR 指总收入，P 指单价）；

一定条件下，单位产品销售税率不变，销售税金为产销量的线性函数 $TT = T \times Q$（TT 指销售税金，T 指单位产品销售税金）$NR = TR - TT = PQ - TQ = (P - T)Q$（NR 指销售净收入）。

任何选址方案都有一定的固定成本和变动成本，不同的选址方案的成本和收入都会随仓库储量变化而变化。利用量本利分析法，可采用作图或计算比较数值进行分析，计算各方案的盈亏平衡点的储量及各方案总成本相等时的储量。在同一储量点上选择利润最大的方案。

② 图解法。通过绘制盈亏平衡图直观反映产销量、成本和盈利之间的关系。以横轴表示产销量 Q，以纵轴表示销售收入 TR 和生产成本 TC，在直角坐标系上先绘出固定成本线 F，再绘出销售收入线 $TR = PQ$ 和生产总成本线 $TC = F + VQ$；销售收入线与生产总成本线相交于 BE 点，即盈亏平衡点，在此点销售收入等于生产总成本；以 BE 点作垂直于横轴的直线并与之相交于 Q^* 点，此点即为以产销量表示的盈亏平衡点；以 BE 点作垂直于纵轴的直线并与之相交于 B 点，此点即为以销售收入表示的盈亏平衡点（如图 1 - 10 所示）。

在盈亏平衡点上，收入与成本相等，此时产销量为 Q^*。若产销量大于 Q^*，则盈利；若产销量小于 Q^*，则亏损。

③ 方程式法。是利用数学方程式反映产销量、成本、利润之间关系的方法。

销售净收入 $NR = (P - T)Q$

生产总成本 $TC = F + VQ$

利润 $M = NR - TC$

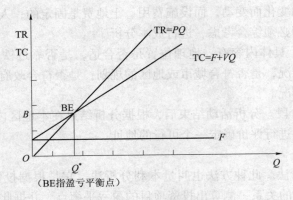

图 1-10   盈亏平衡图

以产销量表示：$Q^* = F/(P - V - T)$

以销售净收入表示：$\mathrm{TR}^* = Q^* P = FP/(P - V - T)$

以生产能力利用率表示：$S^* = Q^* \times 100\% / Q_0 = F \times 100\% / [(P - V - T) Q_0]$

（S^* 指生产能力利用率，Q_0 指设计生产能力）

产量安全度 $= 1 - S^* = 1 - Q^* / Q_0$

（S^* 越大，盈利机会大，承担风险能力强）

以产品销售单价表示：$P^* = F/Q_0 + V + T$

（其他条件不变，$P > P^*$ 则盈利）

价格安全度 $= 1 - P^* / P_0$

（价格安全度越高，盈利机会大，抗风险能力强）

例 1：设某项目生产某产品的年设计生产力为 10 000 台，每件产品销售价格 6 000 元，该项目投产后年固定成本总额为 600 万元，单位产品变动成本为 2 500 元，单位产品所负担的销售税金为 500 元，若产销率为 100%，试对该项目进行盈亏平衡分析。

解：已知 $Q_0 = 10\ 000$ 台，$P = 6\ 000$ 台，$F = 600$ 万元，$V = 2\ 500$ 元，$T = 500$ 元，按上述公式计算：

① 盈亏平衡产销量 $Q^* = 6\ 000\ 000 / (6\ 000 - 2\ 500 - 500) = 2\ 000$（台）

② 盈亏平衡销售收入 $\mathrm{TR}^* = 2\ 000 \times 6\ 000 = 12\ 000\ 000$（元）

③ 盈亏平衡生产能力利用率 $S^* = 2\ 000 \times 100\% / 10\ 000 = 20\%$

产量安全度 $= 1 - 20\% = 80\%$

④ 盈亏平衡销量单价 $P^* = 6\ 000\ 000 / 10\ 000 + 2\ 500 + 500 = 3\ 600$（元）

价格安全度 $= 1 - 3\ 600 / 6\ 000 = 40\%$

计算结果表明，该项目只要达到产量 2 000 台，销售净收入 1 200 万元，生产能力利用率 20%，产量销售单价 3 600 元，该项目即可实现不亏不盈。又因产量安全度为 80%，价格安全度为 40%，因此该项目具有较大承担风险的能力。

（2）加权评分法。对影响选址的因素进行评分，把每一地址各因素的得分按权重累计，比较各地址的累计得分来判断各地址的优劣。步骤是：确定有关因素；确定每一因素的权重；为每一因素确定统一的数值范围，并确定每一地点各因素的得分；累计各地点每一因素与权重相乘的和，得到各地点的总评分；选择总评分值最大的方案。

例2：某仓库选址时分析了劳动条件、地理条件等十个影响因素，用专家评分法确定了每个因素的权重，并确定了每个因素的得分。根据每一因素与权重相乘计算出了候选 A、B、C、D 四个方案的总得分。得分最高者 C 方案当选。见表 1－5。

表 1－5　因素加权评分法选址

影响因素	权重	候选方案 A		候选方案 B		候选方案 C		候选方案 D	
		评分	得分	评分	得分	评分	得分	评分	得分
劳动力条件	7	2	14	3	21	4	28	1	7
地理条件	5	4	20	2	10	2	10	1	5
气候条件	6	3	18	4	24	3	18	2	12
资源供应条件	4	4	16	4	16	2	8	4	16
基础设施条件	3	1	3	1	3	3	9	4	12
产品销售条件	2	4	8	2	4	3	6	4	8
生活条件	6	1	6	1	6	2	12	4	24
环境保护条件	5	2	10	3	15	4	20	1	5
政治文化条件	3	3	9	3	9	3	9	3	9
扩展余地	1	4	4	4	4	2	2	1	1
总计	—	108		112		122		99	

（3）重心法。是一种布置单个设施从而使成本降低的方法，它经常用于中间仓库的选择。这种方法要考虑现有设施之间的距离和要运输的货物量，把成本看成运输距离和运输数量的线性函数。在最简单的情况下，它假设运入和运出成本是相等的，并未考虑在不满载的情况下增加的特殊运输费用。此种方法利用地图确定各点的位置，并将一坐标重叠在地图上确定各点的位置，坐标设定后，计算重心。

重心法首先要在坐标系中标出各个地点的位置，目的在于确定各点的相对距离，国际选址中，经常采用经度和纬度建立坐标。然后，根据各点在坐标系中的横纵坐标值求出成本运输最低的位置坐标 X 和 Y。重心法使用的公式是：

$$C_x = \frac{\sum D_{ix} V_i}{\sum V_i} \qquad C_{y.} = \frac{\sum D_{iy} V_i}{\sum V_i}$$

式中：C_x——重心的 x 坐标；

$\quad\quad C_y$——重心的 y 坐标；

$\quad\quad D_{ix}$——第 i 个地点的 x 坐标；

$\quad\quad D_{iy}$——第 i 个地点的 y 坐标；

$\quad\quad V_i$——运到第 i 个地点或从第 i 个地点运出的货物量。

最后，选择求出的重心点坐标值对应的地点作为我们要布置设施的地点。

例3：某物流园区，每年需要从 P_1 地运来铸铁，从 P_2 地运来钢材，从 P_3 地运来煤炭，从 P_4 地运来日用百货，各地与某城市中心的距离和每年的材料运量如表 1－6 所示。请用重心法确定分厂厂址。

表1-6　各地与某城市中心的距离和每年的材料用量

原材料供应地	P$_1$		P$_2$		P$_3$		P$_4$	
原材料供应地坐标	x_1	y_1	x_2	y_2	x_3	y_3	x_4	y_4
距离市中心坐标距离	20	70	60	60	20	20	50	20
年运输量	2 000		1 200		1 000		2 500	

解：

$C_x = （20 × 2\,000 + 60 × 1\,200 + 20 × 1\,000 + 50 × 2\,500）÷（2\,000 + 1\,200 + 1\,000 + 2\,500）= 35.4$

$C_y = （70 × 2\,000 + 60 × 1\,200 + 20 × 1\,000 + 20 × 2\,500）÷（2\,000 + 1\,200 + 1\,000 + 2\,500）= 42.1$

所以，分厂厂址的坐标为（35.4，42.1）。

实训　项目1.2

实训项目：仓库选址方法的选择与运用

实训目的及内容	实训要求	实训评价		
		评价标准	评价主体	评价结果
1. 能够在仓库选址时根据仓库的内外环境选择恰当的选址方法； 2. 能运用选择方法对可选地址进行评价； 3. 能选择出比较满意的方案	5～7 人组成项目小组，各小组成员阅读资料并针对问题进行练习和讨论，老师随机抽查小组一名同学上台解答，评价结果作为小组成绩	1. 运用方法恰当； 2. 计算及分析步骤完整； 3. 结果正确	其他小组占60% 老师评分占40% 综合	

阅读材料

仓库选址方法二则

1. 请运用加权评分法为此企业选择一个合适的仓库地址，以下是具体的材料。

某企业需要确定新建仓库的地址，经初步比较，共有以下三种备选方案。

方案1：选择 A 地（a^1）

方案2：选择 B 地（a^2）

方案3：选择 C 地（a^3）

确定评价的目标值有四项：投资成本；交通条件；水电供应；地质条件。三个方案在这四个目标值方面的"评分表"见表1-7，专家确定的"加权系数表"见表1-8。

表1-7　评分表

	投资成本/%	交通条件/%	水电供应/%	地质条件/%
方案1	90	60	50	40
方案2	80	70	60	40
方案3	50	90	90	40

表 1 - 8　加权系数表

	专家 1	专家 2	专家 3	专家 4	加权平均数
投资成本	5	8	2	7	5.5
交通条件	6	6	9	7	7
水电供应	9	7	5	6	6.75
地质条件	6	6	5	8	6.25

2. 请用重心法确定物流园区的位置

某物流园区，每年需要从 P_1 地运来水果，从 P_2 地运来蔬菜，从 P_3 地运来乳制品，从 P_4 地运来日用百货，各地与某城市中心的距离和每年的材料运量如表 1 - 9 所示。

表 1 - 9　运量表

原材料供应地	P_1		P_2		P_3		P_4	
原材料供应地坐标	x_1	y_1	x_2	y_2	x_3	y_3	x_4	y_4
距离市中心坐标距离	30	80	70	70	30	30	60	30
年运输量	2 200		1 800		1 500		2 500	

课后 习题

1. 按不同的标准对仓库进行分类。
2. 仓库整体布局规划要从哪些方面进行考虑？
3. 请根据案例放送中的日本神户生协连锁超市鸣尾浜配送中心的资料，查找相关资料及适当进行合理的假设，画出这个配送中心的总平面布置图并分析其布局及仓储设施配置的特点。

任务 3　仓储设施及设备的选择与使用

知识 与能力目标

◎ 掌握仓储设备的分类、特点和应用
◎ 学会常用的几种仓储设备选择与使用

任务 描述

■ 案例放送

某汽车制造厂的高层货架仓库 20 世纪 70 年代，北京某汽车制造厂建造了一座高层货架仓库（即自动化仓库）作为中间仓库，存放汽车装配所需的各种零配件。此厂所需的零配件大多数是由其协作单位生产，然后运至自动化仓库。该厂是我国第一批发展自动化仓库的企业之一。

该仓库结构分为高库和整理室两部分。高库采用的是固定式高层货架与巷道堆垛机结构，整理室与高库之间设有辊式输送机。当入库的货物包装规格不符合托盘或标准货箱时，还需要对货物的包装进行重新整理，而这项工作就在整理室进行。由于当时各种备品的包装没有规格化，因此，整理工作量相当大。

　　货物的出入库是由电脑控制与人工操作相结合的人机系统来实现的。这套设备在当时是相当先进的。该库建在该厂的东南角，距离装配车间较远，因此在仓库与装配车间之间需要进行二次运输，即将所需的零配件先出库，装车运输到装配车间，然后才能进行组装。

　　自动化仓库建成后，这个先进设施在企业的生产经营中所起的作用并不大。因此其利用率也逐年下降，最后不得不拆除。

■ 案例讨论问题

该高层货架仓库为什么会被拆除？

■ 案例研讨

　　从案例中可以看出，高层货架仓库是第一批自动化仓库，是相当先进的，但是由于其在结构、位置等方面的缺陷被最后拆除了，说明其该高层货架仓库不适合该企业，选择建立这种类型的仓库是不恰当的，你会选择哪种类型的仓库并把仓库选择在哪里？要具备这种能力，你需要学习仓储设施及设备的相关知识。

相关 知识

一、仓储设备配置

（一）仓储设备的含义

　　仓库除主体建筑（库房、货棚、货场）外，仓储业务所需的所有技术装置与机具统称为仓库设备。即仓库进行作业或辅助作业以及保证仓库和作业安全所必需的各种机械设备的总称。

（二）仓储设备的分类

　　仓储设备的配置是仓储系统规划的重要内容，关系到仓库建设成本和运营费用，更关系到仓库的生产效率和效益。根据设备的主要用途和特征，可以分为货架系统、装卸搬运设备、计量检验设备、分拣设备、养护照明设备、安全设备、其他用品和工具等。仓储设备的分类如表 1-10 所示。

表 1-10　仓储设备的分类

功能要求	设备类型
存货、取货	货架、叉车、堆垛机械、起重运输机械等
分拣、配货	分拣机、托盘、搬运车、传输机械等
验货、养护	检验仪器、工具、养护设施等
防火、防盗	温度监视器、防火报警器、监视器、防盗报警设施等
流通加工	所需的作业机械、工具等
控制、管理	计算机及辅助设备等
配套设施	站台、轨道、道路、场地等

（三）仓储设备的特点

　　仓储设备是完成货物进库、出库和储存的设备。从仓储机械的作业过程看，仓储机械具有起重、装卸、搬运、储存和堆码的功能。尽管仓储机械从外形到功能差别很大，但由于它是为在特定的作业环境完成特定的物料搬运作业而设计的，因而具有一些共性。

（1）搬运要求较高，但对速度的考虑较低。由于仓储机械主要作用于货物的移动和起升，因此其作业范围相对较小，对货物的搬运要求高，但对速度上的考虑较低。

（2）运动线路较固定。由于作业场所的限制，且作业场所较固定，因此仓储机械的运动线路也比较固定。

（3）专业化程度高。仓储作业由一系列实现特定功能的作业环节或工序组成，但各工序的功能较单一，而工序间的功能差别一般较大，为提高工作效率，使得仓储机械的专业化程度越来越高。

（4）标准化程度高。一方面，商品流通各环节对商品的外观和包装提出了标准化要求；另一方面，商品包装的标准化也促进了物流设备包括仓储机械设备的标准化。

（5）机械化、自动化程度高。随着条码技术、光学字符识别技术、磁编码识别技术、无线电射频识别技术、自动认证技术、自动称重技术和计数技术的广泛应用，现代仓储设备的自动化程度大大提高。

（6）节能性和经济性要求高。仓储过程作为流通领域或企业物流必不可少的环节，为实现商品的价值起到了极其重要的作用，因此为控制仓储成本，在设计和选用仓储机械时，必须考虑其节能性和经济性。

（7）环保性要求。仓储机械由于作业环境的特殊性，必须严格控制其对环境的污染程度。

（8）安全性要求。在仓储作业过程中，要在复杂的环境和有限的空间中保证人员、设备和货物的安全，对仓储机械的安全性要求很高。

（四）仓储设备的选择

在选择仓储机械设备时，应对仓储机械的技术经济指标进行综合评价，应遵循以下原则。

1. 仓储机械设备的型号应与仓库的作业量、出入库作业频率相适应

仓储机械设备的型号和数量应与仓库的日吞吐量相对应，仓库的日吞吐量与仓储机械的额定起重量、水平运行速度、起升和下降速度以及设备的数量有关，应根据具体的情况进行选择；同时，仓储机械的型号应与仓库的出入库频率相适应，对于综合性仓库，其吞吐量不大，但是其收发作业频繁，作业量和作业时间很不均衡。这时，应该考虑选用起重载荷相对较小、工作繁忙程度较高的机械设备；对于专用性仓库，其吞吐量大，但是其收发作业并不频繁，作业量和作业时间均衡。这时，应该考虑选用起重载荷相对较大，工作繁忙程度较小的机械设备。

2. 计量和搬运作业同时完成

有些仓库，需要大量的计量作业，如果搬运作业和计量作业不同时进行，势必要增加装卸搬运的次数，降低了生产效率，所以希望搬运和计量作业同时完成。例如，在皮带输送机上安装计量感应装置，在输送的过程中，同时完成计量工作。

3. 选用自动化程度高的机械设备

要提高仓库的作业效率，应从货物和作业机械两个方面着手。从货物的角度来考虑，要选择合适的货架和托盘。托盘的运用大大提高了出入库作业的效率，选择合适的货架同样使出入库作业的效率提高；从机械设备的角度来考虑，应提高机械设备的自动化程度，以提高仓储作业的效率。

4. 注意仓储机械设备的经济性

选择装卸搬运设备时，应该根据仓库作业的特点，运用系统的思想，在坚持技术先进、经济合理、操作方便的原则下，企业应根据自身的条件和特点，对设备进行经济性评估，选择合适的机械设备。

二、储存设备及其选用

（一）货架

储存设备主要是各类货架，根据国家标准《物流术语》（GB/T 18354—2006），货架是指用支架、隔板或托架组成的立体储存货物的设施。货架在发零业务量大的仓库中起着很大的作用，既能够有效保护货物，方便货物的存取与进出业务，又能够提高仓库空间的利用率，使仓储面积扩大和延伸。很多新型货架还有利于仓库的机械化和自动化管理。

1. 货架的种类

根据不同的分类标准，货架形式种类很多。按储存单位分类，可分为托盘用货架、容器用货架、单品用货架及其他用货架等四大类。按货架固定方式，可分为固定型货架、移动式货架。按货架结构形式，可分为组装（合）式货架、焊接式货架。按货架与建筑物关系，可分为库架分离式、库架合一式。每一类型因其设计结构不同，又可分为多种形式。下面介绍几种常用设备。

1）层架

层架由立柱、横梁和层板构成，层间用于存放货物。层架结构简单，适用范围非常广泛，还可以根据需要制作成层格架、抽屉式和橱柜式等形式，以便于存放规格复杂多样的小件货物或较贵重、怕尘土、怕潮湿的小件物品。如图 1 –11 所示。

图 1 –11　层架

2）悬臂式货架

悬臂式货架由 3 ～ 4 个塔形悬臂和纵梁相连而成。如图 1 –12 所示。悬臂式货架适合存储长、大件货物和不规则货物，诸如钢铁、木村、塑料等，其前伸的悬臂具有结构轻巧、载重能力好的特点。如果增加搁板，特别适合空间小、高度低的库房，一般高在 6 m 以下为宜，空间利用率低，约30%～50%。管理方便。

图 1 - 12 悬臂式货架

3）托盘货架

托盘货架是使用最广泛的托盘类货物存储系统，通用性较强。其结构是货架沿仓库的宽度方向分成若干排，其间有一条巷道，供堆垛起重机、叉车或其他搬运机械运行，每排货架沿仓库纵向分为若干列，在垂直方向又分为若干层，从而形成大量货格，用以用托盘存储货物。如图 1 - 13 所示。

图 1 - 13 托盘货架

托盘货架的优点包括以下几个方面：

（1）每一块托盘均能单独存入或移动，而不需移动其他托盘；

（2）可适应各种类型的货物，可按货物尺寸要求调整横梁高度；

（3）配套设备最简单，成本也最低，能快速安装及拆除；

（4）货物装卸迅速，适用于整托盘出入库或手工拣选的场合；

（5）能尽可能地利用仓库的上层空间。

这种货架适用于品种中量、批量一般的储存。通常在高 6 m 以下的三层为宜。此外，它的出入库不受先后顺序的影响，一般的叉车都可使用。

4）移动式货架

移动式货架的货架底部装有滚轮，开启控制装置，滑轮可以沿轨道滑动。存取货物时通过手动、摇把或电动控制装置驱动货架沿轨道滑动，形成通道。如图 1 - 14 所示。移动式货架因为只需要一个作业通道，可大大提高仓库面积的利用率。广泛应用于办公室存放文档，图书馆存放档案文献，金融部门存放票据，工厂车间、仓库存放工具、物料等。适用于库存品种多、出入库频率较低的仓库；或库存频率较高，但可按巷道顺序出入库的仓库。

移动式货架的特点是：

（1）比一般固定式货架储存量大很多，节省空间；

（2）适合少品种、大批量、低频率货品保管；

（3）节省地板面积，地面使用率80%；

（4）可直接存取每一项货品，不受先进先出的限制；

（5）高度可达 12 m，单位面积的储存量可达托盘货架的 2 倍左右。

图 1 - 14　移动式货架

5）驶入式、驶出式货架

驶入式货架是叉车驶入驶出货架内、以托盘单元货品进行存储作业的组装式货架。驶入式货架又称通廊式货架、贯通式货架，是采用格构式立柱边续方式连接起来的多门式、托盘单元化货品沿深度方向一个紧接一个存储在悬臂梁上的货架结构形式。货物存取从货架同一侧进出，"先存后取，后存先取"。平衡重及前移式叉车可方便地驶入货架中间存取货物。如图 1 - 15（a）所示。驶入式货架投资成本相对较低，适用于横向尺寸较大、品种较少、数量较多且货物存取模式可预定的情况，常用来储存大批相同类型货物。由于其存储高度大，对地面空间利用率较高，常用在冷库等存储空间成本较高的地方。

驶出式货架与驶入式货架不同之处在于驶出式货架是通的，没有拉杆封闭，前后均可安排存取通道，可实现先进先出管理，如图 1 - 15（b）所示。

6）旋转式货架

旋转式货架有水平旋转和垂直旋转两种。旋转式货架设有电力驱动装置，货架沿着由两个直线段和两个曲线段组成的环形轨道运行，由开关或用计算机操纵。如图 1 - 16 所示。存取货物时，把货物所在货格的编号由控制盘或按钮输入，该货格则以最近的距离自动旋转至

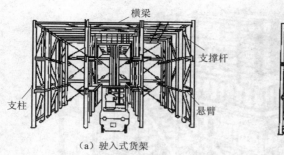
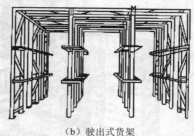

（a）驶入式货架　　　　　　　　　　（b）驶出式货架

图 1-15　驶入式、驶出式货架

拣货点停止。由于通过货架旋转改变货物的位置来代替拣选人员在仓库内的移动，能够大幅度降低拣选作业的劳动强度，而且货架旋转选择了最短路径，所以，采用旋转式货架可以大大提高拣货效率。

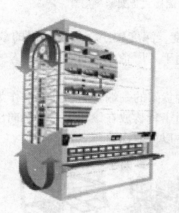

图 1-16　旋转式货架

7）阁楼式货架

阁楼式货架用木版、花纹板、钢板等材料做楼板，可设计成多层楼层（通常 2～3 层），配有楼梯、扶手和货物提升电梯等。其底层货架不但是保管物料的场所，而且是上层建筑承重梁的支撑，如图 1-17 所示。阁楼式货架适用于库房较高、货物轻巧、人工存取、储货量较大的情况，也适用于现有旧仓库的技术改造，可提高仓库的空间利用率。

其特点为：

（1）提高储存高度，增加空间利用率；

（2）上层仅放轻量物品，如上层存放箱、包和散件，下层存放托盘。

8）中型货架

中型货架用于中等重量货物的存取，特别适合存放可人工存取的散件与盒装物品。中型货架按结构可分成搁板式货架、宽跨距货架、移动式货架、动态货架、多层搁板货架等不同的存储系统。

9）轻型货架

轻型货架是相对"托盘货架"而言，一般采用人力（不用叉车等）直接将货物（不采

图 1 - 17　阁楼式货架

用托盘单元）存取于货架内，因此货物的高度、深度较小，货架每层的载重量较轻。其特点是结构简洁、自重轻、装配方便，广泛应用于工厂企业、商店等。

10）流动式货架

又称自滑式货架，如图 1 - 18 所示。这种货架的一端较高，其通道作为放大货架用，另一侧较低，倾斜布置，其通道作为出货用。由于货物放在滚轮上，货架向出货方向倾斜，因此可以利用重力使货物向出口方向自动下滑，以待取出。

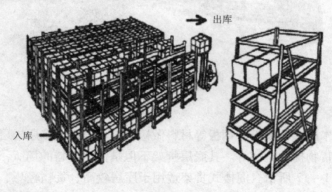

图 1 - 18　流动式货架

存货时托盘从货架斜坡高端送入滑道，通过滚轮下滑，逐个存放；取货时从斜坡底端取出货物，其后的托盘逐一向下滑动待取，托盘货物在每一条滑道中依次流入流出。这种储存方式在排与排之间没有作业通道，大大提高了仓库面积利用率。仓库利用率极高，运营成本较低，但使用时，最好同一排、同一层上的货物，应为相同的货物或一次同时入库和出库的货物。此外，当通道较长时，在导轨上应设置制动滚道，以防止终端加速度太大。

这种货架的特点如下：

（1）适用于大量储存短时发货的货物；

（2）适用先进先出；

（3）空间利用率可达85%；

（4）适用与一般叉车配套存取货物；

（5）高度受限，一般在6 m以下。

托盘流动式货架的储存空间比一般托盘货架的储存空间多50%左右。

11）窄巷道型货架

窄巷道型货架的通道仅比托盘稍宽，继承了托盘式货架对托盘存储布局无严格要求的特点，能充分利用仓库面积和高度，具有中等存储密度。

但是窄巷道货架需用特殊的叉车或起重机进行存取作业，同时还需要其他搬运机械配套，周转时间相比传统的货架较长。由于货架不仅有储存托盘的功能，还需有支撑和加固搬运设备的功能，因此对结构强度和公差配合要求极为严格，必须综合考虑，精确设计、安装。窄巷道型货架也可以同时集成货物暂存平台，大幅度提高存储效率。

12）后推式货架

后推式货架（见图1－19）是一种高密度托盘储存系统，它是将相同货物的托盘存入二、三、四倍深度又稍微向上倾斜可伸缩的轨道货架上，托盘的存放和取出是在同一通道上进行的，存入时叉车将托盘逐个推入货架深处，取出时托盘借重力逐个前移，因而最先放入的托盘是在最后取出的。

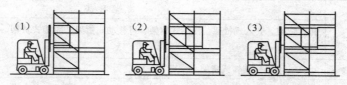

图1－19 后推式货架

该系统既能达到驶入型货架的仓容量，又能达到托盘自滑动型货架的取出能力。

后推式货架的优点是：

（1）当某产品的托盘数量较大而又不要求"先进先出"时，能简化工作程序，效益极为显著；

（2）可缩短拣取时间，不需要特殊的搬运设备；

（3）由于储存面积较多，通道较少，故空间利用率和生产率都很高；

（4）能避免高密度储存货架在装卸作业中常易产生的货损。

2. 采购货架应注意的问题

货架的种类非常多，且由于物料的多样性、仓库形式的多样性以及每个用户的存储方式、管理方式选择的多样性等诸多因素，货架的采购目前最显著的特点是加工定制。同叉车、堆垛机等整机设备不同，货架现场的组装工作量非常大，货架产品一半的工作是在工厂内完成，另一半的工作需要在现场完成，因此货架采购中的安装服务占到较大比重。根据以上货架采购特点，建议注意以下几个问题。

1）选择合适的货架类型

在现代仓库的管理中，为了改善仓库的功能，不仅要求货架数量多、功能全，而且要便于仓库作业的机械化和自动化。因此，仓库在选择和配置货架时，必须综合分析库存货物的性质、单元装载和库存量，以及库房结构、配套的装卸搬运设备等因素，如图1－20所示。

不同的货架种类就要与不同装卸搬运设备及其存取作业方式相匹配，如表 1-11 所示。

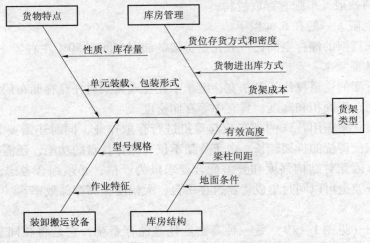

图 1-20　选择货架应综合考虑的因素

表 1-11　货架分类表

存取作业方式	货 架 种 类
人工或叉车存取	托盘货架、驶入式货架、流动式货架、可移动式货架、阁楼式货架、悬臂式货架、后推式货架
自动化设备配合存取	垂直（水平）旋转式货架
全自动存取	整体式（分离式）自动仓库货架

2）货架材质的选择

（1）钢材供应商的选择。

货架的主要成本来自原材料，目前用户在选购货架时均会提到采用宝钢产 Q235 或同类型国内优质钢材，而在实际供货中，不良供应商往往提供价低质次的小型钢厂的劣质钢材。用户可以通过下述方法予以判别：首先，可以请供应商提供相应的钢材质保书，通过质保书上的电话，确认供货商是否采购此批材料；其次，可委托权威检测机构对钢材的力学性能进行检测，一般来说大钢厂的优质 Q235 材料的屈服强度往往不低于 275 MPa，抗拉强度往往也在 400 MPa 以上。

（2）材料性能保证。

为了偷工减料，货架供应商把货架材料的厚度按照国内的标准 10% 下偏差极限给用户（如 2 mm 厚的材料提供给用户仅为 1.8 mm）。其实以目前大钢厂的钢材制造技术偏差如此大的情况极为少见，如果在一个项目中大量钢材均出现这种情况的话，整个货架的结构稳定性将会受到极大的影响。用户可以直接要求厂商提供质保书，并对材料的力学性能和化学成分进行检测，并同质保书进行比对。

（3）防止货架结构材料上的偷工减料。

在结构复杂的货架结构中，有些厂商为降低成本，在用户比较关心的主材料上提供满足要求的材料（如横梁、立柱），而在用户往往会忽略的其他结构材料上予以尽量减少（如连接件、拉杆）。其实，这些结构是保证货架强度、刚度、稳定性的重要构件，这些材料的减少，会导致货架整体强度无法得到保证，尤其是有抗震要求的货架。为使用户能够买到品质得到保证的产品，用户可要求厂商提供货架力学计算报告，当然有些厂商为取得订单会向客户提交虚假的报告，客户可以找权威的第三方核算机构予以甄别。

3）货架施工、安装与验收

（1）货架施工。

大部分货架属于加工定制，客户在事先同货架厂家进行沟通的基础上预留出设计、生产、运输、安装等时间，然后根据自身需要使用的时间进行合理安排。

另外，现在很多项目在土建仍进行施工时就需要货架进场安装，在安装条件不具备时就要求货架进场施工，往往会造成货架产品质量和施工工期无法保证，必须保证良好的施工环境。

（2）安装与验收。

在我国货架标准还不很完善的前提下，可参照欧盟标准 FEM 9.831、FEM 9.832 等来作为货架验收的依据。对于交叉施工的情况，可以在使用货架前进行先行验收，以方便责任的界定。在货架安装完毕后，要及时验收。对标准件的紧固、横梁是否挂装等进行细致的检查，同时完成货架精度的测试，为以后产生问题提供一个判断的依据。

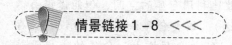

情景链接 1-8 <<<

各种仓储货架方式的比较与分析

某仓库长和宽 48 m×27 m，该仓库托盘单元货物尺寸为 1 000 mm（宽）×1 200 mm（深）×1 300 mm（高），重量为 1 000 kg。仓库若采用窄通道（VNA）系统，可堆垛 6 层，仓库有效高度可达 10 m；而其他货架方式只能堆垛 4 层，有效高度为 7 m。

下面比较几种不同的货架和叉车、堆垛机系统方案，其货仓容量、叉车类型和最佳性价比。

1. VNA 窄通道系统

该系统货物可先进先出，取货方便，适用于仓库屋架下弦较高，如 10 m 左右。因采用高架叉车，采购价为 58 万元，地面需要加装侧向导轨。叉车通道宽为 1 760 mm，总存货量 2 088 个货位。货架总造价为 41.76 万元，仓库总造价为 129.6 万元，工程总投资为 229.36 万元，系统平均造价为 1 098 元/货位。

2. 驶入式货架系统

货物先进后出，且单独取货困难；但存货密度高，用于面积小、高度适中的仓库。该系统适用于货品单一、成批量进出货的仓库。系统采用平衡重式电动叉车，采购价为 22.5 万元，叉车直角堆垛通道宽度为 3 200 mm，总存货量为 1 812 个货位，货架总造价为 43.5 万元。仓库建筑总造价为 123.12 万元，工程总投资为 189.12 万元，系统平均造价为 1 044 元/货位。

3. 选取式货架系统

货物可先进先出，取货方便。该系统对货物无特殊要求，适用于各种类型货物，但属于传统型仓库系统，货仓容量较小。系统采用电动前移式叉车，采购价为 26 万元，叉车直角堆垛通道宽度为 2 800 mm，总存货量为 1 244 个货位，货架总造价为 16.2 万元，仓库建筑总造价为 123.12 万元，工程总投资为 165.32 万元，系统平均造价为 1 329 元/货位。

4. 双深式货架系统

货物可先进后出，取货难度适中。该系统货仓容量较大，可与通道式货架媲美；且对货物和货仓无特殊要求，适应面广。系统采用站架式堆高车和伸缩叉，采购价为 25 万元，叉车直角堆垛通道宽度为 2 800 mm。总存货量为 1 716 个货位。货架总造价为 24 万元，仓库建筑总造价为 123.12 万元，工程总投资为 172.12 万元，系统平均造价为 1 003 元/货位。

通过以上比较可以看出，除了投资成本的不同，4 种不同的货架仓储方式有各自的特点。

VNA 窄通道系统能有效利用仓库的空间（通道最小），同时又能保证有很好的存取货速度和拣选条件（每个托盘都能自由存取和拣选）。该类仓库系统，每台设备的存取货速度大约为 30～35 个托盘。适合于各种行业，特别是种类比较多，或进出速度较快的情况。如果仓库越大、仓库的进出量越大，使用该系统的设备数量增加不会很多，成本反而更低。近年来，这种系统的仓库已越来越多，特别是大型仓库。

驶入式系统可以有效利用仓库的空间（货架排布密度大），但不能满足拣选的要求。每个托盘不能自由存取。适合于种类比较单一、大批量进出状况的作业。该系统的出货速度不快，每小时只有 10～12 个托盘。该系统一般在较少的行业使用。

选取式货架系统是使用最广泛的一种，不能非常有效地利用仓库的空间，但能保证有很好的存取速度和拣选条件（每个托盘都能自由存取和拣选）。该类仓库系统，每台设备的存取速度大约为每小时 15～18 个托盘，适用于各种行业。随着仓库增大，仓库的进出量越大，使用该系统的设备数量增加会较多，所以成本会增加；但它的活性非常好，第三方物流的仓库大都采用这种形式。

双深式货架系统是选取式和驶入式货架系统的结合体，可以非常有效地利用仓库的空间（货架排布密度较大），又能保证有很好的存取货速度和拣选条件（每两个托盘都能自由存取和拣选）。该类仓库系统，每台设备的存取速度大约为每小时 12～15 个托盘，它的灵活性也较好，如果随着仓库增大，仓库的进出量越大，使用该系统的设备数量增加不会较多，所以成本基本保持不变。近年来，这种系统的仓库使用已逐步增多，没有行业限制，但货物种类不能太多。

综合来看，每种仓库系统各有特色，每个公司要按照各自的行业特点来选择最适合的、性价比最好的系统。当然，每个系统并不是独立的，可以结合起来同时使用，根据不同的物流方式、进出速度、货物品种、进出量来选择。

（案例选编自鲁晓春，吴志强《物流设施与设备》，清华大学出版社；北京交通大学出版社 2005 年版）

（二）托盘

托盘（pallet）又称栈板，是指一种便于装卸、运输、保管、使用的由可以承载单位数量物品的负荷面和供叉车作业的插入口构成的装卸用垫板。因为它好似盘子可以托起食品一样，所以形象地称之为托盘。

托盘是一种重要的集装器具，是在物流领域中适应装卸机械化而发展起来的一种集装器具，托盘的发展可以说是与叉车同步的。叉车与托盘的共同使用，形成的有效装卸系统大大促进了装卸活动的发展，使装卸机械化水平大幅度提高，使长期以来运输过程中的装卸瓶颈得以改善。目前，在物流活动中，托盘作为实现单元化货物装载运输的重要工具，正在被各行各业所认识和接纳，使用越来越广泛，在企业中体现出来的"第三利润"效应不断地强化着它在物流系统中的地位和作用。

1. 托盘种类

1）按托盘的结构进行分类

（1）平托盘。平托盘（Flat Pallets）是在承载面和支撑面间夹以纵梁，构成可集装物料，可使用叉车或搬运车等进行作业的货盘。它是托盘中使用量最大的一种，可以说是托盘中的通用性托盘。

（2）柱式托盘。柱式托盘（Post Pallets）是在平托盘基础上发展起来的，其特点是在不压商品的情况下可进行码垛（一般为四层）。多用于包装物料、棒料管材等的集装。如图 1-21 所示的柱式托盘。柱式托盘的主要作用有两个：一是防止托盘上所置商品在运输、装卸等过程中发生坍塌；二是利用柱子支撑重量，可以将托盘上部商品悬空载堆，而不用担心压坏下部托盘上的商品。

（3）箱式托盘。箱式托盘（Box Pallets）是在平托盘基础上发展起来的，多用于散件或散状物料的集装。图 1-22 所示的金属箱式托盘还用于热加工车间集装热料。一般下部可叉装，上部可吊装，并可进行码垛（一般为四层）。其主要特点有：一是防护能力强，可有效防止塌垛，防止货损；二是由于四周有护板护栏，因而托盘的装运范围较大，不但能装运可码垛的整齐形状包装商品，也可装运各种异形不能稳定码垛的物品。

（4）网箱托盘。网箱托盘（Grille Box Pallets）用于存放形状不规则的物料。图 1-23 所示的网箱托盘可使用托盘搬运车、叉车、起重机等作业；可相互堆叠四层；空箱可折叠。

图 1-21　柱式托盘

图 1-22　金属箱式托盘

图 1-23　网箱托盘

（5）轮式托盘。轮式托盘与柱式托盘和箱式托盘相比，多了下部的小型轮子。轮式托盘具有能短距离移动、自行搬运或滚上滚下式的装卸等优势，用途广泛，适用性强。

2）按台面分类

分成单面形、单面使用形、双面使用形和翼形四种。

3）按叉车叉入方式分类

分成单向叉入型、双向叉入型、四向叉入型三种。单向叉入型只能从一个方向叉入，操作时较为困难。四向叉入型，叉车可从四个方向进叉，因而操作较为灵活。

4）按材料分类

（1）木制托盘（见图1-24）。木制平托盘制造方便，便于维修，本体也较轻，是使用广泛的平托盘。

（2）钢制托盘（见图1-25）。用角钢等异型钢材焊接制成的托盘，与木制托盘一样，也有叉入型和单面、双面使用型等形式。钢制托盘的最大特点是强度高，不易损坏和变形，维修工作量较小。

（3）塑料制托盘（见图1-26）。采用塑料模制托盘，一般为双面使用型、两向叉入或四面叉入型三种形式。由于塑料强度有限，故很少有翼形的托盘。常见的塑料托盘根据制造材料与工艺的不同分为以下几种：注塑托盘、中空吹塑托盘、日本DIC塑料托盘及韩国塑料托盘等。塑料制平托盘最主要的特点是本体质量轻，耐腐蚀性强，便于各种颜色分类区别，但承载能力不如钢、木制托盘。

图1-24　木制托盘

图1-25　钢制托盘

图1-26　塑料制托盘

（4）高密度合成板托盘。用各类废弃物经高温高压压制而成。再生环保材料，具有抗高压、承重性能好、成本低等优点。适合各类商品的运输，尤其是重货成批运输，也是替代木制托盘的最佳选择。

（5）纸质平托盘。纸质托盘因具有无虫害、环保、价格低廉以及承重能力强等优点，目前正成为关注的焦点。常见的纸质托盘有以下几种：阿贝纸托盘——以牛皮纸为基本原料所生产的托盘；蜂窝纸托盘——以蜂窝纸为基本原料所生产的托盘；瓦楞纸托盘——以瓦楞纸为基本原料所生产的托盘；滑托盘——以高质牛皮纸为原料所生产的新型托盘。

使用纸质托盘的守则包括以下几个方面。

① 承载物应均匀平整地摆放在托盘上，保证托盘表面均匀受力。

② 在使用叉车提升货物前，应保证叉车工作臂完全进入到托盘内（工作臂进入深度不应低于托盘2/3深度），提升货品时应保证叉车工作臂保持水平。

③ 使用叉车时，勿直接推拉或撞击托盘，严重的碰撞会令纸托盘损毁。

④ 纸托盘是根据用户需要特殊设计制造的。用户只能将该托盘用于专门用途、专门货品。

⑤ 员工切勿站立在纸托盘上，以免破坏托盘结构对员工产生危险。

⑥ 托盘应放在室内干燥的地方，弄湿的纸托盘会影响承托效果。

5）按使用分类

（1）一次性使用托盘（disposable pallet, expendable）：使用一次即丢弃的托盘，常常叫"不反复使用"或"一次往返"托盘。

（2）反复使用托盘（reusable pallet）：可多次使用的托盘。

（3）管内托盘（captive pallet）：在本单位或一个封闭的分发系统内使用的托盘。

（4）可交换托盘（exchange pallet）：根据相互之间的协议可用相互托盘代替的托盘。

（5）共用托盘（pool pallet）：在营业线路上共同使用的可交换托盘。

6）特种专用托盘

这类托盘是根据产品特殊要求专门设计制造的托盘。如冷冻托盘、航空托盘、平板玻璃托盘、油桶专用托盘、托盘货架式托盘、轮胎托盘等。

（1）冷冻托盘。冷冻托盘实质上是一种将特种产品所需环境及使用要求结合在一起的技术装置。这是一个自容性的冷冻装运设备（尺寸与一个装运托盘差不多），可放置于一辆普通的干燥火车内，作为一个"拼装"运输。它消除了对冷冻卡车的依赖性，使易坏产品的及时送货成为可能。像冷冻托盘这样的复合技术有助于一批产品迅速有效地流动，其依赖于通过控制温度以延长商品的寿命及适销性，被新鲜食品、鲜花、化工产品、医疗及冷冻食品所采用。

（2）航空托盘。航空货运或行李托运托盘，一般采用铝合金制造，为适应各种飞机货舱及舱门的限制，一般制成平托盘，托盘上所载货品用网络覆罩固定。

（3）平板玻璃集装托盘。又称平板玻璃集装架。这种托盘能支撑和固定平板玻璃，在装运时，平板玻璃顺着运输方向放置以保持托盘货载的稳定性。

（4）油桶专用托盘。专门装运标准油桶的异型平托盘，托盘为双面形，两个面皆有稳固油桶的波形表面或侧挡板，油桶卧放于托盘上面，由于波形槽或挡板的作用，不会发生滚动位移，还可几层叠垛，解决桶形物难堆高码放的困难，也方便了"储存"。

（5）轮胎专用托盘。轮胎本身有一定的耐水、耐腐蚀性，因而在物流过程中无须密闭，且本身很轻，装放于集装箱中不能充分发挥集装箱的载重能力。其主要问题是储运时怕压、挤，采用这种托盘是一种很好的选择。

2. 采购托盘应注意的问题

1）根据使用环境及用途不同应选择不同材质的托盘制造材料

（1）温度情况。不同的使用温度直接影响到托盘制造材料的选择。这是因为不同材料的托盘有其性能正常发挥的温度范围。如塑料托盘的使用温度就在 40 ℃ ～ -25 ℃。

（2）潮湿度。某些材料的托盘由于有较强的吸湿性，如木托盘就不能用于潮湿的环境，否则将直接影响其使用寿命。

（3）使用环境的清洁度。要考虑使用环境对托盘的污染程度。污染程度高的环境就要选择耐污染、易于清洁的托盘，如塑料托盘、复合塑木托盘等。

（4）所承载的货物对托盘材质的特殊要求。有时候托盘承载的货物具有腐蚀性或者所承载的货物要求托盘有较高的清洁度，就要选择耐腐蚀性强的塑料托盘或塑木复合托盘。

综合几种常见的托盘，其性能比较如表 1 - 12 所示。

表1−12　各种托盘性能的比较

对比内容	木制托盘	钢制托盘	塑料托盘	中空成型塑料托盘	纸托盘
耐化学腐蚀	★★	★	★★★★★	★★★★★	★★
耐潮湿性	★	★★	★★★★★	★★★★★	★
虫蛀可能性	★★★★★	不可能	不可能	不可能	★
托盘重量	较重	很重	轻	轻	轻
对所载物体的保护	★★	★	★★★★	★★★★★	★★★★
对自动包装机的保护	★★★	★	★★★	★★★★★	★★★★★
平均寿命	★	★★★★	★	★★★★★	★
整体性	★	★★★★	★★★	★★★★★	★
使用性能	★	★★★	★★★	★★★★★	★★★
托盘价格	★★★★★	★★★	★★★★	★★★	★★★★★
性能价格比	★	★★	★★★	★★★★★	★★★★
综合评价	★★	★★	★★★	★★★★★	★★★★

图例：★——劣 ★★——差 ★★★——中 ★★★★——良 ★★★★★——优

资料来源：http://wenku.baidu.com/view/dd528b7c27284b73f2425078.html

托盘用途不同应选择下列不同材质的托盘。

（1）托盘承载的货物是否出口。由于许多国家对于进口货物使用的包装材料要求进行熏蒸杀虫处理，就相当于增加了出口成本。用于出口的托盘，应尽量选择一次性的塑料托盘或者简易的免熏蒸的复合材料的托盘。

（2）托盘是否上架。用于货架堆放的托盘应选择刚性强的、不易变形的、动载较大的托盘，如钢质托盘和木质较硬的硬杂木托盘。

2）托盘尺寸的选择

国际托盘平面尺寸现有6个标准。即1200系列（1 200 mm×800 mm和1 200 mm×1 000 mm）；1 100系列（1 100 mm×1 100 mm）；1140系列（1 140 mm×1 140 mm）；1219系列（1 219 mm×1 016 mm）；1067系列（1067 mm×1067 mm）。根据联运通用平托盘主要尺寸及公差国家标准（GB/T 2934—2007）的规定，国内有1 200 mm×1 000 mm和1 100 mm×1 100 mm两种标准，1 200 mm×1 000 mm为优先推荐使用标准。

为了使托盘在将来的使用中有通用性，在购置托盘时应该尽可能地选用上述几种规格的托盘，这样便于以后托盘的交换与使用。具体应考虑以下因素。

（1）运输工具和运输装备的规格尺寸。合适的托盘尺寸，应该是刚好满足运输工具的尺寸，这样可以使运输工具的空间得到充分合理地利用，节约运输费用，尤其要考虑集装箱和运输卡车的箱体尺寸。

（2）仓库的大小、每个货格的大小。

（3）托盘装载货物的包装规格。根据托盘装载货物的包装规格选择合适尺寸的托盘，可以最大限度地利用托盘的表面积。

（4）托盘的使用区间。装载货物的托盘的流向直接影响托盘尺寸的选择，通往欧洲的货物要选择 1 200 mm × 1 000 mm 的托盘；通往日本的货物要选择 1 100 mm × 1 100 mm 的托盘。

3）托盘结构的选择

托盘结构直接影响到托盘的使用效果，合适的托盘能充分发挥叉车高效率作业的优点。

（1）托盘作为地铺板使用。即托盘载货物以后不再移动，只是起到防潮防水的作用，可选择结构简单、成本较低的托盘。如简易的塑料托盘，但是应该注意托盘的净载量。

（2）用于运输、搬运、装卸的托盘要选择强度高、动载大的托盘。这一类托盘由于要反复使用并且要配合叉车作业使用，因此对托盘强度的要求较高，这样就要求托盘的结构是田字形或者是川字形的。

（3）如果托盘是用在立体库内的货架上，还要考虑托盘的结构是否合适码放在货架上。由于通常只能在两个方向从货架上插取货物，因此用于货架上的托盘应该尽可能地选用四面进叉的托盘，这样便于叉车插取货物，提高工作效率。这样的托盘一般选择田字形的托盘。

3. 使用托盘应注意的问题

托盘的正确使用应该做到把包装组合码放在托盘上并适当地捆扎和裹包，便于利用机械装卸和运输，从而满足装卸、搬运和储存的要求。

（1）托盘的载重量。每个托盘的载重量应小于或等于 2 吨。为了运输途中的安全，所载货物的中心高度不应超过托盘宽度的三分之二。

（2）托盘货物的码放方式。根据货物的类型、托盘所载货物的质量和托盘的尺寸，合理确定货物在托盘上的码放方式。托盘的承载表面积利用率一般不应低于如下要求：

① 木质、纸质和金属容器硬质直方体货物单层或多层交错码放，拉伸或收缩包装；

② 纸质或纤维质类货物单层或多层交错码放，用捆扎带十字封好；

③ 密封的金属容器等圆柱体货物单层或多层码放，用木质货盖加固；

④ 需进行防潮、防水等防护的纸质品、纺织品货物单层交错码放，拉伸或收缩包装或增加角支撑、货物盖搁板等来加固结构；

⑤ 易碎类货物单层或多层码放，增加木质支撑隔板结构；

⑥ 金属瓶类货物单层或多层码放，增加货框搁板条加固结构；

⑦ 袋类货物分层交错压实码放。

（3）托盘承载货物的固定方式。托盘承载货物的固定方式主要有捆扎、胶合束缚、拉伸包装，并可相互配合使用。

（4）托盘承载货物的防护与加固。托盘承载的货物进行固定后，仍不能满足运输要求的应该根据需要选择防护加固附件。防护加固附件由木质、纸质、塑料、金属或者其他材料制成。防护加固材料见表 1 - 13。

表 1 - 13　防护加固材料表

分类	主 要 形 式
护楞	金属护楞；非金属护楞
货盖（罩）	防水护罩；帆布盖（罩）；纸质货盖；木质货盖
框架	边框架；上、下框架；端框架
支撑	支撑架；支撑板

分类	主要形式
隔板	纸质隔板；木质隔板；空格式隔板；槽形隔板
板条	托盘附板；十字板条；货顶（底）板条；货底侧板条
专用货框、箱	木质货框；可分托盘箱；分格箱
其他	成形填充构件

4. 托盘的保管应注意的问题

（1）木托盘防水性差，易受潮变形，所以不宜放置于室外，防止被雨水冲刷，而影响使用寿命。

（2）塑料托盘应码放整齐，防止机械损伤，避免阳光暴晒塑料老化，缩短使用寿命。

（3）钢制托盘应注意防潮以免生锈，同时注意远离辐射性的化工原料。

（4）复合材料托盘应防止机械性的碰伤。

（5）托盘在使用一段时间以后，有可能因各种原因造成损坏，应该及时维修，以保持其使用寿命。对于可组合的托盘应及时更换受损部件，如木托盘的面板。对于整体托盘应及时更换。

（三）装卸搬运设备

装卸搬运活动是否合理不仅影响运输和仓库系统的运作效率，而且影响企业整个系统的运作效率。因此，在仓库建设规划时，选择高效、柔性的装卸搬运设备，对仓库进行装卸搬运组织，加快进出库速度，提高作业效率是十分必要的。装卸搬运设备是指在仓库技术作业中，为实现储存、收发物资和检斤、计重等所必需的物资空间位移而采用的劳动手段。

1. 装卸搬运设备的分类

1）按设备功能分类

（1）装卸机械：如手动葫芦。

（2）搬运机械：如各种搬运车、手推车及斗式、刮板式输送机之外的各种输送机。

（3）装卸搬运机械：如叉车、港口用的跨运车、车站用的龙门吊及气力装卸输送设备等。

2）按设备工作原理分类

（1）叉车类：包括各种通用和专用叉车。

（2）吊车类：包括门式、桥式、履带式、汽车式、巷道式吊车。

（3）输送机类：包括辊式、轮式、皮带式、链式、悬挂式等各种输送机。

（4）作业车类：包括手车、手推车、搬运车、无人搬运车、台车等各种作业车辆。

（5）管道输送设备类：液体、粉体、气体的装卸搬运一体化设备。

3）按有无动力分类

（1）重力式装卸搬运设备：辊式、辊轮式等输送机属于此类。

（2）动力式装卸搬运设备：大多数装卸搬运机械属于此类。

（3）人力式装卸搬运设备：用人力作业，主要是小型机具和手动叉车、手车、手推车、手动升降平台。

2. 常用装卸搬运设备

1）叉车

（1）叉车概述。在国家标准《物流术语》中对叉车的定义是：具有各种叉具，能够对货物进行升降和移动及装卸作业的搬运车辆。它是一种能完成出库、搬运、装卸、入栈等四种复合作业，使用方便的机械。叉车可用于港口、码头、机场、车站、仓库和工厂等处进行成件货物的装卸和搬运，有很强的通用性。当叉车与托盘及多种附属机构装置配合时，它能用于托盘单元货物、散装货物和不包装的其他货物的装卸和搬运，它的应用范围会更广，作业效率更高。叉车的轮距较小，这样叉车的转弯半径就很小，作业时灵活性加强。

（2）叉车的分类。按照叉车的使用环境，通常可将其分为室内和室外用两类。室外用的叉车通常为大吨位柴油、汽油或液化气叉车，如用于码头或者集装箱转运站的集装箱叉车、吊车。常用叉车有以下几种。

① 平衡重式叉车。如图 1-27 所示，其货叉位于叉车的前部，为了平衡货物重量产生的倾翻力矩，在叉车的后部装有平衡重，以保持叉车的稳定。由于没有支撑臂，需要较长的轴距与较大的配重来平衡荷载，所以车身尺寸与重量很大，需要较大的作业空间。同时，货叉直接从前轮的前方叉取货物，对容器没有任何要求；底盘较高，使用橡胶轮胎或充气胎，使其具有很强的爬坡能力与地面适应能力。因此普遍用于装卸货物及室外搬运。平衡重式叉车主要用于室外作业，最大起重量达 40 吨，是目前应用最广泛的叉车，占叉车总量的 80% 左右。

（a）　　　　　　　　　　（b）

图 1-27　平衡重式叉车

平衡重式叉车分为内燃机式（如图 1-27（a））和蓄电池式（如图 1-27（b））两种。内燃机式叉车简称内燃叉车，按动力可分为柴油、汽油和液化石油气三种类型；按传动方式可分为机械传动、液力传动、静压传动几种形式。静压传动是目前内燃叉车最理想、最先进的传动方式，主要特点是起步柔和、无级变速、换向迅速、维修简单、可靠性高。在户外短距离频繁往返搬运时采用静压传动型内燃叉车效率明显提高。

蓄电池式叉车简称电瓶叉车，一般来说车身小巧，较为灵活，但一般都是小吨位，主要用于室内作业。电瓶叉车分为三轮与四轮，前轮驱动与后轮驱动。转向与驱动都是后轮的称为后轮驱动，优点是成本低，相对前轮驱动来说较容易定位；缺点是当在光滑的地板及斜坡行走时，载荷提升时驱动轮压力会减轻，驱动轮可能打滑。现在大多数的电瓶叉车都采用双马达前轮驱动。三轮与四轮相比，转弯半径小，比较灵活，最适用于集装箱内部掏箱作业。现在，一些叉车生产厂家将交流技术用于电动平衡重式叉车，使得叉车性能整体得到很大提高的同时，后期维护成本大大降低，此项技术被称为叉车的未来。

② 插腿式叉车。如图 1-28 所示，插腿式叉车的两条腿向前伸出，支撑在很小的车轮上。支腿的高度很小，可同货叉一起插入货物底部，由货叉托起货物。货物的重心落到车辆的支撑平面内，因此稳定很好，不必再设平衡重。叉腿式叉车一般由电动机驱动，蓄电池供电。它的作业特点是起重小、车速低、结构简单、外形小巧。适用于通道狭窄的仓库内作业，起重量一般在 2 吨以下。

③ 侧面式叉车。如图 1-29 所示，侧面式叉车的门架和货叉在车体的一侧，侧面还有一货物平台。当货叉沿着门架上升到大于货物平台高度时，门架沿着导轨缩回，降下货叉，货物便放在叉车的货物平台上。货叉面向货架或货垛，装卸作业不必先转弯再作业。侧面叉车能以较快的速度搬运长件货物，最大起重量为 40 吨，最大起升高度为 3 m，最高速度为 30 公里/小时。

图 1-28　插腿式叉车

图 1-29　侧面式叉车

④ 前移式叉车。如图 1-30 所示，前移式叉车有两条前伸的支腿，与插腿叉车比较，前轮较大，支腿较高，作业时支腿不能插入货物的底部，而门架可以带着整个起升机构沿支腿内侧的轨道移动，这样货叉插取货物后稍微提升一个高度即可缩回，保证叉车运行时的稳定性。前移式叉车与叉腿式一样，都是货物的重心落到车辆的支撑平面内，因此稳定性很好。其最大起重量为 5 吨，起重高度最大为 3 m，最高速度为 15 公里/小时，适用于车间、仓库内作业。

前移式系列叉车目前已逐渐成为室内高架存取的主要工具。现在，最大提升高度已达到 11.5 m，载重范围从 1～2.5 吨，并且发展出用于存取长、宽件货物的多方向前移式叉车、室内外通用性前移式叉车等特殊用途产品。

前移式系列叉车最具效益的操作高度为 6.8 m，相当于建筑物高度在 10 m 左右（此高度是目前最常见的超市、配送中心、物流中心、企业中心仓库的建筑高度）。在此高度范围内，操作人员视线可及，定位快捷，效率较高。

⑤ 集装箱式叉车。集装箱式叉车专门用于集装箱的装卸搬运，也有正面式和侧面式两类。它的主要特点是可搬运较大重量的货物。

⑥ 高架转向式叉车。如图 1-31 所示，其主要特点是货叉可做前、左、右三向旋转，或直接从两侧叉取货物，在巷道中无需转弯，因此所需的巷道空间是最小的。

图 1 - 30　前移式叉车

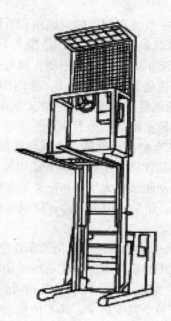

图 1 - 31　转向式叉车

　　高架转向拣选式叉车，适合于仓库面积较小，高度较高，既需要很大的储存量及较高的搬运效率，又不想花费巨大的投资建自动仓库的情况。转向式叉车最大提升高度超过 14 m，巷道宽度通常在 16 m 左右，载重量最大为 15 吨，在制造行业、电子电器行业使用较为普遍。

　　高架转向拣选式叉车可分为上人式和不上人式两种。驾驶舱作为主提升随门架同时上升称为上人式，其优点是任何高度都可以保持水平操作视线，保证最佳视野以提高操作安全性。同时由于操作者可以触及货架上任何位置的货物，故可以同时用于拣货及盘点作业。

　　为了使高架转向叉车在通道内始终保持直线行使，分有磁导引及机械式导引两种方式。由于有磁导引必须在巷道中央切割埋上磁导线，容易破坏地坪并且不易搬迁调整，故目前使用最多的是机械式导引。采用机械式导引需要与货架配合，在巷道的两侧安装钢轨，通过车身导轮及其他辅助装置导入巷道并沿直线行使。

　　（3）叉车的主要技术参数。是指反映叉车技术性能的基本参数，是选择叉车的主要依据。

　　① 载荷中心距。载荷中心距是指叉车设计规定的标准载荷中心到货叉垂直段前臂之间的距离。

　　② 额定起重量。是指货物的重心处于载荷中心距以内时，允许叉车举起的最大重量。如果货物的重心超出了载荷中心距，为了保证叉车的稳定性，叉车的最大起重量需要减小。货物重心超出载荷中心距越远，最大起重量越小。额定起重量与货物的起升高度有关，货物起升越高，额定起重量就越小。

　　③ 最大起升高度。是指在额定起重量、门架垂直、货物起升到最高位置时，货叉水平面的上表面距地面的垂直距离。

　　④ 最大起升速度。是指额定起重量、门架垂直、货物起升的最大速度。

　　⑤ 门架倾角。是指叉车在干硬、坚实的路面上，门架相对垂直位置向前或向后的最大倾角。门架前倾的目的是便于货叉取货，门架后倾的目的是防止叉车载货行驶时货物从货叉

上滑落。一般叉车门架的前倾角和后倾角分别为6°和12°。

⑥ 满载最高行驶速度。是指叉车在平直、干硬的路面上满载行驶时所能达到的最高车速。由于叉车工作环境的限制，没有必要具备太高的行驶速度。一般情况下，内燃叉车的最高运行车速是20～27 km/h，库内作业的最高运行车速是14～18 km/h。

⑦ 满载最大爬坡度。是指叉车在良好的干硬路面上，能够爬上的最大坡度。由于叉车一般在比较平坦的场地上作业，所以对最大爬坡度的要求不高。

⑧ 叉车的制动性能。此制动性能反映叉车的工作安全性。我国的内燃平衡重式叉车标准对于制动性能作了规定如下。如果采用脚制动，叉车车速为20 km/h，空载运行时，紧急制动的制动距离不大于6 m；叉车在车速为10 km/h，满载运行时，紧急制动的制动距离不大于3 m。如果采用手制动，空载行驶时能在20°的下坡上停住；满载行驶时能在15°的上坡上停住。

⑨ 最小转弯半径。是指叉车在空载低速行驶、打满方向盘即转向轮处于最大偏转角时，瞬时转向中心距叉车纵向中心线的距离。

⑩ 直角通道最小宽度。是指可供叉车往返行驶的、成直角相交的通道的最小理论宽度。直角通道最小宽度越小，叉车的机动性越好，库场的利用率就越高。

⑪ 堆垛通道最小宽度。是指叉车在正常作业时，通道的最小理论宽度。叉车的正常作业是指叉车在通道内直线运行，并且要做90°转向进行取货。

⑫ 回转通道最小宽度。是指可供叉车调头行驶的直线通道的最小理论宽度。

⑬ 叉车的最大高度和宽度。这一参数决定了叉车能否进入仓库、集装箱、船、车厢内部进行作业。

⑭ 最小离地间隙。是指在叉车轮压正常时，叉车最低点距地面的距离。离地间隙越大，则通过性能越好，但离地间隙太大会影响叉车的稳定性。

⑮ 叉车的稳定性。是指在作业过程中抵抗倾翻的能力，是保证叉车工作安全的重要指标。叉车的稳定性分为纵向稳定性和横向稳定性。平衡重式叉车由于货物重力及惯性力的作用有可能向前纵向倾翻，转弯时的离心力可能使叉车横向倾翻。

（4）叉车选择。企业在选择叉车时主要从车型和配置要求、性能和品牌三个方面进行考虑。

① 从作业角度考虑。在选择叉车车型和配置时，不仅要考虑企业对叉车的一般（及特殊）的作业功能要求及作业要求（托盘或货物规格、提升高度、作业通道宽度、爬坡度、作业效率、作业习惯等），还要考虑叉车的工作环境（地面承载、场所温度、所经地点尺寸及路线等）。如搬运的是纸卷、铁水等，需要在叉车上安装金属器具来完成特殊功能；如在冷库中或是在有防爆要求的环境中，叉车的配置也应该是冷库型或防爆型的；出入库时门高对叉车是否有影响；进出电梯时，电梯高度和承载对叉车的影响；在楼上作业时，楼面承载是否达到相应要求，等等。

② 从性能角度考虑。很多企业由于对叉车专业知识技术不了解，常常对产品质量无法作出合理的判断。一般来说，高质量的叉车其优越的性能体现在高效率、低成本、高安全性、人机工效设计好以及维护方便等诸多方面。

③ 从品牌角度考虑。目前国内市场的叉车品牌，从国产到进口有几十家。企业在购买叉车前，应先初步确定几个品牌作为考虑的范围，然后再综合评估。在选择时，一般要从品

牌、产品质量、价格、服务及用户企业的定位等几个方面进行考虑。

2）堆垛机

堆垛机是用货叉或串杆撅取、搬运和堆垛或从高层货架上存取单元货物的专用起重机。它是一种仓储设备，分为桥式堆垛起重机和巷道式堆垛起重机（又称巷道式起重机）两种。

（1）桥式堆垛起重机。是在桥式起重机的基础上结合叉车的特点发展起来的一种自动式堆货的机器。如图 1 - 32 所示，在从起重小车悬垂下来的刚性立柱上有可升降的货叉，立柱可绕垂直中心线转动，因此货架间需要的巷道宽度比叉车作业时所需要的小。这种起重机支承在两侧高架轨道上运行，除一般单元货物外还可堆运长物件。起重量和跨度较小时也可在悬挂在屋架下面的轨道上运行，这时它的起重小车可以过渡到邻跨的另一台悬挂式堆垛起重机上。立柱可以是单节的或多节伸缩式的。单节立柱结构简单、较轻，但不能跨越货垛和其他障碍物，主要适用于有货架的仓库。多节伸缩式的一般有 2 ～ 4 节立柱，可以跨越货垛，因此也可用于使单元货物直接堆码成垛的无架仓库。起重机可以在地面控制，也可在随货叉一起升降的司机室内控制。额定起重量一般为 0.5 ～ 5 吨，有的可达 20 吨，主要用于高度在 12 m 以下、跨度在 20 m 以内的仓库。

（2）巷道式堆垛起重机。是高层货架内存取货物的主要起重运输设备（见图 1 - 33），沿着轨道（单轨）可在水平面内移动，载货台（上有取货货叉）可沿堆垛机立柱垂直移动，取货货叉可向巷道两侧的货格伸缩和微升降以存取物品。主要由金属结构、载货台、行走机构、升降机构、货叉伸缩机构、转弯机构、电气控制系统及安全装置等机构组成。巷道宽度比货物或起重机宽度大 15 ～ 20 cm。起重量一般在 2 吨以下，最大达 10 吨。起升速度为 15 ～ 25 米/分，有的可达 50 米/分。起重机运行速度为 60 ～ 100 米/分，最大达 180 米/分。货叉伸缩速度为 5 ～ 15 米/分，最大已达到 30 米/分。采用这种起重机的仓库高度可达 45 m 左右。

图 1 - 32　桥式堆垛起重机

图 1 - 33　巷道式堆垛起重机

3）输送机

输送机是一种连续搬运货物的机械，其特点是在工作时连续不断地沿同一方向输送散料或者重量不大的单件物品，装卸过程无需停车。其优点是生产率高、设备简单、操作简便。缺点是一定类型的连续输送机只适合输送一定种类的物品，不适合搬运很热的物料或者形状不规则的单件货物；只能沿一定线路定向输送，因而在使用上具有一定局限性。

根据用途和所处理货物形状的不同，输送机可分为带式输送机（见图1-34）、辊子输送机（图1-35）、链式输送机、振动输送机（图1-36）、液体输送机等。此外，还有移动式输送机（图1-37）和固定式输送机、重力式输送机和电驱动式输送机等多种划分方法。

图1-34 带式输送机

图1-35 辊子输送机

图1-36 振动输送机

图1-37 移动式输送机

4）起重机

起重机是在采用输送机之前曾被广泛使用的具有代表性的一种搬运机械，它是指货物吊起，在一定范围内做水平运动的机械。

起重机按照其所具有的机构、动作繁简程度以及工作性质和用途，可以归纳为简单起重机械、通用起重机械和特种起重机械三种。简单起重机械一般只做升降运动或一个直线方向的运动，只需要具备一个运动机构，而且大多数是手动的，如绞车、葫芦等。通用起重机械除需要一个使物品升降的起升机构外，还有使物品做水平方向的直线运动或旋转运动的机构。该类机械主要用电力驱动。属于这类的起重机械主要包括通用桥式起重机、门式起重机、固定旋转式起重机和行动旋转式起重机等。特种起重机械是具有两个以上机构的多动作起重机械，专用于某些专业性的工作，构造比较复杂。如冶金专用起重机、建筑专用起重机和港口专用起重机等。

5）托盘搬运车

托盘搬运车是在小范围内搬运托盘的小型搬运设备（见图 1 - 38），分为动力式和手动式两种。其工作原理是：先降低托盘叉的高度，使之低于托盘底座高度，叉入托盘叉入口后，再抬高叉座，将托盘抬起，利用搬运车的轮子移动托盘，到达目的地后，再降低叉座高度，从叉入口中抽出叉爪。这种设备通常是在仓库内部货位之间搬运托盘，调整托盘与运输工具之间的装卸位置，在运输工具内部搬运托盘货物就位。它是托盘运输中最简便、最有效、最常见的装卸、搬运工具。

6）手推车

手推车是以人力推拉的搬运车辆，它是一切车辆的始祖（见图 1 - 39）。它的特点是轻巧灵活，易作操，回转半径小，价格低，适于短距离搬运轻型商品。

图 1 - 38　手动托盘搬运车　　　　　　　　　　图 1 - 39　手推车

7）机器人

机器人是典型的机电一体化产品，它是计算机科学、自动控制技术、机械技术、电子技术、仿生学、光学、运动学和动力学等多门学科相互渗透的产物，是当今世界技术革命的重要标志。日本产业技术振兴协会机器人调查委员会调查结果表明，安装和搬运作业的比例占机器人总量的 24.2%。

随着物流系统新技术开发，装卸搬运机器人得到了应用。在生产线的各加工中心或加工工序之间、立体仓库装卸搬运，机械手搬运机和装卸搬运机器人按照预先设定的命令完成上料、装配、装卸、码垛等作业。其作业速度高，作业准确，尤其适合有污染、高温、低温等特殊环境和反复单调作业场合。机器人在仓库中的主要作业是码盘、搬运、堆垛和拣选作业。在仓库中利用机器人作业的优点是其能在搬运、拣选和堆码过程中完成决策，起到专家系统的作用。

机器人的作业过程如下。

（1）码盘、搬运。被运送到仓库中的货物通过人工或机械化手段放到载货台上，放在载货台上的货物通过机器人将其分类。机器人具有智能系统，可以根据货箱的位置和尺寸进行识别，将货物放到指定的输送系统上。

（2）堆垛、拣选。仓库中作业的机器人与典型加工制造工厂有很大的不同，在加工制造工厂，机器人动作是固定的，而仓库中机器人的作业会因客户的要求不同而不同。机器人根据计算机发出的入库指令完成堆垛作业，同时可以根据出库信息完成拣选作业。

8）自动导引车（AGV）

自动导引车以蓄电池为动力，装备有自动导引装置，能按照设定的线路自动行驶或牵引载货台车，将物品搬运到指定的地点。通过计算机控制进行导向行驶、认址和移交载荷等基本作业，具有服务面广、运输线路灵活、运行费用少、系统安全可靠及无人操作等特点，广泛应用于厂内运输、装配生产线、仓库、车站等场所，特别适用于有噪声、污染、放射性等有害人体健康的地方及通道狭窄、光线较暗等不适合驾驶车辆的场合。

世界上第一台 AGV 是美国 Barret 公司于 20 世纪 50 年代开发成功，它是一种牵引式小车；70 年代，开发了搬运式小车；80 年代 AGV 进入自动化立体仓库的搬运领域。现有 AGV 包括无人搬运车、无人牵引车、无人叉车、集装箱无人搬运车等。

3. 装卸搬运设备的选择依据和选择方法

1）选择依据

选择恰当的设备，通常可以从以下方面入手。

（1）明确是否确实需要进行这个搬运步骤。

（2）要有长远发展的眼光，即制订设备选择计划时要考虑长远发展的需要。

（3）牢记系统化的观念。所选用的设备不仅仅局限于仓库作业的某一个环节，它要在整个系统的总目标下发挥作用。

（4）遵循简单化原则，选择合适的规格型号。为完成某种轻量级工作而购买价格昂贵的重量级设备，或者选用使用寿命不长的设备都是极不恰当的，在可能的条件下应尽可能利用重力输送的长处。同时，应尽可能采用标准设备，而不采用价格昂贵的非标准化设备。另外，在增加投资前，一定要确信现有设备得到了充分利用。

（5）要进行多方案的比较。不要只依靠一家设备商去选择完成某项搬运工作的设备和搬运方法，要想到可能会有更好、更低价的设备和搬运方法。

2）选择方法

根据距离和物流量指示图，确定设备的类别，如图 1－40 所示。简单的搬运设备适合于距离短、物流量小的搬运需要；复杂的搬运设备适合于距离短、物流量大的搬运需要。简单

图 1－40　距离、物流量和搬运运输设备

的运输设备适合于距离长、物流量小的运输需要；复杂的运输设备适合于距离长、物流量大的运输需要。

根据设备的技术指标、货物特点以及运行成本、使用方便等因素，选择设备系列型号，甚至品牌。在设备选型时要注意：

（1）设备的技术性能，能否胜任工作以及设备的灵活性要求等；

（2）设备的可靠性，在规定的时间内能够工作而不出现故障，或出现一般性故障易立即修复且安全可靠；

（3）工作环境的配合适应性，工作场合是露天还是室内，是否有震动、是否有化学污染以及其他特定环境要求等；

（4）经济因素，包括投资水平、投资回收期及性能价格比等；

（5）可操作性和使用性，操作是否易于掌握，培训的复杂程度等；

（6）能耗因素，设备的能耗应符合燃烧与电力供应情况；

（7）备件及维修因素，设备条件和维修应方便、可行。

（四）计重检验设备

1. 计重计量设备

计重计量设备是商品进出库的计量、点数，以及在库盘点、检查中经常使用的度量衡设备，如地磅、轨道衡、电子秤、电子计数器、流量仪、皮带秤、天平仪以及较原始的磅秤、转尺等。在现代仓储企业中，可以利用电子收货系统对到库的计件货物进行计量检验，也可以利用电子秤对计重货物进行计量检验，利用电子汽车衡对车装货物进行计量检验。

1）电子收货系统

仓库电子收货系统——当货物到达仓库时，管理员持扫描器扫描托盘或包装箱上的条码，系统自动取消接收订单，从而使货物信息进入仓库管理系统，与订单进行电子核对。该系统可以实现货物快速登记，缩短收货时间，同时由于信息无需人工输入，大大提高了效率和准确率。

2）电子秤

电子秤是一种一般由承重和传力机构、称重传感器、测量显示仪以及电源等组成的现代化衡器，它具有操作简单、称重速度快的特点，可以数字显示并自动记录称重结果。电子秤的称重原理如图1-41所示，重物上秤后，通过秤台将重力信号转换为数字信号经电路接入电量测量仪器。仪器将信号以通信方式传递给计算机供司磅人员进行检斤操作。

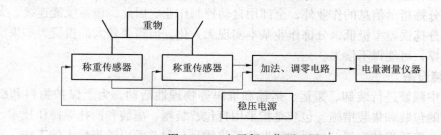

图1-41 电子秤工作原理图

电子秤按工作方式可分为台式和吊秤式。电子吊秤是一种挂钩式称重装置（也称拉力计式），一般用于单元集装货物的计重计量场所。计重范围较宽，大吨位计重一般与起重机配合使用，由于装置处于高空计量不便于读数，其计量数据可采用无线发送到显示终端。

3）电子汽车衡

电子汽车衡作为称量车装货物的设备，由于其称量快、准确度高、数字显示。数据可传输、操作维护方便等特点已完全取代了旧式机械地磅了，广泛使用在货场、仓库、码头、建筑等批量物料的称重计量场合。

现在称重技术进步很快，还有不停车称量的动态电子汽车衡和物流分拣系统中的传送带式动态电子计重衡，均能在短时间内实现运动物体的准确称重。

2. 检验设备

检验设备是指商品进入仓库验收和在库内测试、化验以及防止商品变质、失效的机具、仪器，如温度仪、测潮仪、吸潮器、烘干箱、风幕（设在库门处，隔内外温差）、空气调节器、商品质量化验仪器等。在规模较大的仓库里这类设备使用较多。

（五）分拣设备

分拣是指为进行运输、配送，把很多货物按品种、不同的地点和单位分配到所设置场地的作业。按分拣的手段不同，可分为人工分拣、机械分拣和自动分拣三大类。

人工分拣基本上是靠人力搬运，把所需的货物分门别类地送到指定的地点，或利用最简单的器具和手推车等，这种分拣方式劳动强度大，效率最低。

机械分拣是以机械为主要输送工具，还要靠人工进行检选，这种分拣方式用得最多的是输送机，有板条式输送机、传送带、辊道输送机等，也有的叫"输送机分拣"。这种方式是用设置在地面上的输送机传送货物，在各分拣位置配置的作业人员看到标签、色标、编号等分拣的标志，便进行拣选（把货物取出），再放到手边的简易传送带或场地上。也有用"箱式托盘分拣"，即在箱式托盘中装入待分拣的货物，用叉车等机械移动箱式托盘，用人力把货物放到分拣的位置，或再利用箱式托盘进行分配。使用较多的是在箱式托盘下面装车轮的滚轮箱式托盘。这种分拣方式投资不多，可以减轻劳动强度，提高分拣效率。

自动分拣是从货物进入分拣系统送到指定的分配位置为止，都是按照人们的指令靠自动装置来完成的。这种装置是由接收分拣指示信息的控制装置、计算机网络、搬运装置（负责把到达分拣位置的货物搬运到别处的装置）、分支装置（负责在分拣位置把货物进行分送的装置）、缓冲站（在分拣位置临时存放货物的储存装置）等构成的系统。系统大部分与自动化立体仓库连接起来，配合自动导引小车（AGV）、拖链小车等其他物流设备组成复杂的系统，分拣系统在总体布置上可以说千变万化。由于除了用终端的键盘、鼠标或其他方式向控制装置输入分拣指示信息的作业外，全部用自动控制作业。因此，该系统能连续、大批量地分拣货物，分拣误差率极低，分拣作业基本实现无人化。但需要较大的投资，如果没有较大的业务量支撑，可能得不偿失。

（六）包装设备

物流过程中频繁进行装卸、搬运、运输和堆码等物理性活动，为了保护物料和提高效率，需要适当的包装和集装措施。包装是指采用打包、装箱、灌装和捆扎等操作技术，使用箱、包、袋、盒等适当的容器、材料和辅助物等将物品包封并予以适当标志的工作，它是包装物和包装操作的总称。

物流包装设备是指完成全部或部分包装过程机器的总称。类别有裹包包装机械、充填包装机械、灌装包装机械、封口机械、贴标机械、捆扎机械、热成型包装机械、真空包装机械、收缩包装机械和其他包装机械等。

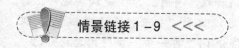

How To 选择物流设备

同是商业优秀企业的物流中心，其设施设备选择迥异：在BIG—W（澳大利亚）物流中心（南半球最大的商业物流中心），高速分拣机就占了其平面的一半；在沃尔玛深圳的物流中心中，大量无线射频设备的应用则使其物流运作非常灵活；而在7-11台湾（捷盟行销）物流中心里，电子标签系统承担了物流作业的主力。究其原因，是物流中心的作业需求决定了物流设备的选择结果。这就引出物流设备规划与选择方法的最重要前提："最好的设备不见得最适合作业需求，但是，最适合作业需求的设备就是最好的。"

设备选择的第一个步骤是详细说明设备必须履行的功能——服务于作业目标，所选设备是做什么的？这个问题至关重要。缺乏对设备作业需求的充分说明和设备应该具备的最佳能力的描述，将会导致所选设备不匹配的后果。

为物流中心指定恰当的设备之前，必须对作业、动作、流程及在运行的系统有一个清晰的理解。对仓库内的某个作业如何影响其他作业，从设备选择角度来看是极其重要的。例如，叉车搬运前，是否有必要选择规划可伸缩式输送系统以提高非单元化货品的卸货效率。

为了更清楚地描述设备需求，建议采取作业分析工具。在作业结构化分析的基础上，相关作业和各作业模块之间的物流量将更容易描述和计算，也更方便把握各作业中的物流设备的需求描述。

实在有太多的设备系统可以选择。例如，简单的一个收货、上架作业，可以选择的设备就包括动力输送系统、无动力输送系统、伸缩输送机、平衡重叉车、前移式叉车、手动液压托盘车等，更不用说细谈到每种设备，比如叉车，是林德、永恒力，还是合力的电动叉车更适合。在这种情况下，详细列明作业分析要素是一个有效的办法。在卸货作业和信息的具体操作中，应列举机械要求、空间需求，并让与备选设备有关的所有物流作业成员参与评论，以确认没有遗漏任何要素。并以此需求为出发点，着手制订设备/系统方案。

设备选择的第二个步骤是准备详细的设备方案来满足已确定的作业要求。在设备规划过程中，其目的不是确定设备方案的详细规格，而是确定设备的一般分类。如货架设备，首先要制订的设备方案是以托盘货架，或者是悬臂式货架为分类依据；然后，在设备规划与选择过程中的第四和第五个步骤中，再制定更详细的规格形式，如镀锌还是表面喷塑工艺。

评估备选设备方案是第三步。评估方案过程中，最重要的一点是，定量（经济评估）与定性分析相结合。

对于设备方案的经济评估，首先是成本计算。通常，成本分两类：投资成本和年运行成本。最普遍的投资成本是设备的采购费用。年运行成本是使用设备过程中不断发生的费用。典型的年运行成本项目包含物流作业人员的工资、设备维护费用、税和保险费等。一旦设备方案的相应寿命周期成本计算完毕，就应该计算设备方案的现值。

定性因素确定后，需要将所有因素按重要程度赋予权数。然后，针对不同方案进行打分。

一般而言，安全性比灵活性重要三倍，而成本比安全性更加重要。具体评估过程中，还有一些技巧，如权重的讨论可以借助项目组成员的投票值加权。有时，为了更切实地评估每个考评因素，还可以将每个因素赋予多个等级，例如，可以赋予"安全性5个等级"，1级得分30、2级得分26、3级得分22、4级得分18、5级得分14。再一步一步得出总得分。

第四步是选择物流设备和供货商。通常这个阶段的重要工作是说明设备需求的详细规格，以及接触供应商，详细咨询供应商资质及设备的说明。

设备规划过程的最后步骤是准备设备/系统招标书。

通过以上的分析大致可得出以下结论：对于物流设备/系统的选择工作，最大的挑战是清晰描述物流作业需求、具体恰当地说明设备的规格要求，以及正确地评估相关方案；实践证明，作业经验的积累、物流设备相关知识的掌握是物流设备选择成功的关键。对于复杂的物流项目，请一个专业工程公司和物流规划顾问机构协助不失为英明之举。

资料来源：http：//www.chinaforklift.com/fork/printpage.cgi？forum=8&topic=126

（七）自动化立体仓库

所谓自动化仓库，是指由电子计算机进行管理和控制，不需要人工搬运作业，而实现收发自动化作业的仓库。立体仓库是指采用高层货架以货箱或托盘储存货物，用巷道堆垛起重机及其他机械进行作业的仓库。将上述两种仓库的作业结合的仓库称为自动化立体仓库。见图1-42。

图1-42　自动化立体仓库

1. 自动化仓库的分类

（1）按照建筑形式来分，可分为整体式和分离式两种。整体式一般高度在12 m以上；分离式一般高度在12 m以下，也有高达15 m的。

（2）按照库房高度来分，可分为高层、中层、低层三种。5 m以下为低层自动化仓库，5～12 m为中层自动化仓库，12 m以上为高层自动化仓库。

（3）按照库容量来分，可分为三种。库容量在2 000托盘以下的为小型自动化仓库；库容量为2 000～5 000托盘的为中型自动化仓库；库容量在5 000托盘以上的为大型自动化仓库。

（4）按控制方法来分，可分为三大类：手动控制，这包括手动和半自动两种；远距离控制，这包括单机自动和远距离集中控制两种；电子计算机控制，这包括离线控制、在线控制和在线实时控制三种。

（5）按货架形式来分，自动化立体仓库可分为单元式货架仓库、活动式货架仓库、重力式货架仓库和拣选式货架仓库等。

单元式货架仓库特点是货架沿仓库的宽度方向分成若干排，每两排货架为一组，其间有一条巷道，供堆垛起重机或其他起重机械作业。每排货架沿仓库长度方向分为若干列，沿垂直又分为若干层，从而形成大量货格，用以储存货物。活动式货架仓库的货架是可动的，其货架可在轨道上移动，使仓库面积利用率提高。在重力式货架仓库中，存货通道带有一定的坡度，由入库起重机装入通道的货物单元能够在自重作用下，自动的从入库端向出库端移动，直至通道的出库端或者碰到已有的货物单元停住为止。

（6）按仓库在生产和流通中的作用分，可分为两类：一是单纯储存用的仓库，在这类仓库里，货物以单元化形式入库之后，在货架上储存一定的时间，需要时出库，绝大多数生产性仓库和储备性仓库属于这一类；另一类是储存兼选配的仓库，在这类仓库里，各种货物先是各自以货物单元的形式储存在货架上，出库时，根据订单的要求将各种货物以不同的数量进行选配，组成新的货物单元，配送中心的自动化仓库就属于这种类型。

2. 自动化立体仓库的优缺点

1）自动化立体仓库的优点

（1）仓库作业全部实现机械化和自动化，一方面能够大大节省人力，减少劳动力费用的支出；另一方面能够大大提高作业效率。

（2）采用高层货架、立体储存，能有效地利用空间，减少占地面积，降低土地购置费用。事实上，国外自动化立体仓库能够得到快速发展，地价昂贵是一个很重要的原因。

（3）采用托盘或货箱储存货物，货物的破损率显著降低。

（4）货位集中，便于控制与管理，特别是使用电子计算机，不但能够实现作业过程的自动控制，而且能够进行信息处理。

2）自动化立体仓库的缺点

（1）结构复杂，配套设备多且安装精度要求高，软硬件设施投资大，基建施工要求高、周期长。

（2）工艺要求高，建库前的工艺设计和投产使用中按工艺设计进行作业。

（3）储存货物的品种受到一定限制，对长大笨重货物以及要求特殊保管条件的货物，必须单独设立储存系统。

（4）对仓库管理和技术人员要求较高，必须经过专门培训才能胜任。

（5）自动化设备数目固定，运行速度可调整范围不大，弹性较小，难以应付储存高峰的需求。而传统设备只要采用人海战术就可以应付这种紧急需求。

（6）设备维护要求高，对提供商的依赖性高。自动化仓库的高架吊车、自动控制系统等都是先进的技术性设备，必须依赖供应商，以便在系统出现故障时能提供及时的技术支援。

因此，在选择建设自动化立体仓库时，首先必须综合考虑自动化立体仓库在整个企业中的营运策略地位和设置自动化立体仓库的目的，不能为了自动化而自动化；而后再详细斟酌建设自动化立体仓库所带来的正面和负面影响；最后，还要考虑相应采取的补救措施。所以，在实际建设中必须进行详细的方案规划，进行综合测评，最终确定建设方案。

3. 自动化立体仓库的结构

自动化立体仓库从建筑形式上看，可分为整体式和分离式两种。整体式是库房货架合一的仓库结构形式，仓库建筑物与高层货架相互连接，形成一个不可分开的整体。分离式仓库是库梁分离的仓库结构形式，货架单独安装在仓库建筑物内。无论哪种形式，高层货架都是主体。

高层货架有各种类型。按照建筑材料不同，可分为钢结构货架、钢筋混凝土结构货架等；按照货架的结构特点，可分为固定式货架和可根据实际需要组装、拆卸的组合式货架。

目前，国外自动化立体仓库的发展趋势之一是由整体式向分离式发展，因为整体式自动化立体仓库的建筑物与货架是固定的，一经建成便很难更改，应变能力差，而且投资高、施工周期长。

4. 自动化立体仓库的主要设备

自动化立体仓库（AS/RS）是由立体货架、有轨巷道堆垛机、出入库托盘输送机系统、尺寸检测条码阅读系统、通信系统、自动控制系统、计算机监控系统、计算机管理系统以及其他如电线电缆桥架配电柜、托盘、调节平台、钢结构平台等辅助设备组成的复杂的自动化系统。运用一流的集成化物流理念，采用先进的控制、总线、通信和信息技术，通过以上设备的协调动作，按照用户的需要完成指定货物的自动有序、快速准确、高效的入库出库作业。基本由以下部分组成。

（1）高层货架：用于存储货物的钢结构。目前主要有焊接式货架和组合式货架两种基本形式。

（2）托盘：用于承载货物的器具。

（3）巷道堆垛机：用于自动存取货物的设备。按结构形式分为单立柱和双立柱两种基本形式；按服务方式分为直道、弯道和转移车三种基本形式。

（4）输送机系统：立体库的主要外围设备，负责将货物运送到堆垛机或从堆垛机将货物移走。输送机种类非常多，常见的有辊道输送机、链条输送机、升降台、分配车、提升机械、皮带机等。

（5）AGV 系统：自动导向小车。根据其导向方式分为感应式导向小车和激光导向小车。

（6）自动控制系统：驱动自动化立体库系统各设备的自动控制系统。以采用现场总线方式为控制模式为主。

（7）库存信息管理系统：亦称中央计算机管理系统，是全自动化立体库系统的核心。目前典型的自动化立体库系统均采用大型的数据库系统构筑典型的客户机/服务器体系，可以与其他系统（如 ERP 系统等）联网或集成。

实训 项目1.3

实训项目：正泰集团的自动化立体仓库案例分析

实训目的及内容	实训要求	实训评价		
		评价标准	评价主体	评价结果
1. 了解自动化立体仓库都有哪些设施； 2. 分析自动化立体仓库的功能和流程； 3. 掌握自动化立体仓库重要作用	5～7 人组成项目小组，各小组成员阅读资料并针对问题进行讨论，并推选一名代表进行主讲，评价结果作为小组成绩	1. 回答内容正确、完整； 2. 论据充分，言之有理； 3. 表达简洁、清楚	其他小组占60% 老师评分占40% 综合	

阅读材料

正泰集团的自动化立体仓库

正泰集团公司是中国目前低压电器行业最大销售企业。主要设计制造各种低压工业电器、部分中高压电器、电气成套设备、汽车电器、通信电器、仪器仪表等，其产品达150多个系列、5 000多个品种、20 000多种规格。"正泰"商标被国家认定为驰名商标。该公司2002年销售额达80亿元，集团综合实力被国家评定为全国民营企业500强第5位。在全国低压工业电器行业中，正泰首先在国内建立了3级分销网络体系，经销商达1 000多家。同时，建立了原材料、零部件供应网络体系，协作厂家达1 200多家。

一、立体仓库的功能

正泰集团公司自动化立体仓库是公司物流系统中的一个重要部分。它在计算机管理系统的高度指挥下，高效、合理地贮存各种型号的低压电器成品。准确、实时、灵活地向各销售部门提供所需产成品，并为物资采购、生产调度、计划制订、产销衔接提供了准确信息。同时，它还具有节省用地、减轻劳动强度、提高物流效率、降低储运损耗、减少流动资金积压等功能。

二、立体仓库的工作流程

正泰立体库占地面积达1 600 m²（入库小车通道不占用库房面积），高度近18 m，3个巷道（6排货架）。作业方式为整盘入库，库外拣选。其基本工作流程如下：

1. 入库流程

仓库二、三、四层两端六个入库区各设一台入库终端，每个巷道口各设两个成品入库台。需入库的成品经入库终端操作员键入产品名称、规格型号和数量。控制系统通过人机界面接收入库数据，按照均匀分配、先下后上、下重上轻、就近入库、ABC分类和原则，管理计算器自动分配一个货位，并提示入库巷道。搬运工可依据提示，将装在标准托盘上的货物由小电瓶车送至该巷道的入库台上。监控机指令堆垛将货盘存放于指定货位。

库存数据入库处理分为两种类型：一种是需操作员在产品入库之后，将已入库托盘上的产品名称（或代码）、型号、规格、数量、入库日期、生产单位等信息在入库客户机上通过人机界面而输入；另一种是托盘入库。

2. 出库流程

底层两端为成品出库区，中央控制室和终端各设一台出库终端，在每一个巷道口设有LED显示屏幕用于提示本盘货物要送至装配平台的出门号。需出库的成品，经操作人员键入产品名称、规格、型号和数量后，控制系统按照先进先出、就近出库、出库优先等原则，查出满足出库条件且数量相当或略多的货盘，修改相应账目数据，自动地将需出库的各类成品货盘送至各个巷道口的出库台上，经电瓶车将之取出并送至汽车上。同时，出库系统在完成出库作业后，在客户机上形成出库单。

3. 回库空盘处理流程

底层出库后的部分空托盘经人工叠盘后，操作员键入空托盘回库作业命令，搬运工依据提示用电瓶车送至底层某个巷道口，堆垛机自动将空托盘送回立体库二、三、四层的原入口处，再由各车间将空托盘拉走，形成一定的周转量。

三、立体库主要设施

1. 托盘

所有货物均采用统一规格的钢制托盘，以提高互换性，降低备用量。此种托盘能满足堆垛机、叉车等设备装卸，又可满足在输送机上下运行。

2. 高层货架

采用特制的组合式货架，横梁结构。该货架结构美观大方，省料实用，易安装施工，属一种优化的设计结构。

3. 巷道式堆垛机

根据本仓库的特点，堆垛机采用下部支承、下部驱动、双方柱型式的结构。该机在高层货架的巷道内按 X、Y、Z 三个坐标方向运行，将位于各巷道口入库台的产品存入指定的货格，或将货格内产品运出送到巷道口出库台。该堆垛机动性设计与制造严格按照国家标准进行，并对结构强度和刚性进行精密地计算，以保证机构运行平稳、灵活、安全。堆垛机配备有安全运行机构，以杜绝偶发事故。其运行速度为 $4 \sim 80$ m/min（变频调速），升降速度为 $3 \sim 16$ m/min（双速电机），货叉速度为 $2 \sim 15$ m/min（变频调速），通信方位为红外线，供电方式为滑触导线方式。

四、计算机管理及监控调度系统

该系统不仅对信息流进行管理，同时也对物流进行管理和控制，集信息与物流于一体。同时，还对立体库所有出入库作业进行最佳分配及登录控制，并对数据进行统计分析，以便对物流实现宏观调控，最大限度地降低库存量及资金的占用，加速资金周转。

在日常存取活动中，尤其库外拣选作业，难免会出现产品存取差错，因而必须定期进行盘库。盘库处理通过对每种产品的实际清点来核实库存产品数据的准确性，并及时修正库存账目，达到账、物统一。盘库期间堆垛机将不做其他类型的作业。在操作时，即对某一巷道的堆垛机发出完全盘库指令，堆垛机按顺序将本巷道内的货物逐次运送到巷道外，产品不下堆垛机，待得到回库的命令后，再将本盘货物送回原位并取出下一盘产品，依此类推，直到本巷道所有托盘产品全部盘点完毕，或接收到管理系统下达的盘库暂停的命令进入正常工作状态。若本巷道未盘库完毕便接收到盘库暂停命令，待接到新的指令后，继续完成盘库作业。

正泰集团公司高效的供应链、销售链大大降低了物资库存周期，提高了资金的周转速度，减少了物流成本和管理费用。自动化立体仓库作为现代化的物流设施，对提高该公司的仓储自动化水平无疑具有重要的作用。

问题：

1. 根据本案例分析自动化立体仓库都有哪些设施。
2. 结合本案例分析自动化立体仓库的功能。
3. 自动化立体仓库作为现代化的物流设施，对提高仓储自动化水平具有怎样重要的作用？

课后 习题

1. 仓储设备分为哪些种类？每类仓储设备又包括哪些设备？各种设备有什么特点？

2. 你能够列举出仓储中不同的存取作业方式及与其相匹配的货架种类吗？

3. 仓储设备选择时要考虑哪些因素？

4. 自动化分拣系统由哪几部分构成，各部分在系统中起什么作用？

5. 自动化立体仓库由哪些设备组成？

任务4　仓库组织结构

知识与能力目标

◎ 掌握仓储组织设置的原则

◎ 熟悉仓储组织类型

◎ 能根据公司业务情况合理地设置部门和岗位，并确定它们的职责

◎ 能为这些部门和岗位配备合适的人员

任务描述

■ 案例放送

T 物流中心的订单延误

T 物流中心是 T 集团的物流配送中心，主要负责公司的供应商所提供服装及原辅料道具的接运验收、再包装入库、分拣、包装出库、运输、配送等物流工作。在公司业务迅速发展的同时，仓库管理瓶颈问题也越来越突出。特别是最近发生的一些事情，让物流部蔡部长感到如果不花大力气从根本上解决，可能会发生更大问题，带来更多损失。

例如，一位重要客户的订单无法按时交货，导致加盟商索赔。出库组认为是分拣组的责任，是他们没有及时处理订单，工作安排不当，效率低下造成的；分拣组认为主要是入库组的责任，因为交不了货的直接原因是没有及时补货，导致无法分拣；入库组则抱怨采购部，说他们没有及时采购，货物没有入库验收，怎么补货；采购部则把责任推给了销售部，说他们接的订单太急，供应商根本没有办法供货，并且销售部门经常修改订单，打乱了他们的采购计划。

■ 案例讨论问题

到底谁是谁非呢？T 物流中心有什么问题吗？如何解决这些问题？

■ 案例研讨

应该说不同部门的抱怨从其自身的角度出发都有一定的道理，不能简单地说谁是谁非。T 物流中心发生的问题主要有：一方面是风气不好，推卸责任；另一方面是各部门的职责界划分限不清，责任不明。这样的问题似曾相识，很多企业都有，但表现形式不太一样，这就是低效率。销售部是管销售的，采购部是管进货的，物流部是管货物进出库及在库保管的，可见具体的职责，不同的部门是不一样的。只有清晰地划定各个部门及各个岗位的责任，通过流程是把每一个岗位的职责串成一条线，最后做好人员的培训、筛选、淘汰、考核，才可以使单位的工作顺畅。

相关知识

一、组织结构设计的基本含义

（一）组织结构设计的有关概念

1. 组织

组织就是把管理要素按目标的要求结合成的一个整体。它是动态的组织活动过程和静态的社会实体的统一。具体地说，包含以下4个方面。

（1）动态的组织活动过程。即把人、财、物和信息，在一定时间和空间范围内进行合理有效组合的过程。

（2）相对静态的社会实体。即把动态组织活动过程中合理有效的配合关系相对固定下来所形成的组织结构模式。

（3）组织是实现既定目标的手段。

（4）组织既是一组工作关系的技术系统，又是一组人与人之间的社会系统，是两个系统的统一。

2. 组织结构设计

组织结构是表现组织各部分排列顺序、空间位置、聚集状态、联系方式以及各要素之间相互关系的一种模式，它是执行任务的组织体制。具体来说，组织结构设计包含以下几层意思。

（1）组织结构设计是管理者在一定组织内建立最有效相互关系的一种有意识的过程。

（2）组织结构设计既涉及组织的外部环境要素，又涉及组织的内部条件要素。

（3）组织结构设计的结果是形成组织结构。

（4）组织结构设计的内容包括工作岗位的事业化、部门的划分，以及直线指挥系统与职能参谋系统的相互关系等方面的工作任务组合；建立职权，控制幅度和集权分权等人与人相互影响的机制；开发最有效的协调手段。

（二）组织结构设计的具体内容

1. 劳动分工

劳动分工是指将某项复杂的工作分解成许多简单的重复性活动（称为功能专业化）。它是组织结构设计的首要内容。

2. 部门化

部门化是指将专业人员归类形成组织内相对独立的部门，它是对分割后的活动进行协调的方式。部门化主要有四种类型：功能部门化、产品或服务部门化、用户部门化和地区部门化。

3. 授权

授权是指确定组织中各类人员需承担的完成任务的责任范围，并赋予其使用组织资源所必需的权力。授权发生于组织中两个相互连接的管理层次之间，责任和权力都是由上级授予的。

4. 管理幅度和管理层次

管理幅度是指一位管理人员所能有效地直接领导和控制的下级人员数。管理层次是指组织内纵向管理系统所划分的等级数。一般情况下，管理幅度和管理层次成反比关系。扩大管理幅度，有可能减少管理层次。反之，缩小管理幅度，就有可能增加管理层次。

管理幅度受许多因素的影响，有领导者方面的因素，如领导者的知识、能力和经验等；也有被领导者方面的因素，如被领导者的素质、业务熟练的程度和工作强度等；还有管理业务方面的因素，如工作任务的复杂程度、所承担任务的绩效要求、工作环境以及信息沟通方式等。因此，在决定管理幅度时，必须对上述各方面因素予以综合考虑。

确定管理层次应考虑下列因素。

（1）训练。受过良好训练的员工，所需的监督较少，且可减少他与主管接触的次数。低层人员的工作分工较细，所需技能较易训练，因而低层主管监督人数可适当增加。

（2）计划。良好的计划使工作人员知道自己的目标与任务，可减少组织层次。

（3）授权。适当的授权可减少主管的监督时间及精力，使管辖人数增加，进而减少组织所需的层次。

（4）变动。企业变动较少，其政策较为固定，各阶层监督的人数可较多，层次可较少。

（5）目标。目标明确，可以减少主管人员指导工作及纠正偏差的时间，促成层次的简化。

（6）意见交流。意见的有效交流，可使上下距离缩短，减少组织层次。

（7）接触方式。主管同员工接触方式的改善，也可使层次减少。

早期的管理组织结构中，通常管理幅度较窄而管理层次较多。其优点是分工明确，便于实施严格控制，上下级关系容易协调；缺点是管理费用较高，信息沟通困难，不利于发挥下级人员的积极性。随着管理组织的不断革新和发展，采用管理幅度较宽、管理层次较少的结构（扁平结构）的企业越来越多。其优点是管理费用较低，信息沟通方便，有利于发挥下级的积极性；缺点是不易实施严格控制，对下属人员的相互协调较为困难。

二、组织结构设计的原则与重点

（一）组织结构设计的原则

1. 任务目标原则

企业组织结构的设置，必须以企业的战略任务和经营目标为出发点，另一方面任务和经营目标的好坏，又是衡量组织设计是否正确的最终标准。

2. 职能专业化原则

公司整体目标的实现需要完成多种职能工作，应充分考虑专业化分工与团队协作。特别是对于以事业发展、提高效率、监督控制为首要任务的业务活动，以此原则为主，进行部门划分和权限分配。当然，公司的整体行为并不是孤立的，各职能部门应做到既分工明确，又协调一致。

3. 有效管理幅度原则

管理层级与管理幅度的设置受到组织规模的制约，在组织规模一定的情况下，管理幅度越大，管理层次越少。管理层级的设计应在有效控制的前提下尽量减少管理层级，精简编制，促进信息流通，实现组织扁平化。

其中，管理幅度受主管直接有效地指挥、监督部属能力的限制。管理幅度的设计没有一定的标准，要具体问题具体分析，粗略地讲，高层管理幅度 3～6 人较为合适，中层管理 5～9 人较为合适，低层管理幅度 7～15 人较为合适。

影响管理幅度设定的主要因素如下。

（1）员工的素质。主管及其部属能力强、学历高、经验丰富者，可以加大控制面，管理幅度可加大；反之，应小一些。

（2）沟通的程度。组织目标、决策制度、命令可迅速而有效地传达，渠道畅通，管理幅度可加大；反之，应小一些。

（3）职务的内容。工作性质较为单纯、较标准者，可扩大控制的层面。

（4）协调工作量。利用幕僚机构及专员作为沟通协调者，可以扩大控制的层面。

（5）追踪控制。设有良好、彻底、客观的追踪执行工具、机构、人员及程序者，可以扩大控制的层面。

（6）组织文化。具有追根究底的风气与良好的企业文化背景的公司也可以扩大控制的层面。

（7）地域相近性。所辖的地域近，可扩大管理控制的层面，地域远则缩小管理控制的层面。

4. 统一指挥原则

组织结构的设计应当保证指挥的统一，避免多头指挥和无人指挥的现象。

5. 责权利相结合原则

有了分工，就明确了职务，承担了责任，就要有与职务和责任相对应的权力和利益，这就是责权利相对应原则。责权利相互对等，是组织正常运行的基本要求。权责不对等对组织危害极大，有权无责容易出现瞎指挥的现象；有责无权会严重挫伤员工的积极性，也不利于人才的培养。因此，在结构设计时应着重强调职责和权利的设置，使公司能够做到职责明确、权力对等、分配公平。

6. 稳定性与适应性相结合原则

首先，企业组织结构必须具有一定的稳定性，这样可使组织中的每个人工作相对稳定，相互之间的关系也相对稳定，这是企业能正常开展生产经营的必要条件，如果组织结构朝令夕改，必然造成职责不清的局面。其次，企业组织结构又必须具有一定的适应性。由于企业的外部环境和内部条件是在不断变化的，如果组织结构、组织职责不注意适应这种变化，企业就缺乏生命力、缺乏经营活力。因此，企业应该根据行业特点、生产规模、专业技术复杂程度、专业化水平、市场需求和服务对象的变化、经济体制的改革需求等进行相应的动态调整。企业应该强调并贯彻这一原则，应在保持稳定性的基础上进一步加强和提高组织结构的适应性。

7. 适度超前原则

组织结构设计应综合考虑组织的内、外部环境，组织的理念与文化价值观，组织的当前以及未来的发展战略等，以适应组织的现实状况。并且，随着企业的成长与发展，组织结构应有一定的拓展空间。

8. 系统优化原则

现代组织是一个开放系统，组织中的人、财、物与外界环境频繁交流，联系紧密，需要开放型的组织系统，以提高对环境的适应能力和应变能力。因此，组织机构应与组织目标相适应。组织设计应简化流程，有利于信息畅通、决策迅速、部门协调；充分考虑交叉业务活动的统一协调和过程管理的整体性。

9. 精干、高效原则

在保证任务完成的前提下，做到机构精干、人员精简。

（二）组织结构设计的重点

（1）组织的目标，使组织内部各部门在公司整体经营目标下，充分发挥能力以达成各自目标，从而促进公司整体目标的实现。

（2）组织的成长，考虑公司的业绩、经营状况与持续成长。

（3）组织的稳定，随着公司的成长，逐步调整组织结构是必要的，但经常的组织、权责、程序变更会动摇员工的信心，产生离心力，因此应该保证组织的相对稳定。

（4）组织的精简，组织机构精简、人员精干有助于资源的合理配置，实现工作的高效率。

（5）组织的弹性，主要指部门结构和职位具有一定的弹性，既能保持正常状况下的基本形式，又能适应内、外部各种环境条件的变化。

（6）组织的分工协作，只有各部门之间以及部门个人之间的工作能协调配合，才能实现本部门目标，同时保证整个组织目标的实现。

（7）指挥的统一性，工作中的多头指挥使下属无所适从，容易造成混乱的局面。

（8）权责的明确性，权力或职责不清将使工作发生重复或遗漏、推诿现象，这样将导致员工挫折感的产生，造成工作消极的局面。

（9）流程的制度化、标准化与程序化，明确的制度与标准作业以及工作的程序化可缩短摸索时间，提高工作效率。

三、组织结构设计的程序

企业组织结构的设计只有按照正确的程序进行，才能达到组织设计的高效化。组织结构设计的程序如下。

（一）业务流程的总体设计

业务流程设计是组织结构设计的开始，只有总体业务流程达到最优化，才能实现企业组织高效化。

业务流程是指企业生产经营活动在正常情况下，不断循环流动的程序或过程。企业的活动主要有物流、资金流和信息流，它们都是按照一定流程流动的。企业实现同一目标，可以有不同的流程。这就存在一个采用哪种流程的优选问题。因此，在企业组织结构设计时，首先要对流程进行分析对比、择优确定，即优化业务流程。优化的标准是：流程时间短，岗位少，人员少，流程费用少。

业务流程包括主导业务流程和保证业务流程。主导业务流程是产品和服务的形成过程，如生产流程；保证业务流程是保证主导业务流程顺利进行的各种专业流程，如物资供应流程、人力资源流程、设备工具流程等。首先，要优化设计的是主导业务流程，使产品形成的全过程周期最短、效益最高；其次，围绕主导业务流程，设计保证业务流程；最后，进行各种业务流程的整体优化。

（二）按照优化原则设计岗位

岗位是业务流程的节点，又是组织结构的基本单位。由岗位组成车间、科室，再由车间、科室组成各个子系统，进而由子系统组成全企业的总体结构。岗位的划分要适度，不能太大也不能太小，既要考虑流程的需要，也要考虑管理的方便。

（三）规定岗位的输入、输出和转换

岗位是工作的转换器，就是把输入的业务，经过加工转换为新的业务输出。通过输入和输出就能从时间、空间和数量上把各岗位纵横联系起来，形成一个整体。

（四）岗位人员的定质与定量

定质就是确定本岗位需要使用的人员的素质。由于人员的素质不同，工作效率就不同，因而定员人数也就不同。人员素质的要求主要根据岗位业务内容的要求来确定。要求太高，会造成人员的浪费；要求太低，保证不了正常的业务活动和一定的工作效率。

定量就是确定本岗位需用人员的数量。人员数量的确定要以岗位的工作业务量为依据，同时也要以人员素质为依据。人员素质与人员数量在一定条件下成反比。定量就是在工作业务量和人员素质平衡的基础上确定的。

（五）设计控制业务流程的组织结构

这是指按照流程的连续程度和工作量的大小，来确定岗位形成的各级组织结构。整个业务流程是个复杂的系统，结构是实现这个流程的组织保证，每个部门的职责是负责某一段流程并保证其畅通无阻。岗位是保证整个流程实施的基本环节，应该先有优化流程，后有岗位，再组织车间、科室，而不是倒过来。流程是客观规律的反映，因人设机构，是造成组织结构设置不合理的主要原因之一，必须进行改革。

以上 5 个步骤，既有区别又有联系，必须经过反复的综合平衡、不断地修正，才能获得最佳效果。

四、仓库组织类型划分

（一）按层级划分

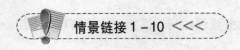
情景链接 1－10 <<<

组织结构图

组织结构图（Organization Chart），是最常见的表现雇员、职位和群体关系的一种图表，它形象地反映了组织内各机构、岗位上下左右相互之间的关系。组织结构图是组织结构的直观反映，也是对该组织功能的一种侧面诠释。它的类型，由组织的结构类型所决定。组织架构图并不是一个固定的格式，关键是要考虑是否符合公司发展战略的需要，组织架构的功能是为了实现战略效果而将相关工作进行划分，因此企业要根据自身具体情况制定具体的、个性的、细分的组织架构图，各个部门也要制定部门的组织架构图。我们常用的 WORD、VISIO、幻灯片、CAD 都可以做组织结构图。

仓储组织形式按层次划分为直线式、直线职能式、水平结构式等。

1. 直线式组织形式

这种形式的机构，一般指挥和管理职能基本上都由仓储主管亲自执行，不设行政职能部门。对于中小型仓库、人员不多、业务较简单的组织可以采取直线式的组织形式。如图1-43所示。优点是指挥管理统一，责任权限较明确，组织精简。缺点是它要求主管通晓多种知识和技能，亲自处理各种业务。这在业务比较复杂、企业规模比较大的情况下，主管会显得力不从心。

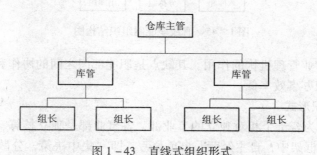

图1-43　直线式组织形式

2. 职能制

职能制组织结构与直线制恰恰相反。企业内部各个管理层次都设职能机构，并由许多通晓各种业务的专业人员组成。各职能机构在自己的业务范围内有权向下级发布命令，下级都要服从各职能部门的指挥。如图1-44所示。优点是不同的管理职能部门行使不同的管理职权，管理分工细化，从而能大大提高管理的专业化程度，能够适应日益复杂的管理需要。缺点是政出多门，多头领导，管理混乱，协调困难，导致下属无所适从；上层领导与基层脱节，信息不畅。

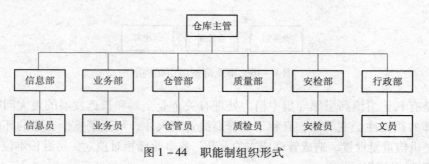

图1-44　职能制组织形式

3. 直线职能式组织形式

它是由直线式和职能制的结合而建立起来的。目前绝大多数企业都采用这种组织结构形式。它把企业管理机构和人员分为两类，一类是直线领导机构和人员，按命令统一原则对各级组织行使指挥权；另一类是职能机构和人员，按专业化原则，从事组织的各项职能管理工作。直线领导机构和人员在自己的职责范围内有一定的决定权和对所属下级的指挥权，并对自己部门的工作负全部责任。而职能机构和人员，则是直线指挥人员的参谋，不能对直接部门发号施令，只能进行业务指导。如图1-45所示。

直线职能制的优点是既保证了企业管理体系的集中统一，又可以在各级行政负责人的领

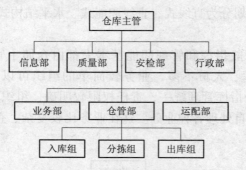

图 1-45　直线职能制组织结构图

导下，充分发挥各专业管理机构的作用。其缺点是职能部门之间的协作和配合性较差，领导工作负担较重，组织办事效率低。

4. 事业部制组织形式

将仓储企业划分为若干个相对独立的事业部，各事业部是独立核算、自负盈亏的利润中心，在统一发展战略框架中，自主经营，自负盈亏，即"集中决策，分散经营"。如图 1-46 所示。这种组织形式适用于规模较大、产品种类多、经营领域分散的企业。

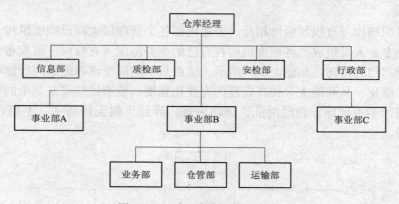

图 1-46　事业部制组织结构图

优点是有利于组织高层领导集中精力处理有关企业全局和长远发展的重大问题；有利于发挥事业部的积极性、主动性；有利于培养高级管理人才；增强了整个企业的环境适应性。

缺点是机构重复设置，造成管理成本的上升；各事业部相对独立，易滋长本位主义倾向。

5. 矩阵制组织形式

又称规划目标结构，既有按职能划分的纵向管理系统，又有按项目划分的横向管理系统，纵横交错，形成矩阵。如图 1-47 所示。

优点是有利于各部门之间的沟通，有利于任务的完成，有较好的适应性。缺点是双重领导，容易出现意见分歧，责任不清。适用于业务种类多、变化大，以客户开发为主的仓储企业。

（二）按作业性质划分

按作业性质分工，是指在仓库组织中，根据管理的职能可以分统计、采购、调度、发放、储存等科室。

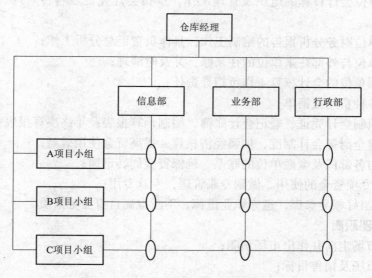

图 1 – 47　矩阵制组织结构图

（三）按货物类别划分

不同物资其独特的物理、化学属性，对储存环境有其不同的要求。因此，仓库组织可对企业物品的类别进行分类。

五、仓库部门分工及其职责

（一）总经理职责

（1）全权负责公司各部门的行政管理；

（2）提供专业意见给公司各个部门，参与制定公司规章制度、员工守则等，并监督批准执行；

（3）审阅各部门提交的文件及业务报表，主持重要会议并总结；

（4）制定财务部各项开支守则，对各项开支签字批核，监督执行；

（5）负责处理公司的各项突发性事件，并迅速做出处理决定。

（二）行政部职责

（1）负责行政管理和日常事务，当好领导的参谋，负责协助领导搞好各项工作的策划，协助领导搞好各部门之间的综合协调，促进各项工作的规范和管理；

（2）沟通内外联系，保证上情下达和下情上报，加强各项工作的督促和检查；

（3）负责对会议、文件决定的事项进行催办、查办和落实；

（4）负责行政用款计划及审定，办公用品的预算、请购、采购、保管、发放，值班人员排定执行；

（5）文件资料的打印、接收、发放、登记及归档。

（三）财务部职责

（1）主要负责组织制定并运行财务管理体系，组织资金调度和监管工作，负责组织年度决算工作和财务统计工作，以及各部门的考核评价工作；

（2）负责单位会计核算的组织及管理工作，审核会计凭证及各种对内、对外报送的财务报表；

（3）组织单位财务分析报告的编制工作，具体负责汇总分析工作；

（4）确认单位与外部往来单位的往来账，并及时清理；

（5）对下属单位的会计核算工作负指导责任；

（6）审核各种费用报销单；

（7）依法填制会计凭证、登记会计账簿，编制预算报表及年终决算报表；

（8）建立健全财务会计制度，加强经济核算，提高资金使用效益；

（9）加强与各部门及金融单位的联系，确保资金周转迅速；

（10）规范专项资金的使用，做到专账管理，专款专用；

（11）切实当好领导参谋，遵守职业道德，不断提高自身业务素质。

（四）业务部职责

（1）分析市场走向并作出市场预测；

（2）确定市场及销售目标；

（3）制定市场拓展及销售目标，确定销售策略；

（4）设立组织模式；

（5）协助人员的招募、选择、培训、调配；

（6）组织业务人员开发新的市场和客户，维护好客户关系，建立好客户档案；

（7）定期收集客户销售情况，做好销售统计及分析整理工作，通过业绩分析报告的形式汇报给领导。

（五）运输部职责

（1）执行经理的指令；

（2）负责运输业务运作，协调仓库与车队或外部物流公司货物交接，确保运输作业正常及货物交接通畅；

（3）根据货物的品名、数量、属性、体积、重量、送货地点等信息选择合适的车辆状况进行运输作业，以确保货物能安全及时地交于收货方；

（4）减少运输作业成本，提高运输作业效率，在确保运输作业安全及运作正常的前提下，为客户尽量节省运输成本；

（5）跟踪运输途中车辆及货物状况，取得车辆运行及货物流向等信息；如果运输途中有异常情况，应及时向收货方说明情况；

（6）了解车辆与收货方的货物交接情况，运输完毕后要求车队及时送交签收回单；

（7）每月做好运输工作总结报告及运输计划，并交给经理。

（六）人力资源部职责

（1）负责在公司内部推行全面劳动工资管理，负责办理新职工审查、录用和新工种、岗位的培训工作，负责安排外单位职工的代培工作，配合有关部门安排好职工业务培训；

（2）负责办理职工调动，以及全员劳动合同制的各项管理工作，负责归口办理使用临时工、季节工、外包工的各项手续及档案管理工作；

（3）负责做好职工晋级、工资调整和新进人员转正定级工作；

（4）负责办理职工的养老保险工作；

（5）负责各项假别的审核、审批，并做好工资、各项津贴、补贴、加班工资的审核工作。

（七）信息部职责

（1）负责公司信息化建设的总体规划及网络体系结构设计；

（2）负责信息的收集、汇总、分析研究，定期编写信息分析报告；

（3）负责信息资源开发，信息处理，对信息资源进行组织、规划、协调、配置和控制；

（4）推进 WMS 系统等信息平台的开发及实施；

（5）负责公司计算机相关网络的软件、硬件的维护和升级等日常工作。

（八）仓储部职责

（1）依据订购单点收物料，并按仓库管理制度检查数量；

（2）将质检部门 IQC 验收合格的物料按指定位置予以存放；

（3）存放场所应整理、整顿、清洁，符合 5S 要求，防止品质发生变异；

（4）依据领料单或备料单配备和发放物料；

（5）做好出入库记录，建立仓库账册，定期进行盘存；

（6）不良物料及呆废料的定期处理。

六、仓库人员组织及岗位配置

（一）人员组织

一般来说，人员组织包括作业分工和人员配备，以及作业组织的形式和组织纪律等几个方面。作业分工和人员配备，是仓库管理组织的基础。

1. 作业分工

1）作业分工遵循的原则

（1）根据仓储作业过程中所采用的设备、工具、操作方法及对技术作业熟悉程度的要求，把工作划分为若干区域，分配给不同技术状态的仓储人员或专门的技术人员来承担。

（2）在分工时，要保证每个员工在一个班组内都有足够的工作量。

（3）按照一个人单独担当工作的可能性分工。

2）仓储作业分工可依据其工作性质分为三类

（1）同物资收、存、发直接相关的业务工作。

（2）协调业务工作顺利进行的管理性工作，如计划、统计、财会、人事等。

（3）保证业务顺利进行的服务性工作，如生活后勤、保安、设备、维修、水电等。

2. 人员配备的具体要求

对人员配备要求是：

（1）要使每个员工所承担的工作，尽可能适合本人的业务条件和工作能力；

（2）要使每个员工有满工作量，充分利用工时；

（3）要使每个员工都有明确的任务和责任，要建立岗位制度；

（4）要利用加强员工间的联系和协作，保证各项工作的协调性；

（5）要有利于每个员工在岗位上的业务技术发展和全面素质的提高；

（6）要注意各工作岗位的相对稳定，以便于工作的顺利和管理。

3. 作业组织的形式

一般分为两个方面：

（1）是纯管理性质的作业组织形式，多以其工作性质，建立相应的职能部门；

（2）是仓储业务作业的组织形式，一般按其作业内容，建立若干相应的作业班组。如装卸搬运组、保管组、养护组等。

4. 人员的职责

（1）认真贯彻仓库保管工作的方针、政策和法律法规，有高度的责任感，忠于职守，廉洁奉公，热爱仓库工作，具有敬业精神；树立为客户服务、为生产服务的观点，具有合作精神；树立讲效率、讲效益的思想，关心企业的经营。

（2）严格遵守仓库管理的规章制度和工作规范，严格履行岗位职责，及时做好物品的入库验收、保管保养和出库发运工作；严密遵守各项手续制度，做到收有据、发有凭，及时准确登记销账，手续完备，账物相符，把好收、发、管三关。

（3）熟悉仓库的结构、布局、技术定额，熟悉仓库规划；熟悉堆码、苫垫技术，掌握堆垛作业要求；在库容使用上做到妥善地安排货位，合理高效地利用仓容。

（4）熟悉仓储物品的特性、保管要求，能针对性地进行保管，防止物品损坏，提高仓储质量。

（5）熟练地填写表账、制作单证，妥善处理各种单证业务。

（6）了解仓储合同的义务约定，完整地履行义务。

（7）重视仓储成本管理，不断降低仓储成本。妥善保管好剩料、废旧包装，收集和处理好地脚货，做好回收工作。用具、苫垫、货板等妥善保管、细心使用，延长使用寿命。重视研究仓储技术，提高仓储利用率，降低仓储物耗损率，提高仓储的经济效益。

（8）了解仓库设备和设施的性能和要求，熟练地掌握计量、衡量、测试用具和仪器的使用，督促设备的维护和维修。

（9）严格执行仓库安全管理的规章制度，时刻保持警惕，做好防火、防盗、防破坏、防虫鼠害等安全保卫工作，防止各种灾害和人身伤亡事故，确保人身、物品、设备的安全。

（10）注意自身形象，做好与内部及相关客户的协调沟通工作。

（二）仓库人员岗位及职责

1. 仓库主管职责

（1）负责仓库整体工作事务；

（2）与公司其他部门的沟通与协调；

（3）仓库的工作筹划与控制；

（4）审订和修改仓库的工作规程和管理制度；

（5）检查和审核仓库各组员工的工作进度和工作绩效；

（6）签发仓库各级文件和单据；

（7）仓库各级员工的培训工作；

（8）异常物料的及时反馈。

2. 仓管组长职责

（1）负责仓库内部各项具体工作的管理；

（2）具体执行和指导仓库各项工作计划的落实情况；

（3）参与评估现有工作的合理性与有效性及提出改善意见；

（4）加强各组之间工作的协调与控制；

（5）落实及分配仓库工作计划；

（6）具体考核本组成员的工作绩效。

3. 仓管员职责

（1）负责仓库日常事务管理；

（2）按规定收发料；

（3）每日物料收发卡的登记；

（4）所管辖物料的筹划与摆放；

（5）仓库的安全工作和物料保管工作；

（6）定期盘点工作的安排执行。

4. 账务员职责

（1）根据上报的原始单据及时输入 ERP 系统，及时入库和扣账；

（2）向会计部门提供成本核算资料；

（3）监督仓库备料和出货情况；

（4）统计订购单的进出存状况，打印电脑汇总表

（5）对加急物料的及时跟踪处理。

5. 搬运组长职责

（1）物料的搬运和仓库废品的回收及保管；

（2）来料的及时进仓和成品的及时装车；

（3）对搬运过程中的合格品、待检品、不良品等区分明确，不混淆搬运；

（4）维护和管理搬运工具；

（5）搬运人员的培训工作。

6. 配送组长职责

（1）根据配送计划分拣备货、包装、刷唛，及时将物料放置到配送收货地点；

（2）做好与运输车辆的交接工作；

（3）分拣人员的培训工作。

实训 项目1.4

实训项目：设计组织结构

实训目的及内容	实训要求	实训评价	
1. 了解组织结构的构成类型； 2. 会根据具体企业实际情况设计组织结构； 3. 会画组织结构图	5～7 人组成小组，按阅读材料后面的问题讨论并把结果做成 PPT 展示	1. 分析准确； 2. 组织结构设计合理； 3. 组织结构图规范	其他小组占60%
			老师评分占40%
		综合	

阅读材料

D 公司的组织变革

一整天的公司高层例会结束后，D 公司 S 总经理不禁陷入沉思。

例会由 S 总经理主持、几位副总经理参加。原本他就想商谈一下公司今后的发展方向问题，不过会上的意见争执却出乎自己的预料。很明显，几位高层领导在对公司所面临的主要问题和下一步如何发展的认识上，存在着明显的分歧。

6 年来，D 公司由初创时的几个人、1 500 万元资产、单一开发房地产的公司，发展到今天的 1 300 余人、5.8 亿元资产、以房地产业为主，集娱乐、餐饮、咨询、汽车维护、百货零售等业务于一体的多元化实业公司，已经成为本市乃至周边地区较有竞争实力和有知名度的企业。

作为公司创业以来一直担任主帅的 S 总经理在成功的喜悦与憧憬中，更多了一层隐忧。在今天的高层例会上，他在发言时也是这么讲的："公司成立已经 6 年了，在过去的几年里，经过全体员工的努力奋斗与拼搏，公司取得了很大的发展。现在回过头来看，过去的路子基本上是正确的。当然也应该承认，公司现在面临着许多新问题：一是企业规模较大，组织管理中管理信息沟通不及时，各部门协调不力；二是市场变化快，我们过去先入为主的优势已经逐渐消失，且主业、副业市场竞争都渐趋激烈；三是我们原本的战略发展定位是多元化，在坚持主业的同时，积极向外扩张，寻找新的发展空间，应该如何坚持这一定位？"面对新的形势，就公司未来的走向和目前的主要问题，会上各位高层领导都谈了自己的想法。

管理科班出身、主管公司经营与发展的 L 副总经理在会上说："公司的成绩只能说明过去，面对新的局面必须有新的思路。公司成长到今天，人员在膨胀，组织层级过多，部门数量增加，这就在组织管理上出现了阻隔。例如，总公司下设 5 个分公司，即综合娱乐中心（下有戏水、餐饮、健身、保龄球、滑冰等项目）、房地产开发公司、装修公司、汽车维修公司和物业管理公司。各部门都自成体系，公司管理层次过多，如总公司有 3 级，各分公司又各有 3 级以上管理层，最为突出的是娱乐中心的高、中、低管理层次竟达 7 级，且专业管理机构存在重复设置现象。总公司有人力资源开发部，而下属公司也相应设置人力资源开发部，职能重叠，管理混乱。管理效率和人员效率低下，这从根本上导致了管理成本加大，组织效率下降，这是任何一个公司的发展大忌。从组织管理理论的角度看，一个企业发展到 1 000 人左右，就应以制度管理代替'人治'，我公司可以说正是处于这一管理制度变革的关口。我们公司业务种类多、市场面广、跨行业的管理具有复杂性和业务多元化的特点，现有的直线职能制组织结构已不能适应公司的发展，所以进行组织变革是必然的，问题在于我们应该构建一种什么样的组织机构以适应企业发展需要。"

坐在 S 总经理旁边的另一位是公司创立三元老之一的始终主管财务的大管家 C 副总经理，他考虑良久，非常有把握地说："公司之所以有今天，靠的就是最早创业的几个人，他们不怕苦、不怕累、不怕丢了饭碗，有的是闯劲、拼劲。一句话，公司的这种敬业、拼搏精神是公司的立足之本。目前，我们公司的发展出现了一点问题，遇到了一些困难，这应该说是正常的，也是难免的。如何走出困境，关键是要强化内部管理，特别是财务管理。现在公司的财务管理比较混乱，各个分部独立核算后，都有了自己的账户，总公司可控制的资金越来越少。如果要进一步发展，首先必须做到财务管理上的集权，该收的权力总公司一定要收上来，这样才有利于公司通盘考虑，共图发展。"

高层会议各领导的观点在公司的管理人员中间亦引起了争论，各部门和下属公司也产生了各自的打算：房地产开发部要求开展铝业装修，娱乐部想要租车间搞服装设计，物业管理部提出经营园林花卉的设想。甚至有人提出公司应介入制造业，成立自己的机电制造中心。

问题

1. 请讨论公司目前进行改革是否成熟。

2. 请根据以上信息，为该公司设计一套合适的组织机构，并画出相应的组织结构图。

课后 习题

1. 组织结构设计的基本原则有哪些？

2. 想一想在一个仓储企业中有权无责（或权大责小）和有责无权（或责大权小）会产生什么样的结果，怎样避免这种现象？

3. 按层级制标准划分组织结构有哪些类型？各种类型的组织结构各具有什么样的优缺点？

4. 网上查找并比较不同类型的仓储企业的部门和岗位的设置情况，能总结出一般规律吗？

仓储经营组织与管理

任务1 仓储经营的组织与计划

知识 与能力目标

◎ 理解仓储经营的含义及意义
◎ 掌握仓储经营的组织目标和仓储经营计划的有关知识
◎ 掌握仓储经营计划体系与指标体系的构成
◎ 掌握仓储经营的方法
◎ 能够制订企业的仓储经营目标及仓储经营计划
◎ 能够建立仓储经营计划体系与指标体系并运用相关指标对企业效益进行评价

任务 描述

■ 案例放送

四种典型仓储企业经营案例

一、保税仓

深圳赛格储运有限公司下属的福保赛格实业有限公司（以下简称：福保赛格），在深圳市福田保税区拥有 28 000 平方米的保税仓。福保赛格的主要客户包括日本理光国际通运有限公司、华立船务有限公司、伯灵顿国际物流有限公司、华润物流等近百家外资、港资物流企业和分布于珠三角地区的制造企业。福保赛格面向这些企业，提供保税仓的长租和短租服务，并附带从事流通加工等物流增值服务。

福保赛格的赢利模式是以仓库库位出租为核心的物流服务项目的收费。基本收费项目是仓租费。另外还有装车、卸车、并柜/拼箱，对货品进行贴标、缩膜/打板、换包装、简单加工（如分包、重新组合包装、简单装配等），以及代客户进行报关、报检等服务项目的收费。主要支出是人工、水电、仓储物和设备折旧带来的维修维护费用等。

福保赛格目前仍然是以订单为驱动、以业务为中心进行运作的仓储服务企业。还没有转型到以客户服务为中心。福保赛格目前面临的最大问题是如何提高资产回报率。保税仓的固定资产超过 8 000 万，而每年的利润却不到 500 万。与运输业务相比（货柜车辆的固定资产只有 1 000 多万，每年贡献的利润却达到 2 000 万以上），资产回报率太低。提高保税仓库区工作人员士气，努力增强服务意识，注重品质提升；增大物流增值服务的比例，大幅提高仓租费以外的收入来源，争取到更多利润贡献率高的优质客户，淘汰利润率低的 C 类客户等都是可能的解决途径。

为此，福保赛格希望对内通过实现全面质量管理来持续改进自己的管理流程，并通过信息化的手段来辅助管理的开展。对外开发更多的高端客户，树立以客户为中心的意识（强烈关注客户的满意度），提出"要把服务做在客户没有想到之前"的口号。通过内部的管理流程挖潜和对外客户的优质增值服务来获得新的竞争优势。

二、城市配送中心

杭州富日物流有限公司拥有杭州市最大的城市快速消费品配送仓。它在杭州市下沙路旁租用的 300 亩土地上建造了 140 000 平方米现代化常温月台库房，并正在九堡镇建造规模更大的 600 亩物流园区。富日物流已经是众多快速流通民用消费品的华东区总仓，其影响力和辐射半径还在日益扩大中。

富日物流通过引入西方先进的第三方物流经营理念，聘请了职业经理人王卫安，成功地开拓了以杭州为核心的周边物流市场，目前已成为杭州最大的第三方物流企业之一。富日物流的主要客户包括大型家用电器厂商（科龙、小天鹅、伊莱克斯、上海夏普、LG、三洋等）、酒类生产企业（五粮液的若干子品牌、金六福等）、方便食品生产企业（如康师傅、统一等）和其他快速消费品厂商（金光纸业、维达纸业等）。国美电器、永乐家电等连锁销售企业和华润万家等连锁超市也与富日物流达成了战略合作关系。

富日物流的商业模式就是基于配送的仓储服务。制造商或大批发商通过干线运输等方式大批量地把货品存放在富日物流的仓库里，然后根据终端店面的销售需求，用小车小批量配送到零售店或消费地。目前，富日物流公司为各客户单位每天储存的商品量达 2.5 亿元。最近，这家公司还扩大了 6 万平方米的仓储容量，使每天储存的商品量达 10 亿元左右。按每月流转 3 次计，这家公司的每月物流量达 30 亿元左右。富日物流为客户提供仓储、配送、装卸、加工、代收款、信息咨询等物流服务，利润来源包括仓租费、物流配送费、流通加工服务费等。

富日物流在业务和客户源上已经形成了良性循环。如何迅速扩充仓储面积，提高配送订单的处理能力，进一步提高区域影响力已经成了富日物流公司决策层的考虑重点。

富日物流已经开始密切关注客户的需求，并为客户规划出多种增值服务，期盼从典型的仓储型配送中心开始向第三方物流企业发展。

三、中转分拨仓

义乌市联托运开发总公司是一家集义乌全市所有联托运线点开发、经营和管理于一体的综合性企业。该公司对义乌市的所有省外线路的各个托运点只是拥有管理权而无所有权，也不拥有省外运输的车队。但其下属的联发快运则直接经营省内运输业务，并在浙江省内几乎每个县市都设有货物收发点，实现定点、定时收发货物。联发快运通过自己的运输力量可以在不超过两天的时间内在浙江省内任何两个县市之间完成货物送达。而发往省外的货物则需要通过义乌中转，交由设在义乌的直达全国三百多个城市的托运点完成全程运输。因此，联发快运在义乌总部设有中转仓，以实现不同运输线路之间的货物中转分驳。由于货物在中转仓的停留时间短（通常只有几个小时），因此基本上没有正式的库存管理和库内管理（如比较正式的盘点、移仓作业）。仓库也是采用两端通透型类似于越库区（Cross Decking）的设计，没有进行细致的库位划分。过于强调低成本竞争，不重视对客户的服务。目前公司面临的最大问题是业务负荷远远跟不上运力。需要对货源和优质大客户进行深入挖掘。联发快运现在已经拥有的和可以整合的运力资源潜力非常巨大。具体办法包括转变以往等客上门的思想观念，加强服务意识，改革国有企业的人事制度等（义乌市联托运开发总公司是国有控股企业）。

四、统仓共配（VMI）服务

随着大量台资、外资企业进驻苏州工业园区，苏州已经形成了电子元器件、芯片、电脑及电脑配件等硬件产品的庞大的企业生态群落。这些企业对物流服务有着特殊的要求，原因在于随着分工的细化，这些电子产品、元器件、原材料和成品种类日益繁多、更新换代周期短、货品单值较高、周转迅速。制造企业为了尽可能地降低成本，减少库存对资金的占用，这些企业都强调准时生产（JIT）和零库存原则，要求供应商小批量、多批次、配合生产流程的频繁供货。

为了满足上述要求，统仓共配（又称：供应商库存管理，VMI）应运而生。其特征在于多个供应商共同租用一个公共仓库，面向一家或多家制造企业供货。当制造企业一次向多家供应商采购时，订单可以统一处理，从而在完成多对一的集中拣货和并单运输的同时，实现制造企业和供应商之间一对一的月度结算，由此大大降低了总体运输成本和交易成本，满足了制造企业的准时生产（JIT）的需求。

台湾世平国际公司是台湾著名的 IT 渠道/分销商。沿袭业已存在的伙伴关系，满足苏州台资企业的物流需求，在苏州开展了统仓共配型仓储为核心的物流服务。世平国际的客户既包括像明基电通、高科（苏州）等在内的大批台资企业，也包括英特尔、AMD 在内的跨国巨头。目前该公司面临的问题是如何低成本扩张，以进一步扩充仓储能力、提高信息系统的处理能力，以应付不断增长的客户需求。

■ 案例讨论问题

案例中的四个企业各采取了什么经营模式？各种经营模式的特点及适用哪种类型的企业？

■ 案例研讨

以上四则案例反映了四个不同类型企业的经营模式及特点，这些企业是如何根据客户的需求及特点，结合自身的仓储资源状况开展多种仓储服务的呢，看来有必要了解仓储经营的有关知识。

相关 知识

一、仓储经营管理的意义

仓储经营管理是指在仓库管理活动中，运用先进的管理原理和科学的方法，对仓储经营活动进行计划、组织、指挥、协调、控制和监督，充分利用仓储资源，以实现最佳的协调与配合，降低仓储经营管理成本，提高仓储经营效益。

1. 搞好仓储经营是现代物流发展的需要

在物流高速发展的今天，对仓储的技术要求越来越高，加上市场竞争的加剧、地价的大幅度上升、规模经济对仓储面积要求的增大等都使仓储经营设施的投资增大，因此为满足社会对仓储的需求，尤其是大量中小企业对仓储的需求，盘活仓储企业的资本，提高仓储设施的使用率，增加效益，必须将现有的仓储经营设施向社会开放，开展多样化经营。

2. 搞好仓储经营管理可以加强企业基础工作，提高管理水平

经营管理是仓库管理的最高阶层，经营管理需要良好的生产管理、财务管理、人事管理等的支持，同时良好的经营管理又能促进各项管理的水平提高。

3. 搞好仓储经营管理能保证企业再生产活动的顺利进行

可以克服各生产者之间、生产者与消费者之间在商品生产与消费地理上的分离，衔接商品生产与消费时间上及方式上的差异，保证社会再生产的顺利进行。

4. 搞好仓储经营管理，是提高仓储能力、加快资金周转的有效途径

要搞好仓储经营活动，必须要充分利用仓储设施和资源，提高仓储服务能力，提升仓储经营的层次，提高仓储服务的附加值，提高仓储企业的收益。通过仓储经营管理减少物资资产在仓储过程中的沉淀，加速物资和资金的周转，节省费用支出、降低物流成本，开发"第三利润源泉"，提高社会的、企业的经济效益。

二、仓储经营组织

（一）仓储经营组织的概念

仓储经营组织是以实现仓储经营的最高经济效益和社会效益为目标，将仓储作业人员与仓储作业手段有效地结合起来，完成仓储作业过程各环节的职责，为商品流通提供良好的仓储服务和有效的经营管理的经营实体。

（二）仓储经营组织的目标

1. 总体目标

仓储经营的目标是指按照仓储活动的各项要求和仓储管理上的需要，把与仓储经营有关系的各部门、各环节合理组织起来，使各方面的工作协调、有效地进行，加速商品在仓库中的周转，合理地使用人、财、物，以最小的资源取得最大的经济效益。

2. 具体目标

仓储经营的具体目标是实现仓储经营活动的"多储存、多经营、快进、快出、保管好、费用省"。

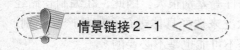
情景链接 2-1 <<<

仓储经营目标

"快进"是物资运抵港口、车站或仓库专用线时，要以最快的速度完成物资的接运、验收和入库等作业活动。

"快出"是物资出库时，要及时、迅速和高效地完成备料、复核、出库和交货清理作业活动。

"多储存"是在库容合理规划的基础上，最大限度地利用有效的储存面积和空间，提高单位面积的储存量和利用率。

"多经营"是仓储采用多种经营方式来提高企业的收益，如流通加工、产品配套及组装、配送与配载、订货决策支持、物流系统设计咨询、物流信息处理等。

"保管好"是按照物资性质要求和储存条件合理安排储存场所，采取科学的保管方法，使其在保管期内质量完好、数量准确。

"费用省"是物资输入和输出以及保管的整个过程，都要努力节省人力、物力和财力消耗，以最低的仓储成本取得最好的经济效益。

资料来源：http：//www.lncc.edu.cn/jpk07/ccps/dzja/index.html

在仓储经营组织过程中，应综合考虑各方面的因素，并注意以下几个方面：第一，保证仓储作业过程的连续性；第二，实现仓储作业过程的比例性；第三，采取仓储经营方法的多样性；第四，充分调动全体员工的积极性；第五，具有有利于人才培养的机制；第六，具有良好的风险防范机制。

三、仓储经营计划

（一）仓储经营管理计划的概念

仓储经营管理计划是仓储企业为适应经营环境变化，通过决策程序和方案选择，对仓储经营活动的内容、方法和步骤明确化、具体化的设想和安排。

（二）制订仓储经营计划的依据

制订仓储经营计划，即根据市场的需求和企业仓储能力确定经营目标，有计划地组织、指挥、调节、控制企业各部门、各环节的活动，完成仓储经营任务，实现和提高仓储作业的经济效益。因此，仓储经营计划要在国家调控政策、市场调研、预测的基础上，结合企业的实际情况，如经营条件和经营能力来制订。其主要依据如下。

1. 市场供需变化情况

在市场经济条件下，物流市场调查结果是编制计划的主要依据。制订仓储经营计划需要了解市场发展的规律，合理预测市场对产品消费需要的变化，根据消费的需要以及生产厂商的供给，及时、保质保量地提供适应的商品和服务。

2. 仓储经营条件和经营能力

现代仓储企业各自具备一定规模的物流设施和设备，结合交通、地域等环境条件构成其经营条件和经营能力，且不同仓储企业的经营范围、条件等差别很大。因此，在编制仓储经营计划时，必须充分考虑经营条件及经营能力的实际状况来选择具体进行仓储的产品类别，如食品、电子产品、日用品等，包揽所有商品的仓储是不可能也是不必要的。

3. 客户提出的货物存储申报计划及服务需求

仓储通过有效的促销活动，可以与客户签订货物储存合同、协议或意向书，在这些文件中将给出拟储存货物的名称、数量、储存要求、储存时间，甚至是货物的包装形式和特性等，形成货物存储申报计划。除了仓储与保管的基本功能之外，现代仓储还向各类客户提供多种增值服务项目，如加工、包装、配送等，甚至接受整个物流委托，与客户签订增值服务及综合物流服务协议作为仓储经营计划的基本依据。

（三）仓储经营计划体系与指标体系

1. 仓储经营计划体系

仓储经营计划体系是围绕仓储多种经营活动所编制的多层次、相互衔接、相互补充而形成的计划群。仓储的计划体系主要由长远规划、年度经营计划、工作进度计划构成。

1）长远规划

长远规划是现代仓储确定未来发展方向和目标的战略计划，是对未来若干年内应当实现的任务的总体性规定，是现代仓储在连续几年中必须遵循的行动纲领。长远规划注重的是长期经济效益、安全与稳定，其内容是现代仓储发展中的一些重大问题，未来若干年可能使企业获得独特的优势。

2）年度经营计划

年度经营计划是长远规划的具体化，是指导现代仓储经营活动的行动计划。它涉及现代仓储各部分、各环节和各方面经济活动的平衡，规定了各项具体的技术经济指标，它是全体员工在计划年度内的行动纲领，是现代仓储的重要计划形式。

3）工作进度计划

工作进度计划是具体的执行计划，是现代仓储用以指导和组织日常经营活动的计划。现代仓储各方面的经营活动都要制订工作进度计划，以便将年度计划的各个组成部分进一步具体化，如月度运输计划、月度储存计划、购销合同计划和流通加工产出进度计划等。

2. 仓储经营计划的指标体系

表达计划内容的各种指标从不同角度规定现代仓储计划期的任务，各种指标之间主次配合、互相补充形成计划指标体系。现代仓储的计划指标体系主要包括四个基本组成部分。

（1）规定工作量的基本指标。主要有商品销售量、商品购进量、商品储备量、商品调入和商品运输量。规定劳动力的使用与补偿的指标，如职工人数、劳动效率、工资总额等。

（2）规定资源利用程度的指标。主要包括仓储面积利用率、仓容利用率、机械设备完好率和机械设备利用率等。

（3）规定企业经营成果的基本指标。主要包括资金占用额、资金周转天数、资金周转次数和利润率等。

（4）规定企业服务水平的基本指标。主要包括客户满意程度、缺货率、准时交换率、货损货差赔偿费率等。

四、仓储经营的方法

为了实现仓储经营合理化，必须采用科学的仓储经营方法，对商品的仓储及仓储经营进行有效的动态控制。仓储经营方法根据仓储目的的不同，可以分为保管仓储、混藏仓储、消费仓储、租赁经营和多种经营等方法。

（一）保管仓储

1. 保管仓储的概念

保管仓储是指由仓储经营人提供完善的仓储条件，接受存货人的仓储物进行保管，在保管期届满，将原收保的仓储物原样交还给存货人，存货人支付仓储费的一种仓储经营方法。

2. 保管仓储的特点

（1）保管仓储的目的在于保持保管物原状。寄存人交付保管物于保管人，其主要目的在于保管。也就是说，他主要是将自己的货物存入仓储企业，仓储企业必须对仓储物实施必要的保管而达到最终维持保管物原状的目的，一定要确保原物形状。它与存货企业是一种提供劳务的关系，所以在仓储过程中，仓储物的所有权不转移到仓储过程中，仓储企业没有处分仓储物的权力。

（2）仓储物一般都是数量大、体积大、质量高的大宗货物、物资。如粮食、工业制品、水产品等。

（3）保管仓储活动是有偿的，保管人为存货人提供仓储服务，存货人必须支付仓储费。仓储费是保管人提供仓储服务的价值表现形式，也是仓储企业盈利的来源。

（4）仓储保管经营的整个仓储过程均由保管人进行操作，仓储经营企业需要有一定的投入。为了使仓储物品质量保持完好，需要加强仓储的管理工作。仓储企业要加强仓储技术的科学研究，不断提高仓库机械化、自动化水平，组织好物资的收、发、保管保养工作，掌握监督库存动态，保持物资的合理储备。建立和健全仓储管理制度，加强市场调节和预测，与客户保持联系，不断提高仓储工作人员的思想政治水平和业务水平，培养一支业务水平高、技术水平高、管理水平高的仓储工作队伍等，这一切吸引仓储客户的活动，都需要一定的投入，才能使保管仓储发挥其应有的作用。

（二）混藏仓储

1. 混藏仓储的概念

混藏仓储是指存货人将一定品质、数量的储存物交付保管人，保管人将不同存货人的同样仓储物混合保存，存期届满时，保管人只需以相同种类、相同品质、相同数量的替代物返还给存储人，保管人收取仓储费的一种仓储经营方法。

2. 混藏仓储的特点

（1）混藏仓储的对象是种类物。混藏仓储的目的并不是完全在于原物的保管，有时寄存人仅仅需要实现物的价值的保管即可，保管人以相同种类、相同品质、相同数量的替代物返还，并不需要原物返还。

（2）混藏仓储的保管物并不随交付而转移所有权。混藏保管人只需为寄存人提供保管服务，而保管物的转移只是物的占有权转移，与所有权的转移毫无关系，保管人无权处理存货的所有权。例如，农民将小麦交付给仓储企业保管，仓储企业可以混藏小麦，仓储企业将所有收存的小麦混合储存于相同品种的小麦仓库，形成一种保管物为混合物（所有权的混合）状况，小麦的所有权并未交给加工厂，各寄存人对该混合保管物按交付保管时的份额，各自享有所有权。在农民需要时，仓储企业从小麦仓库取出相应数量的存货交还该农民。

（3）混藏仓储是一种特殊的仓储方式。混藏仓储与保管仓储有着一定的联系，也有一定的区别，保管仓储的对象是特定物，而混藏仓储的对象是种类物。

混藏仓储在物流活动中发挥着重要的作用，在提倡物尽其用、发展高效物流的今天，赋予了混藏仓储更新的功能，配合以先进先出的运作方式，使得仓储物资的流通加快，有利于减少耗损和过期变质等风险。

另外，混藏方式能使仓储设备投入最少，仓储空间利用率最高。存货品种增加，会使仓储成本增加，所以在混藏仓储经营中尽可能开展少品种、大批量的混藏经营。因此，混藏仓储主要适用于农村、建筑施工、粮食加工、五金等行业，对品质无差别、可以准确计量的商品。

（三）消费仓储

1. 消费仓储的概念

消费仓储是指存货人在存放储存物时，同时将储存物的所有权也转移到保管人处，在合同期届满时，保管人以相同种类、相同品质、相同数量替代品返还给存储人，并由存储人支付仓储费的一种仓储方法。

2. 消费仓储的特点

（1）消费仓储以种类物作为保管对象，仓储期间转移所有权于保管人。在消费仓储中，寄存人将保管物寄于保管人处，保管人以所有人的身份自由处理保管物，保管人在他所接收的保管物于转移之时便取得了保管物的所有权。这是消费仓储最为显著的特征。

（2）消费仓储是一种特殊的仓储形式，具有与保管仓储相同的基本性质。消费仓储保管的目的是对保管物的保管，主要是为寄存人的利益而设定，原物虽然可以消耗使用，但其价值得以保存。寄存人交付保管物于保管人，只求自己的物品在需要时，仍然能够得到等同于原样的输出。

（3）消费仓储以物的价值保管为目的，保管人仅以种类、品质、数量相同的物进行返还。在消费仓储中不仅转移保管物的所有权，而且必须允许保管人使用、收益、处分保管物。即将保管物的所有权转移于保管人。

3. 消费仓储的经营

消费式仓储经营有两种主要模式：其一，仓储保管人直接使用仓储物进行生产、加工，如建筑仓储经营人直接把客户委托仓储的水泥用于建筑生产，在保管到期前到市场上购回相同的水泥归还存货人；其二，仓储经营人在仓储物的价格升高时将仓储物出售，在价格降低时购回。

（四）仓库租赁经营

仓库租赁经营是通过出租仓库、场地、仓库设备，由存货人自行保管货物的仓库经营方式。进行仓库租赁经营时，最主要的一项工作是签订一个仓库租赁合同，在法律条款的约束下进行租赁经营，取得经营收入。

仓库租赁经营中，租用人的权利是对租用的仓库及仓库设备享有使用权，并保护仓储设备设施，按约定的方式支付租金。出租人的权利是对出租的仓库及设备设施拥有所有权，并享有收回租金的权利，同时必须承认租用人对租用仓库及设备设施的按约定的使用权，并保证仓库及设备设施的完好性能。

仓库租赁经营可以是整体性的出租，也可以采用部分出租、货位出租等分散方式进行。在分散出租形式下，仓库所有人需要承担更多的仓库管理工作，如环境管理、保安管理等。例如，目前在许多国家一种叫箱柜委托租赁的保管业务发展较快。

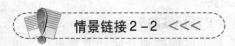

情景链接 2-2 <<<

箱柜委托租赁保管业务

箱柜委托租赁保管业务是仓库业务者以一般城市居民和企业为服务对象，向他们出租体积较小的箱柜来保管非交易物品的一种仓库业务。对一般居民和家庭的贵重物品，如金银首饰、高级衣料、高级皮毛制品、古董、艺术品等，提供保管服务。对企业以法律或规章制度规定必须保存一定时间的文书资料、磁带记录资料等物品为对象提供保管服务。箱柜委托租赁保管业务强调安全性和保密性，它为居住面积较小的城市居民和办公面积较窄的企业提供了一种便利的保管服务。箱柜委托租赁保管业务是一种城市型的仓库保管业务。

许多从事箱柜委托租赁保管业务的仓库经营人专门向企业提供这种业务，他们根据保管物品、文书资料和磁带记录资料的特点建立专门的仓库，这种仓库一般有三个特点：一是注重保管物品的保密性，因为保管的企业资料中许多涉及企业的商业秘密，所以仓库有责任保护企业秘密，防止被保管的企业资料流失到社会上去；二是注重保管物品的安全性，防止保管物品损坏变质，因为企业的这些资料如账目发票、交易合同、会议记录、产品设计资料、个人档案等需要保管比较长的时间，必须防止保管物品损坏变质；三是注重快速服务反应。当企业需要调用或查询保管资料时，仓库经营人能迅速、准确地调出所要资料，及时地送达企业。

资料来源：http：//www.lncc.edu.cn/jpk07/ccps/dzja/index.html

（五）仓储多种经营

仓储多种经营是指仓储企业为了实现经营目标，采用多种经营方式。

1. 仓储多种经营意义

1）开展仓储多种经营是适应物流市场变化的有效途径

市场上消费者需求受市场环境多种不可控因素影响，环境因素在不断变化，市场需求也在不断变化。仓储企业只有采用多种仓储经营方式，才能适应市场需求的变化。

2）开展仓储多种经营是实现仓储企业经营目标的需要

采用多种经营方式，如仓储增值服务、运输中介、配送与配载等，可为实现经营目标提供可靠的保证。

3）开展仓储多种经营是降低风险的有效手段

实施仓储经营多样化，可使仓储的经营范围更广，把资金分散经营，从而降低经营风险，确保仓储企业的正常经营。

2. 仓储增值服务和运输中介

1）仓储增值服务

随着物流业的快速发展，仓储企业充分利用其联系面广、仓储手段先进等有利条件，向多功能的物流服务中心方向发展，开展加工、配送、包装、贴标签等多项增值服务，增加仓储利润。仓储可提供以下增值服务。

（1）包装。产品的包装环节由仓储企业或仓储部门来完成，并且把仓储的规划与相关的包装业务结合起来综合考虑，有利于整个物流效益的提高。

（2）贴标签。在仓储过程中完成在商品上或商品包装上贴标签的工序。

（3）简单的加工生产。把在生产过程中独立的简单加工过程放到仓储环节来进行，可以从整体上节约物流流程，降低加工成本，并使生产企业能够专心于主要的生产经营业务活动。如把对玻璃的按需切割过程放到仓储环节来进行。

（4）产品配套、组装。当某产品需要由一些组件或配件组装配套而成时，不出仓库直接由装配工人完成配装，不但使得仓储企业的竞争力增强、效率提高，同时也使得生产部门和企业的压力减轻。

（5）托盘化。即将产品转化为一个独立托盘的作业过程。

（6）退货和调换服务。当客户的产品销售之后，产品出现质量问题或出现纠纷，需要实施退货或货物调换业务时，由仓储企业来帮助办理有关事项。

（7）订货决策支持。由于仓储过程中掌握了每种货物的消耗过程和库存变化情况，这就有可能对每种货物的需求情况作出统计分析，从而为客户提供订货及库存控制的决策支持，甚至帮助客户作出相关的决策。

（8）仓单质押贷款。所谓仓单质押贷款，是指货主企业把货物存储在仓库中，然后可以凭仓库开具的货物仓储凭证——仓单向银行申请贷款，银行根据货物的价值向货主企业提供一定比例的贷款，同时，由仓库代理监管货物。

2）运输中介

运输中介即运输服务中间商，他们通常不拥有运输设备，但向其他厂商提供间接服务。他们的职能类似营销渠道中的批发商。他们从各种托运人手中汇集一定数量的货源，然后购买运输。中间商主要有货运代理人、经纪人。

（1）货运代理人（简称货代）。把各种顾客手中的小批量货物整合成大批量装载，然后利用专业承运人进行运输，收取中介费。

（2）经纪人。为委托人进市场搜寻和交易磋商，使委托人和交易对象发生运输交易，收取中介费。

实训　项目2.1

实训项目：仓储计划

实训目的	实训内容及要求	实训评价		
		评价标准	评价主体	评价结果
1. 能够合理处理客户订单； 2. 能够有效地分配和使用仓库空间； 3. 能够编制仓储计划	5～7人组成项目小组，根据2—1阅读材料中提供的"天顺仓储有限责任公司库房的信息及各客户的申报计划"编制月度仓储计划。计划中应至少包括以下内容： 1. 客户及所占的仓库名称； 2. 时间安排及空间安排； 3. 具体经营思路	1. 时间安排和空间分配合理； 2. 有自己独特的思路	老师评价占40%	
			其他小组评价占60%	
			总计	

阅读材料

以下是天顺仓储有限责任公司库房的信息及各客户的申报计划。

天顺仓储有限责任公司共有1号、2号、3号三个仓库，1号仓库的库存能力为120平方米，2号仓库的库存能力为500平方米，3号仓库的库存能力为360平方米。

本公司客户于年初提出以下申报计划：

1. A公司申报1—6月份存储400平方米的货物；

2. B公司申报1—3月份存储80平方米的货物；

3. C公司申报1—2月份存储300平方米的货物；

4. D公司申报2—5月份存储200平方米的货物；

5. E公司申报6月份存储200平方米的货物；

6. F 公司申报 8 月份存储 300 平方米的货物；

7. G 公司申报 7—12 月份存储 480 平方米的货物；

8. H 公司申报 11、12 月份存储 300 平方米的货物；

9. I 公司申报 7—12 月份存储 150 平方米的货物；

10. J 公司申报 8 月份存储 200 平方米的货物。

课后习题

1. 仓储经营对于企业有何意义？

2. 仓储经营的组织目标有哪些？

3. 何谓仓储经营计划？如何制订仓储经营计划？

4. 仓储经营计划体系与指标体系是如何构成的？

5. 仓储经营的方法有哪些？

任务 2　仓 储 营 销

知识与能力目标

◎ 掌握市场调研的内涵及步骤

◎ 掌握商务磋商和签订商务合同的有关知识

◎ 掌握仓单的有关知识

◎ 能够对仓储物流市场进行调研与开拓

◎ 能够与客户磋商并签订合同

◎ 能够为仓储服务客户签发仓单并根据需要进行背书转让

任务描述

■ 案例放送

如何进行调研

某物流专业的大专毕业生小陈在新设立的物流公司市场部就职，该公司位于广东顺德，拥有 2 个 2 000 平方米仓库和相关设备，其仓储条件以电子类产品为主，拥有流动资金 300 万，员工 80 人。现公司要求市场部调查本地区的仓储需求状况并根据公司自身的情况设计一套完整并且具有针对性的调查问卷。

■ 案例讨论问题

对此，市场部门应该怎么做，小陈要做些什么工作？

■ 案例研讨

市场调研是一项复杂而细致的工作，为了保证市场调研工作的顺利进行，提高工作效率，达到预期效果，一般要按照一整套系统、科学的程序进行市场调研。因此，需要系统学习相关知识。

相关 知识

一、仓储物流市场调研

（一）仓储物流市场调研的内涵

仓储物流市场调研即仓储物流市场调查研究，它是仓储物流企业为了提高决策质量，以发现营销中的机遇和问题为目的而系统、客观地识别、收集、分析和传递仓储物流市场营销活动各方面信息的工作，是仓储物流企业营销活动的起点，并贯穿于整个营销活动的始终。根据美国市场营销协会的定义，市场调研是用信息来联系营销者和消费者、客户和公众的活动，市场调研信息用于发现和确认营销机会和问题，并制定、提升和评估营销活动，监测市场表现，改进对营销过程的认识。通过市场调研，仓储物流企业可以掌握市场的发展变化现状和趋势，为市场预测提供科学的依据。

仓储物流企业在经营活动中面临着分析市场环境、发现市场机会与威胁等问题，这些问题的解决都需要以客观的信息与结论为依据。市场调研正是解决这一问题的有效途径。

（二）仓储物流市场调研的步骤

市场调研是一项复杂而细致的工作，为了保证市场调研工作的顺利进行，提高工作效率，达到预期效果，市场调研一般是按照一整套系统、科学的程序进行。目前市场调研是按照以下几个步骤来进行的。如图 2 - 1 所示。

图 2 - 1 仓储物流市场调研程序

1. 确定问题和研究目标

明确问题阶段提出的假设或目标，即是正式调查阶段所要验证或解决的。一项调研的目标不能漫无边际，只有将每次调研所要解决问题的范围圈定到一个确切的限度内，才便于有效地制订计划和实施调研。问题提得越明确，越能防止调研过程中不必要的浪费，将信息采集量和处理量减至最低，如某一区域的工业企业或商业企业希望仓储企业能提供哪些服务？

2. 制订营销调研计划

（1）确定所需要的信息；

（2）信息来源；

（3）调研方法；

（4）抽样计划；

（5）调研工具。

3. 收集调研资料

按照计划规定的时间、方法、内容着手信息的收集工作。

4. 对资料分析和整理

（1）对资料进行审核、订正、分类汇总，检查资料是否齐全；

（2）分辨资料的真实可靠性，并核查资料是否有遗漏，对资料进行加工整理；

（3）对资料进行分类、列表，以便于归档、查找、使用；

（4）运用统计模型和其他数学模型对数据进行处理，以充分发掘从现有数据中可推出的结果。

5. 撰写调研报告

调研报告是市场调研的终点，是调研的最后一个环节，也是调研成果的集中表现，本步骤包括书面调研报告撰写和调研成果的提供，物流市场调研报告书包括以下内容：

（1）调研项目的产生和项目过程概况；

（2）调研过程；

（3）调研结果；

（4）分析和建议；

（5）其他说明；

（6）附录。

二、仓储业务客户开发

（一）调查潜在物流客户的资料

潜在客户可以为物流企业带来业务，但如何找到他们的决策者，敲开他们的门，是获得业务的最关键一步。接触客户的关键人物是调查客户的基础。一般来讲关键人物是指有权力决定或参与物流采购的人。真正的关键人物知道最需要的是什么物流服务，能否在现在或将来什么时候采购。通过接触物流客户的关键人物，可以获知该客户的真实状况。所以通过对关键人物的调查才能获知客户的物流需求信息和物流需求障碍。

当明确拜访对象之后，需要调查潜在客户的下列信息：关键人物的职务、关键人物的个性、客户购买的决策途径、客户的规模、客户的信誉状况、客户的发展状况。

必须首先决定拜访客户的目的，才能准备接近客户时的适当说词及资料，让客户接受拜访的理由。

第一次拜访物流客户的理由：引起客户关键人物的兴趣、建立人际关系、了解客户目前的物流状况、提供物流服务的资料、介绍自己的物流企业、要求同意进行更进一步的调查工作，以制作物流服务建议书。

拜访潜在物流客户前的准备是一个持续性的准备，每一个潜在客户都是未来开花结果的种子，您对潜在客户了解得越多，就越能增加您的信心。信心是会感染的，客户感受到您的信心，也会对您产生信心。

（二）制订销售计划

物流销售是行动导向的科学，没有行动计划，必定没有业绩。如何提高行动的效率，前提是有一个好的物流销售计划。合理的物流销售计划是依时、依地、依人、依事组织的行动过程。计划是行动的开始，行动的结果是否能够达到目标，是计划检核的基本点。

销售人员在制订销售计划时应考虑以下三个因素：确保接触顾客的时间最大化；明确所要达成的最终目标；明确达成目标所需的资源。在执行销售计划时，销售人员必须持严谨、认真的态度，必须对自己的计划负全责。此外，销售人员还应定期评估计划的执行情况，并随时督促自己把握好进度，以达成最终目标。

好的销售计划首先是切实可行并有效率的计划。销售人员应该知道要去拜访谁、何时去拜访，每次拜访的目标及方法，争取做到充分利用自己的时间，为了制订有效的销售计划，请充分考虑以下事项并统筹安排自己的时间。

制订拜访计划。制订拜访计划时，应根据提供服务的多少和自己的能力来确定拜访次数，并计划出每月每日的拜访次数（包括每日新拜访次数、每日重复拜访次数、每月新拜访次数、每月重复拜访次数）。

制订路线计划。好的销售路线是指销售人员能在规定时间内达到规定地点并消除不必要的往返拜访路线。通常，销售路线有直线型、四叶草型、螺旋形、地带型 4 种，具体来说："直线型"适用于顾客基本位于一条直线上的情形；"四叶草型"适用于销售区域很大并需要好几天时间才能走遍的情形；"螺旋形"常用于顾客很分散的情形；"地带型"要求将整个区域划分成一定数量的地带。

计划约见顾客的时间。计划好通过电话、销售信函（DM）等方式约见顾客所需的时间。

充分运用有效的时间段。一般来说，上午 10：00—11：30 和下午 2：00—5：00 是与顾客会面的最佳时间段，销售人员应充分利用。

做销售准备的时间。具体来说，包括建议书撰写、资料准备等工作。

客诉处理时间。销售人员应认识到尽快处理顾客投诉的重要性，并留出专门的时间来处理。

实训时间。参与公司内部实训的时间。

会议。参加公司会议的时间。

（三）客户拜访

对于初次拜访，"接近物流客户的三十秒，决定了物流销售的成败"。这是成功物流销售人共同的体验，那么什么是接近物流客户呢？在专业物流销售技巧上，我们定义为"由接触潜在物流客户，到切入主题的阶段"。接近物流客户的方式有几种——电话、直接拜访、信函/邮件、经过第三者引荐。

从接触物流客户到切入主题的这段时间，要注意以下两点。

1. 打开潜在物流客户的"心防"

在游说别人之前，一定要先减除对方的戒心。接近是从"未知的遭遇"开始，接近是和从未见过面的人接触，任何人碰到从未见过面的第三者，内心深处总是会有一些警戒心，相信您也不例外。

因此，只有在您能迅速地打开潜在物流客户的"心防"后，才能敞开客户的心胸。打开客户心防的基本途径是先让客户产生信任感，接着引起客户的注意，然后是引起客户的兴趣。

2. 销售商品前，先销售自己

接近客户技巧的第一个目标就是先将自己销售出去。销售人员在初次接近客户时，切忌单刀直入地询问对方物流的事情，让人有突兀的感觉，而遭到客户的反问和拒绝。反之，在掌握了客户的详细资料并以共同对话的方式打开客户的"心防"，再自然地进入销售物流的主题，成功的可能性就较大。

只有接近了客户，引起了客户的注意，才能进一步展开营销工作，最终获取与客户合作的机会。

三、仓储企业的销售促进策略

仓储企业服务促销要运用各种推销方法，一般将这些方法分为人员推销和非人员推销两大类。在非人员推销中包括广告推广、营销推广和公共关系推广等方式，促进策略就是对这些方式的选择、组合和应用。仓储企业服务促销的实质是一种信息沟通。从被动的方面来看，促销可以使客户了解服务的存在并使他们认识服务的品质；从主动的方面来看，促销能够影响客户的购买动机，刺激客户的潜在需求。

促销组合就是有目的、有计划地将人员推销、广告宣传、营销推广和公共关系等四种促销方式结合起来，综合运用。如各种广告、各类人员推销，以及服务场所的布置、奖券、信函等。如何从中选择，予以适时、适地和适量地协调和配合，是仓储企业营销管理中的一项艰巨的工作。

（一）仓储企业服务促销及促销组合的概念

1. 推策略

推策略是物流企业利用推销人员将服务产品推向客户的策略。这一策略需要大量的人员推销其服务产品，较适合传统的物流服务项目，如运输服务、仓储配送服务的推广等。这类推销策略风险小、推销周期短、资金回收快。常用的方法有人员推销、营业推广等。

2. 拉策略

拉策略是指企业针对客户展开广告攻势，把服务产品的信息介绍给目标市场的客户，使客户产生购买欲望，形成市场需求，然后"拉引"需求者购买本企业提供的物流服务产品。这类促销策略较适用于具有创新性的物流服务推广。常用的方式主要有广告、公共关系促销等。

同时使用推和拉这两种策略是最理想的。在很多情况下组合采用这两种策略，推销速度会更快，效果会更好。不过混合使用并不等于平均分配企业的时间和精力，而是要有主有次，达到的效果应该是既能引起中间商对经销产品的兴趣，又能促使客户实际购买。

（二）影响物流服务促销组合的因素

合理选择、协调和组合各种促销方式，是市场营销成功的关键因素。企业在进行促销活动时，应该综合考虑两个方面的内容：一方面是促销组合与整体营销的关系；另一方面是要分析目标市场的环境、客户的数量、类型及其要求、不同商品的性质和市场生命周期等。只有对这两个方面的内容作出充分的分析，企业对促销方法的运用才有针对性。影响物流服务促销组合的因素有：物流服务的性质；物流服务产品的生命周期的不同阶段；市场性质；企业情况。

实训　项目2.2

实训项目：哪种接近客户的方法更好

实训目的	实训内容及要求	实训评价		
		评价标准	评价主体	评价结果
1. 通过实训对拜访客户的知识有更深入的认识； 2. 能够初步接触顾客并为进一步营销奠定基础	5～7人组成项目小组，根据2-2阅读材料中提供的材料及后面所附的问题进行扩展阅读和讨论，把形成的结论做成PPT并推选一名代表进行主讲，评价结果作为小组成绩	1. 选择方法正确； 2. 选择理由充分	老师评价占40%	
			其他小组评价占60%	
			总计	

阅读材料

哪种接近客户的方法更好?

接近客户技巧的第一个目标就是先将自己销售出去。有两个接近物流客户的范例，您可比较一下。

范例一

销售人员 A：您好！我是某某物流公司的销售人员，陈大勇。在百忙中打扰您，想要向您请教有关贵公司物流方面的事情。

客户：哦，我们公司的物流有什么问题吗？

销售人员 A：并不是有什么问题，我是想是否已经到了需要更换供应商的时候。

客户：没有这回事，我们现在的物流供应商很好，现在不想考虑更换供应商。

销售人员 A：并不是这样哟！对面××电器公司已更换了新的供应商呢。

客户：不好意思，将来再说吧！

范例二

销售人员 B：郑总在吗？我是某某物流公司销售人员王维正，在百忙中打扰您。我是本地区的销售人员，经常经过贵公司。看到贵公司一直生意都是那么好，实在不简单。

客户：您过奖了，生意并不是那么好。

销售人员 B：贵公司对客户的态度非常亲切，郑总对贵公司员工的教育训练，一定非常用心，我也常常到别家公司，但像贵公司服务态度这么好的实在是少数；对面的张总，对您的经营管理也相当钦佩。

客户：张总是这样说的吗？张总经营的公司也是非常好，事实上他也是我一直的学习对象。

销售人员 B：郑总果然不同凡响，张总也是以您为模仿的对象，不瞒您说，张总昨天刚和我司续签了物流服务的合同，非常高兴，才提及郑总的事情，因此，今天我才来打扰您！

客户：喔！他在使用你们的物流服务？

销售人员 B：是的。郑总是否也考虑使用我司的服务呢？目前贵公司的物流状况虽然也不错，但是如果能够使用更能降低成本、提高效率的物流供应商，您的客户一定会更满意贵公司的售后服务，贵公司的生意就一定会更好。请郑总一定要考虑这样的物流供应商……

问题：

1. 上面这两个范例，您看完后，认为哪种方法会更容易成功呢？
2. 取得成功的方法为何能够成功？

课后 习题

1. 简述仓储物流市场调研的内涵。
2. 简述仓储物流市场调研的步骤。
3. 如何进行仓储业务客户开发？
4. 简述仓储企业的销售促进策略。

任务 3 仓储合同及仓单

知识 **与能力目标**

◎ 掌握仓储合同的有关知识

◎ 掌握仓单的有关知识

◎ 能够与客户磋商并签订合同

◎ 能够为仓储服务客户签发仓单并根据需要进行背书转让

任务 **描述**

■ 案例放送

仓储合同纠纷

2008 年 6 月 3 日，某市 NJ 家用电器集团（下称 NJ 公司）向该市 WH 储运公司发出一份函电称："由 WH 储运公司为 NJ 公司储存保管家用电器，保管期限为 2008 年 7 月 10 日至 2009 年 7 月 10 日，仓库租金是全国统一价 12 元/平方米·月，任何一方违约，均需支付违约金 2 万元，如无异议，一周后正式签订合同。"WH 仓储公司的小陈学习了合同的起草和签订。合同签订后，WH 储运公司即开始清理其仓库，并拒绝其他有关单位在这三个仓库存货的要求。而后另一家储运公司以更低的价格招揽 NJ 公司，于是同年 7 月 8 日，NJ 公司书面通知 WH 储运公司：因故我司家电不需存放贵公司仓库，双方于 6 月 3 日所签订的仓储合同终止履行，请谅解。WH 储运公司接到 NJ 公司书面通知后，遂电告 NJ 公司：同意仓储合同终止履行，但贵公司应当按合同约定支付违约金 20，000 元。NJ 公司拒绝支付违约金，双方因此而形成纠纷。

■ 案例讨论问题

WH 仓储公司的小陈应怎样处理合同的纠纷？

■ 案例研讨

仓储合同作为约束仓储当事人双方的法律文书，具有其自身的特点，在合同条款中会规定双方的权利和义务，以作为履约的保障。合同规定的条款是解决双方纠纷的依据。所以，小陈需要学习仓储合同的有关知识以便解决纠纷。

相关 **知识**

一、仓储合同概述

（一）仓储合同的定义

仓储合同，又称仓储保管合同，是指保管人储存存货人交付的仓储物，存货人支付仓储费的合同。在仓储合同关系中，存入货物的一方是存货人，保管货物的一方是保管人，交付保管的货物为仓储物。

（二）仓储合同的特征

1. 仓储合同是双务、有偿合同

《合同法》第381条规定："仓储合同是保管人储存存货人交付的仓储物，存货人支付仓储费的合同。"双务、有偿性显而易见。第386条所规定的仓单的重要一项即为仓储费，第392条规定：如果存货人或者仓单持有人逾期提取仓储物，那么，保管人应当加收仓储费。因此，仓储合同为双务性、有偿性的合同。

2. 仓储合同为诺成合同

我国《合同法》第382条"仓储合同自成立时生效"之规定，确认了仓储合同为诺成性合同，而不是等到仓储物交付才生效。

3. 保管人须为有仓储设备并专门从事保管业务的人

仓储是一种商业行为，有无仓储设备是仓储保管人是否具备营业资格的重要标志；仓储设备是保管人从事仓储经营业务必备的基本物质条件。从事仓储业务资格是指仓储保管人必须取得专门从事或者兼营仓储业务的营业许可。

4. 仓储合同的标的物为动产

在仓储合同中，存货人应当将仓储物交付给保管人，由保管人按照合同的约定进行储存和保管，因此，依合同性质而言，存货人交付的仓储对象必须是动产。换言之，不动产不能成为仓储合同的标的物。

5. 仓储合同存货人行使返还请求权以仓单为凭证

仓单具有仓储物所有权凭证的作用。作为法定的提取或存入仓储物的书面凭证，仓单是每个仓储合同中必备的，因此仓单是仓储合同中最为重要的法律文件之一。

（三）仓储合同的种类

仓储合同也可以依据不同的标准进行分类，不同种类的仓储合同具有不同的种类特征，也具有不同的法律效力。

1. 按照仓储合同标的物的性质分类

按照仓储合同标的物的性质分为农业仓储合同、工业仓储合同、商业仓储合同与其他仓储合同。

农业仓储合同，是指保管人为农业领域内的公民、法人及其他组织提供农产品保管服务的合同。

工业仓储合同，是指从事工业生产的法人或其他组织在组织工业生产的过程中储存保管原材料、机器、工具、燃料等而订立的合同。

商业仓储合同，是指保管人与从事商业活动的存货人之间所订立的为存货人保管商业流通物的合同。由于仓储物性质的多样性和特殊性，仓储还可以有其他种类，如化学危险品、特殊物资仓储合同等。

2. 按仓储经营方式分类

1）一般仓储合同

以特定物或特定化的种类物为标的物，合同期限届满时，保管人的原物返还于存货人。例如，存货人存入100袋大米，取回时依然是存入时的那100袋大米，并无二致。

2）混藏仓储合同

是指存货人将一定品质数量的种类物交付保管人储藏，而在储存保管期限届满时，保管人只需以相同种类、相同品质、相同数量的替代物返还的仓储合同。如上例，存货人与保管人签订的是混藏合同，存入 100 袋大米，取回时只要是相同种类和品质的 100 袋大米，可以是原阳产的，也可以是信阳产的。

3）消费仓储合同

是指存货人不仅将一定数量品质的种类物交付仓储保管人储存保管，而且与保管人相互约定，将储存物的所有权也转移给保管人，在合同期届满时，保管人以相同种类、相同品质、相同数量的替代品返还的仓储合同。消费式仓储经营人的收益，除了约定的仓储费（一般较低）外，更重要的是消费仓储物与到期购回仓储物所带来的差价收益。目前，此种仓储方式在我国农村得到广泛使用，农民将粮食存于粮店中，粮店可以进行相应的消费使用，在合同届满时，只需要将相同数量的粮食返还给存货人即可。

4）仓库租赁合同

仓库所有人将所拥有的仓库以出租的方式开展仓储经营，由存货人自行保管商品时签订的合同。仓储人只提供基本的仓储条件、进行一般的仓储管理，如环境管理、安全管理等，并不直接对所存放的商品进行管理。仓库租赁合同严格意义上来说不是仓储合同，只是财产租赁合同。但是由于仓库出租方具有部分仓储保管的责任，所以具有仓储合同的一些特性。

（四）仓储合同的形式

根据我国《合同法》规定，合同可以采用书面形式、口头形式或其他形式，所以订立仓储合同的要约、承诺也可以是书面的、口头的或其他的形式。

（五）仓储合同格式

（1）合同书是仓储合同的最常用格式，由合同名称、合同编号、合同条款、当事人签署 4 部分构成。

（2）确认书是合同的格式的主要部分，一般有两种形式：一种仅列明合同的主要事项，合同的其他条款在其他文件中表达；另一种是将完整合同事项列在确认书上，相当于合同书的形式。

（3）计划表是长期仓储合同的补充合同或执行合同。

（4）格式合同是由一方事先拟定，并在工商管理部门备案的单方确定合同。

二、仓储合同的订立

（一）仓储合同订立的原则

（1）平等原则。《合同法》第 3 条规定："合同当事的法律地位平等，一方不得将自己的意志强加给另一方。"根据这一规定，在订立仓储合同的过程中，合同当事人双方要自觉、有意识地遵循平等原则，不能以大欺小、以强凌弱，杜绝命令式合同，反对一切凭借职位、业务、行政等方面的优势而与他人签订不平等的仓储协议。

（2）公平及等价有偿原则。《合同法》第 5 条规定："当事人应当遵循公平原则确定各方的权利和义务。"这一规定要求仓储合同的双方当事人依价值规律来进行利益选择，禁止无偿划拨、调拨仓储物，也禁止强迫仓储保管人或存货人接受不平等利益交换。

（3）自愿与协商一致原则，《合同法》第 4 条规定："当事人依法享有自愿订立合同的权利，任何单位和个人不得非法干预。"自愿意味着让存货人与仓储保管人完全依照自己的知识、判断去追求自己最大的利益。协商一致是在自愿基础上寻求意思表示一致，寻求利益结合点，仓储合同的订立只有在自愿和协商一致的基础上，才能最充分体现出双方的利益，从而保证双方依约定履行合同。

（4）订立合同的双方都必须是法人。法人是指具有一定的组织机构，独立的财产或独立核算，能够以自己的名义进行民事活动，享有权利和承担义务，依法成立的企业、国家机构、事业单位、社会团体等。按照这个条件，从事营销业务的专业公司可以和从事储存或储运业务的仓储公司签订储存保管合同。这些企业所属的职能部门或下属单位不能以个人的名义对外签订合同，但是可以由各自的主管企业授权，以企业的名义对外签订合同。

（5）订立合同的形式。按照《合同法》的规定，除了当时可以结清的储存方式以外，合同都应当是书面形式。当事人协商同意的有关文书、电报、图表也是合同的组成部分。

（二）仓储合同订立的程序

（1）准备阶段。其中包括接触、预约和预约邀请，其意义在于使双方当事人相互了解，为双方进入实质的缔约阶段（即要约和承诺阶段）创造条件，扫除障碍。

合同接触。我国法律对合同接触没有明确的规定。但在合同实务中，合同接触意义重大，不容忽视。

仓储合同的预约。所谓预约，指当事人之间约定将来订立一定合同的合同，将来应当订立的合同，称为"本约"；而约定订立本约合同，称为"预约"。

要约邀请。又称为邀请要约，是指向不特定的人发出的，希望对方向自己提出订约的意思表示。

（2）实质阶段。

要约，是指向特定人发出的订立合同的意思表示，内容必须确定并表明经特定人同意后合同即告成立，发出要约的当事人称为要约人，而要约所指向的当事人则称为受邀约人。

承诺，是指受要约人做出的同意要约内容的意思表示，承诺必须在要约的有效期限或合理期限内做出，并与要约的内容一致。

（三）仓储合同成立的其他方式

（1）交叉要约，是指订约当事人采取非直接对话的方式，相互不约而同地向对方发出内容相同的要约。

（2）意思实现，是指依照习惯或者事件的性质，承诺无须通知的要约，或要约人预先声明承诺无须通知的要约，其相对人如在相当时期内有可推断其承诺意思的客观事实，可以据此而成立合同，如仓储保管人开始为保管行为，存货人开始发运寄存物品等。

三、仓储合同的主要内容

（一）仓储合同的标的和标的物

仓储合同的标的是仓储保管行为，其为仓储合同关系中存货人与保管人的民事权利义务共同指向的对象，包括仓储空间、仓储时间和保管要求，仓储人要为此支付仓储费。

仓储合同的标的物是仓储物，是仓储合同标的的载体和表现。仓储合同的标的物只能是动产，而不能为不动产。至于一些易燃、易爆、易腐烂、有毒的危险品等，以及一些易渗漏、超限的特殊货物，只需存货人与保管人在订立仓储合同时约定一些必要的特别仓储事项即可。另外，货币、知识产权、数据、文化等无形资产和精神产品也不能作为标的物。

（二）仓储合同的条款

仓储合同的内容，是检验合同的合法性、有效性的重要依据。一般来说，仓储合同包括以下方面的条款。

1. 当事人

合同当事人是履行合同的主体，需要承担合同责任，需要采用完整的企业注册名称和登记地址，或者主办单位地址。主体为个人的必须明示个人的姓名和户籍地或常住地。

2. 仓储物

在仓储合同中，要明确地标明仓储物的品名或种类。货物的数量应使用标准的计量单位，而且计量单位应准确到最小的计量单位，比如以包、捆、把等计算的，就必须明确每包、捆、把有多重或多少根、块。总之，对计量单位要防止有不同理解，产生歧义。仓储物的质量应当使用国家或有关部门规定的质量标准，也可以使用经过批准的企业标准，还可以使用行业标准，上述质量标准均可以由存货人与保管人在仓储合同中约定，而在没有质量标准时，双方当事人可自行约定质量标准。如果双方在仓储合同中没有约定质量标准，则依《合同法》第 61 条，可以协议补充，不能达成补充协议的，按照合同有关条款或者交易习惯确定。至于仓储物的包装，一般应由存货人负责，有国家或专业标准的，按照国家或者专业标准的规定执行，没有国家或专业包装标准的，应当根据仓储物便于保管的原则而由存货人与保管人商定。

3. 仓储物验收的内容、标准、方法、时间

保管人验收仓储物的项目有：仓储物的品种、数量、规格、外包装状况，以及无需开箱、拆捆而直观可见的质量情况。包装内的货物品名、数量、规格，以外包装或货物上的标记为准；外包装或货物上无标记的，以供货方提供的验收资料为准。散装货物按国家有关规定或合同规定验收。依照惯例验收期限，国内货物不超过 10 日，国外到货不超过 30 天，法律另有规定或当事人另有约定的除外。

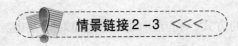
情景链接 2-3 <<<

货物验收期限

货物验收期限，是指自货物和验收资料全部送达保管人之日起，至验收报告送出之日止。货物验收期限的日期均以运输或邮政部门的戳记或送达的签收日期为准。超过验收期限所造成的实际损失，由保管人负责。如果保管人未能按照合同约定或者法律法规规定的项目、方法和期限验收仓储物或验收仓储物不准确，应当负责因此造成的损失。存货人未能提供验收资料或提供资料不齐全、不及时，所造成的验收差错及贻误索赔期由存货人负责。

资料来源：http：//www. caws. cn/news. asp

4. 货物的仓储条件和相关要求

合同双方当事人应根据货物性质、要求的不同，在合同中明确规定保管条件。保管人如因仓库条件所限，不能达到存货人要求，则不能接受。对某些比较特殊的货物，如易燃、易爆、易渗漏、有毒等危险物品，保管人保管时，应当有专门的仓库、设备，并配备有专业技

术知识的人负责管理。必要时，存货人应向保管人提供货物储存、保管、运输等方面的技术资料，防止发生货物毁损、仓库毁损和人身伤亡事故。存货人在交存特殊货物时，应当明确告知保管人货物有关保管条件、保管要求。否则，保管人可以拒绝接收存货人所交付的危险货物。

5. 仓储费用及结算方式

仓储计费项目包括保管费、转仓费、出入库装卸搬运费、车皮、站台、专用线占用、包装整理、商品养护等费用。此条款中除明确上述费用由哪一方承担外，还应明确各种费用的计算标准、支付方式、支付时间、地点、开户银行、账号等。

6. 货物进出库手续、时间、地点、运输方式

仓储合同的当事人双方，应当重视货物入库环节，防止将来发生纠纷。因此在合同中，要明确入库应办理的手续、理货方法、入库的时间和地点以及货物运输、装卸搬运的方式等内容。

出库时间由仓储合同的当事人双方在合同中约定，当事人对储存期间没有约定或者约定不明确的，存货人可以随时提取仓储物，保管人也可以随时要求存货人提取仓储物，但是应当给予必要的准备时间。另外提货时应办理的手续、验收的内容、标准、方式、地点、运输方式等也要明确。

7. 仓储物的损耗标准

许多物品在长期存放后，由于挥发、氧化、扬尘等自然原因造成数量减少。对于这类数量短少的责任承担，双方可在合同中采用协议的办法处理，即约定在合理的损耗标准之内不追究保管人的责任。具体的货物损耗标准可以采用国家标准或行业标准，也可由双方协议约定。

8. 责任划分和违约处理

仓储的违约责任是指仓储合同的当事人，因自己的过错不履行合同或履行合同不符合约定条件时所承担的法律责任。根据我国《民事通则》及《合同法》的相关规定，仓储合同违约责任有以下承担方式。

（1）支付违约金。违约金是指仓储合同当事人一方发生违约时，依据法律的规定或合同的约定按照价款或者酬金总额的一定比例，向对方支付一定数额的货币。违约金可分为两类：法定违约金和约定违约金。法定违约金是指法律法规中明文规定的违约金数额或比例；约定违约金是指合同双方当事人在签订合同时约定的违约金数额或比例。如果当事人在合同中只对违约金作了原则性的规定，没有具体约定违约金的比例或数额，则应该按照相关法规条例的具体规定处理；如果有关条例也没有明确规定违约金比例的，则应该按照《民法通则》及《合同法》中关于承担违约金责任的一般原则执行。如果合同中没有规定违约金的条款，但只要由于违约造成了对方的损失，违约方就应向对方支付赔偿金。该赔偿金的数额，可按照签订合同时有效的有关规定执行，有关规定对违约金比例未作规定，而违约又未给对方造成损失的，可以根据实际情况酌情处理。

（2）损害赔偿。仓储合同的损害赔偿是指合同一方当事人违约时，在支付违约金或采取其他补救措施后，如果对方还有其他损失，违约方应承担赔偿损害的责任。

（3）继续履行。继续履行是指在仓储合同中，当一方当事人不履行合同时，对方有权要求违约方按照合同规定的标的履行义务或向法院请求强制违约方按照合同规定的标的履行

义务，而不得以支付违约金和赔偿金的办法代替履行。

（4）采取补救措施。是指在违约方给对方造成损失后，为了弥补对方遭受的损失，依照法律规定由违约方承担的违约责任方式。

仓储合同的免责也称为仓储合同违约责任的免除，是指一方当事人不履行合同或法律规定的义务，致使对方遭受损失，由于不可归责于违约方的事由，法律规定违约方可以不承担民事责任的情况。

仓储合同违约责任的免除有以下几种情况。

① 因不可抗力而免责。不可抗力是一项免责条款，是指合同签订后，发生了合同当事人无法预见、无法避免、无法控制、无法克服的意外事件（如战争、车祸等）或自然灾害（如地震、火灾、水灾等），以致合同当事人不能依约履行职责或不能如期履行职责，发生意外事件或遭受自然灾害的一方可以免除履行职责的责任或推迟履行职责。

② 因自然因素或商品本身的性质而免责。

③ 因受害人的过错而免责。

9. 合同的有效期限

合同的有效期限，即货物的保管期限。根据有关规定，储存的货物，在临近失效期时，保管人未通知存货人及时处理，因超过有效储存期限所造成的货物损失，保管人负有赔偿责任。保管人通知后，如果存货人不及时处理，以致超过有效储存期限而造成货物损坏、变质的，保管人不负赔偿责任。

10. 合同变更和解除的条件

仓储合同的当事人如果需要变更或解除合同，必须事先通知另一方，双方一致即可变更或解除合同。变更或解除合同的建议和答复，必须在法律规定或者合同约定的期限内提出。如果发生了法律或合同中规定的可以单方变更或解除合同的情形，那么，拥有权利的一方可以变更或解除合同。

11. 争议处理办法

双方应在合同中约定发生争议时的处理方法，主要是约定仲裁、仲裁机构，或者约定管辖的法院。

上述内容，一般为通常的仓储合同所应具备的主要条款。但是，合同毕竟是当事人双方的合约，因此，基于双方的利益考虑，当事人之间还可以就更多的、更为广泛的事项达成一致，充实仓储合同的具体内容，如争议的解决方式、合同的履行地点、是否允许转保管储存等。只要是一方要求必须规定的条款，而又与另一方达成一致意思表示，都应当是仓储合同的重要条款。

情景链接 2-4 <<<

仓储合同

合同编号：..................................

保管人：.............................   签订地点：............................

存货人：.............................   签订时间：............................

第一条　仓储物

仓储物名称	品种规格	性质	数量	质量	包装	件数	标记	仓储费
合计人民币金额（大写）								

第二条　储存场所、储存物占用仓库位置及面积：————————————————————。

第三条　仓储物（是/否）有瑕疵。瑕疵是：————————————————————。

第四条　仓储物（是/否）需要采取特殊保管措施。特殊保管措施是：——————————。

第五条　仓储物入库检验的方法、时间与地点：——————————————————。

第六条　存货人交付仓储物后，保管应当给付仓单。

第七条　储存期限：从————年————月————日至————年————月————日。

第八条　仓储物的损耗标准及计算方法：————————————————————————。

第九条　保管人发现仓储物有变质或损坏的，应及时通知存货人或仓单持有人。

第十条　仓储物（是/否）已办理保险，险种名称：——————保险金额：——————保险
期限：——————————保险人名称：————————————。

第十一条　仓储物出库检验的方法与时间：———————————————————————。

第十二条　结算方式与时间及期限：——————————————————————————。

第十三条　储存期间届满，存货人或者仓单持有人应当凭仓单提取仓储物。存货人或者
仓单持有人逾期提取的，应当加收仓储费具体如下：————————————————提前提
取的，不减收仓储费。

第十四条　存货人未向保管人支付仓储费的，保管人（是/否）可以留置仓储物。

第十五条　违约责任：———————————————————。违约损失赔偿额计算方
法：——————————————。

第十六条　本合同解除的条件：————————————————————————————。

第十七条　合同争议的解决方式：本合同项下发生的争议，由双方当事人协商解决，也
可以由当地工商行政管理部门调解；协商或调解不成的，按下列第——————种方式解决。

（一）提交————————————————仲裁委员会仲裁。

（二）依法向————————————————人民法院起诉。

第十八条　其他约定事项：——————————————————————————————。

资料来源：http://info.jctrans.com/editor/xueyuan/cangchu/cangchuhetong.ppt

四、仓单

（一）仓单的概念和性质

《合同法》第 385 条规定："存货人交付仓储物的，保管人应当给付仓单。"所谓仓单，
就是指仓储保管人在收到仓储物时向存货人签发的表示已经收到一定数量的仓储物，并以此
来代表相应的财产所有权利的法律文书。

仓单，既是存货人已经交付仓储物的凭证，又是存货人或者持单人提取仓储物的凭证，

因此，仓单实际上是仓储物所有权的一种凭证。同时，仓单在经过存货人的背书和保管人的签署后可以转让，任何持仓单的人都拥有向保管人请求给付仓储物的权利，因此，仓单实际上又是一种以给付一定物品为标的的有价证券。

（二）仓单的法律效力

1. 仓单是提货凭证

仓储保管人保证向仓单持有人交付仓储物。在提取仓储物时，提货人必须向仓储保管人出示仓单，并在提货后将仓单交回保管人注销。没有仓单不能直接提取仓储物。

2. 仓单是仓储合同的证明

仓单本身并不是仓储合同，当双方没有订立仓储合同时，仓单作为仓储合同的书面证明，证明合同关系的存在，存货人和保管人按照仓单的记载承担合同责任。

3. 仓单是所有权的法律文书

仓储保管人在查验并接收仓储物后向存货人签发的仓单，表明仓储物的所有权并没有转移给仓储保管人，只是将仓储物的保管责任转交给仓储保管人，通过仓储保管人签发的仓单作为仓储物的所有权文书，并由存货人或其他持有人持有。

4. 仓单是有价证券

仓单是存货人已经交付仓储物的凭证，更是存货人提取仓储物的权利依据。仓单代表着仓单持有人对仓储物的所有权关系，仓单所载权利的行使与转移，以仓单的占有或转移为必要条件。受让仓单就需要支付与该价值对等的资产或价款，因而仓单是表明仓储物价值的有价证券。只不过由于仓单所表示的是实物资产的价值，其价格受实物市场的供求关系的影响，需要根据实物的市场价格确定仓单的具体价值。

（三）仓单的内容

仓单作为收取和提取仓储物的凭证，依据法律规定还具有转让或出质的记名物权证券的流动属性，它应当具备一定形式，其记载事项必须符合《合同法》及物权凭证的要求，使仓单关系人明确自己的权利并适当行使自己的权利。

根据《合同法》第386条的规定，保管人应当在仓单上签字或者盖章，仓单包括下列事项：

（1）存货人的名称及住所；

（2）保管人的签字或者盖章；

（3）仓储的品种、数量、质量、包装、件数和标记等物品状况，以便作为物权凭证，代物流通；

（4）仓储费及仓储费的支付与结算事项；

（5）仓储物的损耗标准、储存场所和储存期间；

（6）若仓储物已经办理保险的，仓单中应写明保险金额、保险期间及保险公司的名称；

（7）仓单的填发人、填发地和填发的时间。

仓单是由保管人在收到仓储物时向存货人签发的表示已经收到一定数量的仓储物的法律文书，目前是由各仓储单位自行编制，因此没有统一的格式。

（四）仓单的转让

仓单作为有价证券，可以流通，流通的方式可以是转让仓单项下仓储物的所有权，即转让仓单；还可以是按照《担保法》的规定，以仓单出质，即以仓单设定权利质押，使质权人在一定条件下享有提取仓单项下仓储物的权利。

仓单持有人需要转让仓储物时，可以采用背书转让的方式进行。背书转让的出让人为背书人，受让人为被背书人。仓单转让生效的条件为背书过程完整，经仓储保管人签字。

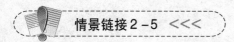

背书格式

兹将本仓单转让给赵小刚。

朱小丽

2012 - 8 - 22

仓单可以进行多次背书转让，第一次背书的存货人为第一背书人；在第二次转让时，第一次被背书人就成为第二背书人，任何参与该仓单转让的人都在仓单的背书过程中记载。如果仓单中明确记载了不得背书的，则仓单持有人即使做了背书，也不能发生转让提取仓储物权利的效力。

存货人将仓单转让，意味着仓储保管人需要对其他人履行仓储义务，仓储保管人与存货人订立仓储合同的意境和氛围都因仓单的转让发生了改变，仓储保管人对仓单受让人履行仓单义务需要了解义务对象的变化，因而需要对仓单的转让给予认可。所以仓单的转让需要仓储人签字盖章，受让人方可凭单提取仓储物。

实训 项目2.3

实训项目：仓储合同与仓单

实训目的	实训内容及要求	实训评价		
		评价标准	评价主体	评价结果
1. 能签订仓储合同； 2. 能签发仓单	5～7人组成项目小组，根据实训项目2-1所完成的天顺仓储有限责任公司仓储计划模拟与客户签订合同、给客户签发仓单（存货内容自定）。每个小组把自己的方案做成PPT选派一名同学进行讲演，其他小组和老师进行评价，评价结果作为小组考评成绩	1. 合同内容完整； 2. 仓单格式正确	老师评价占40%	
			其他小组评价占60%	
			总计	

课后 习题

1. 如何理解仓储合同的定义和特征？仓储合同是如何分类的？
2. 订立仓储合同要经过哪些程序？仓储合同包括哪些内容？
3. 何谓仓单？仓单具有哪些法律效力，包括哪些主要内容？

任务4 仓储客户关系管理

知识 与能力目标

◎ 掌握仓储客户关系管理的涵义
◎ 掌握仓储客户关系管理的原则
◎ 掌握仓储客户关系管理的要求
◎ 掌握以客户为中心的客户关系管理模式

任务 描述

■ 案例放送

联邦快递的客户关系管理体系

联邦快递的创始者佛莱德·史密斯有一句名言，"想称霸市场，首先要让客户的心跟着你走，然后让客户的腰包跟着你走"。由于竞争者很容易采用降价策略参与竞争，联邦快递认为提高服务水平才是长久维持客户关系的关键。

一、联邦快递的全球运送服务

电子商务的兴起，为快递业者提供了良好的机遇。电子商务体系中，很多企业间可通过网络的连接，快速传递必要信息，但对一些企业来讲，运送实体的东西是一个难解决的问题。要成为企业运送货物的管家，联邦快递需要与客户建立良好的互动与信息流通模式，使得企业能掌握自己的货物配送流程与状态。在联邦快递，所有顾客可借助其网址www.fedex.com同步追踪货物状况，还可以免费下载实用软件，进入联邦快递协助建立的亚太经济合作组织关税资料库。它的线上交易软件 Business Link 可协助客户整合线上交易的所有环节，从订货到收款、开发票、库存管理一直到将货物交到收货人手中。这个软件能使无店铺零售企业以较低成本比较迅速地在网络上进行销售。另外，联邦快递特别强调，要与顾客配合，针对顾客的特定需求，如公司大小、生产线地点、业务办公室地点、客户群科技化程度、公司未来目标等，一起制订配送方案。

联邦快递还有一些高附加值的服务，主要是三个方面。

（1）提供整合式维修运送服务。联邦快递提供货物的维修运送服务，如将已坏的电脑或电子产品，送修或送还所有者。

（2）扮演客户的零件或备料银行。扮演业者的零售商的角色，提供诸如接受订单与客户服务处理、仓储服务等功能。

（3）协助顾客简化并合并行销业务。帮助顾客协调数个地点之间的产品组件运送流程。在过去这些作业是由顾客自己设法将零件由制造商送到终端顾客手中，现在的快递业者可完全代劳。

综上所述，联邦快递的服务特点在于协助顾客节省了仓储费用，而且在交由联邦快递运送后，顾客仍然能准确掌握货物的行踪，可利用联邦快递的系统来管理货物订单。

二、联邦快递的客户服务信息系统

联邦快递的客户服务信息系统主要有两个：一是一系列的自动运送软件，如 Power Ship、FedEx Ship 和 FedEx interNetShip；二是客户服务线上作业系统（Customer Operations Service Master On-line System，COSMOS）。

1. 自动运送软件

为了协助顾客上网，联邦快递向顾客提供了自动运送软件，有三个版本：DOS 版的 Power Ship、视窗版的 FedEx Ship 和网络版的 FedEx interNetShip。利用这套系统，客户可以方便地安排取货日程、追踪和确认运送路线、列印条码、建立并维护寄送清单、追踪寄送记录。而联邦快递则通过这套系统了解顾客打算寄送的货物，预先得到的信息有助于运送流程的整合、货舱机位、航班的调派等。

2. COSMOS

这个系统可追溯到 20 世纪 60 年代，当时航空业所用的电脑定位系统备受瞩目，联邦快递受到启发，从 IBM、Avis 租车公司和美国航空等处组织了专家，成立了自动化研发小组，建起了 COSMOS，在 1980 年，系统增加了主动跟踪、状态信息显示等重要功能。1997 年又推出了网络业务系统 VirtualOrder。

联邦快递通过这些信息系统的运作，建立起全球的电子化服务网络，目前有三分之二的货物量是通过 Power Ship、FedEx Ship 和 FedEx interNetShip 进行，主要利用其订单处理、包裹追踪、信息储存和账单寄送等功能。

三、员工理念在客户关系中扮演的角色

我们都知道，良好的客户关系绝对不是单靠技术就能实现的，员工的主观能动性的重要性怎么强调也不过分。在对员工进行管理以提供顾客满意度方面，具体方案有三个方面。

1. 建立呼叫中心，倾听顾客的声音

联邦快递台湾分公司有 700 名员工，其中 80 人在呼叫中心工作，主要任务除了接听成千上万的电话外，还要主动打出电话与客户联系，收集客户信息。

呼叫中心中的员工是绝大多数顾客接触联邦快递的第一个媒介，因此他们的服务质量很重要。呼叫中心中的员工要先经过一个月的课堂培训，然后接受两个月的操作训练，学习与顾客打交道的技巧，考核合格后，才能正式接听顾客来电。

另外，联邦快递台湾分公司为了了解顾客需求，有效控制呼叫中心服务质量，每月都会从每个接听电话员工负责的顾客中抽取 5 人，打电话询问他们对服务品质的评价，了解其潜在需求和建议。

2. 提高第一线员工的素质

为了使与顾客密切接触的运务员符合企业形象和服务要求，在招收新员工时，联邦快递是台湾少数做心理和性格测验的公司。对新进员工的入门培训强调企业文化的灌输，先接受两周的课堂训练，接下是服务站的训练，然后让正式的业务员带半个月，最后才独立作业。

3. 运用奖励制度

联邦快递最主要的管理理念是，只有善待员工，才能让员工热爱工作，不仅做好自己的工作，而且主动提供服务。例如，联邦快递台湾分公司每年会向员工提供平均 2 500 美元的经费，让员工学习自己感兴趣的新事物，如语言、信息技术、演讲等，只要对工作有益即可。

另外，在联邦快递，当公司利润达到预定指标后，会加发红利，这笔钱甚至可达到年薪的 10%。值得注意的是，为避免各区域主管的本位主义，各区域主管不参加这种分红。各层主管的分红以整个集团是否达到预定计划为根据，以增强他们的全局观念。

资料来源：http：//www. amteam. org/k/CRM/2001 – 11/436953. html

■ 案例讨论问题

联邦快递采取了哪些措施提高客户服务水平进而维护客户的长久关系的？案例对进行仓储客户关系管理有何借鉴？

■ 案例研讨

在现代市场竞争中，越来越多的企业意识到了客户对于他们的重要意义，谁能最终赢得客户，谁就获得了优势和先机。如何善待客户，如何把管理客户纳入到企业经营管理的核心部分，已成为现代企业重点考虑的问题。联邦快递在建立客户服务体系，从软件及硬件方面为我们提供了很好的范例。

一、仓储客户关系管理的涵义

仓储客户关系管理是一种管理理念，其核心思想是将现代仓储的客户（包括最终客户、供应商、分销商等合作伙伴）作为最重要的企业资源，通过完善的客户服务和深入的客户分析来满足客户的需要，保证实现客户的终身价值。

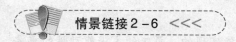 情景链接 2 – 6 <<<

CLV

客户终身价值（Customer Lifetime Value）简称 CLV，是指客户一生为我们带来的价值。我们发现客户的价值，不仅是发掘客户的单次价值，更重要的是挖掘客户的终身价值，这已成为近年来营销领域里一个崭新的话题。举一个简单例子，如在肯德基的顾客每次消费快餐仅 20 元左右，但其终身价值可能上万元。

资料来源：http：//www. xmunison. com/ZYGWShow/Plan/planInfo. aspx？planID = 126

仓储客户关系管理是一种旨在改善企业和客户之间关系的新型管理机制，通过向企业的销售、市场和客户服务的专业人员提供全面、个性化的客户资料，并强化跟踪服务和信息服务的能力，使他们能够协同建立和维护一系列与客户和生意伙伴之间卓有成效的一对一的关系，从而使企业得以提供更便利和周到的优质服务，提高客户满意度，吸引和保持更多的客户，进而增加现代仓储的业务量。

仓储客户关系管理的实施要求以客户为中心来构架企业的业务流程，完善对客户需求的快速反应以及管理者决策的组织形式，规范以客户为核心的工作流程，建立客户驱动的商品、服务设计，进而培养客户的品牌忠诚度，提高客户的价值保留，从而扩大可盈利份额。

综上所述，仓储客户关系管理就是指企业通过富有意义的交流沟通，理解并影响客户行为，最终实现提高客户保留、客户忠诚和客户创利的目的，是一个将客户信息转化成积极的客户关系的反复循环的过程。

二、仓储客户关系管理的原则

1. 主动性原则

仓储企业与客户的交流沟通是仓储企业客户关系管理的一项重要内容，是企业维护自身形象、化解矛盾、扩大影响、互通信息的重要手段。能否主动与客户交流沟通，会使仓储企业处于完全不同的两种竞争状态。因此，仓储企业只有积极主动地与客户交流沟通才能使沟通的渠道畅通无阻。

2. 个性化原则

个性化原则是指与客户交流沟通的方法应力求不落俗套，给人以新鲜感，以适应仓储企业所面对的复杂而多变的社会环境。由于每个企业的经营活动内容及客观条件不同，所采取的交流沟通方法也应有所不同。所以，面对不同的客户和不同的客户需求，采取适宜的、具有独特个性魅力的交流沟通方法，会使客户感到耳目一新而乐于与之交流沟通，从而吸引更多的客户，维持客户对企业的偏爱。

3. 情感性原则

融洽仓储企业和与客户之间关系是现代仓储客户关系管理的行为机制，这是一种管理行为，但不意味着这种管理行为是冷冰冰的，没有人与人之间的情感交流。而恰恰相反，在与客户之间关系的协调中除了原则性的矛盾难以沟通外，其他矛盾都是可以通过相互之间的理解和包容得到解决的。而这种理解和包容的基础就是感情上的交流和认同。所以在日常商务活动中要注意培养双方的情感，要在尊重客户的同时注重自身的商务职业道德，从而提高企业与客户之间的"亲和力"。

4. 互惠性原则

通过现代仓储客户关系管理的实施，不仅要使仓储能够从中获得利益，同时使客户也能够获得一定利益。互惠性原则是现代仓储客户关系管理活动的基本原则，也是商务活动生存和发展的基本原则。遵循互惠性原则必须做好两方面工作：第一，必须以客户为中心，保护客户的利益；第二，必须注重企业的公正形象，时时按照公众需求予以调整，得到公众的信任和支持，从而拥有企业的长远利益。反之，为了追求企业利益不惜损害公众利益，是急功近利的短期行为，到头来必然会失去公众的信任和支持，致使企业的利益最终丧失殆尽，这是现代仓储客户关系管理的大忌。

三、仓储客户关系管理的要求

现代市场竞争的实质就是一场客户争夺战，几乎所有的企业都在努力地留住老客户、争取新客户。实施客户关系管理的企业可以通过对现有客户、竞争对手的客户及竞争对手的分析，重新确定适合本企业发展的经营方向，并找到竞争对手的弱点，从而在竞争中获得优势。

仓储企业要获得便捷和优势，就要在以下几个方面做好工作：

（1）仓储企业的客户可利用电话、传真、网络等访问仓储企业，进行业务往来；

（2）任何与客户打交道的员工都能全面了解客户，根据客户需求进行交易，了解如何对客户进行服务，记录自己获得的客户信息；

（3）能够对各种销售活动进行跟踪；

（4）拥有对市场活动、销售活动的分析能力；

（5）用户可不受地域限制，随时访问仓储企业的业务处理系统，获得客户及商品方面的信息；

（6）能够从不同角度提供成本、利润、生产率、风险率等信息，并对客户、商品、职能部门、地理区域等进行多维分析。

四、以客户为中心的客户关系管理模式

当今世界，互联网改变了我们的生活和工作，传统的内视型管理模式已不能适应当今的竞争状况，面向外部的客户关系管理才能使仓储企业占得先机。仓储客户关系管理要求企业从"以商品为中心"的模式向"以客户为中心"的模式转移。也就是说，仓储企业关注的焦点应从内部运作转移到客户关系上来。借助客户关系管理，仓储企业可以从与客户的接触中了解到他们在接受服务中遇到的问题和对仓储的意见和建议，并帮助他们加以解决，同时了解更多的客户详细信息如身份、通信地址、个人喜欢以及操作习惯等，并在此基础上进行"点对点"的个性化服务。例如，当你在当当网购买图书以后，该书店就会记录下你购买和浏览过的数目，当你再次进入该书店时，书店就会根据你的喜好推荐相关书目；你去该书店的次数越多，书店对你的了解就越多，也就能更好地为你服务。客户关系管理在当当网的成功实施，不仅为它带来了更多的回头客，也极大地提高了该书店的声誉和竞争力。

综上所述，现代仓储客户关系管理的核心思想就是以客户为中心，其宗旨就是改善企业与客户之间的关系使客户感觉到仓储企业的存在和便利，仓储企业随时了解客户的变化，搜集客户的意见、建议和要求，通过分析，提供完善的个性化服务，协助客户完成他们的工作和满足他们的要求。现代仓储客户关系管理要求企业从传统的"以商品为中心"的经营理念中解放出来，确立"以客户为中心"的仓储企业运作模式，从而提高客户的忠诚度，为仓储企业带来丰厚的利润和上升空间。

实训　项目2.4

实训项目：CRM 成功应用的案例分析

实训目的	实训内容及要求	实训评价		
		评价标准	评价主体	评价结果
1. 掌握仓储客户关系管理系统的内容； 2. 掌握仓储客户关系管理系统的实施背景； 3. 能针对企业具体情况实施仓储客户关系管理系统	5～7 人组成项目小组，针对 2-3 阅读材料的问题查找资料并讨论，讨论结果做成 PPT 进行展示，作为考评成果	1. 对 CRM 的内涵、内容及实施程序清楚； 2. 能对问题进行适当的扩展； 3. 表达内容完整，层次清晰	老师评价占40% 其他小组评价占60% 总计	

阅读材料

成都佳盈（中国）物流有限公司——CRM 成功应用

成都佳盈（中国）物流有限公司（简称"佳盈"）是一家以第三方物流业务和航空货运业务为主的专业物流公司，目前拥有员工 84 名，仓库面积 20 000 平方米，在全国建设有

26 个物流中心，已经形成了覆盖全国 16 个主要城市的庞大运营网络。为用户提供高品质的航空运输、仓储、包装、配送、快递等单项物流服务及一体化物流运作，合理而有效地控制客户的物流成本，提升客户的市场竞争力。

秉承着"客户至上，一切以客户为核心"的原则，以"全球定位，用心服务"为经营宗旨，佳盈实施了中圣公司的客户关系管理系统（CRM），以实现真正地以客户为中心的管理。

佳盈在客户资源方面具有两个方面的特点。

（1）客户数量多、种类广。有如升达林业、中粮福临门、日本丰田汽车（成都）公司之类的国内外大型制造企业的第三方物流业务；同时也有如日本伊藤洋华堂之类的外资零售百货公司的仓储配送；以及大量的中小型公司的货代、小件包裹快递、航空快递、进出口通关报关等业务。大客户需要十分详细的客户资料的管理，中小型客户需记录联系方式。

（2）客户资料分散。佳盈的客户资料基本掌握在具体业务员手中，常常要找到具体的业务员才能了解客户资料。由于物流行业也是一个新兴的产业，人才流动比较频繁，一个掌握了大量客户资料的员工的流失往往也就带走了他所掌握的客户资源，给公司造成较大的损失。同时已有的客户资料是如 EXCEL 表格的计算机文档，更多的根本没有形成文档资料。客户信息管理难度相当大，如何保留规范的客户资料成为公司管理工作的一个难题。

佳盈作为物流行业中的新兴企业，员工的现代客户关系管理意识不强，在日常工作中没有采用有效的手段来管理客户资源，从而影响了佳盈某些重要工作的开展。如何有效地管理这些客户资源，增强员工客户关系管理的观念，从而在销售、售后服务方面提高佳盈的核心竞争力成为佳盈首先要思考的问题。

佳盈在建立了以"有效地管理客户资源"为中心的战略思想后，要以此为出发点，考虑改进其他方面工作的管理效益。

（1）实现员工和合作伙伴资源的有效管理。佳盈的员工组成复杂：如装卸工、司机等多为临时工，这些岗位的人员流动量大，造成在员工管理上的混乱，但由于这些岗位责任又较为重大，往往需要详细的个人资料及担保人资料，同时佳盈还有大量的合作伙伴（如车辆承运商等）资源，以往的 EXCEL 表格的记录已不能满足员工客户人事管理的需要，需要采用专门的信息管理方式来管理这些宝贵资源。

（2）加强销售管理，提高团队销售能力。佳盈的销售代表通常以口头的形式汇报工作进度，而没有形成规范的文档，导致销售经理不能准确地掌握整个部门的工作进度，对公司的业务开展及其他业务部门的工作计划造成误导。另外，销售人员往往单打独斗，客户成功率低，而且形成了客户"只认销售员而不认公司"的不良销售状况，一个销售员工的流失往往意味着较大的客户流失。因此佳盈的管理层一方面要求销售管理的规范化，同时要形成团队销售，提高整体销售能力。

（3）改善售后服务，提高客户满意度。物流行业是一个以售后服务为核心竞争力的行业，佳盈与客户之间要形成一种长期的合作关系，需要对所服务的客户，尤其是大客户信息作详细的售后服务记录及分析，特别是每次事故的处理案例，以改善售后服务水平，提高客户满意度。目前佳盈采取的以电子表格的形式作单纯的客户服务记录难达到以上要求。

（4）增加多种服务渠道，提高服务质量。随着公司业务的进一步开展壮大，佳盈的订单组及客户服务中心提出了电话服务热线的需求，要求建立 Call Center，增加服务渠道，以进一步提高客户服务质量。

根据这些要求，佳盈管理层决定选择客户关系管理系统（CRM）来有效管理客户资源，全面提高企业的营销能力。经过对多个系统的比较和分析，佳盈最终选择了中圣公司作为合作伙伴，共同建设 CRM 系统。

2002 年 8 月，中圣的 CRM 系统在佳盈投入使用。目前，佳盈公司 CRM 系统使用情况良好，涵盖了企业资源管理、客户服务管理、销售自动化管理、数据分析与报表处理、系统设置五大子系统，其中员工管理、客户资料管理、销售漏斗管理是使用频率最高的几个模块。系统稳定，界面友好，操作方便，解决了客户资源管理、员工管理、销售进步管理难度大的问题，体现了先进的客户管理手段，为管理层提供了全面的销售分析数据。并且通过中圣提供的客户关系管理的培训课程，加深了员工对现代客户关系的认识和提高。系统提高了佳盈公司的客户处理手段，加强了佳盈员工对客户关系管理的意识，并体现出客户关系路标管理思想及先进数据挖掘技术。

问题：

1. 佳盈是在什么背景下引进客户关系管理系统（CRM）的？
2. 客户关系管理系统（CRM）使用后发挥了怎样的作用？
3. 不同的仓储物流企业引进 CRM 需具备哪些条件？
4. 网上查询一个仓储物流企业为其编制一个 CRM 实施计划。

课后习题

1. 如何理解仓储客户关系管理的涵义？
2. 仓储客户关系管理的原则是什么？
3. 掌握仓储客户关系管理有哪些具体要求？
4. 如何理解以客户为中心的客户关系管理模式？其与以产品为中心客户关系管理有哪些区别？这种管理模式对于提供仓储服务产品的物流企业有何特别的意义？

仓储作业管理

任务1 入库作业

知识与能力目标

◎ 掌握入库作业的概念和入库步骤
◎ 掌握入库作业的准备、接运、验收及信息处理等步骤
◎ 能处理入库验收中出现的问题
◎ 能够正确填写入库单证
◎ 能够设计入库作业方案

任务描述

■ 案例放送

设计货物入库方案

2011年3月18日，山西宝泽仓储有限公司接到客户通知，需将一批货物入库。货物已经到达到1号仓库，基本数据如下。

1. 货物信息：

序号	货品编号	货品名称	规格型号	单位	单价（元）	数量	外包装尺寸
1	D001	康师傅矿泉水	550 ml * 24	扎	5	15	350 * 220 * 220
2	F001	统一小当家	35 g * 48	箱	5	24	250 * 410 * 130
3	D002	康师傅桶面	119 g * 12	箱	5	8	390 * 260 * 220
4	F002	乐吧薯片	(68 g * 16) * 4	箱	5	20	320 * 230 * 260
5	F003	华丰魔法士	36 g * 48	箱	5	18	410 * 290 * 140
6	W001	汉斯小木屋果啤	620 ml * 9	扎	5	25	250 * 250 * 280
7	W002	惠普彩色显示器	4.5 kg * 1	台	5	4	492 * 380 * 148
8	W003	美汁源果粒橙	1.25 L * 12	箱	5	8	370 * 300 * 280
9	W004	康师傅红茶	500 ml * 15	箱	5	32	340 * 200 * 220
10	W005	双汇香辣肠	45 g * 60	箱	5	20	330 * 240 * 120

2. 库存周转量统计（2011 年 1 月 1 日至 3 月 15 日）

序号	货品名称	编号	周转量（箱）	排序
1	康师傅矿泉水	D001	250	
2	统一小当家	F001	200	
3	康师傅桶面	D002	10	
4	乐吧薯片	F002	1 000	
5	华丰魔法士	F003	160	
6	汉斯小木屋果啤	W001	100	
7	惠普彩色显示器	W002	5	
8	美汁源果粒橙	W003	80	
9	康师傅红茶	W004	50	
10	双汇香辣肠	W005	20	

3. 货位信息

货位采用不固定货物式的货位管理方式，货物可以随机摆放任何货位。仓库采用横梁式托盘多层货架，长×宽×高＝6 000 mm×1 500 mm ×3 500 mm，共 12 个货位。

1 号货架

1 – 2	1 – 4	1 – 6
1 – 1	1 – 3	1 – 5

2 号货架

2 – 2	2 – 4	2 – 6
2 – 1	2 – 3	2 – 5

■ 案例讨论问题

请你设计该批货物的入库工作方案，并完成入库工作。

■ 案例研讨

入库作业为仓储作业组织的第一环节，其作业质量直接影响后续环节作业的进行，是整个仓储工作的重要前提。凡事预则立，不预则废。要完成入库工作，必须先制订入库方案。你要熟悉整个商品的入库过程，包括入库前准备、商品接运、验收入库三个主要环节，并根据入库商品的特点进行安排。因此，需要学习商品入库的有关知识。

相关 知识

一、入库作业步骤

商品入库业务也叫收货业务，它是仓储业务的开始。入库作业是指从接到入库通知单后，经过接运提货、装卸搬运、检查验收、办理入库手续等一系列作业环节所形成的整个工作过程。通常入库作业的内容包括：卸货、核对有关凭证、验货、办理入库手续等。

入库作业是实现物品配送的前期工作，物品一旦收入仓库，将对物品的完好承担全部责任。因此，入库作业管理至关重要。

入库步骤见图 3 - 1。

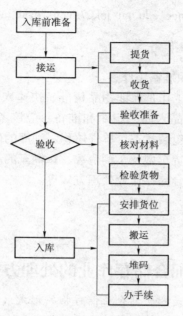

图 3 - 1　入库步骤图

情景链接 3 - 1 <<<

青年路储运经营公司仓储作业流程

青年路储运经营公司隶属于北京市机电设备总公司，占地面积 11 万平方米，内有标准库房 17 栋（保温库 6 栋），库高 10 米，专门储运大型机电产品。单个库房面积从 1 080 平方米到 2 480 平方米不等，地面防潮处理较好，库内配备简单的立体货架 4 或 5 层，高约 3 米，并配有 5 吨、10 吨桥式吊车，库房实行机械通风。场内有铁路专用线及其相关设备，并且有专业的消防队伍。

目前，青年路仓库作为集散型仓库，主要储存家用电器、食品、医药、装饰材料等商品，库房堆高 6～7 米。青年路仓库负责部分商品的储存、配送、运输作业，部分商品由厂家自己负责储存、运输与配送，其主要作业流程包括入库验收、抽样检测、进库码垛、保管、出库等环节。

仓储作业管理是指以存储、保管活动为中心，从仓库接收商品入库开始，到按需要把商品全部完好地发送出去的全过程。

仓储作业过程主要由入库作业、保管作业及出库作业组成。按其作业顺序可详细分为：接车、卸车、理货、检验、入库、储存、保管保养、装卸搬运、加工、包装和发运等作业环节。各个作业环节之间并不是孤立的，它们既相互联系又相互制约。某一环节作业的开始要依赖于上一个环节作业的完成，上一环节作业完成的效果也直接影响到后一环节的作业。由于仓储作业过程中，各个作业环节之间存在着内在的联系，并且需要耗费大量的人力、物力及财力，因此必须对作业流程进行细致的分析和合理有效的组织。

资料来源：http://www.lncc.edu.cn/jpk07/ccps/dzja/index.html

二、入库作业的组织和准备

（一）做好入库作业的组织准备工作

做好入库作业的组织准备工作是保证物品精准、快速入库的重要环节，也是减少差错、缩短入库时间的有效措施。物品入库的组织和准备，应该考虑多方面的因素：如物品的品种、规格、物品种类、数量、包装状态、单件体积、到库的确切时间、商品存期、商品的理化特性及其他保管要求等；进货车型及车辆台数、每辆车的卸货和进货的时间；进货所需人员、仓储设施设备和器具，配合储存作业处理方式等。

情景链接 3-2 <<<

配合储存作业的处理方式

配合储存作业的处理方式是指仓储企业储存物品形式（有托盘、箱子和小包三种形式）与货车进货时的三种形式相配合。第一种情况是进货时托盘、箱子和小包都是以原封不动的形式转入储存区，进货输送机可以直接把物品运到储存区；第二种情况是储存要求将托盘和箱子拆装为小包的形式放在输送机进入储存区；第三种情况是储存要求将进货时的小包或箱子堆放在托盘上再储存。

资料来源：http://www.lncc.edu.cn/jpk07/ccps/dzja/index.html

（二）组织和准备工作的具体内容

1. 送货信息准备

在计算机终端采集和输入物品的条形码以及当日到货的所有预报信息。

2. 人员准备

按照物品的入库时间和到货数量，安排好相关作业人员（质检人员、验收人员、装卸搬运人员等），保证物品到达后，人员能够及时调配到位。

3. 机械设备及检验器具准备

准备好装货所需的空托板或托盘，合理配置好物品检验和计量器具、装卸搬运设备、堆码设备以及必要的防护用品。

4. 库位准备

根据入库物品的种类、数量、储存时间、结合物品的堆码要求，核算物品面积，确定存放的位置及堆码方法、苫垫方法以及进行必要的腾仓、打扫、消毒和准备验收场地等相关工作。

5. 凭证准备

文件单证准备，仓库理货人员将货物入库所需的各种票据凭证、单证、记录簿（如入库记录、理货检验单、料卡、残损单等）预填备妥，以备查用。

三、货物接运

由于货物到达仓库的形式不同，除了一小部分由供货单位直接运到仓库交货外，大部分要经过铁路、公路、航运、空运和短途运输等运输工具转运。凡经过交通运输部门转运的商品，都必须经过仓库接运后，才能进行入库验收，商品接运是商品入库和保管的前提，接运工作完成的质量直接影响商品的验收和入库后的保管保养。它的主要任务是及时而准确地向交通运输部门提取入库货物，要求手续清楚，责任分明，为仓库验收工作创造有利条件。在接运由交通运输部门（包括铁路）转运的商品时，必须认真检查，分清责任，取得必要的证件，避免将一些在运输过程中或运输前就已经损坏的商品带入仓库，造成验收中责任难分和在保管工作中的困难或损失。

商品接运的主要方式如下。

（一）提货

1. 到车站、码头或机场提货

这是由外地托运单位委托铁路、水运、民航等运输部门或邮局代运或邮递货物到达本埠车站、码头、民航站、邮局后，仓库依据货物通知单派车提运货物的作业活动。此外，在接受货主的委托，代理完成提货、末端送货活动的情况下也会发生到车站、码头提货的作业活动。这种到货提运形式大多是零担托运、到货批量较小的货物。

提货人员对所提取的商品应了解其品名、型号、特性和一般保管知识以及装卸搬运注意事项等，在提货前应做好接运货物的准备工作，如装卸运输工具，腾出存放商品的场地等。提货人员在到货前，应主动了解到货时间和交货情况，根据到货多少，组织装卸人员、机具和车辆，按时前往提货。

提货时应根据运单以及有关资料详细核对品名、规格、数量，并要注意商品外观，查看包装、封印是否完好，有无沾污、受潮、水渍、油渍等异状。若有疑点或不符，应当场要求运输部门检查。对短缺损坏情况，凡属铁路方面责任的，应做出商务记录，属于其他方面责任需要铁路部门证明的应做出普通记录，由铁路运输员签字。注意记录内容与实际情况要相符。

在短途运输中，要做到不混不乱，避免碰坏损失。

商品到库后，提货员应与保管员密切配合，尽量做到提货、运输、验收、入库、堆码成一条龙作业，从而缩短入库验收时间，并办理内部交接手续。

2. 到货主单位提取货物

这是仓库受托运方的委托，直接到供货单位提货的一种形式。其作业内容和程序主要是当货栈接到托运通知单后，做好一切提货准备，并将提货与物资的初步验收工作结合在一起进行。最好在供货人员在场的情况下，当场进行验收。因此，接运人员要按照验收注意事项提货，必要时可由验收人员参与提货。

3. 托运单位送货到库接货

这种接货方式通常是托运单位与仓库在同一城市或附近地区，不需要长途运输时被采用。其作业内容和程序是，当托运方送货到货栈后，根据托运单（需要现场办理托运手续）当场办理接货验收手续，检查外包装，清点数量，做好验收记录。如有质量和数量问题，托运方应在验收记录上签证。

4. 铁路专用线到货接运

这是指仓库备有铁路专用线，大批整车或零担到货接运的形式。一般铁路专线都与公路干线联合。在这种联合运输形式下，铁路承担主干线长距离的货物运输，汽车承担直线部分的直接面向收货方的短距离的运输。

接到专用线到货通知后，应立即确定卸货货位，力求缩短场内搬运距离；组织好卸车所需要的机械、人员以及有关资料，做好卸车准备。

车皮到达后，引导对位，进行检查。看车皮封闭情况是否良好（即卡车、车窗、铅封、苫布等有无异状）；根据运单和有关资料核对到货品名、规格、标志和清点件数；检查包装是否有损坏或有无散包；检查是否有进水、受潮或其他损坏现象。在检查中发现异常情况，应请铁路部门派员复查，做出普通或商务记录，记录内容应与实际情况相符，以便交涉。

卸车时要注意为商品验收和入库保管提供便利条件，分清车号、品名、规格，不混不乱；保证包装完好，不碰坏，不压伤，更不得自行打开包装。应根据商品的性质合理堆放，以免混淆。卸车后在商品上应标明车号和卸车日期。

编制卸车记录，记明卸车货位规格、数量，连同有关证件和资料，尽快向保管员交代清楚，办好内部交接手续。

（二）仓库收货

货物到库后，仓库收货人员首先要检查货物入库凭证，然后根据入库凭证开列的收货单位和货物名称与送交的货物内容和标记进行核对。然后就可以与送货人员办理交接手续。如果在以上工序中无异常情况出现，收货人员在送货回单上盖章表示货物收讫。如发现有异常情况，必须在送货单上详细注明并由送货人员签字，或由送货人员出具差错、异常情况记录等书面材料，作为事后处理的依据。

四、入库验收

凡商品进入仓库储存，必须经过检查验收，只有验收后的商品，方可入库保管。货物入库验收是仓库把好"三关"（入库、保管、出库）的第一关，抓好货物入库质量关，能防止劣质商品流入流通领域，划清仓库与生产部门、运输部门以及供销部门的责任界线，也为货物在库场中的保管提供第一手资料。

（一）商品验收的基本要求

（1）及时。到库商品必须在规定期限内完成验收入库工作。虽然到库但未经过验收的商品没有入账，不算入库，不能供应给用料单位。只有及时验收，尽快提出检验报告才能保证商品尽快入库入账，满足用料单位的需求，加快商品和资金的周转。同时商品的托收承付和索赔都有一定的期限，如果验收时发现商品不合规定要求，均应在规定期限内提出退货、换货或赔偿等请求。否则，供方或责任方不再承担责任，银行也将办理拒付手续。

（2）准确。验收应以商品入库凭证为依据，准确地查验入库货物的实际数量和质量状况，并通过书面材料准确地反映出来。做到货、账、卡相符，提高账货相符率，降低收货差错率，提高企业的经济效益。

（3）严格。验收工作的好坏直接关系到国家和企业的利益，也关系到以后各项仓储业务的顺利开展。因此，仓库领导和直接参与验收的人员应重视和负责地做好验收工作，明确每批商品验收的要求和方法，并严格按照仓库验收入库的程序办事。

（4）经济。商品在验收时，多数情况下，不但需要检验设备和验收人员，而且需要装卸搬运机具和设备以及相应工种工人配合。这就要求各工种密切协作，合理组织调配人员与设备，以节省作业费用。此外在验收工作中，尽可能保护原包装，减少或避免破坏性试验，这也是提高作业经济性的有效手段。

（二）物品的检验

物品的检验是指对物品的质量、数量、包装进行检查验收的总称。物品在入库之前必须进行物品检验工作，它可以为保管好物品打下基础。

1. 物品检验的作用

所有到库物品，必须在入库前进行检验，只有检验合格后才算正式入库。物品检验的作用，主要表现在以下两个方面。

（1）检验是做好物品保管保养工作的基础。到库物品经过了一系列的储运环节，物品外包装会出现损坏、散失的情况，没有外包装的物品更容易发生变化。这些情况的出现都将影响到物品的保管及保养。只有在物品入库时进行验收检查，判明物品的实际状况，才能针对物品的实际情况，采取相应的措施对物品进行保管及保养。

（2）物品的严格检验利于维护企业的自身利益。物品检验过程中，若发现物品数量不足、规格不符或质量不合格等问题，检验人员作出详细的检验记录，可以及时进行退货、调换或向承运单位提出索赔等要求。如果物品入库没有进行严格的检验，在保管过程中或发货过程中发现物品存在问题，就会出现责任不清的情况，给企业自身造成不必要的经济损失。因此，在检验过程中必须严格把关，责任分明，使合格的物品准确入库。

总之，检验工作的好坏直接关系到仓储业务能否顺利进行，仓储企业要设置权责清晰的物品检验部门，明确检验人员的责任，使检验工作能够做到及时、准确、明晰和严格。

2. 物品检验作业流程及其内容

物品检验包括检验准备、物品凭证核对和检验实物三个作业环节。

1）检验准备

仓库接到到货通知后，应根据到货物品的特性做好检验前的准备工作，检验准备是做好整个检验工作的前提。

（1）人员准备。安排好负责检验工作的相关人员，对于技术特性复杂的物品，要及时和用货单位的专业技术人员进行有效沟通。

（2）待验物品的相关技术标准和文件准备，如技术标准、订购合同等。

（3）器具准备。准备好检验工具，如衡器、量具等，并校验正确。

（4）防护准备。对有些特殊物品的检验，如毒害品、腐蚀品、放射品等的检验，需要做相应的防护用品准备。

2）核对凭证

入库检验必须具备下列凭证：入库通知单和订货合同副本；供货单位提供的材质证明书、装箱单、磅码单、发货明细表等；物品承运单位提供的运单。若物品在入库前发现残损情况，还要有承运单位提供的货运记录，以便作为向责任方交涉的依据。

核对凭证，也就是将上述凭证加以整理全面核对，入库通知单、订货合同要与供货单位提供的所有凭证逐一核对，相符后，才可以进行下一步实物检验。

3）实物检验

所谓实物检验，就是根据入库单等相关凭证对物品进行数量和质量检验。

（1）确定抽检比例。在业务量比较大的仓储企业，到库物品通常是整批、连续到货，而且品种、规格复杂，在有限的时间内不可能逐件查看，这就需要确定一个合理的抽查比例。检验抽查比例的大小，一般根据物品的特性、物品价值的大小、信誉品牌、物流环境等因素而定。

（2）数量检验。数量检验是保证入库物品数量精准的重要步骤，依据入库单等有关凭证，按物品的品名、规格、等级、产地等，进行核对，以确保入库物品数量准确无误。数量检验可以分为三种形式。

第一种计件。计件是按件数供货或以件数为计量单位的物品，做数量检验时按件数清点。一般情况下，计件物品应全部仔细点清。实际应用时可采用分批清点、标记计件和定额装载三种方法。

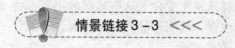

情景链接3-3　<<<

计 件 方 法

分批清点是对包装规则、批量不大的货物验收入库时，将物品按行、列或层堆码，每行、列或层堆码的件数相同，清点完毕后，再统一计数；标记计件是在清点大批量检验入库时，每一定件数的检验作标记，待全部清点完毕，再按标记计算总的数量；定额装载的方法主要用来清点包装规则、批量大的商品，可以用托盘、平板车等装载工具实行定额装载，最后计算入库物品的件数。

资料来源：http：//www.lncc.edu.cn/jpk07/ccps/dzja/index.html

第二种检尺求积。检尺求积是对以平方或体积为计量单位的物品，先检尺后求积所做的数量验收。如对竹子、大理石、玻璃等检验，需要进行检尺计算求出平方或体积。

第三种检斤。检斤是按重量供货或以重量为计量单位的物品，做数量验收时的称重。金属材料、某些化工产品多半是检斤验收。按理论换算重量供应的物品，先要通过检尺，如金属材料中的板材、型材等，然后，按规定的换算方法换算成重量验收。对于进口物品，原则上要求全部检斤，但如果订货合同规定按理论换算重量交货，则按合同规定办理。所有检斤的物品，都应详细填写磅码单。

（3）质量检验。质量检验包括外观检验、尺寸检验、理化检验三种形式。仓库一般只做外观检验和尺寸精度检验，理化检验则由仓库检验技术人员取样，委托专门检验机构或用货方技术人员进行检验。

物品外观检验。物品外观检验又称感官检验，检验人员利用感觉器官，如视觉、听觉、触觉、嗅觉和味觉等感觉器官，检查物品包装的牢固程度，检查物品有无损伤，检查物品是否被雨、雪、油污等污染，有无潮湿、霉腐、生虫。物品的外观检验简便易行节约，广泛应用于检验物品的外观和表面特征。但外观检验易受检验人员的经验、检验环境甚至生理状态等因素的影响，主观性太强，且无统一的检验标准。

物品的尺寸检验。对于需要进行尺寸精度检验的物品，如金属材料中型材的直径和圆度、管材的壁厚和内径、部分机电产品等的检验，需要仓库的检验技术人员进行尺寸检验。由于尺寸精度检验是一项技术性强且费时的工作，实际工作中可根据物品价值的大小、供应商的信誉等进行抽检。

理化检验。又称仪器检验，是借助各种试剂、仪器和设备对物品的内在质量和物理化学性质所进行的检验。对物品内在质量的检验要求一定的技术知识和检验手段，所以一般由专门的技术检验部门进行检验。

3. 物品验收中问题的处理

仓库到货物品来源复杂，涉及物品生产、采购、运输等多个作业环节，不可避免地会出现诸如证件不齐、数量短缺、质量不符合要求等问题。因此，要求在进货检验过程中，要认真细致，区别不同的情况，及时进行处理。

1）数量检验问题的处理

数量短缺或溢余在规定范围内的，可按原数入账。凡超过规定范围的，应查对核实，做成验收记录和磅码单交主管部门向供货单位办理交涉。对于数量溢余较大的情况，可选择物品退回或补发货款的方式解决；对于数量短缺较大的情况，可选择按实数签收并及时通知供应商的方式解决。

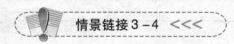
情景链接 3-4 <<<

商品重量检验磅差率

商品的重量一般有毛重、皮重、净重之分。毛重是指商品包括包装在内的实重。皮重主要指包装重量。净重是指商品本身的重量，毛重减去皮重的余数。我们通常所说的商品重量，是指商品的净重。验收是否合格，是根据验收的磅差率的比较，验收的磅差率未超出允许磅差率范围，说明该批商品合格；若验收磅差率超出允许磅差率范围，则说明该批商品不合格。磅差是指由于地区的地心引力差异、磅秤精度差异及运输装卸损耗等各种因素造成的。抄码重量是指商品的条码、标记等上面所标明的商品重量，一般在商品上已经标出，适合定量商品。

资料来源：http：//www.lncc.edu.cn/jpk07/ccps/dzja/index.html

2）质量检验问题的处理

检验过程中，凡发现质量不符合检验规定的情况，应及时向供货单位办理退货、换货交涉，或征得供货单位同意代为修理，或在不影响使用前提下降价处理。检验规格不符或错发时，应先将规格对的予以入库，规格不对的物品做好验收记录交给相应部门办理换货。

3）证物不符问题的处理

检验过程中发现验收单证与实物不符的情况时，应把到库物品放置于待检区，并及时与供应商进行交涉，可以采取拒绝收货、改单签收或退单、退货的方式解决。

4）检验凭证问题的处理

检验凭证问题主要是指检验需要的证件不齐全。检验过程中遇到此类问题时，要及时向供应商索取，到库物品应作为待检验品堆放在待验区，待证件到齐后再进行检验。证件未到之前，不能检验，不能入库，更不能发货。

此外，在对检验过程中发现问题进行处理时应做到：

（1）在物品入库凭证未到或未齐之前不得正式检验；

（2）发现检验数量或质量不符合规定，要会同有关人员当场作出详细记录，交接双方在记录上签字；

（3）在数量检验中，计件物品应及时检验，发现问题要按规定的手续、在规定的期限内向有关部门提出索赔要求。

在仓库商品验收中发现的问题必须做好记录，填写商品验收单（参见表3-1）。

表3-1　××有限公司商品验收单

验收日期：　　年　月　日

供货单位：			生产厂商：			
货品ID	品名		类型	规格	单位	合同数量
批准文号		注册商标	生产日期	有效期至	件数	到货数量	批号
备注	质量状况						
	验收结论						

单位负责人：　　　　　　　　　验收员：　　　　　　　　　　　保管员：

由业务部门经办人填制"商品验收单"一式四份（经仓管员签字后的"商品验收单"），一联由业务部门留底，一联交统计，一联由业务部门交给财务部，一联交仓库作为开具"入库单"依据。

对于没有进行检验的物品要注明不能发放，将其存放至另外的区域并做好记载；对于已经验收的物品可以安排卸货、入库堆码，并把它放置在货位上。同时，要将其货位记入物品位置表中，物品位置表如表3-2所示。在物品位置表上登记完毕后，要进行核对，以防出现差错，最后确认货位。

表3-2　物品位置表

发货通知单	订货号	产品代码	生产日期	产品批号	单位	收货地址	货位编号

五、入库信息处理

仓管员根据"商品验收单"填写的品名、规格、数量、单价，将实物点验入库后，在"商品验收单"上签名，与送货人办理交接手续，并根据点验结果如实填制"入库单"，凭手续齐全的"商品验收单（仓库联）"和"入库单"的存根登记仓库实物账或录入仓储管理信息系统、设立货位卡及建立商品档案。

（一）完成入库交接手续

交接手续是指仓库对收到的物品向送货人进行的确认，表示已接受物品。办理完交接手续，意味着划分清运输、送货部门和仓库的责任。完整的交接手续如下。

（1）接受物品。仓库通过理货、查验物品，将不良物品剔出、退回或者编制残损单证等明确责任，确定收到物品的确切数量、物品表面状态良好。

（2）接受文件。接受送货人送交的物品资料、运输的货运记录、普通记录等，以及随货的在运输单证上注明的相应文件，如图纸、准运证等。

（3）签署单证。仓库与送货人或承运人共同在送货人交来的送货单、交接清单上签字，见表3-3。各方签署后留存相应单证。提供相应的入库、查验、理货、残损单证，事故报告由送货人或承运人签署。

表3-3　到接货交接单

收货人	发站	发货人	品名	标记	单位	件数	重量	号车	运单号	货位	合同号
备注											

送货人　　　　　　　　　　　　　　　接收人　　　　　　　　　　　　　　　经办人

（二）填写入库单

办妥货物接受的签证手续分清了送货单位同仓库的责任，而对内划分收货人员同保管员之间责任的签章交接的凭证，则是有关各方签章的货物入库单。入库单是记录入库商品信息的单据。根据商品来源的不同，可以将入库单分为外购商品入库单（如表3-4所示）和产品入库单（如表3-5所示）。前者是企业从其他企业采购原料或成品入库时所填写的单据，后者是企业自己生产的产品存入仓库的凭证。在填写入库单时内容要完整、字迹清晰，并于每个工作日结束后，将入库单存根联整理进行统一保存。

表3-4　外购商品入库单

编号：　　　　　　　　　　　　　　　　　　　　　　　　　　　　年　月　日

进货单位	品名	规格型号	数量	单位	单价	金额	结算方式	
							合同	现款

采购员：　　　　　　　　　　　　　库管员：

填写说明：本单一式三联，第一联为仓库登记实物账，第二联交采购员办理付款，第三联作为财务计账联。本单适用于外购物品的入库。

表3-5　产品入库单

编号：　　　　　　　　　　　　　　　　　　　　　　　　　　　　年　月　日

品名	型号	包装规格	数量	生产日期	批号	检验单号

入库人：　　　　　　　　　　　　　复核人：　　　　　　　　　　　　　库管员：

填写说明：本单一式三联，一联产品库存根，一联交生产部，一联交财务部。

（三）登账、立卡、建档

1. 登账

商品的保管账是指用一定的表格形式记录仓储商品的动态变化情况账册，是在库商品清点的主要依据。参见表3－6。登记账卡前首先要认真审查凭证，记好日期、凭证编号，摘要栏要尽量简明扼要，认真填写；在转次页时，应在账页最后一行的摘要栏内注明转次页，并依次结出本月收、支、存数，在次页第一行摘要栏内注明承前页，并记录上页结出的收、支、存数。保管账可采取专职管理人员负责建立管理总账和保管员一人一账的方法。不论采取哪种管理方法，均应做到每天登账，经常查对，保证账账相符、账卡相符、账物相符。

登账应遵循以下的规则：

（1）登账必须以正式合法的凭证为依据，如商品入库单和出库单、领料单等；

（2）一律使用蓝、黑色墨水笔登账；

（3）记账应连续、完整，依日期顺序不能隔行、跳页，账页应依次编号，年末结存后转入新账，旧账页入档妥为保管；

（4）记账时，其数字书写应占空格的三分之二空间，便于改错。

表3－6　普通实物明细账

存货名称：　　存货编号：　　计量单位：　　最高存量：　　最低存量：　　存放地点：

年		凭证		摘要	收入	发出	结存
月	日	种类	号码				

2. 立卡

货卡又叫料签、料卡、保管卡。它是一种实物标签，上面标明商品的名称、规格、数量或出入状态等内容，一般挂在上架商品的下方或放在堆垛商品的正面。货卡按其作用不同可分为货物状态卡、商品保管卡。商品保管卡包括标识卡和储存卡等。参见表3－7。

表3－7　货位卡

货位卡1.0

商品名称		规格/型号		生产批号	
入库数量		入库单号		入库日期	
商品出库					
日期	数量	件数	提货人	余额	备注

货物状态卡，是用于表明货物所处业务状态或阶段的标识，根据ISO—9000国际质量体系认证的要求，在仓库中应根据货物的状态，按可追溯性要求，分别设置待检、待处理、不合格和合格等状态标识。

货物标识卡，是用于表明货物的名称、规格、供应商和批次等。根据ISO—9000国际质量体系认证的要求，在仓库中应根据货物的不同供应商和不同入库批次，按可追溯性要求，分别设置标识卡。

货卡一般由保管员使用管理，根据商品入库单、出库单，用格式统一的卡片编制。每次物资入库码垛时，即应按入库单所列内容填写卡片，发货时应按出库凭证随发随销货卡上的数字，以防事后漏记。卡片式样根据物资存放地点不同而不同，存放在库房内的物资一般挂纸卡或塑料卡；存放在露天的物资，为防止卡片丢失或损坏，通常装在塑料袋中或放在特制的盒子里，然后再挂在垛位上，也可用油漆写在铁牌上。

3. 建档

商品档案应一物一档，统一编号，妥善保管。

存档资料包括：

（1）货物的各种技术资料、合格证、装箱单、质量标准、送货单、发货清单等；

（2）货物运输单据、普通记录、货运记录、残损记录、装载图等；

（3）入库通知单、验收记录、磅码单、技术检验报告；

（4）保管期间的检查、保养作业、通风除湿、翻仓、事故等直接操作记录，存货期间的温度、湿度、特殊天气的记录等；

（5）出库凭证，交接签单、送出货单、检查报告等；

（6）回收的仓单、货垛牌，仓储合同、存货计划、收费存根等；

（7）其他有关该货物仓储保管的特别文件和报告记录。

实训 项目3.1 🔍

实训项目：货物入库

实训目的	实训内容及要求	实训评价		
		评价标准	评价主体	评价结果
1. 熟悉货物检验基本方法； 2. 能合理安排货物储位； 3. 能编制入库方案； 4. 熟悉货物入库流程； 5. 填写货物入库相关单证	5～7人组成项目小组，各小组根据本任务案例放送中提供的数据及阅读材料的要求，做1份山西宝泽仓储有限公司的入库方案，做成PPT并推选一名代表展示作品。 内容包括： 1. 完成入库方案； 2. 完成货物组托图设计； 3. 安排货物上架； 4. 填写入库单、明细账等相关的单证	1. 计划书内容齐全，设计合理； 2. 绘制组托图规范； 3. 所需单证齐全，且填写完整	老师评价占40%	
			其他小组评价占60%	
			总计	

阅读材料

入库方案设计步骤及要求

一、封面与前序

写清题目、组别、组长和组员，制订入库方案时各成员的分工、工作内容及职责。

二、入库计划书内容

(1) 接货物入库的计划时间，货物的数量、包装形式、规格；计划时间应按照货物发货的时间和运输的时间，计算出基本确切的到达时间。

(2) 计划货物所需占用的仓容大小。

(3) 预测车辆到达的时间及送货车型。

(4) 为方便装卸搬运，计划车辆的停放位置；车辆停放位置一般位于装卸作业区门口。

(5) 计划货物的装卸方式，人员配备。装卸方式根据货物的状况、重量、包装等来确定，人员配备应根据装卸方法、装卸设备情况、工作效率等因素来确定。

(6) 计划货物的临时存放地点。

(7) 计划货物的存放储位。明确写明货物的储位安排，以及安排的依据和原因。储位安排要根据仓库实际的货位管理方式和安排货位的原则进行。

(8) 计划货物的检验验收内容。验收内容应写明验收哪些项目？需验收哪些单证？验收方法分别是什么，为什么要验收这些项目？为什么采用这种验收方法？注意：不同货物可能采用不同的验收方法。

(9) 计划货物入库应准备的相关工具和材料。写明需准备哪些工具或材料，为什么需要准备这些材料？

(10) 货位准备的计划。该货位应怎样准备接货？需做哪些准备工作？为什么需要做这些工作？

以上各项内容，均要求写明如此计划的原因和考虑因素。

入库计划书作为方案设计的第一部分内容。

三、货物堆放设计

对入库的货物进行堆放，所有货物都要用托盘堆放在货架上，因此需由学生设计出货物在托盘上堆放的方法。

要求：尽可能节省托盘数量，尽可能多地往托盘上堆放。但是货物不能超出托盘的边缘，最高高度不能超过 1.5 m。堆放要整齐、稳固，不能出现重心偏移、倾斜等情况。要画出货物在托盘上的堆放设计图。

作为方案设计的第二部分内容。

四、货物入库单证处理

货物入库过程中，接触到很多的单证，根据货物入库的过程，逐个填写相关的单证。

参考网址：http://www.doc88.com/p-80529577545.html 及相关知识部分介绍。

要求：填写所有的单证，并按顺序整理，作为方案设计的第三部分内容。

课后 习题

1. 入库作业前要做哪些准备工作？
2. 货物接运有哪几种方式？
3. 入库验收会出现哪些异常情况？怎么处理？
4. 完成入库工作需要办理哪些交接手续？

任务 2 在库作业

知识与能力目标

◎ 掌握商品的分类和编码知识，能够为商品编码
◎ 掌握货位编号和货位分配知识，能够为货位编号，能够分配货位
◎ 能够进行物品的堆码与苫垫作业
◎ 能够选择适当的方式进行库内物品的装卸搬运作业及流通加工作业
◎ 能够进行商品养护作业
◎ 掌握仓库安全管理的有关知识及技术，能进行仓库日常保卫及消防工作

任务描述

■ 案例放送

库存啤酒的质量控制措施

首先，啤酒入库验收时外包装要求完好无损、封口严密，商标清晰；啤酒的色泽清亮，不能有沉淀物；内瓶壁无附着物；抽样检查具有正常的酒花香气，无酸、霉等异味。

其次，鲜啤酒适宜储存温度为 0～15 ℃，熟啤酒适宜储存温度为 5～25 ℃，高级啤酒适宜储存温度为 10～25 ℃，库房相对湿度要求在 80% 以下。

再次，瓶装酒堆码高度为 5～7 层，不同出厂日期的啤酒不能混合堆码，严禁倒置。

最后，严禁阳光曝晒，冬季还应采取相应的防冻措施。

■ 案例讨论问题

为保证啤酒的质量，啤酒从入库验收开始到出库检验结束，要做哪些工作？

■ 案例研讨

物资经验收合格入库后，就进入了物资储存作业程序。物资储存作业是对物资进行合理的保管和养护，以确保物资的质量完好和数量无误。物资的储存是一项综合性的应用技术。要成为一个合格的仓库保管员，不仅要掌握相关的物资、货位及货场编号知识，还要熟知物资堆码苫垫及养护和安全保管知识，才能最大限度地保护物资的质量完好和数量无误。

相关知识

一、商品分类与编码

（一）商品的分类

1. 商品分类的概念

商品分类是按照商品的性质或特征（称分类标志），将商品群体科学、系统地逐次划分为门类、大类、中类、小类（以上统称类别）、品种，乃至规格、花色等细目的过程。商品分类中的"类"是根据商品的共同性质或待征进行归纳并依次划分的总称；"品种"是商品分类中具体反映的商品名称；商品分类中的"细目"是以不同的花色、规格等明显标志对

商品品种的详细区分。

随着社会的发展，商品种类日益增多。它们不仅品种繁多，而且性质各异，质量有差别，在用途及保管养护方法上也不相同。因此，为了防止货损货差，便于经营管理，实现商品流通顺畅，有必要进行科学的商品分类。

2. 商品分类的基本方法

商品分类的基本方法通常有线分类法和面分类法。

1）线分类法

线分类法也称为层级分类法，它是将拟分类的商品集合总体，按选定的属性或特征作为划分基准或分类标志，逐次地分成相应的若干个层级类目，并编排成一个有层级的、逐级展开的分类体系。见表 3－8。在这个分类体系中，各层级所选用的分类标志可以不同，各个类目之间构成并列或隶属关系。

表 3－8　线分类体系

大类	中类	小类
家具制造业产品	木制家具制造业产品 金属家具制造业产品 塑料家具制造业产品 竹藤家具制造业产品	床 椅 凳 桌 箱 架 橱柜 其他

线分类法是商品分类中常采用的分类方法。主要优点是：层次性好，能较好地反映类目之间的逻辑关系，符合传统应用的习惯，既适合于手工处理，又便于计算机处理。但线分类也存在着分类结构弹性差的缺点。

2）面分类法

面分类法也称平行分类法，它是把拟分类的商品集合总体，根据其本身固有的属性或特征，分成相互之间没有隶属关系的面，每个面都包含一组类目。将某个面中的一种类目与另一个面的一种类目组合在一起，即组成一个复合类目。

如服装的分类就是按照面分类法组配的，把服装用的面料、式样和款式分为三个互相之间没有隶属关系的"面"，每个"面"又分成若干个类目（见表 3－9），标出了不同范畴的独立类目。使用时，将有关类目组配起来，便成为一个复合类目，如纯毛男式中山装、中长纤维女式西装等。

表 3－9　面、样式、款式复合分类

面料	样式	款式
纯棉 纯毛 涤棉 毛涤 中长纤维	男式 女式	中山装 西装 猎装 夹克 连衣裙

面分类法具有类目可以较大量地扩充、结构弹性好、不必预先确定好最后的分组、适用于计算机管理等优点，但也存在不能充分利用容量、组配结构太复杂、不便于手工处理等缺点。

（二）货品编号

所谓货品编号，也称物料编码，就是将货品按其分类内容加以有次序的编排，并用简明的文字、符号或数字代替货品的名称、类别及其他有关信息的一种方式。编号不同于货品本身已有的商品号码及条码，它是为配合仓库的物流作业系统，方便货位管理系统运作，掌握货物的动向，为商品所编的货物代号或物流条码。编号标识可置于容器、产品或货位上，且用明显的颜色、字体、大小，让作业员容易获得信息。一般来说，容器及货位的编码标识有其特定的使用目的，它能被永久地保留，而零件或产品上的编码标识则具有一定的弹性，如可以增加物件号码或者制造日期、使用期限等，以方便出货的选择。

1. 货品编码的作用

货品经过编码，可以提高作业或管理的标准化水平及作业效率，其作用如下：

（1）提高货品资料的正确性，便于货品信息在不同部门间的传递及共享；

（2）提高货品活动的工作效率，便于对货品进行查核及管理；

（3）可以利用计算机对货品进行处理分析，以节省人力、减少开支、降低成本；

（4）可以防止重复订购，易于货品的仓货及盘点进而削减库存；

（5）便于进货和发货，可以实现货品的先进先出；

（6）利用编码代码来表示各种货品，可以防止公司机密外泄。

2. 货品编码的原则

为确保货品编码的科学性与实用性，货品编码应遵循如下原则。

（1）简易性：将货品化繁为简，使编码便于货品活动的处理。

（2）完全性：确保每一项货品都有一种编码代替。

（3）单一性：每一个编码只能代表一项货品。

（4）一贯性：编码应统一且具有连贯性。

（5）充足性：编码所采用的文字、符号或数字，必须有足够的数量以满足需求。

（6）扩充弹性：为未来货品的扩展及产品规格的增加预留编码，使编码能按照需要自由延伸或随时从中插入。

（7）组织性：编码需经过科学组织，以便存档或查询相关资料。

（8）易记性：应选择易于记忆的文字、符号或数字来编码，编码应富于暗示性和联想性。

（9）分类展开性：若货品过于复杂而使编码庞大，则应使用渐进分类的方式作层级式的编码。

（10）实用性：编码应考虑与事务性机械或计算机的配合，提高货品编码的应用管理效率。

3. 商品代码的结构

代码是表示特定事物或概念的一个或一组字符，通常是阿拉伯数字、拉丁字母或便于记忆和处理的符号。其基本结构包括：

（1）代码长度，一个代码中所包含的有效字符的个数；

（2）代码顺序，代码字符排列的逻辑顺序；

（3）代码基数，编制代码时所选用的代码字符的个数，如数字代码的字符为 0～9，基数是 10。

4. 商品代码的种类及编码方法

商品代码的种类很多，常见的有无含义代码和有含义代码。无含义代码通常可以采用顺序码和无序码来编；有含义代码则通常是在对商品进行分类的基础上，采用序列顺序码、数值化字母顺序码、层次码、特征组合码及复合码等编排。不同的代码，其编码方法不完全一样，在商品编码中，常见的方法如下。

（1）顺序码。又称流水编码法，即将阿拉伯数字或英文字母按顺序往下编码。其优点是代码简单，使用方便，易于延伸，对编码对象的顺序无任何特殊规定和要求。缺点是代码本身不会给出任何有关编码对象的其他信息。在物流管理中，顺序码常用于账号及发票编号等。

（2）层次码。层次码是以编码对象的从属层次关系为排列顺序组成的代码。编码时将代码分成若干层次，并与分类对象的分类层级相对应，代码自左至右表示的层级由高到低，代码的左端为最高位层级代码，右端为最低位层级代码，每个层级的代码可采用顺序或系列顺序码。例如，1010050312，表示的意义见表 3 - 10。

表 3 - 10　可口可乐的层次码

层级	大类	小类	品名	形状	规格
编码	1	01	005	03	12
含义	食品	饮料	可口可乐	圆瓶	400 ml

层次码的优点是能明确表明分类对象的类别，有严格的隶属关系，代码结构简单，容量大，便于计算机统计，但其层次较多，代码位数较长。

（3）实际意义编码。实际意义编码是根据商品的名称、重量、尺寸以及分区、货位、保存期限或其他特性的实际情况来考虑编号。这种方法的特点在于通过编号即能很快了解商品的内容及相关信息。

例如，FO4915 B1 表示的意义见表 3 - 11。

表 3 - 11　实际意义编码示例

编　码		意　义
FO4915B1	FO	表示 FOOD，食品类
	4915	表示 4×9×15，尺寸大小
	B	表示 B 区，货物储存区号
	1	表示第一排料架

（4）暗示编码。用数字与文字的组合编号，编号暗示商品的内容和有关信息。例如，BY005WBl0，表示的意义见表 3 - 12。

表 3 – 12　暗示编码意义示例

属性	货物名称	尺寸	颜色与形式	供应商
编码	BY	005	WB	10
含义	自行车	大小为 5 号	白色、小孩型	供应商号码

二、货位编号与货位分配

（一）货位编号

所谓货位编码，是指为了方便记忆与记录，对库房、货场、货棚及货架等按其地址、位置顺序统一编列号码，并在仓库中做出明显标识。可整个仓库统一顺序编号，也可分别不同库房、货棚、货场各自编号。可整个仓库统一顺序编号，也可分别不同库房、货棚、货场各自编号。实际上货位的编码就如同物品的住址，而物品编号就如同姓名一般，一封信（记忆系统）在住址、姓名都写明清楚的条件下，才能迅速正确地送到收信人手中。也就是说每一品项都要有一个地址及姓名，以便在需要时能马上找到它。

1. 货位编码的功能

货位经过编码，在管理上具有以下功能：

（1）确定货位资料的正确性；

（2）提供计算机中相应的记录位置以供识别；

（3）提供进出货、拣货、补货等人员存取货品的位置依据，以方便货品进出、上架及查询，节省重复找寻货品的时间；

（4）提高调仓、移仓的工作效率；

（5）可以利用计算机处理分析；

（6）因记录正确，可迅速储存或拣货；

（7）方便盘点；

（8）可让仓储及采购管理人员了解储存空间，以控制货品存量；

（9）可避免货品因胡乱堆置导致过期而报废，并可有效掌握存货，降低库存量。

2. 货位编码的方法

货位编号应按一定的规则和方法进行。首先确定编号的先后顺序规则，规定好库区、编排方向及顺序排列；其次是采用统一的方法进行编排，要求在编排过程中所用的代号、连接符号必须一致，先后顺序必须固定，每一个代号必须代表特定的位置；最后选择适当的段位间隔，与货种及批量的大小相适应。

一般货位编码的方法有下列四种。

（1）区段方式。以区段为单位把保管区域分割为几个区段，再对每个区段编码。适用于容易单元化装载的货品，以及大量或保管周期短的货品。货品以物流量大小来决定其所占的区段大小；以进出货频率来决定其配置顺序。

（2）商品群别方式。把一些相关货品经过集合后，区分成几个商品群，再对每个商品群进行编码。这种编码方式适用于按商品群类别保管及品牌差距较大的货品，如服饰、五金货品等。

（3）地址式。利用保管区域中的现成参考单位，如建筑物第几栋、区段、排、行、层、格等，依照其相关顺序来进行编码。我国库房中所用的四号定位法就是这种方式的体现。如在货架存放的仓库，可采用 1 组 4 位数字来表示物品存取的位置，四位数字分别代表库房的编号、货架的编号、货架层数的编号和每一层中各格的编号。对于如 1 - 11 - 1 - 3 的编号，可以知道编号的含义是：1 号库房，第 11 个货架，第 1 层中的第 3 格，根据货位编号就可以迅速地确定某种物品具体存放的位置。

（4）坐标式。利用空间概念来编排储位，由于其储位切割细小，在管理上比较复杂，适用于流通率很低、长时间存放的货品。

由于存货品特性不同，所适合的货位编码方式也不同，必须按照保管货品的存货量、流动率、保管空间布置以及所使用的保管设备而做出选择。不同的编码方法，对于管理的难易程度也有影响。

3. 货位编号的标志

货位的编号就好比商品在仓库中的住址，必须符合"标志明显易找，编排循规有序"的原则。具体编号时，须符合以下要求。

（1）标志设置要适宜。货位编号的标志设置要选择便于寻找的明显的地点。如无货架的库房内，走道、支道、段位的标志，一般都刷置在水泥或木板地坪上；有货架库房内，货位标志一般设置在货架上等。

（2）标志制作要统一。货位编号的标志不统一很容易造成串库、商品错收、错发等事故，要统一使用阿拉伯字码或英文字母顺序制作标志。同一库房标志要统一。

（3）标志要便于区分。为了将库房以及走道、支道、段位等加以区别，可在字码大小、颜色上加以区分，或在字码外加上括号、圆圈等符号加以区分。

4. 货位编号应用的注意事项

（1）当商品入库后，应将商品所在货位的编号及时准确地登记在账册上或输入电脑。货位输入的准确与否，直接决定了出货准确性的大小。

（2）当商品所在的货位变动时，该商品账册上的货位编号也应作相应的调整。

（3）为提高货位利用率，一般同一货位可以存放不同规格的商品，但必须配备区别明显的标识，以免造成差错。

（二）货位分配

1. 货位分配的概述

货位分配就是指在储存空间、储存设备、储存策略、储位编码等一系列前期工作准备就绪之后，用什么方法把货品分配到最佳的货位上。

货位分配包含两层意义：一是为入库的物料分配最佳货位（因为可能同时存在多个空闲的货位）即入库货位分配；二是要选择待出库物料的货位（因为同种物料可能同时存放在多个货位里）。

2. 货位分配的原则

（1）为方便出入库，物品必须面向通道进行保管；

（2）尽可能地向高处码放，提高保管效率；

（3）"出货"频率高的放在近处，"出货"频率低的放在远处；

（4）"重货"放在近处，"轻货"放在远处；

（5）"大型货物"放在近处，"小型货物"放在远处；

（6）"一般物品"放在下层，"贵重物品"放在上层；

（7）"重货"放在下层，"轻货"放在上层；

（8）"大型货物"放在下层，"小型货物"放在上层；

（9）加快周转，先入先出。

3. 货位存货方式

（1）固定型。固定型是一种利用信息系统事先将货架进行分类、编号，并贴附货架代码，各货架内装置的物品事先加以确定的货位存货方式。

在固定型管理方式下，各货架内装载的物品长期是一致的，这样从事物品备货作业较为容易，同时信息管理系统的建立也较为方便，这是因为只要第一次将货架编号以及物品代码输入计算机，就能很容易地掌握物品出入库动态，从而省去了不断进行库存统计的繁琐业务。与此同时，在库存发出以后，利用信息系统能很方便地掌握账目以及实际的剩余在库量，及时补充库存。

（2）流动型。流动型指所有物品按顺序摆放在空的货架中，不事先确定各类物品专用的货架。

流动型管理方式由于各货架内装载的物品是不断变化的，在物品变更登录时出差错的可能性较高。

一般来讲，固定型适用于非季节性物品，重点客户的物品，以及库存物品种类比较多且性质差异较大的情况；而季节性物品或物流量变化剧烈的物品，由于周转较快，出入库频繁，则流动型更为适用。

4. 货位指派方式

在完成货位确定、货位编号等工作之后，需要考虑用什么方法把物品指派到合适的货位上。指派的方法有人工指派法、计算机辅助指派法和计算机全自动指派法三种。

（1）人工指派法。人工指派法是指物品的存放位置由人工进行指定，其优点是计算机等设备投入费用少。缺点是指派效率低、出错率高。

人工指派管理要点是：

要求仓管人员必须熟记货位指派原则，并能灵活应用；

仓储人员必须按指派单证把商品放在指定货位上，并做好详细记录；

实施动态管理，补货或拣货作业时，仓储人员必须做好登记消除工作，保证账物相符。

（2）计算机辅助指派法。计算机辅助指派货位方法是利用图形监控系统，收集货位信息，并显示货位的使用情况，把这作为人工指派货位依据进行货位指派作业。采用此法需要投入计算机、扫描仪等硬件设备及货位管理软件系统。

（3）计算机全自动指派方法。此方法是利用图形监控货位管理系统和各种现代化信息技术，如条形码自动阅读机、无线电通信设备，网络技术、计算机系统等，收集货位有关信息，通过计算机分析后直接完成货位指派工作。

此外，为了方便管理，货位编号和货位规划可以绘制成平面布置图，这样不但可以全面反映库房和货场的物品货存分布情况，而且也可以及时掌握物品储存动态，便于仓库结合实际情况调整安排。

三、商品的堆码与苫垫

（一）商品的堆码

1. 商品堆码的概念

商品堆码又称"商品堆垛"，是指根据商品性能、包装、仓储设备、存放场所和季节、气候等条件，选择堆码形式，确定垛堆高度等，以便于商品的搬运、检查和养护。

2. 堆码的基本原则

科学的商品堆码，有利于仓库中人身、商品、建筑物的安全，有利于收发库的存取和在库养护的操作，有利于提高仓库利用率。因此商品堆码要求符合一定的原则，具体如下。

1）分类存放

分类存放是仓库储存规划的基本要求，是保证商品质量的重要手段，因此也是堆码需要遵循的基本原则。

（1）不同类别的商品分类存放，甚至需要分区分库存放；

（2）不同规格、不同批次的商品也要分位、分堆存放；

（3）残损商品要与原货分开；

（4）对于需要分拣的商品，在分拣之后，应分位存放，以免混串。

此外，分类存放还包括不同流向商品、不同经营方式商品的分类分存。

2）选择适当的搬运活性

为了减少作业时间、次数，提高仓库物流速度，应该根据商品作业的要求，合理选择商品的搬运活性。对搬运活性高的入库存放商品，也应注意摆放整齐，以免堵塞通道，浪费仓容。

3）面向通道，不围不堵

货垛以及存放商品的正面，尽可能面向通道，以便察看；另外，所有商品的货垛、货位都应有一面与通道相连，处在通道旁，以便能对商品进行直接作业。只有在所有的货位都与通道相通时，才能保证不围不堵。

3. 堆码的要求

（1）对堆垛场地的要求。堆码场地可分为三种：库房内堆码场地、货棚内堆码场地、露天堆码场地。不同类型的堆码场地，进行堆码作业时，会有不同的要求。

（2）对堆码商品的要求。商品的名称、规格、数量、质量已全查清；商品已根据物流的需要进行编码；对需取样的商品，能方便取样；商品外包装完好、清洁、标志清楚；商品有受潮、锈蚀，或已发生质量变化，但已除潮除锈，已加工恢复或已剔除；为便于机械化作业，准备堆码的商品已进行集装单元化。

（3）堆码操作的要求。进行商品的堆码，遵循合理、牢固、定量、整齐、节约等几个基本要求。

① 合理。不同商品其性能、规格、尺寸不相同，应采用各种不同的垛形。不同品种、产地、等级、批次、单价的商品，应分开堆码，以方便收发、保管。货垛的高度要适度，不能压坏底层商品和地坪，并与屋顶、照明灯保持一定距离为宜；货垛的间距、走道的宽度、货垛与墙面、梁柱的距离等，都要合理、适度。垛距一般为 $0.5 \sim 0.8$ m，主要通道为 $2.5 \sim 4$ m。

② 牢固。操作工人必须严格遵守安全操作规程，防止建筑物超过安全负荷量。码垛必

须不偏不斜，不歪不倒，牢固坚实，与屋顶、梁柱、墙壁保持一定的距离，确保堆垛的安全和牢固。

③ 定量。商品储存量不应超过仓储定额，即应储存在仓库的有效面积、地坪承压能力和可用高度允许的范围内。同时，应尽量采用"五五化"堆码方法，便于记数和盘点。

④ 整齐。货垛应按一定的规格、尺寸叠放，排列整齐、规范。商品包装标识应一律向外，便于查找。

⑤ 节约。堆垛时应注意节省空间位置，适当、合理地安排货位的使用，提高仓容利用率。

4. 货垛设计

货垛设计的内容包括垛基、垛型、货垛参数、堆码方式及货垛安排等。

（1）垛基。垛基是料垛的基础，主要作用是承受整个料垛的重量，将商品的垂直压力传递给地坪；将商品与地面隔离，起防水、防潮和通风的作用；垛基空间为搬运作业提供方便条件。因此，对垛基提出以下要求：

① 将整垛物品的重量均匀地传递给地坪；

② 保证良好的防潮和通风；

③ 保证垛基存放的物品不发生变形。

（2）垛型。垛形是指货垛的外部轮廓形状。按垛底的平面形状可分为矩形、正方形、三角形、圆形、环形等。按货垛立面的形状可分为矩形、正方形、三角形、梯形、半圆形，另外还可以组成矩形—三角形、矩形—梯形、矩形—半圆形等复合形状。

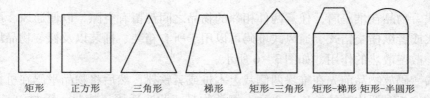

矩形　　正方形　　三角形　　梯形　　矩形-三角形　矩形-梯形　矩形-半圆形

各种不同立面的料垛各有优缺点。矩形、方形料垛，堆码容易，计数方便，库容整齐，能充分利用仓库空间，但稳定性较差；梯形、三角形、半圆形料垛，稳定性较好，易苫盖，排水性能好，但不容易堆码，不便于计数，不能充分利用仓库空间；矩形—三角形、矩形—梯形等复合形料垛，是上述两者的结合，兼有两者的特点，多用于露天存料的堆垛。

（3）料垛参数。料垛参数是指料垛的长、宽、高，即料垛的外廓尺寸。料垛长度还应根据仓库的平面布置和商品的多少而定。料垛的宽度，应根据商品的性质、要求的保管条件、搬运方式、数量多寡及收发制度等确定。料垛高度，主要应根据库房高度、地坪承载能力、商品本身及包装的耐压能力、装卸搬运设备的类型及技术性能、商品的理化性质等来确定。料垛的长、宽、高，互相联系，互相制约，三者必须综合加以考虑。

（4）堆码方式。商品的堆码方式主要取决于商品本身的性质、形状、体积、包装等。

① 常见的堆码方式。

重叠式。重叠式也称直堆法，是逐件、逐层向上重叠堆码，一件压一件的堆码方式。该方法方便作业、计数，但稳定性较差。适用于袋装、箱装、箩筐装物品，以及平板、片式物品等。如图 3-2 所示。

纵横交错式。纵横交错式是指每层物品都改变方向向上堆放。该方法较为稳定，但操作不便。适用于管材、捆装、长箱装物品等。如图 3 - 3 所示。

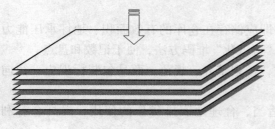

图 3 - 2　重叠式堆码

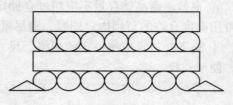

图 3 - 3　交错式堆码

仰伏相间式。对上下两面有大小差别或凹凸的物品，如槽钢、钢轨等，将物品仰放一层，在反一面伏放一层，仰伏相向相扣。该垛极为稳定，但操作不便。如图 3 - 4 所示。

压缝式。将底层并排摆放，上层放在下层的两件物品之间。如图 3 - 5 所示。

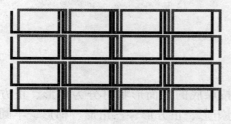

图 3 - 4　仰伏相间式

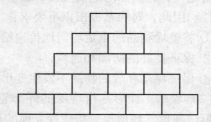

图 3 - 5　压缝式

通风式。物品在堆码时，任意两件相邻的物品之间都留有空隙，以便通风。层与层之间采用压缝式或者纵横交错式。通风式堆码可以用于所有箱装、桶装以及裸装物品堆码，起到通风防潮、散湿散热的作用，如图 3 - 6 所示。

栽柱式。码放物品前先在堆垛两侧栽上木桩或者铁棒，然后将物品平码在桩柱之间，几层后用铁丝将相对两边的柱拴连，再往上摆放物品。此法适用于棒材、管材等长条状物品。如图 3 - 7 所示。

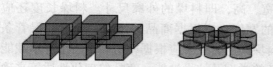

图 3 - 6　通风式堆垛

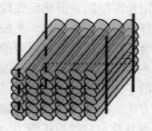

图 3 - 7　栽柱式堆垛

衬垫式。码垛时，隔层或隔几层铺放衬垫物，衬垫物平整牢靠后，再往上码。适用于不规则且较重的物品，如无包装电机、水泵等。

② 托盘上存放物品。由于托盘在物流系统中的运用得到认同，因此就形成了物品在托盘上的堆码方式。托盘是具有标准规格尺寸的集装工具，因此，在托盘上堆码物品可以参照典型堆码图谱来进行。如硬质直方体物品可参照中华人民共和国国家标准 GB/T 4892—1996

《硬质直方体运输包装尺寸系列》硬质直方体在 1 140 mm × 1 140 mm 托盘上的堆码图谱进行。圆柱体物品可参照中华人民共和国国家标准 GB/T 13201—1997《圆柱体运输包装尺寸系列》，圆柱体在 1 200 mm × 1 000 mm、1 200 mm × 800 mm、1 140 mm × 1 140 mm 托盘上的堆码图谱进行。

③ "五五化" 堆垛。就是以五为基本计算单位，堆码成各种总数为五的倍数的货垛，以五或五的倍数在固定区域内堆放，使物品 "五五成行、五五成方、五五成包、五五成堆、五五成层"，堆放整齐，上下垂直，过目知数，便于物品的数量控制、清点盘存。如图 3 – 8 所示。

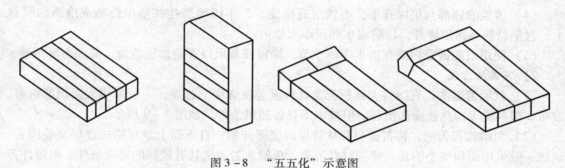

图 3 – 8 "五五化" 示意图

（5）货垛 "五距" 的规范要求。货垛的 "五距" 是指垛距、墙距、柱距、顶距和灯距。在叠堆货垛时，不能依墙、靠柱、碰顶和贴灯；不能紧挨旁边的货垛，必须留有一定的间距。

① 垛距，货垛与货垛之间的必要距离，常以支道作为垛距。垛距能方便作业存取，起通风、散热的作用，方便消防工作。库房垛距一般为 0.3 ~ 0.5 m，货场垛距一般不少于 0.5 m。

② 墙距，为了防止库房墙壁和货场围墙上的潮气对商品的影响，也为了开窗通风，方便消防工作、收发作业，货垛必须留有墙距。墙距一般为 0.1 ~ 0.5 m。

③ 柱距，为了防止库房柱子的潮气影响货物，也为了保护仓库建筑物的安全，必须留有柱距。柱距一般为 0.1 ~ 0.3 m。

④ 顶距，顶距是指货垛堆放的最大高度与库房、货棚屋顶栋梁间的距离。顶距要能便于装卸搬运作业，能通风散热，有利于收发、查点。顶距一般为 0.5 m。

⑤ 灯距，货垛与照明灯之间的必要距离。为了防止照明灯发出的热量引起附近商品燃烧而发生火灾，货垛必须留有足够的安全灯距。灯距应不少于 0.5 m。

（二）商品苫垫

商品苫垫是指用某种材料对货垛进行苫盖和铺垫的操作和方法。常用的苫垫材料有油布、塑料布、油毡、垫木、货板、垫石及台板等。

1. 苫盖

苫盖是指采用专用苫盖材料对货垛进行遮盖，以减少自然环境中的阳光、雨雪、刮风、尘土等对货物的侵蚀、损害，并尽可能减少货物由于自身理化性质所造成的自然损耗，确保货物在储存期间的质量。常用的苫盖材料有帆布、芦席、竹席、塑料膜、铁皮铁瓦、玻璃钢瓦、塑料瓦等。

1）苫盖的要求

苫盖的目的是给物品遮阳、避雨、挡风、防尘。苫盖的要求如下。

（1）选择合适的苫盖材料。选用防火、无害的安全苫盖材料；苫盖材料不会对物品发生不良影响；成本低廉，不易损坏，能重复使用，没有破损和霉变。

（2）苫盖牢固。每张苫盖材料都需要牢固固定，必要时在苫盖物外用绳索、绳网绑扎或者用重物镇压。

（3）苫盖的接口要有一定深度的互相叠盖，不能迎风叠口或留空隙，苫盖必须拉挺、平整，不得有折叠和凹陷，防止积水。

（4）苫盖的底部与垫垛齐平，不腾空或拖地，并牢固地绑扎在垫垛外侧或地面的绳桩上，衬垫材料不露出垛外，以防雨水顺延渗入垛内。

（5）使用旧的苫盖物或在雨水丰沛季节，垛顶或者风口需要加层苫盖，确保雨淋不透。

2）苫盖的方法

（1）就垛苫盖法。直接将大面积苫盖材料覆盖在货垛上遮盖，一般采用大面积的帆布、油布、塑料膜等。此法操作便利，但基本不具备通风条件。如图3－9所示。

（2）鱼鳞式苫盖法。将苫盖材料从货垛的底部开始，自下而上呈鱼鳞式逐层交叠围盖。该法一般采用面积较小的瓦、席等材料苫盖。鱼鳞式苫盖法具有较好的通风条件，但每件苫盖材料都需要固定，操作比较繁琐复杂。如图3－10所示。

图3－9　就垛苫盖法　　　　　　　　　　　图3－10　鱼鳞式苫盖法

（3）活动棚苫盖法。将苫盖物料制作成一定形状的棚架，在物品堆垛完毕后，移动棚架到货垛加以遮盖；或者采用即时安装活动棚架的方式苫盖。该法较为快捷，具有良好的通风条件，但活动棚本身需要占用仓库空间，也需要较高的购置成本。

2．垫垛

垫垛，一般是指在货物码垛前，在预定的货垛下面用各种物料进行铺垫。

1）垫垛的目的

（1）使地面平整；

（2）隔地面的潮湿，便于通风，防止商品受潮、霉变、残损；

（3）地面杂物、尘土与货物隔离；

（4）货物的泄漏物留存在衬垫之内，不会流动扩散，便于收集和处理；

（5）通过强度较大的衬垫物使重物的压力分散，避免地坪的损伤。

2）垫垛的基本要求

（1）衬垫物应具有足够的抗压强度；

（2）地面要平整坚实、衬垫物要摆平放正，并保持同一方向；

（3）层垫物间距适当，直接接触货物的衬垫面积与货垛底面积相同；

（4）要有足够的高度，露天堆场要达到 0.3～0.5 m，库房内 0.2 m 即可。

四、库内物品的装卸与搬运

装卸搬运是指对仓储物品在空间的垂直位移、水平位移的物理性活动。具体来说，装卸是指将物品装载到运输、搬运设备上，从运输、搬运设备上卸下，以及相应的拆垛和堆码作业；搬运则是在同一场所内，对物品进行较短距离的水平移动。装卸搬运是仓储的基本作业环节，在仓储劳动作业量中所占比重最大；由于装卸搬运需要耗用较多的时间，它也是影响仓储周转率的重要因素；装卸搬运还是仓储作业中出现次数最多的作业环节，从货物进入仓库的查验、接收、检验、堆码，到出库时的分拣、配货、整理、备料、清点、发运，以及涉及的流通加工无不伴随着装卸搬运作业。

装卸搬运作业不仅繁重，也是容易造成仓储物品毁损的主要环节。因此做好装卸和搬运作业，不仅有利于降低仓储成本，也能大幅度降低仓储风险。

（一）装卸搬运的方式方法

在实际工作中如何选择适宜的装卸搬运的方式方法，对于提高装卸搬运效率、节约装卸搬运作业时间、降低装卸搬运费用是至关重要的。

1. 按装卸搬运作业对象分类

（1）单件作业是利用人工搬运的一种方法，也是目前仓储较广泛采用的搬运形式。

（2）集装作业是指先将物品集装，再对集装后的物品进行搬运的一种方法。集装作业可以提高单次装卸搬运的批量，节约人力、物力、财力，大幅度提高装卸搬运效率。集装方式有多种如集装箱、仓储笼、托盘、集装袋、拉伸缠绕膜等。

（3）散装作业是指对粉末状物品及大批量不适宜包装的散货进行的装卸搬运活动，如煤炭、矿石、粮食、水泥等。散装装卸搬运，可以节省多道工序，节省包装费用；但散装作业所用的工具、车辆都是专用的，因此早期设备设施的投入较多。

2. 按作业手段和组织水平分类

（1）人工作业是指利用人工或借助简单工具进行的装卸搬运作业，也是一种单件作业。这种作业方式简便易行，作业成本低，效率也低。

（2）机械化作业是指主要利用机械进行的装卸搬运作业，这种作业属于人—机作业。这种作业方式节省时间，效率较高，管理成本低，单位作业费用较高。

（3）综合化机械作业是指主要利用两种以上工具或全自动设备进行的装卸搬运作业，这种作业属于机—机作业。这种作业方式，效率高、错误率几乎为零，作业费用高，若作业规模大而且规律其单位成本低或较低。如自动化立体仓库和自动化分拣线就属于该方式。

（二）装卸搬运作业合理化的措施

装卸搬运活动本身并不增加物品的价值和使用价值，相反，装卸搬运有可能成为沾污和损坏物品的直接原因，影响物品的价值。

1. 防止和消除无效作业

所谓无效作业，是指在装卸作业活动中超出必要的装卸、搬运量的作业。为了有效地防止和消除无效作业，可从以下几个方面入手。

（1）尽量减少装卸次数。要使装卸次数降低到最小，尤其要避免没有效果的装卸作业。

（2）提高被装卸物品的纯度。物品的纯度，指物品中含有水分、杂质与物品本身使用无关的物质的多少。物品的纯度越高则装卸作业的有效程度越高；反之，则无效作业就会增多。

（3）包装要适宜。包装是物流中不可缺少的辅助作业手段。包装的轻型化、简单化、实用化会不同程度地减少作用于包装上的无效劳动。

（4）缩短搬运作业的距离。物品在装卸、搬运当中，要实现水平和垂直两个方向的位移，选择最短的路线完成这一活动，就可避免超越这一最短路线以上的无效劳动。

2. 提高物品装卸搬运的灵活性

所谓物品装卸、搬运的灵活性，是指在装卸作业中的物品进行装卸作业的难易程度，可分为不同的级别。所以，在堆放物品时，活性指数越高越好，但也必须考虑到实施的可能性。例如，物品在储存阶段中，活性指数为4的输送带和活性指数为3的车辆，在一般的仓库中很少被采用，这是因为大批量的物品不可能存放在输送带和车辆上的缘故。

3. 实现装卸作业的省力化

尽可能利用重力实现装卸作业，既节约资源、能源，又可以减轻工人的劳动强度，例如，重力式货架的每层货格均有一定的倾斜度，利用货箱或托盘可沿着倾斜的货架层板自己滑到输送机械上。

4. 装卸作业的机械化

装卸搬运的机械化程度不断提高，不仅能把职工从繁重的体力劳动中解放出来，还能保证人和物品的安全。

5. 推广集装化装卸

在仓库装卸搬运作业过程中，根据物品的种类、性质、形状、重量的不同进行集装处理，以确定不同的装卸作业方式。集装处理是将物品以托盘、集装箱、集装袋为单位进行组合。

五、在库物品流通加工

（一）在库物品的初始加工

有的物品过长、过大，为了方便仓储、方便运输和装卸，满足客户需要，要根据需要对物品进行解体、切割。如对盘条进行剪切加工，把原木加工成枕木、方材、板材等。

（二）在库物品的终极加工

有许多生产企业，生产出成品后，将成品存放在物流企业的仓库里，将成品的终极加工整理工作，委托物流企业在出库前完成。如振华物流为服装厂承运出口服装，为满足客户需求服装厂的终极加工——烫熨整理就由振华物流来做，极大地减轻了服装厂的生产压力。

（三）在库物品的中转加工

许多制造业只完成自己具有核心竞争力的制造活动，其他的活动外包给物流企业来做。如有的汽车座椅制造商将其座椅储存在物流仓库中待转运至总装厂，坐垫套由物流企业进行加工，与座椅同时转往总装厂。

六、在库商品养护

商品的养护是指在储存过程中，对商品所进行的保养和维护工作。商品养护是防止商品质量变化的重要措施，是仓储保管中一项经常性、综合性、应用性很强的技术工作。

商品由生产部门进入流通领域后，在日光、温度、湿度、昆虫、微生物等外界因素的影响下，质量会随着外部环境的变化而发生变化。因此，只要根据商品本身的理化性质变化规律，监控影响其变化的外部环境因素，采取各种有效措施和科学的养护方法，就能创造适宜于商品储存的条件，保护商品的质量和使用价值，降低商品的损耗，进而降低库存成本。

（一）库存物品变化形式

1. 物理机械变化

物理变化是指只改变物质本身的外表形态，不改变其本质，没有新物质的生成，并且有可能反复进行的质量变化现象。物品的机械变化是指物品在外力的作用下，发生形态变化。物品的物理机械变化的结果不是数量损失，就是质量降低，甚至使物品失去使用价值。物品常发生的物理机械变化主要有挥发、溶化、熔化、渗漏、串味、沾污、沉淀、破碎与变形等形式。

1）挥发

挥发是低沸点的液态物品或经液化的气体物品在空气中经汽化而散发到空气中的现象。液态物品的挥发不仅会降低有效成分、增加物品损耗、降低物品质量，有些燃点很低的物品还容易引起燃烧或爆炸，有些物品挥发的蒸汽有毒性或麻醉性，容易造成大气污染，对人体造成伤害。常见易挥发的物品如酒精、白酒、香精、花露水、香水以及化学试剂中的各种溶剂，医药中的一些试剂，部分化肥农药、杀虫剂、油漆等。

挥发的速度与气温的高低、空气流动速度的快慢、液体表面接触空气面积的大小成正比关系。防止物品挥发的主要措施是增强包装密封性、控制仓库温度，高温季节要采取降温措施，保持较低温度条件。

2）溶化

溶化是指某些具有吸湿性和水溶性的固态物品在保管过程中，吸收空气或环境中的水分，当吸收数量达到一定程度时，就溶化成液态。常见易溶化的物品有食糖、糖果、食盐、明矾、硼酸、甘草硫浸膏、氯化钙、氯化镁、尿素、硝酸铵、硫酸铵、硝酸锌和硝酸锰等。

物品溶化与空气温度、湿度及物品的堆码高度有密切关系。对易溶化物品应按物品性能，分区分类存放在干燥阴凉的库房内，不适合与含水分较大的物品存放在一起。在堆码时要注意底层物品的防潮和隔潮，垛底要垫高一些，并采取吸潮和通风相结合的温、湿度管理方法来防止物品吸湿溶化。

3）熔化

熔化是指低熔点的物品受热后发生软化以致化为液态的现象。物品的熔化，除受气温高低的影响外，还与物品本身的熔点、物品中杂质种类和含量高低密切相关。熔点愈低，愈易熔化；杂质含量越高，越易熔化。常见的易熔化物品有百货中的香脂、发蜡、蜡烛；文化用品中的复写纸、蜡纸、打字纸和圆珠笔芯；化工物品中的松香、石蜡、粗萘、硝酸锌；医药物品中的油膏、胶囊、糖衣片等。

物品熔化有的会造成物品流失、粘连包装、沾污其他物品，有的因产生熔解热而体积膨胀，使包装爆破，有的因软化而使货垛倒塌。预防物品的熔化应根据物品的熔点高低，选择阴凉通风的库房储存。在保管过程中，一般可采用密封和隔热措施，加强库房的温度管理，防止日光照射，尽量减少温度的影响。

4）渗漏

渗漏主要是指液态物品，特别是易挥发的液态物品，由于包装容器不严密，包装质量不符合物品性能的要求，或在搬运装卸时碰撞震动破坏了包装，而发生跑、冒、滴、漏的现象。

物品渗漏，与包装材料性能、包装容器结构及包装技术优劣有关，还与仓库温度变化有关。如金属包装焊接不严，受潮锈蚀；有些包装耐腐蚀性差；有的液态物品因气温升高，体积膨胀而使包装内部压力增大胀破包装容器；有的液态物品在降温或严寒季节结冰，也会发生体积膨胀引起包装破裂而造成物品损失。因此，对液态物品应加强入库验收和在库物品检查及温、湿度控制和管理。

5）串味

串味是指吸附性较强的物品吸附其他气体、异味，从而改变本来气味的变化现象。常见的易被串味的物品有大米、面粉、木耳、食糖、饼干、茶叶、卷烟等。常见的引起其他物品串味的物品有汽油、煤油、桐油、腌肉、樟脑、卫生球、肥皂、化妆品以及农药等。

物品串味与其表面状况，与异味物质接触面积的大小、接触时间的长短以及环境中异味的浓度有关。预防物品的串味，应对易被串味的物品尽量采取密封包装，在储存和运输中不与有强烈气味的物品同车、船混载或同库储藏，同时还要注意运输工具和仓储环境的清洁卫生。

6）沾污

沾污是指物品外表沾有其他物质，或染有其他污秽的现象。

物品沾污主要是因生产、储运中卫生条件差及包装不严所致。对一些外观质量要求较高的物品，如绸缎呢绒、针织品、服装等要注意防沾污，精密仪器、仪表类也要特别注意。

7）沉淀

沉淀是指含有胶质和易挥发成分的物品，在低温或高温等因素影响下，引起部分物质的凝固，进而发生沉淀或膏体分离的现象。常见的物品有墨汁、墨水、牙膏、雪花膏等。某些饮料、酒在仓储中，也会离析出纤细絮状的物质而出现混浊沉淀的现象。

预防物品的沉淀，应根据不同物品的特点，防止阳光照射，做好物品冬季保温工作和夏季降温工作。

8）破碎和变形

破碎与变形，是指物品在外力作用下所发生的形态上的改变。物品的破碎主要是脆性较大物品的仓储中，如玻璃、陶瓷、搪瓷制品、铝制品等因包装不良，在搬运过程中受到碰、撞、挤、压和抛掷而破碎、掉瓷、变形等。物品的变形则通常发生于塑性较大物品的仓储中，如铝制品和皮革、塑料、橡胶等制品由于受到强烈的外力撞击或长期重压，物品丧失回弹性能，从而发生形态改变。

对于容易发生破碎和变形的物品，主要注意妥善包装，轻拿轻放，在库堆垛高度不能超过一定的压力限度。

2. 化学变化

物品的化学变化是指构成物品的物质发生变化后，不仅改变了物品的外表形态，也改变了物品的本质，并且有新物质生成，且不能恢复原状的变化现象。物品化学变化过程即物品质变过程，严重时会使物品失去使用价值。物品的化学变化形式主要有氧化、分解、水解、化合、聚合、裂解、老化、曝光、锈蚀、风化等。

1）氧化

氧化是指物品与空气中的氧或其他能放出氧的物质化合的反应。物品容易发生氧化的品种比较多，如某些化工原料、纤维制品、橡胶制品、油脂类物品等。棉、麻、丝、毛等纤维织品，长期受阳光照射会发生的变色，这也是由于织品中的纤维被氧化的结果。

物品在氧化过程中会产生热量。如果产生的热量不易散失，就能加速其氧化过程，从而使反应的温度迅速升高；当达到自燃点，就会发生自燃现象。桐油布、油布伞、油纸等桐油制品，在还没有干透就进行打包储存，就容易发生自燃。除了桐油制品外，还有其他植物性油脂类或含油脂较多的物品，如豆饼、核桃仁等，也会发生自燃现象。

所以，此类物品要储存在干燥、通风、散热条件好和温度比较低的库房，才能保证其质量安全。

2）分解

分解是指某些性质不稳定的物品，在光、电、热、酸、碱及潮湿空气的作用下，由一种物质生成两种或两种以上物质的变化。

物品发生分解反应后，不仅使其数量减少、质量降低，有的还会在反应过程中产生一定的热量和可燃气体，而引发事故。如过氧化氢（双氧水）是一种不稳定的强氧化剂和杀菌剂，在常温下会逐渐分解，如遇高温能迅速分解，生成水和氧气，并能放出一定的热量；漂白粉，呈白色粉末状，其外观与石灰相似，故又称氧化石灰，也是一种强氧化剂和杀菌剂，当漂白粉遇到空气中的二氧化碳和水汽时，就能分解出氯化氢、碳酸钙和次氯酸。在反应过程中，所生成的新生态氧具有很强的氧化能力，即能够加速对其他物品的氧化，还能破坏物品的色泽。因此，过氧化氢和漂白粉，都具有漂白作用。但在保管过氧化氢和漂白粉的过程中，一旦发生上述变化时，就会降低其有效成分，还会降低其杀菌能力；电石遇到潮气，能分解生成乙炔和氢氧化钙，并能放出一定的热量，乙炔气体易于氧化而燃烧，要特别引起注意。

此类物品的储存要注意包装物的密封性，库房中要保持干燥、通风。

3）水解

水解是指某些物品在一定条件下，遇水发生分解的现象。

不同物品在酸或碱的催化作用下发生水解的情况是不相同的。如肥皂在酸性溶液中，能全部水解，而在碱性溶液中却很稳定；蛋白质在碱性溶液中容易水解，在酸性溶液中却比较稳定，所以羊毛等蛋白质纤维怕碱不怕酸；棉纤维在酸性溶液中，尤其是在强酸的催化作用下，容易发生水解，能使纤维的大分子链节断裂，从而大大降低纤维的强度，而棉纤维在碱性溶液中却比较稳定，所以棉纤维怕酸而耐碱。

易发生水解的物品在物流过程中，要注意包装材料的酸碱性，要清楚哪些物品可以或不能同库储存，以便防止物品的人为损失。

4）化合

化合是指物品在储存期间，在外界条件的影响下，两种或两种以上的物质相互作用，从而生成一种新物质的反应。

化合反应通常不是单一存在于化学反应中，而是两种反应（分解、化合）依次先后发生。如过氧化纳，如果储存在密闭性好的桶里，并在低温下与空气隔绝，其性质非常稳定。

但如果遇热，就会发生分解放出氧气。如果同潮湿的空气接触，在迅速地吸收水分后，便发生分解，会降低有效成分。

5）聚合

聚合是指某些物品，在外界条件的影响下，能使同种分子互相加成而结合成一种更大分子的现象。例如，由于桐泊中含有高度不饱和脂肪酸，在日光、氧和温度的作用下，能发生聚合反应，生成 B 型桐油块，浮在其表面，而使桐油失去使用价值。所以，储存和保管养护此类物品时，要特别注意日光和储存温度的影响，以便防止发生聚合反应，造成物品质量的降低。

6）裂解

裂解是指高分子有机物（如棉、麻、丝、毛、橡胶、塑料、合成纤维等），在日光、氧、高温条件的作用下，发生了分子链断裂、分子量降低，从而使其强度降低，机械性能变差，产生发软、发粘等现象。例如，天然橡胶在日光、氧和一定温度的作用下，就会变软、发粘而变质。另外，在塑料制品中的聚苯乙烯，在一定条件下，也会同天然橡胶一样，发生裂变。

所以，这类物品在保管养护过程中，要防止受热和日光的直接照射。

7）老化

老化是指橡胶、塑料等高分子化合物在光照、热、空气中的氧以及机械力的作用下，变得黏软或硬脆的现象。老化使物品失去原有的优良性能，甚至失去使用价值。塑料、橡胶、合成纤维制品等物品在储存中若出现变软、发黏、变僵、变脆、失去弹性或发生龟裂等现象，则说明这些物品产生了老化。

容易老化的物品，在保管养护过程中，要注意防止日光照射和高温的影响，不能在阳光下曝晒。物品在堆码时不宜高，以防止在底层的物品受压变形。橡胶制品切忌同各种油脂和有机溶剂接触，以防止发生粘连现象。塑料制品要避免同各种有色织物接触，以防止由于颜色的感染，发生串色。

8）曝光

曝光是指某些物品见光后，引起变质或变色的现象。例如，石炭酸（苯酚）为白色结晶体，见光即变成红色或淡红色；照相用的胶片见光后，即成为废品；漂白粉储存场所不当，在易受日光、热或二氧化碳影响的库房里，就能逐渐发生变化，而降低氯的有效成分，所以，要储存在密闭的桶中，并且严防受潮湿和二氧化碳的影响。能够曝光的物品在保管和养护过程中，要特别注意防止空气中的氧和温、湿度的影响，其包装要做到密封严密。

9）锈蚀

锈蚀是指金属或金属合金，同周围的介质相接触时，相互间发生了某种反应，而逐渐遭到破坏的过程。金属物品之所以会发生锈蚀，其一是由于金属本身不稳定，在其组成中存在着自由电子和成分的不纯；其二是由于受到水分和有害气体（SO_2等）的作用所造成的。

10）风化

风化指含结晶水的物品，在一定温度和干燥空气中，失去结晶水而使晶体崩解，变成非结晶状态的无水物质的现象。

3. 生化变化及其他生物引起的变化

生化变化是指有生命活动的有机体物品，在生长发育过程中，为了维持它的生命，本身所进行的一系列生理变化。如粮食、水果、蔬菜、鲜鱼、鲜肉、鲜蛋等有机体物品，在储存过程中，受到外界条件的影响和其他生物作用，往往会发生这样或那样的变化。这些变化主要有呼吸、发芽、胚胎发育、后熟、霉腐、虫蛀等。

1）呼吸作用

呼吸作用是指有机物品在生命活动过程中，不断地进行呼吸，分解体内有机物质，产生热量，维持其本身生命活动的现象。呼吸作用可分为有氧呼吸和无氧呼吸两种类型。二者都要消耗营养物质，降低食品的质量。有氧呼吸产生热的积累，往往使食品腐败变质。同时由于呼吸作用，有机体分解出来的水分，又有利于有害微生物生长繁殖，加速物品的霉变。无氧呼吸则会产生酒精积累，引起有机体细胞中毒，造成生理病害，缩短储存时间。对于一些鲜活物品，无氧呼吸往往比有氧呼吸要消耗更多的营养物质。

保持正常的呼吸作用，维持有机体的基本生理活动，物品本身会具有一定的抗病性和耐储性。因此，鲜活物品的储藏应保证它们正常而最低的呼吸，利用它们的生命活性，减少物品损耗、延长储藏时间。

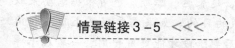

情景链接3-5 <<<

有氧呼吸和无氧呼吸

有氧呼吸是指细胞在氧的参与下，通过酶的催化作用，把糖类等有机物彻底氧化分解，产生出二氧化碳和水，同时释放出大量能量的过程。有氧呼吸是高等动物和植物进行呼吸作用的主要形式，因此，通常所说的呼吸作用就是指有氧呼吸。细胞进行有氧呼吸的主要场所是线粒体。一般说来，葡萄糖是细胞进行有氧呼吸时最常利用的物质。

生物进行呼吸作用的主要形式是有氧呼吸。那么，生物在无氧条件下能不能进行呼吸作用呢？科学家通过研究发现，生物体内的细胞在无氧条件下能够进行另一类型的呼吸作用——无氧呼吸。无氧呼吸一般是指细胞在无氧条件下，通过酶的催化作用，把葡萄糖等有机物质分解成为不彻底的氧化产物，同时释放出少量能量的过程。这个过程对于高等植物、高等动物和人来说，称为无氧呼吸。如果用于微生物（如乳酸菌、酵母菌），则习惯上称为发酵。

资料来源：http：//www.chinadrum.net/new_view.asp？id=2398

2）发芽

发芽指有机体物品在适宜条件下，冲破"休眠"状态，发生的发芽、萌发现象。

发芽会使有机体物品的营养物质转化为可溶性物质，供给有机体本身的需要，从而降低有机体物品的质量。在发芽萌发过程中，通常伴有发热、生霉等情况，不仅增加损耗，而且降低质量。因此对于能够萌发、发芽的物品，必须控制它们的水分，并加强温、湿度管理，防止发芽、萌发现象的发生。

3）胚胎发育

胚胎发育主要是指鲜蛋的胚胎发育。在鲜蛋的保管过程中，当温度和供氧条件适宜时，胚胎会发育成血丝蛋、血环蛋。经过胚胎发育的禽蛋新鲜度和食用价值大大降低。为抑制鲜蛋的胚胎发育，应加强温、湿度管理，最好是低温储藏或截止供氧条件，也可以采用石灰水浸泡、表面涂层等储藏方法。

4）后熟作用

后熟是指瓜果、蔬菜等类食品在脱离母株后继续其成熟过程的现象。瓜果、蔬菜等的后熟作用，将改进色、香、味以及适口的硬脆度等食用性能。但当后熟作用完成后，则容易发生腐烂变质，难以继续储藏甚至失去食用价值。因此，对于这类鲜活食品，应在其成熟之前采收并采取控制储藏条件的办法，来调节其后熟过程，以达到延长储藏期、均衡上市的目的。

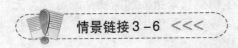 情景链接3-6 <<<

果蔬的后熟作用

果蔬采摘后有一个自行完成熟化的过程，这就是"后熟作用"。为了运输或贮藏，有些果蔬需要提前采摘。其目的是，通过其自身的后熟作用，延长运、贮期。也可根据需要采取措施（如低温，气调等）抑制后熟过程，达到长期贮藏的目的。如果需要提早上市，利用乙烯剂等可促进果蔬后熟。有些果实如西洋梨，必须经后熟阶段才能更好食用。一般属于呼吸高峰型的果实具有明显的后熟特征。

资料来源：http://nc.mofcom.gov.cn/news/3835209.html

5）霉腐

霉腐是物品在霉腐微生物作用下发生的霉变和腐败现象。在气温高、湿度大的季节，如果仓库的温、湿度控制不好，储存的针棉织品、皮革制品、鞋帽、纸张、香烟以及中药材等许多物品就会生霉；肉、鱼、蛋类就会腐败发臭，水果、蔬菜就会腐烂。

无论哪种物品发生霉腐后，都会受到不同程度的破坏，甚至完全失去使用价值。食品发生霉腐会产生能引起人畜中毒的有毒物质。对易霉腐的物品在储存时必须严格控制温、湿度，并做好物品防霉和除霉工作。

6）虫蛀

物品在储存期间，常常会遭到仓库害虫的蛀蚀。经常危害物品的仓库害虫有很多种，仓库害虫在危害物品的过程中，不仅破坏物品的组织结构，使物品发生破坏和孔洞，而且排泄各种代谢废物污染物品，影响物品质量和外观，降低物品使用价值，因此害虫对物品危害性也是很大的。凡是含有有机成分的物品，都容易遭受害虫蛀蚀。

（二）影响库存物品变化的因素

物品发生质量变化，是由一定因素引起的。为了保养好物品，确保物品的安全，必须找出变化原因，掌握物品质量变化的规律。通常引起物品变化的因素可分为内因和外因两种，内因决定了物品变化的可能性和程度，是变化的根据，外因是促进这些变化的条件。

1. 影响库存物变化的内因

1）物品的物理性质

物品的物理性质主要包括吸湿性、导热性、耐热性、透气性与透水性等。

（1）物品的吸湿性。吸湿性是指物品吸收和放出水分的特性。物品吸湿性的大小、吸湿速度的快慢，直接影响该物品含水量的增减，对物品质量的影响极大，物品的很多质量变化都与其含水的多少以及吸水性的大小有直接关系。

（2）物品的导热性。导热性是指物体传递热能的性质。物品的导热性与其成分和组织结构有密切关系，物品结构不同，其导热性也不一样。同时物品表面的色泽与其导热性也有一定的关系。

（3）物品的耐热性。耐热性是指物品耐温度变化而不致被破坏或显著降低强度的性质。物品的耐热性，除与其成分、结构和不均匀性有关外，也与其导热性、膨胀系数有密切关系。导热性大而膨胀系数小的物品，耐热性良好，反之则差。

（4）物品的透气性与透水性。物品能被水蒸气透过的性质称为透气性；物品能被液体水透过的性质叫透水性。物品透气、透水性的大小，主要取决于物品的组织结构和化学成分。结构松弛、化学成分含有亲水基团，其透气、透水性都大。

2）物品的机械性质

物品的机械性质，是指物品的形态、结构在外力作用下的反应。物品的这种性质与其质量关系极为密切，是体现适用性、坚固耐久性和外观的重要内容，它包括物品的弹性、可塑性、强度、韧性、脆性等。这些物品的机械性质对物品的外形及结构变化有很大的影响。

3）物品的化学性质

物品的化学性质，是指物品的形态、结构以及物品在光、热、氧、酸、碱、温度、湿度等作用下，发生改变物品本质相关的性质。与物品储存紧密相关的物品的化学性质包括物品的化学稳定性、物品的毒性、腐蚀性、燃烧性、爆炸性等。

（1）物品的化学稳定性。化学稳定性是指物品受外界因素作用，在一定范围内，不易发生分解、氧化或其他变化的性质。化学稳定性不高的物品容易丧失使用性能。物品的稳定性是相对的，稳定性的大小与其成分、结构及外界条件有关。

（2）物品的毒性。毒性是指某些物品能破坏有机体生理功能的性质。具有毒性的物品，主要是用作医药、农药以及化工物品等。有的物品本身有毒，有的蒸汽有毒，有的本身虽无毒，但分解化合后，产生有毒成分等。

（3）物品的腐蚀性。腐蚀性是指某些物品能对其他物质产生破坏性的化学性质。具有腐蚀性的物品，本身具有氧化性和吸水性，因此，不能把这类物品与棉、麻、丝、毛织品以及纸张、皮革制品等同仓储存，也不能与金属制品同仓储存。盐酸可以与钢铁制品作用，使其遭受破坏；烧碱能腐蚀皮革、纤维制品和人的皮肤；硫酸能吸收动植物物品中的水分，使它们炭化而变黑；漂白粉的氧化性，能破坏一些有机物；石灰有强吸水性和发热性，能灼热皮肤和刺激呼吸器官等。因此在保管时要根据物品不同的性能，选择储存场所，安全保管。

（4）物品的燃烧性。燃烧性是指有些物品性质活泼，发生剧烈化学反应时常伴有热、光同时发生的性质。具有这一性质的物品被称为易燃物品。常见的易燃物品有白磷、火柴、松香、汽油、柴油、乙醇、丙酮等低分子有机物。易燃物品在储存中应该特别注意防火。

（5）物品的爆炸性。爆炸是物质由一种状态迅速变化为另一种状态，并在瞬息间以机械功的形式放出大量能量的现象。能够发生爆炸的物品要专库储存，并应有严格的管理制度和办法。

4）化学成分

（1）无机成分的物品。无机成分物品是指构成成分中不含碳，但包括碳的氧化物、碳酸及碳酸盐，如化肥、部分农药、搪瓷、玻璃、五金及部分化工物品等。无机性成分的物品，按其元素的种类及其结合形式，又可以分为单质物品、化合物、混合物三大类。

（2）有机成分的物品。有机成分物品是指以含碳的有机化合物为其成分的物品，但不包括碳的氧化物，碳酸与碳酸盐。属于这类成分的物品，其种类相当多，如棉、毛、丝、麻及其制品、化纤、塑料、橡胶制品、石油产品、有机农药、有机化肥、木制品、皮革、纸张及其制品、蔬菜、水果、食品、副食品等。这类物品成分的结合形式也不相同，有的是化合物，有的是混合物。

（3）物品成分中的杂质。物品成分有主要成分与杂质之分。主要成分，决定着物品的性能、用途与质量，而杂质则影响着物品的性能、用途与质量，给储存带来不利影响。

5）物品的结构

物品的种类繁多，各种物品又有各种不同的形态，所以要求用不同的包装盛装。如气态物品，分子运动快、间距大、多用钢瓶盛装，其形态随盛器而变；液态物品，分子运动比气态慢，间距比气态小，其形态随盛器而变；只有固态物品，有一定外形。

虽然物品形态各异，概括起来，可分为外观形态和内部结构两大类。物品的外观形态多种多样，所以在保管时应根据其体形结构合理安排仓容，科学地进行堆码，以保证物品质量的完好。物品的内部结构即构成物品原材料的成分结构，属于物品的分子及原子结构，是人的肉眼看不到的结构，必须借助于各种仪器来进行分析观察。物品的微观结构对物品性质往往影响极大，有些分子的组成和分子量虽然完全相同，但由于结构不同，性质就有很大差别。

总之，影响物品发生质量变化的因素很多，这些因素主要包括：物品的性质、成分、结构等内在因素，这些因素之间是相互联系、相互影响的统一整体，工作中决不能孤立对待。

2. 影响库存物质变化的外因

物品储存期间的变化虽然是物品内部活动的结果，但与储存的外界因素有密切关系。这些外界因素主要包括自然因素、人为因素和储存期。

1）自然因素

自然因素主要指空气中的氧、温度、湿度、有害气体、日光、尘土、杂物、虫鼠雀害、自然灾害等。

（1）空气中的氧对库存物品的影响。空气中约含有21%的氧气。氧非常活泼，能和许多物品发生作用，对物品质量变化影响很大。例如，氧可以加速金属物品锈蚀；氧是好氧性微生物活动的必备条件，使有机体物品发生霉腐；氧是害虫赖以生存的基础，是仓库害虫发育的必要条件；氧是助燃剂，不利于危险品的安全储存；在油脂的酸败、鲜活物品的分解、变质中，氧都是积极参与者。因此，在养护中，对于受氧气影响比较大的物品，要采取各种方法（如浸泡、密封、充氮等）隔绝氧气对物品的影响。

（2）温度对库存物品的影响。除冷库外，仓库的温度直接受天气温度的影响，库存物品的温度也就随天气温度同步变化。一般来说，绝大多数物品在常温下都能保持正常的状态。大部分物品对温度的适应都有一定范围。低沸点易挥发的物品，在高温下易挥发；低熔点的物品，温度高时易熔化变形及粘连流失；具有自燃性的物品，在高温下因氧化反应而放出大量的热，当热量聚积不散时，导致自燃发生。温度过低，也会对某些物品造成损害。此外，温度适宜时会给微生物和仓虫的生长繁殖创造有利条件，加速物品的腐败变质和虫蛀。

因此，控制和调节仓储物品的温度是物品养护的重要工作内容之一。

（3）湿度对库存物品的影响。不同物品对环境湿度（相对湿度）要求有很大差别。霉菌、微生物和蛀虫在适宜的温度和相对湿度高于 60% 时繁殖迅速，可在短时期内使棉毛丝制品、木材、皮革、食品等霉变、腐朽。具有吸湿性的物品，在湿度较大的环境中会结块。绝大多数金属制品、电线、仪表等在相对湿度达到或超过 80% 时锈蚀速度加快。但是某些物品的储存环境却要求保持一定的潮湿度，如木器、竹器及藤制品等，在相对湿度低于 50% 的环境中会因失水而变形开裂，但是当相对湿度大于 80% 时又容易霉变。纯净的潮湿空气对物品的影响不大，尤其是对金属材料及制品，但如果空气中含有有害气体时，即使相对湿度刚达到 60%，金属材料及制品也会迅速锈蚀。

（4）大气中有害气体对库存物品的影响。大气中有害气体主要来自燃料，如煤、石油、天然气、煤气等燃料放出的烟尘以及工业生产过程中的粉尘、废气。对空气的污染，主要是二氧化碳、二氧化硫、硫化氢、氯化氢和氮的氧化物等气体。物品储存在有害气体浓度大的空气中，其质量变化明显。如二氧化硫气体溶解度很大，溶于水中能生成亚硫酸，当它遇到含水量较大的物品时，能强烈地腐蚀物品中的有机物。在金属电化学腐蚀中，二氧化硫也是构成腐蚀电池的重要介质之一。空气中含有 0.01% 二氧化硫，能使金属锈蚀增加几十倍，使皮革、纸张、纤维制品脆化。特别是金属物品，必须远离二氧化硫发源地。

目前，主要是从改进和维护物品包装或物品表面涂油涂蜡等方法，减少有害气体对物品质量的影响。

（5）日光、尘土、虫鼠雀等对库存物品的影响。适当的日光可以去除物品表面或体内多余的水分，也可抑制微生物等的生长。但长时期在日光下曝晒会使物品或包装物出现开裂、变形、变色、褪色、失去弹性等现象。尘土、杂物能加速金属锈蚀、影响精密仪器仪表和机电设备的精密度和灵敏度；虫鼠雀不仅能毁坏物品和仓库建筑，还会污染物品。

（6）自然灾害对库存物品的影响。自然灾害主要有雷击、暴雨、洪水、地震、台风等。

2）人为因素

人为因素是指人们未按物品自身特性的要求或未认真按有关规定和要求作业，甚至违反操作规程而使物品受到损害和损失的情况。这些情况主要包括以下几个方面。

（1）保管场所选择不合理。由于物品自身理化性质决定了不同库存物在储存期要求的保管条件不同，因此，对不同库存应结合当地的自然条件选择合理的保管场所。

（2）包装不合理。为了防止物品在储运过程中受到冲击、压缩等外力而被破坏，应对库存物进行适当的捆扎和包装，如果该捆扎或捆扎不牢，将会造成倒垛、散包，使物品丢失和损坏。某些包装材料或形式选择不当不仅不能起到保护的作用，还会加速库存物受潮变质或受污染霉烂。

（3）装卸搬运不合理。装卸搬运活动贯穿于仓储作业过程的始终，是一项技术性很强的工作。各种物品的装卸搬运均有严格规定，如平板玻璃必须立放挤紧捆牢，大件设备必须在重心点吊装，胶合板不可直接用钢丝绳吊装等。实际工作表明，装卸搬运不合理，不仅给储存物造成不同程度的损害，还会给劳动者的生命安全带来威胁。

（4）堆码苫垫不合理。垛形选择不当、堆码超高超重、不同物品混码、需苫盖而没有苫盖或苫盖方式不对都会导致库存物损坏变质。

3）储存期

物品在仓库中停留的时间愈长，受外界因素影响发生变化的可能性就愈大，而且发生变化的程度也愈深。

物品储存期的长短主要受采购计划、供应计划、市场供求变动、技术更新甚至金融危机等因素的影响，因此仓库应坚持先进先出的发货原则，定期盘点，将接近保存期限的物品及时处理，对于落后产品或接近淘汰的产品限制入库或随进随出。

（三）库存物品的保管保养措施

对库存物品进行保管保养不仅是一个技术问题，更是一个综合管理问题。由于 JIT 观念的广泛运用，库存的时间在不断缩短，现代仓库管理的重点也从静态管理转变为动态管理。又由于现代物流技术不断提高，物品养护技术也不断简单化，因而在这个阶段中，制定必要的管理制度和操作规程并严格执行，显得更为重要。

1. 仓库作业过程管理措施

仓库应高度重视物品保管工作，以制度、规范的方式确定保管保养工作责任，并针对各种物品的特性制定保管方法和程序，充分利用现有的技术手段开展针对性的保管、维护。

"以防为主、以治为辅，防治结合"是保管保养工作的方针，要特别重视物品损害的预防，及时发现和消除事故隐患，防止损害事故的发生。在发生、发现损害现象时，要及时采取有效措施，防止损害扩大，减少损失。

仓库保管保养的措施具体体现在仓库以下几个方面的工作中。

1）严格验收入库物品

要防止物品在储存期间发生各种不应有的变化，首先在物品入库时要严格验收，弄清物品及其包装的质量状况。对吸湿性物品要检测其含水量是否超过安全水分，对其他有异常情况的物品要查清原因，针对具体情况进行处理和采取救治措施，做到防微杜渐。

2）适当安排储存场所

由于不同物品性能不同，对保管条件的要求也不同，分区分类、合理安排存储场所是物品养护工作的一个重要环节。如怕潮湿和易霉变、易生锈的物品，应存放在较干燥的库房里；怕热易溶化、发粘、挥发、变质或易发生燃烧、爆炸的物品，应存放在温度较低的阴凉场所；一些既怕热、又怕冻且需要较大湿度的物品，应存放在冬暖夏凉的楼下库房或地窖里。此外，性能相互抵触或易串味的物品不能在同一库房混存，以免相互产生不良影响。尤其对于化学危险物品，要严格按照有关部门的规定，分区分类安排储存地点。

3）妥善进行堆码苫垫

地面潮气、阳光、雨雪对物品质量影响很大，要切实做好货垛下苫垫隔潮和货垛遮苫工作，如利用石块、枕木、垫板、苇席、油毡或采用其他防潮措施。存放在货场的物品，货区四周要有排水沟，以防积水流入垛下，货垛周围要遮盖严密，以防雨淋日晒。

货垛的垛形与高度，应根据各种物品的性能和包装材料，结合季节气候等情况妥善堆码。含水率较高的易霉物品，热天应码通风垛；容易渗漏的物品，应码间隔式的行列垛。此外，库内物品堆码留出适当的距离，俗称"五距"，即：顶距平顶楼库顶距为 50 cm 以上，人字形屋顶以不超过横梁为准；灯距照明灯要安装防爆灯，灯头与物品的平行距离不少于50 cm；墙距外墙 50 cm，内墙 30 cm；柱距一般留 10～20 cm；垛距通常留 10 cm。对易燃物品还应适当留出防火距离。

4）控制好仓库温度、湿度

应根据库存物品的保管保养要求，适时采取密封、通风、吸潮和其他控制与调节温、湿度的办法，力求把仓库温、湿度保持在适应物品储存的范围内。

5）认真进行物品在库检查

由于仓库中保管的物品性质各异、品种繁多、规格型号复杂、进出库业务活动每天都在进行，而每一次物品进出库业务都要检斤计量或清点件数，加之物品受周围环境因素的影响，使物品可能发生数量或质量上的损失，对库存物品和仓储工作进行定期或不定期的盘点和检查非常必要。检查时应特别注意物品温度、水分、气味、包装物的外观、货垛状态是否有异常。

6）搞好仓库清洁卫生

储存环境不清洁，易引起微生物、虫类寄生繁殖，危害物品。因此，对仓库内外环境应经常清扫，彻底铲除仓库周围的杂草、垃圾等物，必要时使用药剂杀灭微生物和潜伏的害虫。对容易遭受虫蛀、鼠咬的物品，要根据物品性能和虫、鼠生活习性及危害途径，及时采取有效的防治措施。

（四）仓库温度和湿度管理

在物品储存过程中，绝大多数物品质量的变化是由仓库的温湿度变化引起的，因此在仓库的管理中温度和湿度的管理是十分重要的内容，随时对仓库的温度和湿度进行调节和控制是保持库存物品质量完好的重要措施。

1. 温度

温度是表示物体冷热程度的物理量，空气温度是指大气的冷热程度，简称气温。仓库空间的温度称为仓库温度。大气中的热量通过传导、对流和辐射影响仓库温度。温度的高低用温标来表示，有三种温标：摄氏温标、华氏温标和开氏温标。它们之间有一定的换算关系：

$$℃ = \frac{5}{9} \times (℉ - 32) \tag{3-1}$$

$$℉ = \frac{9}{5} \times ℃ + 32 \tag{3-2}$$

$$K = 273.15 + ℃ \tag{3-3}$$

上式中，℃表示摄氏度，℉表示华氏度，K表示热力学温度（单位名称是开（尔文））。

2. 湿度

湿度是表示大气干湿程度的物理量，空气中水汽含量越多则空气湿度越大。空气湿度常用绝对湿度、饱和湿度、相对湿度、露点等方法表示。

（1）绝对湿度。绝对湿度（e）指单位体积空气中所含水蒸气的质量，一般用一立方米空气中所含水蒸气克数（g/m³）表示。实际工作中通常用空气中水气压力（P）表示，即毫米汞柱（mmHg）。气象工作中则统一用毫巴（mbar）表示。

（2）饱和湿度。饱和湿度（E）指在一定的温度下，单位容积空气中所能容纳的水汽量的最大限度，单位为 g/m³，或毫米汞柱，或 mbar。有常压下《饱和水汽压表》可查。

（3）相对湿度。相对湿度（r）指空气中实际所含水蒸气密度和同温度下饱和水蒸气密度的百分比值，叫作空气的相对湿度。通常用干湿球温度计测量，以百分数计算。

$$r = \frac{e}{E} \times 100\% \tag{3-4}$$

式中：r——相对湿度（%）；

　　　e——绝对湿度（即水汽压力）；

　　　E——饱和湿度（即饱和水汽压力）。

相对湿度表示的是空气的潮湿程度，是仓库湿度管理中的常用标度。相对湿度越接近100%，说明绝对湿度越接近饱和湿度，空气越潮湿；反之，空气越干燥。在气温和气压一定的情况下，绝对湿度越大，相对湿度也越大。

（4）露点。露点是指保持空气的水汽含量不变而使其冷却，直至水蒸气达到饱和状态而将结出露水时的温度。

当库内温度低于露点温度时，空气中超饱和的水蒸气会结露使物品受潮，因此在采用通风方式调节库内温湿度时，应避免露点温度出现。

3. 温度和湿度测量

仓库的温湿度管理是一项基本工作，仓库员工要定时观测并记录绝对湿度、相对湿度、温度、风力、风向等。

在库房内放置温湿度表时，温湿度表应放置在库房的中央，离地面约1.4米处，不可放在门窗附近或墙角。

库外测量时应设置百叶箱，内放温湿度计。百叶箱应置于空旷通风的地方，距地面约1米，箱门向北。风向标和风速仪应高于附近建筑物。

（1）温度的测定方法。测量库内外温度时需要使用温度计。经常使用的温度计都是根据水银或酒精热胀冷缩的原理制成的，构造简单。此外还有自记温度计，它是连续测量并自动记录气温变化的仪器，主要由感应部分和自动记录部分组成。感应部分是利用双金属片膨胀系数的不同来测定的，自动记录部分由筒形的自动记录钟构成。

（2）湿度的测定方法。测定湿度主要使用干湿球温度计和自动记录湿度计。

① 干湿球温度计。干湿球温度计是把两支同样的温度计平行固定在一块板上，其中一支温度计的球用纱布包裹，纱布的一端浸泡在一个水盂里，利用水分蒸发时吸热的原理，两个温度计显示一定的温度差。在测得两支温度计温度的同时，可以查对"温湿对照表"，获得此时库内或大气的相对湿度值。

② 自动记录湿度计。自动记录湿度计可以连续记录空气中的湿度变化，它也是由感应部分和自动记录部分组成的。其中感应部分用脱脂的毛发制成，毛发属于纤维组织，有许多毛细孔，当空气中湿度增大时毛发吸收水分而膨胀，当空气中的水分减少时毛发失去部分水分而收缩。自动记录部分与自动温度记录计相同。

4. 库内外温度和湿度的变化规律

（1）大气温、湿度的变化规律。

① 大气温度变化规律。温度的日变化规律通常为单峰型，即大气温度从上午8点开始迅速升高，到下午2—3点达最高，过后随着日照减弱而逐渐下降，到次日凌晨2点左右为最低。

温度的年变化规律因各地区地理位置和地形地貌不同而有所差异。如云贵高原四季如春，四季温差不大；东南沿海和海南无明显冬季，只有雨季和旱季之分；内陆地区及其他地区四季分明，年最低温度在1月中旬至2月中旬，5月后气温显著升高，7月中旬至8月中旬为气温最高时期。物品保管中，1—2月份须防低温冻坏，7—8月份须防高温；结合地理位置来看，淮河以南地区以防高温为主、防冻为辅，淮河以北广大地区及东北、西北地区以防冻为主、防高温为辅。

② 大气湿度变化规律。绝对湿度反映空气中水蒸气的实际含量，由于在不同的自然地理条件下，或在不同的季节中，绝对湿度的日变化规律不完全相同，因此在我国有一高一低（单峰型）和两高两低（双峰型）绝对湿度日变化形式。

所谓单峰型，是指绝对湿度在一日内出现一次最高值和一次最低值。这种类型出现在沿海地区及江湖一带，内陆地区的秋冬季节也常表现为这种类型。这种变化为每日日出前气温最低时，绝对湿度最低，日出后随着气温增高绝对湿度增大，至14—15时达到最高值，而后随日照减弱绝对湿度降低。所谓双峰型，是指绝对湿度在一日内出现两次最高值和两次最低值。一般内陆地区春夏季节绝对湿度日变化属这种类型。这种变化为日出前绝对湿度最低，日出后随气温上升，绝对湿度迅速增加，至8—9时，出现第一次绝对湿度最高；随即大气垂直运动加快，热交换运动开始，地面热湿空气上升，空中干冷空气下降，干湿空气混合使绝对湿度开始下降，至14—15时左右热交换运动相对停止时绝对湿度达到第二次最低；之后水蒸气又在不断蒸发，至20—21时左右绝对湿度达到第二次最高。

绝对湿度的年变化受降雨雪量的影响最大，一般情况下雨季绝对湿度高。北方地区7—8月份为雨季，绝对湿度最高，东北地区冬季绝对湿度最高，南方地区4—5月份进入梅雨季节，此时绝对湿度最高。

相对湿度也有日变化和年变化的一般规律。相对湿度的日变化基本上由气温变化决定，气温上升，由于饱和湿度增大，于是相对湿度减小；而气温下降，饱和湿度降低，相对湿度增大。

（2）库内温湿度变化的规律。除特殊仓库外，库内温湿度的变化主要受库外温湿度变化的影响，因而其变化规律是基本一致的，但变化的程度不同。

① 库内温度的变化。仓库内温度的变化与大气温度（简称气温）的变化大致相同，但大气温度变化对库内温度的影响在程度上有所减弱，在时间上也有滞后，因此仓库内温度变化总是晚于且小于库外温度的变化。仓库温度的变化与很多因素有关，如气温、仓库的建筑材料、结构、仓库内部的位置和库存物品的堆垛等。从气温变化看，一般一年当中1—4月和10—12月库温高于气温，6—8月库温低于气温，其他月份库温与气温大致相同；一天当中来说，夜间仓库的温度高于库外温度，而白天仓库的温度则低于库外温度。从建筑材料看，一般钢筋水泥的仓库比砖木材料的仓库，夏季库温高而冬季库温反而低。从结构看，平顶仓库的库温与人字顶的仓库相比，夏季温度高而冬季温度低；同一座仓库中，顶层与底层相比，也是夏季库温高冬季库温低。仓库内部温度也有变化，一般是阳面和上部库温分别高于阴面和下部库温。

② 库内湿度的变化。湿度的变化与温度的变化一样也有一定的规律，通常相对湿度的变化与气温的变化相反，温度越高时相对湿度较低，反之则湿度较高。仓库湿度的变化除了受大气的温度和湿度的影响以外，还和仓库的结构有关。一般说来库房的上部和阳面温度高、湿度小，底部和阴面温度低、湿度大。另外仓库的湿度还与物品本身有关，若物品含水量大或密封不好则库房的湿度也会变大。

5. 仓库温度和湿度的控制与调节

仓库的温度和湿度是物品储存条件中最重要也是最基本的因素，为保持库存物品质量完好，最有效的手段就是使仓库的温度和湿度始终维持在适宜的范围内，因此就需要经常根据实际情况和不同要求，对仓库的温度和湿度进行控制和调节，这是仓库质量管理方面一项重要的工作。控制和调节库房温度和湿度的方法很多，归纳起来主要有以下几种。

（1）通风。通风是使仓库内外的空气产生对流，以达到调节仓库内部温度和湿度的目的。通风是非常简便易行的方法，收效很快，而且对降温和降湿都有较好的效果。仓库通风的方法有自然通风和机械通风两种。自然通风是开启仓库门窗，让仓库内外的空气自然流通，而机械通风是利用排气风扇排出仓库内部的空气，加速内外空气的对流。采用通风的方法调节仓库内的温度和湿度，关键是选择合适的时机，要根据物品的特点和库内外的温度和湿度的差异以及风向和风力等因素进行通风。通风时最好既能降温又能降湿，如不能同时达到这两个目的，也应在不增加库温的前提下降湿或不增加湿度的前提下降温。

（2）密封。密封的原理在于将物品隔绝空气，以最大限度地降低和减少外界空气温度和湿度对物品的影响。密封不但可以防潮、隔热，还可以同时起到防霉、防锈、防虫等作用。在仓库中可以整垛密封、整柜密封或整库密封。要注意的是在密封前要认真检查物品的质量状况，凡是质量不正常的不能密封；密封时要选择合适的密封材料，根据气温和相对湿度选择适当的时间；密封后还要测定密封效果，定期检查，发现问题及时采取措施。

（3）吸湿。吸湿是调节仓库内空气湿度的辅助措施。当仓库内外湿度都较高时，无法采用通风的方法来散湿，就需要采用吸湿的方法。吸湿的方法主要有机械降湿和吸湿剂吸湿两种，机械降湿是利用去湿机将仓库内的湿气冷凝成水滴排出，同时把除去水分的干燥空气送回仓库，如此不断循环以降低整个仓库的湿度；吸湿剂吸湿是利用某些具有很强吸附性的物质迅速吸收空气中的水分而使仓库内的湿度降低。常用的吸湿剂有吸附剂和吸收剂两类，典型的吸附剂有硅胶、活性炭等，可反复使用；吸收剂有氧化钙、氯化钙等，只能一次性使用。

（4）空气调节自动化。简称空调自动化。它是借助于自动化装置，使空气调节过程在不同程度上自动地进行，其中包括空调系统中若干参数的自动测量、自动报警和自动调节等。自动调节装置是由敏感元件、调节器、执行及调节机构等，按照一定的连接方式组合起来的。

敏感元件是具有一定物理特性的一系列元件的总称，它能测量各种热工参数，并变成特定的信号。调节器根据敏感元件送来的信号与空气调节要求的参数相比较，测出差值，然后按照设计好的运算规律算出结果，并将此结果用特定的信号发送出去。执行机构接受传送来的信号，去改变调节机构的位移，改变进入系统的冷热能量，实现空气的自动调节。

在实践中还有很多控制和调节仓库温度和湿度的办法，这些办法简便易行却很有效果。比如将仓库顶和外墙刷白以增强日光反射。在顶上搭凉棚减小辐射，在库顶喷水蒸发热量，在库内喷雾，在库内搁置冰块等。

（五）物品虫害与霉变腐烂的防治

1. 物品虫害的防治技术

物品在储存过程中经常会受到仓库内害虫的侵害，仓库内的害虫由于长期生活在仓库中，其生活习性完全适应仓库的环境，一般都活动隐蔽，繁殖能力强。一般仓库害虫的来源主要有两类途径：一是自然传播，如仓库中原有的害虫或由于仓库环境不够清洁而滋生的害虫；二是人为传播，如物品在生产和运输过程中受到害虫的侵害等。因此对仓库害虫的防治必须立足于防，以防为主，防重于治，具体的防治措施主要根据仓库害虫的来源和习性来制定。

1) 卫生防治

卫生防治是杜绝仓库害虫来源和预防害虫的基本方法。卫生防治就是彻底清除仓库内外容易隐藏和滋生害虫的地方；彻底清理仓库用具，严格消毒，仔细检查和密封库房的缝隙和孔洞；严格检查入库物品，防止害虫随物品进入仓库；经常对库存物品进行检查，发现害虫及时处理，防止蔓延。

2) 化学药剂防治

化学药剂防治就是利用化学杀虫剂防治害虫的方法。利用化学药剂防治害虫具有彻底、快速、高效的优点，但在实施时应考虑害虫、药剂和环境三者之间的关系。选择的药剂应对害虫有足够的杀灭能力，同时对人体无害，药品性质不影响物品的质量，不污染环境，使用方便，经济合理。目前比较常用的化学杀虫法主要有驱避法、毒杀法和熏蒸法三种。

(1) 驱避法是利用易挥发并且具有特殊气味和毒性的固体药剂，以药剂挥发出来的气体驱避毒杀害虫的方法。常用的驱避剂有萘、合成樟脑、对二氯苯等。驱避法一般可用于毛、丝、棉、麻、皮革、竹木、纸张等物品的防虫，但不可用于食品和塑料等物品。

(2) 毒杀法是通过喷洒液体或粉末状杀虫剂，一旦害虫接触或食入，通过表皮或肠胃进入害虫体内致使其中毒而亡。毒杀法所用的化学药剂根据毒杀害虫的方法不同分为触杀剂和胃毒剂，种类较多，常用的有敌杀死、敌敌畏、敌百虫等。除食品外大多数物品都可以利用毒杀法进行空仓或实仓杀虫。

(3) 熏蒸法是利用杀虫剂汽化后可以通过害虫的呼吸系统进入虫体内，使其中毒死亡的方法。采用熏蒸法最好选择害虫的幼龄期进行，因其抗药力弱而毒效更好。常用的熏蒸剂有磷化铝、溴钾烷、氯化苦、环氧乙烷、硫磺等，这些药剂都能挥发出剧毒气体，渗透力强，甚至能杀死物品内部的害虫，但它们对人体的毒性也很高，使用时必须注意熏蒸场所的密封和人身安全，严格落实安全措施。熏蒸法一般多用于毛皮和竹木制品的害虫防治。

3) 物理机械防治

物理机械防治是利用物理因素破坏害虫的生理结构，使其无法生存或繁殖，进而起到杀灭害虫的目的。物理机械防治的方法很多，其原理主要是根据仓库害虫的习性，采取适当措施使环境变为不适于害虫生活，从而杀灭害虫。目前比较常用的方法有高、低温杀虫法，射线法，微波与远红外杀虫法以及气调杀虫法。

(1) 高温杀虫法是利用日光曝晒（夏季日光直射物品，温度可达 50 ℃）、烘烤（温度为 65 ℃～110 ℃）、蒸汽（温度为 80 ℃）等方式产生的高温使害虫致死。因为仓库害虫是变温动物，其最适宜的温度是 25 ℃～35 ℃，高于 40 ℃就达到了致死温度。

(2) 低温杀虫法是降低环境温度使害虫体内酶的活性受到抑制，生理活动减缓，进入半休眠状态，不食不动不能繁殖，一定时间后因体内营养物质过度消耗而亡。一般仓库害虫停育的温度是 0 ℃～15 ℃，低于 0 ℃就会死亡。

(3) 射线杀虫法是利用伽马射线照射虫体，使害虫立即死亡（高剂量射线）或引起害虫生殖细胞突变导致不育（低剂量射线）。这种方法使用方便，对环境没有污染，也不会使害虫产生抗药性。

（4）微波杀虫法是利用微波的高频电磁场使害虫体内的分子产生振动，分子间剧烈摩擦产生大量热能，使虫体温度达到 60 ℃以上而死亡。这种方法的优点是杀虫时间短，效力高，对环境无污染，但微波对人体健康有影响，因此在使用时应注意安全。

（5）远红外杀虫法的原理与微波杀虫类似，主要是利用远红外线的光辐射产生高温（温度可达 150 ℃），直接杀死害虫。

（6）气调杀虫法是在物品包装内或整库充入氮气，降低密封环境内氧气的浓度，使害虫缺乏赖以生存的氧气而导致死亡。

4）生物生化防治

生物生化防治是利用生物相克的自然现象和生化技术合成的昆虫激素类似物来控制和消灭害虫的方法。这是一种新型的高科技杀虫法，很有发展前途，因为这种方法可以有效避免由于害虫产生抗药性所导致的化学药剂减效和失效的问题，对环境也没有污染。其中生物杀虫是利用害虫的天敌将害虫消灭干净。采用生物杀虫要注意的是引入害虫的天敌要防止产生新的虫害。生化杀虫法则不会产生这种后果，因为是利用人工合成的类激素物质来干扰害虫的生长发育等，没有副作用。

目前人工合成的昆虫激素类似物主要有性信息素合成物、保幼激素合成物等，前一种用于诱杀雄虫或是使雌虫得不到雄虫的交配而产下不能孵化的未受精卵，后一种可通过表皮或吞食进入虫体，破坏害虫的正常生长发育，最终造成害虫的不育或死亡。保幼激素合成物已被视为第三代农药，应用于生产领域。

（六）物品霉变腐烂的防治技术

物品的霉腐是指在某些微生物的作用下，引起物品生霉、腐烂和腐败发臭等质量变化的现象。引起物品霉变主要有以下几种微生物：霉菌、细菌、酵母菌。霉菌分为曲霉、毛霉、青霉、根霉、木霉 5 种。细菌主要是破坏含水量较大的动植物物品，对日用品、工业品也都有影响。酵母菌主要引起含有淀粉、糖类的物质发酵变质，对日用品、工业品也有直接危害。

1. 药剂防霉腐

药剂防霉腐就是利用化学药剂杀灭或抑制霉腐微生物，防止物品霉变腐烂的技术方法。使用药剂防霉腐应根据物品的性质选用各种不同的方法，如加热消毒、熏蒸等，也可以与生产部门密切配合，在生产过程中就把防霉剂、防腐剂加进物品中，这样既方便又可取得良好的效果。对于防霉腐的药剂的选用，应遵循低毒、高效、价廉、无副作用的原则，必须是对人体健康没有不良影响且不会污染环境的药品。

目前较常用且使用效果较好的药剂主要有：

灭菌丹，特点是毒性低，不溶于水，它对曲霉、青霉、木霉的抑制作用较强；

多菌灵，是高效、低毒、广谱性的内吸杀菌剂，对部分曲霉、青霉有较高抑制作用。皮鞋用此防霉效果较好；

水杨酰苯胺，毒性较低，0.3% ～ 0.5% 的水溶液对纺织品、鞋帽、皮革、纸张等物品具有较好的防霉效果；

多聚甲醛，多聚甲醛在常温下慢慢解聚，能杀灭霉腐微生物。甲醛气体有较好的渗透性，可扩散到物品空隙中。

2. 气调防霉腐

气调防霉腐是利用好氧性微生物需氧代谢的特性，通过调节密闭环境中气体的组成部分，降低其中氧的浓度，抑制霉腐微生物的生理活动，达到防止霉腐的目的。气调防霉腐的方法有两种：一种是自发气调，就是利用物品（主要是鲜活食品）本身的呼吸作用，增加了包装袋内的二氧化碳，降低了袋内氧气的浓度，从而起到防霉腐的作用；另一种是机械气调，是把物品货垛用塑料薄膜进行密封，用气泵把其中的空气抽空，再充入二氧化碳或氮气，然后封闭达到防霉腐的目的。

在实际工作中，气调结合低温的方法能够较长时间地保持鲜活食品的新鲜度。

3. 气相防霉腐

气相防霉腐是利用药剂挥发出的气体渗透到物品中，杀死或抑制霉腐微生物，从而防止物品霉腐的方法。气相防霉腐的效果与挥发的气体浓度有关，必须保证物品周围的气体具有相当的浓度，因此应与密封仓库、密封包装、密封货垛等配合使用才能取得理想效果。气相防霉腐操作简单而且对物品没有污染，因此被广泛应用于工业品的防霉中。

目前工业品物品使用的防霉剂主要有：

多聚甲醛，多聚甲醛在常温下能升华，放出甲醛气体，甲醛能使霉腐微生物体内的蛋白质凝固，抑制微生物的生长；

环氧乙烷，环氧乙烷能与微生物体内的蛋白质、酶结合，使微生物的代谢功能受到严重障碍而死亡。

使用气相防霉腐需要注意的是严防毒气对人体的伤害，因为甲醛、环氧乙烷等药剂均为对人体有毒害性的气体，使用时必须注意安全。

4. 高温或低温防霉腐

霉腐微生物的生长和繁殖都需要一定的温度，研究发现大多数霉腐微生物属于中温性微生物，最适宜的生长温度为20 ℃～30 ℃，10 ℃以下不易生长，在45 ℃以上停止生长。低温对霉腐微生物的生命活动有抑制作用，能使其休眠或死亡；高温能破坏菌体细胞的组织和酶的活动，使蛋白质凝固，微生物失去生命活动能力。因此采用高温或低温是储存物品养护中经常使用的方法，当然实际使用中要根据物品的性质来选择高温还是低温。使用高温防霉腐可以采用晾晒、加热消毒、烘烤等方法；低温防霉腐有冷却法和冷冻法两种，冷却法是将温度控制在0 ℃～10 ℃，此时物品不结冰，适用于不耐冰冻的物品，冷冻法是先在短时间内使温度降到–25 ℃～–30 ℃，物品深层温度达到–10 ℃左右，再移至–18 ℃左右温度下存放。

含水量大的物品尤其是生鲜食品多利用低温来达到防霉腐的目的，其中水分含量较高的生鲜食品和短期储存的食品适用于冷却法；长期存放或远距离运输的生鲜动物食品适用于冷冻法。

5. 干燥防霉腐

根据霉腐微生物的性质，在相对湿度低于75%时，多数霉菌不能正常生长发育，因此在储存环境的空气相对湿度低于75%时，多数物品不易发生霉腐。干燥防霉腐就是通过各种措施降低和控制仓库中的水分含量，抑制霉腐微生物的生命活动，达到防霉防腐的目的。这种方法可以较长时间保持物品质量稳定。干燥防霉腐的方法有两种，一种是自然干燥法，就是通过日晒、风吹、阴晾等自然手段使物品含水量降低或通过通风换气使仓库的湿度降低；另一种是人工干燥法，就是利用各种仪器设备使物品本身的含水量降低或使仓库里的水分减少，较常用的如热风、远红外、微波等手段。两种方法比较，前者比较经济，操作方便，因此应用较广泛，而后者由于须使用设备，操作也需要一定技术，又要消耗能源，因此应用受到限制。

6. 辐射防霉腐

辐射防霉腐是利用具有极强穿透力的射线照射物品，破坏物品中的微生物的酶的活性，杀灭细菌从而达到防霉腐的目的。辐射防霉腐是比较新型的防霉腐技术，它操作简便，安全卫生，对物品和环境都没有污染。辐射防霉腐有自然和人工方法两种，自然法就是利用日光照射，日光对于多数微生物的生长都有影响，多数霉腐微生物在日光直射下 1～4 小时即能死亡，这主要是因为日光中的紫外线能强烈破坏细菌细胞和酶组织，因此自然法就是利用日光中的紫外线的辐射性；人工法是利用放射元素产生的射线，一般是钴 - 60 产生的 γ 射线，这是一种波长极短的电磁波，能穿透数英尺厚的固体，使物品中的微生物中的各种成分电离化。辐射防霉腐可以应用于多种物品，但目前对于辐射处理过的食品的安全问题还有争论。

实训 项目3.2 🔍

实训项目：在库作业

实训目的	实训内容及要求	实训评价		
		评价标准	评价主体	评价结果
1. 能够为商品编码货位编号； 2. 能设计不同的堆垛方案； 3. 能针对不同商品特点采取不同的商品养护和保管措施	5～7 人组成项目小组，根据 4 则阅读材料提出的任务和问题分工合作完成任务，并做成 PPT 推选一名代表展示作品。其他小组和老师进行评价	1. 内容正确； 2. 设计合理； 3. 分析有理有据	老师评价占40%	
			其他小组评价占60%	
			总计	

阅读材料

材料一　货位编码及商品编号

上海国盛仓储有限公司是刚刚成立的一家新公司，公司平面图如图 1 所示，货场主要用来堆存货物，平房仓库、楼房仓库里面均放置货架，一间库房里放置 16 排货架，每只货架有 4 层共 20 个格眼。

1. 请为该公司的货场、货棚、平房仓库、楼房仓库、货架进行编号（货场、货棚要画出编号图）（见图 1）。

2. 请分别用流水号法、数字分段法、分组编号法、实际意义编号法、后位数编号法和暗示编号法对该批货物（见表 1）进行编号，并将编号情况写下来。

表1　上海琼隆商贸有限公司存储货物一览表

序号	品名	重量	数量	包装	生产日期
11	一次性使用输液器	30 箱	20.5 KG/箱	1 只/袋，10 袋/盒， 20 盒/纸箱 纸箱尺寸：85×55×40 cm	2010.8.23
12	一次性无菌医用口罩	25	4 KG/箱	1 只/袋，60 只/纸箱 纸箱尺寸：55×35×30 cm	2010.8.29
13	一次性使用无菌注射器 （30 箱，每箱 15 公斤）	30 箱	15 KG/箱	1 只/袋，60 只/纸箱 纸箱尺寸：50×35×30 cm	2010.8.20
14	高频电刀	30 箱	25 KG/箱	1 只/盒，30 只/纸箱 纸箱尺寸：48×36×40 cm	2010.8.29
15	制氧机	20	65 KG/箱	1 台/箱 纸箱尺寸： 150×775×60 cm	2010.8.20
16	血压仪	25	6 KG/箱	1 只/盒，40 只/箱 纸箱尺寸：50×35×30 cm	2010.8.24
17	血糖仪	30 箱	12 KG/箱	1 只/盒，10 盒/箱 纸箱尺寸：50×35×30 cm	2010.8.18
18	无菌导尿包	15	7 KG/箱	1 只/包，36 包/箱 纸箱尺寸：55×35×30 cm	2010.8.16

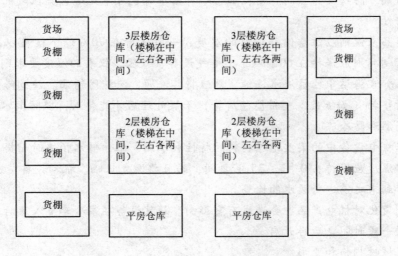

图1　上海国盛仓储有限公司平面图

材料二　入库堆码

今天上午 9 时左右北方盛大集团公司将有一批光明罐装婴儿奶粉送达我公司仓库，请各分公司组织完成商品的入库堆码工作：

规格：优幼 3

数量：55 箱（900 g×12 罐/箱）

外包装尺寸：402 mm×301 mm×150 mm

净重/毛重：10.8 kg/13.6 kg

1. 请设计地面堆放和托盘堆放两种堆放方案。

2. 计算两种堆放方案所占用的仓容。

3. 如果每平方米每日租金为 2 元，这两种堆码方式收取的每日租金分别是多少？

材料三　机电产品的养护

机电产品泛指机械产品及电工产品，大都由金属材料及绝缘材料所构成，因此对机电产品的养护必须针对这两种材料的特性来进行。

一、保管场所的选择

（1）仪器、仪表及其他精密小型产品应存入保温、防潮、防尘及通风性能好的库房储存。

（2）轴承、医疗器械、电瓶等怕冻物品应存入保温性能较好的库房。

（3）怕雨淋、怕潮湿的物品，如轿车、电机、车床及压缩机等，应存入普通库房或货棚之内。

（4）大型机电产品可以存放在露天货场，如推土机、挖掘机、卡车等，但必须加苫盖，起到防雨、防潮、防锈及防尘的作用；加苫垫有困难时也可单纯地苫盖在司机室之上。

二、防锈蚀

对机电产品来说则应注意储存场所的湿度，一般保持在 70% 以下就可以，但工具、轴承及其他精密制品则应保持在 60% 以下，电气设备、仪器、仪表的湿度要求则应更低些。

进口物品如在海运中已被海水侵蚀，则应将其洗净，涂抹防锈油。注意修补、更换损坏包装，对其衬垫物（如纸条、塑料垫包屑等）干燥处理后才能垫入，以防雨水、潮气侵入。

三、防高温和防冷冻

这是根据机电设备中的某些绝缘材料的特性和水箱、缸体储水怕冻时而提出的措施。储存环境的最宜温度应保持在 0 ℃～35 ℃之间，而且要避免日晒。机动设备应放干净水后储存，并在冬季到来之前进行放水的检查。

温差急剧变化对机电产品也会造成有害影响。箱装设备在寒冷季节入库后不宜立即开箱检验，应放置一段时间之后再开启。

四、防机械性损伤和变形

应按标记、标志装卸和搬运，尤其是不能倒放、斜放；要轻拿轻放，防止发生碰撞和振动。用起重机装卸机电产品时，其吊挂位置及起高或下降方法必须符合安全操作的要求。堆垛应按规定要求进行，箱装或小件物品重叠堆码时，必须保证不压坏下部物品。机电产品不宜与金属材料共存一处，以防止被碰伤撞损。

五、成套性保管

机电产品具有成套性，它们有的因设备庞大而分箱装载，更有的附有工具箱、配件箱，因此这些物品应成套性储存。当然也不排除某些设备中的部分零部件，如机动车电瓶、收音机等需取出单独保管。这些应造册、编号，在机体上或箱上注明，以防止错乱、短缺。

机电产品应有更换防锈层、保护防锈层及干燥处理等要求。这些在储备库具有重要位置，而在一般仓库随着储存期的逐渐缩短和物品的时效性所决定的暂时存储而不再过分强调。

问题：

1. 对机电产品如何进行物品养护？

2. 在对机电产品物品养护管理中，可以采用哪些防锈措施？

材料四　两个学校的食品保管制度

郑州市计算机学校食品保管制度

1. 根据库房设置，各种食品应严格分类，按入库先后批次、生产日期存放，有霉烂、变质食品不能入库，质检员应定期对库存食品进行质量检查。

2. 有毒、有害、易与食品串味的化学物品严禁与食品同库存放。

3. 食品与非食品、原料与半成品、卫生质量差与正常食品、短期存放与长期存放食品、有特殊气味与易吸收气味食品不能混杂堆放。

4. 各种食品之间应有足够间隙，与地板、墙壁有一定距离、熟食品绝不得靠墙着地。

5. 食品储存过程中应注意防霉、防虫、防尘、防鼠及保持适当温湿度。

6. 易腐食品应置入冷藏设备保存，冷藏食品也应分类，按入库先后依次存放，注意搞好防霉、除臭和消毒工作。

7. 应定期进行仓库的清扫与消毒，并注意防止消毒剂对食品的污染。

洞口一中食堂食品保管制度

一、食品入库前要做好检查和验收工作，发霉、变质、腐烂、不洁净的食品和原料不准入库。

二、食品入库后要分类存放且整齐划一，大米不得靠墙或直接放在地面上，以防潮湿，发霉变质，购量根据销量来定，避免存放时间过长降低食品质量。

三、常进库房检查，发现霉变食品要及时报告领导处理，不得食用。

四、仓库内应保持清洁、卫生，空气流通，要做好防潮、放火、防虫、防鼠、防蝇、防尘等工作。

五、库房内严禁嬉戏、玩牌、吸烟、住人，非有关工作人员不准入内。

六、食品出入库要有登记，日清月结，坚持先进先出原则。

问题：

1. 从这两个学校的食品保管制度中分析影响商品质量变化的因素是哪些？

2. 结合案例分析仓库商品保管的基本要求。

3. 结合案例分析食品保管的注意事项。

课后 习题

1. 商品有哪些编码方法？货位有哪些编号方法？
2. 货位设计包括哪些方面的内容？
3. 码垛和苫盖有哪些基本要求？物品存放的基本方法有哪些？
4. 如何使库内装卸做到合理化？
5. 库内商品变化的形式有哪些？影响库内商品变化的因素有哪些？
6. 物品虫害与霉变腐烂的防治有哪些方法？

任务 3   出 库 作 业

知识 与能力目标

◎ 掌握商品出库的依据与要求
◎ 掌握出库作业的基本方式
◎ 掌握出库作业的程序
◎ 能够处理出库中发生的问题

任务 描述

■ 案例放送

ABC 产品出库

某第三方物流公司仓库得到其客户广州市鸿运股份有限公司的发货通知。根据其发货通知单查询库存，得知其所需的 5 000 个 ABC 已生产完毕并入库，则通知该客户提货，并根据发货通知单开具交运单，经相关人员签名生效；广州市鸿运股份有限公司根据仓储合同支付相应的仓储费用，并由财务人员签名生效；仓库根据交运单执行出库，确定后向广州市鸿运股份有限公司发货。

■ 案例讨论问题

结合案例分析商品出库的业务流程是怎样的？

■ 案例研讨

仓储作业过程主要由入库作业、保管作业及出库作业组成。各个作业环节之间并不是孤立的，它们既相互联系又相互制约。出库作业的开始要依赖于上一个环节作业的完成，上一环节作业完成的效果也直接影响出库环节。只有熟悉仓库出库作业程序和内容，才能提高出库速度，避免出现差错，保证出库作业准确及时。

相关 知识

一、出库作业的概述

（一）出库作业的含义

出库作业是指仓库按照货主的调拨出库凭证或发货凭证（提货单、调拨单）所注明的货物名称、型号、规格、数量、收货单位、接货方式等条件，进行的核对凭证、备料、复核、点交、发放等一系列作业和业务管理活动。

出库业务是保管工作的结束，既涉及仓库同货主或收货企业以及承运部门的经济联系，也涉及仓库各有关业务部门的作业活动。为了能以合理的物流成本保证出库物品按质、按量、及时、安全地发给用户，满足其生产经营的需要，仓库应主动向货主联系，由货主提供出库计划，这是仓库出库作业的依据，特别是供应异地的和大批量出库的物品更应提前发出通知，以便仓库及时办理流量和流向的运输计划，完成出库任务。

仓库必须建立严格的出库和发运程序，严格遵循"先进先出，推陈储新"的原则，尽量一次完成，防止差错。需托运物品的包装还要符合运输部门的要求。

（二）出库作业的依据

出库必须由货主的出库通知或请求驱动，不论在任何情况下，仓库都不得擅自动用、变相动用或者外借货主的库存。货主的出库通知或出库请求的格式尽管不尽相同，但都必须是符合财务制度要求的有法律效力的凭证，要坚决杜绝凭信誉或无正式手续的发货。

（三）物品出库的要求

物品出库要求做到"三不、三核、五检查"。"三不"，即未接单据不翻账，未经审单不备库，未经复核不出库；"三核"，即在发货时，要核实凭证、核对账卡、核对实物；"五检查"，即对单据和实物要进行品名检查、规格检查、包装检查、件数检查、重量检查。商品出库要求严格执行各项规章制度，提高服务质量，使用户满意，包括对品种规格要求，积极与货主联系，为用户提货创造各种方便条件，杜绝差错事故。

二、物品出库方式

出库方式是指仓库用什么样的方式将货物交付用户。选用哪种方式出库，要根据具体条件，由供需双方事先商定。

（一）送货

仓库根据货主单位的出库通知或出库请求，通过发货作业把应发物品交由运输部门送达收货单位或使用仓库自有车辆把物品运送到收货地点的发货形式，就是通常所称的送货制。

仓库实行送货具有多方面的好处：仓库可预先安排作业，缩短发货时间；收货单位可避免因人力、车辆等不便而发生的取货困难；在运输上，可合理使用运输工具，减少运费。

（二）收货人自提

这种发货形式是由收货人或其代理持取货凭证直接到库取货，仓库凭单发货。仓库发货人与提货人可以在仓库现场划清交接责任，当面交接并办理签收手续。

（三）过户

过户是一种就地划拨的形式，物品实物并未出库，但是所有权已从原货主转移到新货主的账户中。仓库必须根据原货主开出的正式过户凭证，才予办理过户手续。

（四）取样

货主由于商检或样品陈列等需要，到仓库提取货样（通常要开箱拆包、分割抽取样本）。仓库必须根据正式取样凭证发出样品，并做好账务记载。

（五）转仓

转仓是指货主为了业务方便或改变储存条件，将某批库存自甲库转移到乙库。仓库也必须根据货主单位开出的正式转仓单，办理转仓手续。

三、出库作业的程序

（一）出库前的准备工作

（1）一方面是计划工作，即根据货主提出的出库计划或出库请求，预先做好物品出库的各项安排，包括货位、机械设备、工具和工作人员，提高人、财、物的利用率。

（2）另一方面是要做好出库物品的包装和标志标记。发往异地的货物，需经过长途运输，包装必须符合运输部门的规定，如捆扎包装、容器包装等，成套机械、器材发往异地，事先必须做好货物的清理、装箱和编号工作。在包装上挂签（贴签）、书写编号和发运标记（去向），以免错发和混发。

（二）出库程序

出库程序包括：核单—备货—复核—包装—点交—登账—清理等过程。出库必须遵循"先进先出，推陈储新"的原则，使仓储活动的管理实现良性循环。

不论哪一种出库方式，都应按以下程序做好管理工作。

1. 核单

1）明确审核内容

首先要审核提货凭证的合法性和真实性；其次核对品名、型号、规格、单价、数量、有效期等；最后要核对收货单位、到货站、开户行和账号是否齐全和准确，如属收货人自提出库，则要核查提货单有无财务部门准许发货的签章。提货单必须是符合财务制度要求的具有法律效力的凭证。

2）出库凭证审核中的问题及处理方式

（1）出库凭证超过提货期限，用户前来提货，必须先办理手续，按规定缴足逾期仓储保管费，然后方可发货。

（2）出库凭证有疑点，或者情况不清楚，及时与出具出库单的单位或部门联系，妥善处理。

（3）出库凭证有假冒、复制、涂改等情况，及时与仓库保卫部门联系，严肃处理，触犯法律的应依法移交公安机关处理。

（4）物品进库未验收，或者期货未进库的出库凭证，一般暂缓发货，并通知货主，待货到并验收后再发货，提货期顺延，保管员不得代发代验。

（5）客户将出库凭证遗失客户应及时与仓库管理人员和财务人员联系挂失。

2. 备货

出库凭证审核无误后，要按出库凭证所列项目要求和数量进行出库准备，包括拣选、补货、配货、加工、包装及出库物品应附有的质量证明书或抄件、磅码单、装箱单等附件。机电设备、仪器仪表等产品的说明书及合格证应随货同行。进口商品还要附海关证明、商品检验报告等。备料时应本着"先进先出、推陈储新"的原则，易霉易坏的先出，接近失效期的先出。备货过程中，凡计重货物，一般以入库验收时标明的重量为准，不再重新计重。需分割或拆捆的应根据情况进行。

1）拣选作业

拣选作业是根据出库信息或订单，将顾客订购的物品从保管区或拣货区取出，也可以直接在进货过程中取出，并运至配货区的作业过程（参见图3-11）。拣选的基本方法有摘果法和播种法。

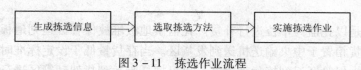

生成拣选信息 → 选取拣选方法 → 实施拣选作业

图3-11 拣选作业流程

（1）摘果法，是指让拣货搬运员巡回于储存场所，按某客户的订单挑选出每一种商品，巡回完毕也完成了一次配货作业。将配齐的商品放置到发货场所指定的货位。然后，再进行下一个要货单位的配货。

摘果法优点是，作业方法单纯，订单处理前置时间短；导入容易且弹性大，作业人员责任明确；拣货后不必再进行分拣作业，适用于大批量、少品种订单的处理。其缺点是商品品种多时拣货行走路线过长，拣选效率低，拣选区域大时，搬运系统设计困难。少批量、多批次拣选时，会造成拣选路线重复费时，效率降低。

（2）播种法，是指将每批订单上的同类商品各自累加起来，从储存仓位上取出，集中搬运到理货场所，然后将每一客户所需的商品数量取出，分放到不同客户的暂存货位处，直到配货完毕。播种法的优点是适合订单数量庞大的系统；可以缩短拣取时的行走搬运路线，增加单位时间的拣货量；越要求少量、多批次的配送，批量拣取就越有效。其缺点是对订单的到来无法做出及时的反应，必须等订单达到一定数量时才做一次处理，因此会有停滞的时间产生。

此外，还可以把以上两种方法结合起来进行复合拣选。

2）补货作业

补货是将货物从仓库保管区域搬运到拣货区的工作。补货作业的目的是保证拣货区有货可拣。

（1）补货作业的基本流程。确定所需补充的货物，领取商品，做好上架前的各种打理、准备工作，补货上架。

（2）补货时机。补货作业的发生与否主要看拣货区的货物存量是否符合需求，因此究竟何时补货要看拣货区的存量，以避免在拣货中才发现拣货区货量不足需要补货，而造成影响整个拣货作业。通常，可采用批次补货、定时补货或随机补货三种方式。

批次补货，在每天或每一批次拣取之前，经电脑计算所需货品的总拣取量和拣货区的货品量，计算出差额并在拣货作业开始前补足货品。这种补货原则比较适合于一天内作业量变化不大、紧急追加订货不多，或是每一批次拣取量需事先掌握的情况。

定时补货，将每天划分为若干个时段，补货人员在时段内检查拣货区货架上的货品存量，如果发现不足，马上予以补足。这种"定时补足"的补货原则，较适合分批拣货时间固定且处理紧急追加订货的时间也固定的情况。

随机补货是一种指定专人从事补货作业方式，这些人员随时巡视拣货区的分批存量，发现不足随时补货。此种"不定时补足"的补货原则，较适合于每批次拣取量不大、紧急追加订货较多，以至于一天内作业量不易事前掌握的情况。

（3）补货方式。整箱补货，由货架保管区补货到流动货架的拣货区。这种补货方式的保管区为料架储放区，动管拣货区为两面开放式的流动棚拣货区。拣货员拣货之后把货物放到输送机上并运到发货区，当动管区的存货低于设定标准时，则进行补货作业。这种补货方式由作业员到货架保管区取货箱，用手推车载箱至拣货区，较适合于体积小且少量多样出货的货品。

托盘补货，是以托盘为单位进行补货。托盘由地板堆放保管区运到地板堆放动管区，拣货时把托盘上的货箱置于中央输送机送到发货区。当存货量低于设定标准时，立即补货，使用堆垛机把托盘由保管区运到拣货动管区，也可把托盘运到货架动管区进行补货。这种补货方式适合于体积大或出货量多的货品。

货架上层—货架下层的补货方式，此种补货方式保管区与动管区属于同一货架，也就是将同一货架上的中下层作为动管区，上层作为保管区，而进货时则将动管区放不下的多余货箱放到上层保管区。当动管区的存货低于设定标准时，利用堆垛机将上层保管区的货物搬至下层动管区。这种补货方式适合于体积不大、存货量不高，且多为中小量出货的货物。

3）配货作业

（1）配货作业的基本流程（见图3-12）。

图3-12　配货作业的基本流程图

（2）配货作业的主要形式。

单一配货作业，是指每次只为一个客户进行配货服务，主要内容是对物品进行组配和包装。

集中配货作业，是指同时为多个客户进行配货服务，所以其配货作业通常比单一配货多拆箱、分类的程序，其余与单一配货作业大致相同。

4）流通加工

这里所说的"加工"实际上是指出库流通加工的概念，是在物品由生产领域向消费领域流动的运输过程中，为提高物流效率和运输实载率，而对物品进行的流通加工。主要是指以提高物流效率，提高实载率，延迟生产、食品精制及冷冻加工、促销等为目的的流通加工。

3. 复核

为了保证出库物品不出差错，备货后应进行复核。出库的复核形式主要有专职复核、交叉复核和环环复核三种。除此之外，在发货作业的各道环节上，都贯穿着复核工作。例如，理货员核对单货，守护员（门卫）凭票放行，账务员（保管会计）核对账单（票）等。这些分散的复核形式，起到分头把关的作用，都十分有助于提高仓库发货业务的工作质量。

复核的内容包括：品名、型号、规格、数量是否同出库单一致；配套是否齐全；技术证件是否齐全；外观质量和包装是否完好。只有加强出库的复核工作，才能防止错发、漏发和重发等事故的发生。

4. 包装

出库物品的包装必须完整、牢固，标记必须正确清楚，如有破损、潮湿、捆扎松散等不能保障运输中安全的，应加固整理，破包破箱不得出库。各类包装容器上若有水渍、油迹、污损，也均不能出库。

出库物品如需托运，包装必须符合运输部门的要求，选用适宜包装材料，其重量和尺寸便于装卸和搬运，以保证货物在途的安全。

包装是仓库生产过程的一个组成部分。包装时，严禁互相影响或性能互相抵融的物品混合包装。包装后，要写明收货单位、到站、发货号、本批总件数、发货单位等。

5. 点交

出库物品经过复核和包装后，需要托运和送货的，应由仓库保管机构移交调运机构，属于用户自提的，则由保管机构按出库凭证向提货人当面交清。同时应将出库物品及随行证件逐笔向提货人员当面点交。在点交过程中，对于有些重要物品的技术要求、使用方法、注意事项，保管员应主动向提货人员交代清楚，做好技术咨询服务工作。物品移交清楚后，提货人员应在出库凭证上签名。

6. 登账存档

点交后，保管员应在出库单上填写实发数、发货日期等内容，并签名。然后将出库单连同有关证件资料，及时交货主，以便货主办理货款结算。当物品出库完毕后，仓管员应及时将物品从仓库保管账上核销，取下垛牌，以保证仓库账账相符、账卡相符、账实相符；并将留存的仓单（提货凭证）、其他单证、文件等存档。

7. 现场和档案的清理

经过出库的一系列工作程序之后，实物、账目和库存档案等都发生了变化。应按下列几项工作彻底清理，使保管工作重新趋于账、物、资金相符的状态。

（1）按出库单，核对结存数。

（2）如果该批货物全部出库，应查实损耗数量，在规定损耗范围内进行核销，超过损耗范围的查明原因，进行处理。

（3）一批货物全部出库后，可根据该批货物入出库的情况，采用的保管方法和损耗数量，总结保管经验。

（4）清理现场，收集苫垫材料，妥善保管，以待再用。

（5）代运货物发出后，收货单位提出数量不符时，属于重量短少而包装完好且件数不缺的，应由仓库保管机构负责处理；属于件数短少的，应由运输机构负责处理。若发出的货物品种、规格、型号不符，由保管机构负责处理。若发出货物损坏，应根据承运人出具的证明，分别由保管及运输机构处理。

在整个出库业务程序过程中，复核和点交是两个最为关键的环节。复核是防止差错的重要和必不可少的措施，而点交则是划清仓库和提货方两者责任的必要手段。

（6）由于提货单位任务变更或其他原因要求退货时，可经有关方同意，办理退货。退回的货物必须符合原发的数量和质量，要严格验收，重新办理入库手续。当然，未移交的货物则不必检验。

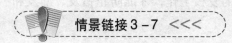

退货解决方案

为了帮助消费者处理不同的退货，曼哈顿合伙企业——美国亚特兰大一家供应链提供商与其他的软件提供商设计了新的解决方案。大多数企业都有自己处理退货的方针，要遵循许多的供应商规则，但是这些方案都不简单。据曼哈顿合伙企业逆向物流的高级总管 David Hommrich 介绍，其实每一个企业都会有自己的退货产品的处理政策，但是由于每一个企业的政策不同，加上操作人员对其不熟悉，使得处理退货的政策指南只能束之高阁，无人问津。因此，曼哈顿合伙企业的一个目标就是使退货政策深入人心。

曼哈顿合伙企业的"退回供应商"模型能够把所有供应商退货管理的政策纳入计划。比如说，一个 DVD 制造商要求每次退回的 DVD 数量为20。那意味着企业必须搁置19件，直到第20件到来才能处理。然而，曼哈顿的"退回供应商"模型可以自动生成一个拣选票据，并且能够把票据传输给仓储管理系统。这样，曼哈顿合伙企业就可以避免退货管理中经常出现的问题。

此外，曼哈顿合伙企业的退货政策还具有"守门"功能，可以防止不符合条件的产品的退回。例如，一个制造商可能与一家批发商签订协议，不管是否是质量问题，都只允许一定比例的退货。在这种情况下，企业就必须实时掌握退货的数量。一些企业只允许批发商每季进行一次退货，另一些企业的退货数量与产品的生命周期有关。不管哪种情况，都涉及"守门"功能。曼哈顿合伙企业按照退货处理政策，以关系、产品或环境为基础，动态地解决各种情况，自主决策。

（资料来源：锦程物流网）

四、出库中发生问题的处理

出库过程中出现的问题是多方面的，应分别对待处理。

（一）出库凭证（提货单）上的问题

（1）凡出库凭证超过提货期限，用户前来提货，必须先办理手续，按规定缴足逾期仓储保管费，然后方可发货。任何非正式凭证都不能作为发货凭证。提货时，用户发现规格开错，保管员不得自行调换规格发货。

（2）凡发现出库凭证有疑点，以及出库凭证发现有假冒、复制、涂改等情况时，应及时与仓库保卫部门以及出具出库单的单位或部门联系，妥善处理。

（3）商品进库未验收，或者期货未进库的出库凭证，一般暂缓发货，并通知货主，待货到并验收后再发货，提货期顺延。

（4）如客户因各种原因将出库凭证遗失，客户应及时与仓库发货员和账务人员联系挂失；如果挂失时货已被提走，保管人员不承担责任，但要协助货主单位找回商品；如果货还没有提走，经保管人员和账务人员查实后，做好挂失登记，将原凭证作废，缓期发货。

（二）提货数与实存数不符

若出现提货数量与商品实存数不符的情况，一般是实存数小于提货数。造成这种问题的原因主要有：

（1）商品入库时，由于验收问题，增大了实收商品的签收数量，造成账面数大于实存数；

（2）仓库保管人员和发货人员在以前的发货过程中因错发、串发等差错而形成实际商品库存量小于账面数；

（3）货主单位没有及时核减开出的提货数，造成库存账面数大于实际储存数，从而开出的提货单提货数量过大；

（4）仓储过程中造成了货物的毁损。

当遇到提货数量大于实际商品库存数量时，无论是何种原因造成的，都需要和仓库主管部门以及货主单位及时取得联系后再作处理。

（三）串发货和错发货

所谓串发和错发货，主要是指发货人员由于对物品种类规格不很熟悉，或者由于工作中的疏漏把错误规格、数量的物品发出库的情况。

如果物品尚未离库，应立即组织人力重新发货。如果物品已经离开仓库，保管人员应及时向主管部门和货主通报串发和错发货的品名、规格、数量、提货单位等情况，会同货主单位和运输单位共同协商解决。一般在无直接经济损失的情况下由货主单位重新按实际发货数冲单（票）解决。如果形成直接经济损失，应按赔偿损失单据冲转调整保管账。

（四）包装破漏

包装破漏是指在发货过程中，因物品外包装破损引起的渗漏等问题。这类问题主要是在储存过程中因堆垛挤压，发货装卸操作不慎等情况引起的，发货时都应经过整理或更换包装，方可出库，否则造成的损失应由仓储部门承担。

（五）漏记账和错记账

漏记账是指在出库作业中，由于没有及时核销明细账而造成账面数量大于或少于实存数的现象。错记账是指在商品出库后核销明细账时没有按实际发货出库的商品名称、数量等登记，从而造成账实不相符的情况。

无论是漏记账还是错记账，一经发现，除及时向有关领导如实汇报情况外，同时还应根据原出库凭证查明原因调整保管账。使之与实际库存保持一致。如果由于漏记账和错记账给货主单位、运输单位和仓储部门造成了损失，应予赔偿，同时应追究相关人员的责任。

实训　项目3.3

实训项目：货物出库

实训目的	实训内容及要求	实训评价		
1. 熟悉出库验收程序； 2. 掌握出库验收依据； 3. 能处理出库中遇到的问题； 4. 能办理退货业务； 5. 能正确处理出库过程与客户的纠纷	5～7人组成项目小组，根据阅读材料提供的问题进行讨论，随机抽取一名代表进行阐述，阐述结果评价作为小组成绩	评价标准	评价主体	评价结果
		观点正确； 言之有理； 语言流利	老师评价占40%	
			其他小组评价占60%	
			总计	

阅读材料

出 库 实 训

1. 学生在参观或实习时，看到仓库出库验收只点数量而不查质量，请问这是为什么？

2. 我们常说要有出库单、提单等，而且一式多份，但为什么电子商务比较发达的企业，看到的这种单据很少，他们凭什么发货的？

3. 出库时，不小心发错了货（如规格不对、多发、少发）该如何处理？自认倒霉吗？

4. 仓库发货一切程序都正确，可客户要求退货，该如何处理？他们能直接到仓库中办理退货吗？请问要客户退货的正确程序是什么？

5. 仓库某装卸搬运工在装卸搬运时损坏了商品，为了不被惩罚，他把货藏匿到正常货中，然后利用发货的机会，把相关损坏的商品一起发了出去，当时没被客户发现。可客户后来在交货给其他客户时被发现，要求退货，请问：

（1）此装卸搬运工的行为对不对？

（2）该如何处理该事件？

（3）如何为客户与仓库办理相关的手续。

课后 习题

1. 商品出库的依据与要求有哪些？
2. 列举出库作业的几种方式。
3. 简述出库作业的程序。
4. 出库作业中发生的问题有哪些？如何处理这些问题？

任务 4　仓库盘点作业

知识 与能力目标

◎ 掌握盘点作业的目的与内容

◎ 掌握盘点作业的步骤，并学会盘点作业的操作

任务 描述

■ **案例放送**

仓 库 盘 点

某物流公司财务人员以及仓库管理员到仓库盘点，要求在规定的库存区域内，对库存商品进行盘点检查，核对现有存货与账目记载数量是否一致，查明各项物品的可用程度，发现不良品、呆滞品记录下来，并用货卡标识出来，并填写盘点盈亏表，对盈亏作出分析和处理。

■ **案例讨论问题**

结合案例分析仓库盘点工作的流程？

■ 案例研讨

要完成对仓库库存进行盘点，不仅要组织相关部门的人员，还要核对账、卡、物，发现问题，准确记录数据，做出正确盈亏分析并进行处理，要进行很多工作。

一、盘点作业的目的与内容

仓库中的库存物始终处于不断的进、存、出动态中，在作业过程中产生的误差经过一段时间的积累会使库存资料反映的数据与实际数据不相符。有些物品则因存放时间太长或保管不当，会发生数量和质量的变化。为了对库存物品的数量进行有效控制，并查清其在库中的质量状况，必须定期或不定期地对各储存场所进行清点、查核，这一过程称为盘点作业。盘点的结果经常会出现较大的盈亏，因此，通过盘点可以查出作业和管理中存在的问题，并通过解决问题提高管理水平，减少损失。

盘点又称盘库，就是定期或不定期地对仓库商品或固定资产、低值易耗品、物料用品进行全部或部分的清点，以确实掌握期间内的实际库存量，以及经营业绩和公司实际资产的情况，以利于及时采取措施改善和加强管理，减少和降低损耗。即用清点、过秤和对账等方法，检查仓库实际存货的数量和质量，以确实掌握该期间内的实际损耗。

盘点可分为定期盘点和临时盘点两种，定期盘点是指事先确定在月末、季末或年底固定日期盘点。定期盘点工作流程固定，准备充分，主要是月末、季末或年末盘点，可根据实际需要选用按批号盘点、不按批号盘点、账盘、实盘、按类别盘点、按库区或货架盘点、按生产企业盘点、单品盘点等。

（一）盘点作业的目的

（1）查清实际库存数量。盘点可以查清实际库存数量，并通过盈亏调整使库存账面数量与实际库存数量一致。账面库存数量与实际存货数量不符的主要原因通常是收发作业中产生的误差，如记录库存数量时多记、误记、漏记；作业中导致的损失、遗失；验收与出货时清点有误；盘点时误盘、重盘、漏盘等。通过盘点清查实际库存数量与账面库存数量，发现问题并查明原因，及时调整。

（2）帮助企业计算资产损益。对货主企业来讲，库存商品总金额直接反映企业流动资产的使用情况，库存量过高，流动资金的正常运转将受到威胁。而库存金额又与库存量及其单价成正比，因此为了能准确地计算出企业实际损益，必须通过盘点。

（3）发现仓库管理中存在的问题。通过盘点查明盈亏的原因，发现作业与管理中存在的问题，并通过解决问题来改善作业流程和作业方式，提高人员素质和企业的管理水平。

（二）盘点作业的内容

（1）查数量。通过点数计数查明在库物品的实际数量，核对库存账面资料与实际库存数量是否一致。

（2）查质量。检查在库物品质量有无变化，有无超过有效期和保质期，有无长期积压等现象，必要时还必须对其进行技术检验。

（3）查保管条件。检查保管条件是否与各种物品的保管要求相符合。如堆码是否合理稳固，库内温度是否符合要求，各类计量器具是否准确等。

（4）查安全。检查各种安全措施和消防设备、器材是否符合安全要求，建筑物和设备是否处于安全状态。

二、盘点作业的步骤

盘点作业的步骤如图 3 - 13 所示。

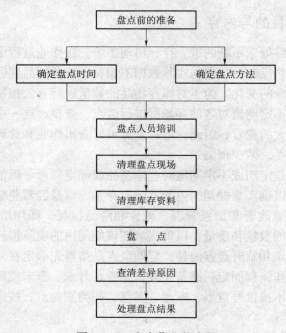

图 3 - 13   盘点作业的步骤

（一）盘点前的准备

盘点前的准备工作是否充分，直接关系到盘点作业能否顺利进行，甚至盘点是否成功。盘点的基本要求是必须做到快速准确，为了达到这一基本要求，盘点前的充分准备十分必要，其准备工作主要包括以下内容：

（1）确定盘点的具体方法和作业程序；

（2）配合财务会计做好准备；

（3）设计打印盘点用表单（见表 3 - 21）；

（4）准备盘点用基本工具。

表 3 - 21   盘点单

盘点日期：   编号：

物品编号	物品名称	存放位置	盘点数量	复核数量	盘点人	复核人

（二）盘点时间的确定

一般来说为保证账物相符，盘点次数愈多愈好，但盘点需投入人力、物力、财力，有时全面盘点还可能引起生产的暂时停顿，故也很难经常为之。所以，合理地确定盘点时间非常必要。引起盘点结果盈亏的关键原因在于出入库过程中单据的输入，检查点数的错误，或是出入库搬运造成的损失等发生的错误，出入库越频繁，引起的误差也会随之增加。

因此，可以根据物品的不同特性、价值大小、流动速度、重要程度来分别确定不同的盘点时间，盘点时间间隔可以从每天、每周、每月、每年盘点一次不等。但在配送中心货品流动速度较快的情况下，既要防止过久盘点对公司造成的损失，又碍于可用资源的限制，因而最好能视配送中心各货品的性质制定不同的盘点时间。

另外必须注意的问题是，每次盘点持续的时间应尽可能短，盘点的日期一般会选择在：

（1）财务决算前夕，通过盘点决算损益，查清财务状况；

（2）淡季进行，因淡季储货较少，业务不太频繁，盘点较为容易，投入资源较少，且人力调动也较为方便。

（三）确定盘点方式

因为不同现场对盘点的要求不同，盘点的方法也会有差异，为尽可能快速准确地完成盘点作业，必须根据实际需要确定盘点方法。就像账面库存与现货库存一样，盘点方法也分为账面盘点及现货盘点。

1. 账面盘点法

账面盘点又称为永续盘点，就是把每天出入库货品的数量及单价，记录在电脑或账簿上，而后逐笔汇总出账面库存结余数，这样随时可以从电脑或账册上查悉物品的出入库信息及库存结余量及金额。

2. 现货盘点法

现货盘点亦称为实地盘点或实盘，就是实际去清点调查仓库内的库存数，再依货品单价计算出实际库存金额的方法。现货盘点法按盘点时间频率的不同又可分为"期末盘点"和"循环盘点"。

（1）期末盘点法。期末盘点是指在会计计算期末统一清点所有物品数量的方法。由于期末盘点是将所有物品一次点完，因此工作量大、要求严格。通常采用分区、分组的方式进行，其目的是为了明确责任，防止重复盘点和漏盘。分区即将整个储存区域划分成不同的责任区，不同的区由专门的小组负责点数、复核和监督。因此，一个小组通常至少需要三人，分别负责清点数量并填写盘存表，复查数量并登记复查结果，第三人核对前两次盘点数量是否一致，对不一致的结果进行检查。等所有盘点结束后，再与电脑或账册上反映的账面数核对。

（2）循环盘点法。循环盘点法是在每天、每周按顺序一部分一部分地进行盘点，到了月末或期末则每项商品至少完成一次盘点的方法。通常对价值高或重要的物品检查的次数多，而且监督也严密一些，而对价值低或不太重要的物品盘点的次数可以尽量少。循环盘点一次只对少量物品盘点，所以通常只需保管人员自行对照库存资料进行点数检查，发现问题按盘点程序进行复核，并查明原因，然后调整。也可以采用专门的循环盘点单登记盘点情况。

目前，国内大多数仓库都已使用电脑来处理库存账务，当账面数与实存数发生差异时，有时很难断定是账面数有误还是实盘数有误。所以，可以采取"账面盘点"和"现货盘点"平行的方法，以查清误差出现的实际原因。

（四）盘点作业人员培训

为使盘点工作得以顺利进行，盘点时必须增派人员协助进行，至于由各部门增援的人员必须组织化并且施以短期训练，使每位参与盘点的人员能正常发挥其功能。而人员的组训必须分为两部分。

（1）针对所有人员进行盘点方法训练。其中对盘点的要求、程序、表格的填写必须充分了解，工作才能得心应手。

（2）针对复盘与监盘人员进行认识货品之训练。因为复盘与监盘人员对货品大多数并不熟悉，故而应加强货品的认识，以利盘点工作之进行。

（五）清理盘点现场

盘点现场也就是仓库或配送中心的保管现场，所以盘点作业开始之前必须对其进行整理，以提高盘点作业的效率和盘点结果的准确性。清理作业主要包括以下几方面的内容。

（1）在盘点前，对已验收入库的物品进行整理归入储位，对未完成验收程序入库的物品，应区分清楚，避免混淆。

（2）盘点场所关闭前，应提前通知各需求部门预领所需的物品。

（3）对储存场所堆码的商品进行整理，特别是对散乱商品进行收集与整理，以方便盘点时计数。

（4）预先鉴定呆废品、不良品，以便盘点。

（5）账卡、单据、资料均应整理后统一结清。

（6）盘点前保管人员进行预盘，以提前发现问题并加以预防。

（7）盘点作业要确定责任区域落实到人。见表 3－22。

表 3－22　盘点人员编组表

部门					
盘点项目					
盘点日期					
盘点人					
记账人					
复盘人					
备注					

（六）盘点作业

盘点时可以采用人工抄表计数，也可以用电子盘点计数器。盘点工作不仅工作量大，而且非常烦琐，因此，除了加强盘点前的培训工作外，盘点作业时的指导与监督也非常重要。

（1）盘点的顺序为：从上到下、从左到右。

（2）盘点表在领取时是连号，每一货架要求使用 1 张盘点表，如发生损坏需重新领取，并将原损坏的盘点表附在正确的盘点表后面，并标有"作废"字样。

（3）盘点作业的初点和复点。初次盘点由责任人进行，对初点的结果要进行复点。复点要互换责任人，复点后将结果用红笔记录在盘点单上。

（4）盘点作业检查。对各小组和各责任人员的盘点结果，仓库和财务负责人要认真加以检查，检查的重点是：每一类商品是否都已记录到盘点单上，并已盘点出数量和金额，对单价高或数量多的商品，需要将数量再复查一次，做到确实无差错；复查劣质商品和破损商品的处理情况。

（5）盘点表的正确填写要求：盘点时间，为正式盘点的当天；商品条码、名称、店内码要填写清楚、完整；货柜编号、盘点人员要按要求填写；在填写盘点表时字迹要工整、不允许涂改，数字的书写不要连笔；对于盘点的"破损"一栏，与"备注"的意义相同，在盘点的过程中如发现破损商品时，只需在此栏做出注明；盘点人签字。具体见表 3 - 23。

表 3 - 23　盘点记录表

盘点日期：

页数：＿＿＿＿＿

序号	盘点票号	物资编号	品名	规格	单位	初盘数量	复盘数量	确认数量	备注

（6）物料盘点的六检查：检查物料账上数量、实物数量、标识卡上数量是否一致；检查物料的收发情况及是否按先进先出的原则发放物料；检查物料的堆放及维护情况；检查物料有无超储积压，损坏变质；检查对不合格品及呆料的处理；检查安全设施及消防安全情况。

（7）盘点结果。

资料整理，将盘点表全部收回，检查是否都有签名或遗漏，并加以汇总。

将盘点数据按要求录入电脑系统，打印盘点盈亏明细表，交与仓库、财务负责人，当晚必须完成。

若损盈差额较大，仓库、财务负责人督促各组主管查明差异原因，并写出书面说明，必要时立即进行重盘。若损盈差额不大，马上进行抽盘。各组主管于盘点后第 2 日将盘点情况写出书面说明交与财务负责人，财务负责和电脑系统部汇总盘点数据，处理损盈数据，做到电脑数据与实物一致。写出本次盘点总结报告，交与仓库主管并上报公司。

（七）查清盘点差异的原因

当盘点结束后，发现所得数据与账簿资料不符时，应追查差异的主因。其着手查找原因的方向有：

（1）是否因记账员素质不高，致使货品数目无法表达；

（2）是否因盘点前数据资料未结清，使账面数不准确；

（3）是否因账务处理系统管理制度和流程不完善，导致数据出错；

（4）盘点所得的数据与账簿的资料，差异是否在容许误差内；

（5）盘点人员是否尽责，产生盈亏时应由谁负责；

（6）是否发生漏盘、重盘、错盘等情况；

（7）商品损坏、丢失等原因；

（8）盘点的差异是否可事先预防，是否可以降低料账差异的程度。

（八）处理盘点结果

1. 查找账上数据

在计算机上，查找出目前理论上账上应有的存货，包括存货品名、存货数量、货架位置、入库时间等相关信息。

2. 计算实际库存数据

通过入库单计算已发生的入库商品数量，再通过出库单计算已发生的出库商品数量，两者求差，得出实际库存商品数量。

3. 计算盘盈、盘亏

比较查找出的账上数据和计算出的实际库存数，当账上数量大于实际数量时盘亏，当账上数量小于实际数量时盘盈。制作盘盈、盘亏表。见表3－24。

表3－24　盘点盈亏表

日期：_____

序号	盘点票号	物资编号	品名	规格	单位	实盘数量	账目数量	差异数量	单价	差异金额	差异原因

4. 分析数据

通过盘盈、盘亏表，分析数据的成因，寻找盘盈、盘亏的原因，最终编制盘点报告。

5. 盘点结果处理

查明差异，分析原因；认真总结，加强管理；上报批准，调整差异。

差异原因追查后，应针对主要原因进行适当的调整与处理，至于呆废品、不良品减价的部分则需与盘亏一并处理。

物品除了盘点时产生数量的盈亏外，有些货品在价格上会产生增减，这些变更在经主管审核后必须利用货品盘点盈亏及价目增减更正表修改。

实训　项目3.4

实训项目：盘点

实训目的	实训内容及要求	实训评价		
		评价标准	评价主体	评价结果
1. 熟悉盘点方法，能进行日常盘点操作； 2. 能进行复式平行盘点、按实盘点、按账盘点操作	5～7人组成项目小组，对实训室的模拟货物及设施设备采用适当方法进行盘点。盘点过程及形成的表格材料评价结果作为小组成绩。盘点操作具体要求参见阅读材料	1. 盘点方法选择正确； 2. 小组成员分工合理，个人职责明确； 3. 盘点过程完整、正确，表格填写规范	老师评价占40%	
			其他小组评价占60%	
			总计	

阅读材料

<table>
<tr><td colspan="3" align="center">盘点操作要求指导书</td></tr>
<tr><td align="center">操作步骤</td><td align="center">小组任务</td><td align="center">操作要点</td></tr>
<tr><td>1. 盘点前准备</td><td>撰写盘点计划书，整理货物，准备表格</td><td>每组一份盘点计划书，一份盘点单和一份盘点盈亏汇总单</td></tr>
<tr><td>2. 小组人员分工</td><td>明确角色和任务，角色分为盘点人、初盘人、会盘人、复盘人和监盘人</td><td>每个角色要明确自己的职责及与其他角色的关系</td></tr>
<tr><td>3. 初盘</td><td>初盘人负责初盘，监盘人负责监盘</td><td>初盘人认真初盘，监盘人认真监盘，保证准确率</td></tr>
<tr><td>4. 复盘</td><td>复盘人负责复盘，监盘人负责监盘，确保盘点准确</td><td>复盘人持初盘表进行复盘，监盘人认真监盘，保证复盘准确率</td></tr>
<tr><td>5. 稽核与分析</td><td>盘点小组将初盘和复盘结果进行比较，做好稽核记录，进行盘点结果分析和盘点总结工作</td><td>结果不一致时，要认真做好稽核记录，进行差错原因分析，进行盘点盈亏汇总</td></tr>
</table>

课后习题

1. 简述盘点的目的。
2. 盘点过程是如何进行的？在这个过程中需要哪些人员做哪些工作？
3. 盘点过程要准备和填写哪些表格，具体要求如何？

任务5　仓库安全管理

知识与能力目标

◎ 了解仓储过程中常见的火灾隐患及隐患产生的原因
◎ 了解常规的灭火方法
◎ 掌握仓库治安保卫管理工作的内容
◎ 了解安全管理新技术
◎ 能够做好仓库治安保卫管理工作
◎ 能够做好防台、防汛、防雷、防震、防静电工作

任务描述

■ 案例放送

一个烟头点着了仓库

2006年5月24日下午3:00左右，在烟台市区北大西街和洪兴街交会处，一间被租作仓

库的杂物间突发大火，幸亏抢救及时，无人员受伤。失火房间位于该居民楼2楼临街拐角处。火灾发生后，市消防特勤中队官兵架起水枪奋力扑救。初步了解，大火可能是烟头引燃杂物引起，具体原因还在调查中。（烟台日报报道）

■ **案例讨论问题**

结合案例分析仓库着火的管理上的原因及其危害。

■ **案例研讨**

仓库是存储大量物资的地点，这些物资具有不同的特点，具有不同程度的爆炸、易燃、助燃、毒害、腐蚀等特性，在储存过程中，受到震动、撞击、摩擦或接触火源、热源、水源等就会引起燃烧、爆炸等灾害，将会造成人员和物资的巨大危害。因此，熟悉安全工作要求，防患于未然，需要仓库全体人员掌握仓库安全管理的相关知识。

相关 知识 🔍

仓储安全管理工作是企业管理的一项重要内容，也是仓储管理中的一项重要任务。实现这一任务对保证仓储工作的顺利进行具有特殊意义。

在仓储过程中客观上存在着一些不安全因素，如在装卸、搬运商品过程中就有被碰、挤、撞、砸等危险，在操作设备过程中就有触电的危险等。在主观上存在仓库管理人员素质低的问题，如渎职等。因此，在仓储生产中，这些不安全因素的存在影响和威胁着正常仓储工作和人身的安全。实现仓储安全管理最基本的要求就是保证人和物在仓储中的安全，这是任何仓储工作中都必须遵循的基本原则。因此，必须完成以下仓库安全管理的任务。

第一，要建立健全仓储安全生产的各项规章制度，防止各种事故的发生。

第二，要提高警惕，严防敌人的破坏，以保证人身、商品、设备的安全。

第三，要防止在仓储生产中人员在装卸、搬运、运输等过程中发生人身伤亡和中毒事故，防止商品在仓储过程中发生火灾、霉烂变质、水淹、丢失、被盗等事故，防止商品超标准储存和不按照消防要求堆垛、超速、超负荷违章操作和不按时检查维修设备而导致损伤、毁坏机械设备等事故。

总结以上安全管理工作任务，我们可以把安全管理工作内容归纳为保卫工作，消防工作，排水、防洪、防台、防汛工作及在仓库作业过程中的安全技术操作工作。

一、仓库消防管理

（一）燃烧的基础知识

1. 产生燃烧的条件

燃烧是一种发光放热的化学现象。燃烧需要三个基本条件：可燃物、助燃物、火源。可燃物质包括火柴、草料、棉花、纸张、油品等；助燃物一般指的是空气中的氧和氧化剂；火源是指能引起可燃物燃烧的热能源，如明火、电器或摩擦冲击产生的火花、静电产生的火花、雷电产生的火花、化学反应（包括商品本身的自燃、遇水燃烧和性能相抵触的物质接触起火）等。以上三个条件必须同时具备，并互相结合、互相作用，燃烧才能发生。因此，防火和灭火的基本原理和一切防火措施就是采取措施破坏这三个条件。只要除掉三个条件中的任何一个条件，就能使火熄灭，火灾便会消失。

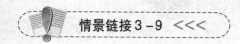

火　源

常见的火源主要有以下八种。一是明火。如炉灶火、火柴火、蜡烛火等。二是高温物体。如点燃的烟头、发热的白炽灯、汽车排气管、暖气管等。三是电热能。如各种电热器具发热，电弧、电火花、静电火花、雷击放电产生的热等。四是化学热能。经过化学变化产生的热能。如燃烧生成的热，某些有机物发热自燃，化合物分解放出热等。五是机械热能。由机械能转变为热能。如摩擦热、压缩热、撞击热等。六是生物热。如微生物在新鲜稻草中发酵发热等。七是光能。由光能转变为热能。如日光聚焦等。八是核能。如分裂产生的热。

资料来源：http：//baike.baidu.com/view/1176322.html

一般来说，火源可分为直接火源和间接火源两大类。

1）直接火源

直接火源是指直接产生火花的火源，主要有以下三种。

明火。指生产、生活用的炉火、灯火、焊接火花、打火机的火焰以及未灭的烟头等。

电火花。指电器设备产生的电火花，它能引起可燃物质起火。

雷电。是瞬间产生的高压放电，它能引起任何可燃物质起火燃烧。

2）间接火源

间接火源主要有以下两种类型。

由于热源加热引燃起火。如棉布、纸张靠近灯泡，木板、木器靠近火炉烟道容易被烤焦起火等。

商品本身自燃起火。指在既无明火又无外来热源的条件下，商品本身自行发热，燃烧起火。

（二）仓库火灾的基本知识

1. 仓储过程中常见的火灾隐患

1）电器设备方面

（1）电焊、气焊等违章作业，没有消防设施；

（2）电力设备超负荷运转；

（3）违章使用电炉、电烙铁、电热器等；

（4）电线陈旧老化，绝缘性能差。

2）储存方面

（1）不按物品特性设计储存条件，如易燃易爆等危险品存入一般库房；

（2）易燃液体挥发渗漏等；

（3）具有自燃性质的物品堆码不当，通风散热条件不好。

3）装卸搬运机械方面

（1）无防火措施的汽车、叉车、吊车等机械设备进入库区或库房；

（2）机械设备的防火安全性能不合格，使用过程中容易产生电火花；

（3）在作业区内停放、修理有故障的机械设备，用汽油擦洗零部件等违规操作行为。

4）火源管理方面

（1）外来火种和易燃品因检查不严带入库区；

（2）在库区内吸烟；

（3）库区内擅自用明火；

（4）炉火设置不当或管理不严；

（5）易燃物品未及时清理。

2. 灭火方法

火灾是物质的燃烧过程，基于物质的燃烧及其延续必须具备的可燃物、助燃物和火源这三个基本条件，缺少一个就不会发生火灾，如果其中一个条件受到阻碍，火就会熄灭，基于这个原理，灭火的方法有以下几种。

1）常规的灭火方法

（1）冷却法。冷却法就是将灭火剂直接喷射到燃烧物上，以增加散热量，降低燃烧物的温度于燃点以下，使燃烧停止；或者将灭火剂喷洒在火源附近的物体上，使其不受火焰辐射热的威胁，避免形成新的火。如水、酸碱灭火器、二氧化碳灭火器等均有一定的冷却作用，同时还能够隔绝空气。

（2）窒息法。窒息法是阻止空气流入燃烧区或用不燃物质冲淡空气，使燃烧物得不到足够的氧气而熄灭的灭火方法。具体方法是：用沙土、水泥、湿麻袋、湿棉被等不燃或难燃物质覆盖燃烧物；喷洒雾状水、干粉、泡沫等灭火剂覆盖燃烧物；用水蒸气或氮气、二氧化碳等惰性气体灌注发生火灾的容器、设备；密闭起火建筑、设备和孔洞；把不燃的气体或不燃液体（如二氧化碳、氮气、四氯化碳等）喷洒到燃烧物区域内。

（3）隔绝法

隔绝法是在灭火过程中，为避免火势蔓延和扩大，采取拆除部分建筑或及时疏散火场周围的可燃物，孤立火源，从而达到灭火的目的。

（4）分散法

将集中的物品迅速分散，孤立火源，一般用于露天仓库。

2）特殊物品火灾的扑救方法

有的特殊物品仓库的消防工作有其特殊的要求，其火灾的扑救工作也有其特殊的方法。

（1）爆炸品引起的火灾主要用水扑救，氧化剂起火大多数可用雾状水扑救，也可以分别用二氧化碳灭火器、泡沫灭火器和沙进行扑救。

（2）易燃液体引起的火灾用泡沫灭火器扑救最有效，也可用于干粉灭火器、沙土、二氧化碳灭火器扑救。由于绝大多数易燃液体都比水轻，且不溶于水，故不能用水扑救。

（3）易燃固体，一般可用水、沙土和泡沫灭火器、二氧化碳灭火器等进行扑救。

（4）有毒物品失火，一般可用大量的水扑救，液体有毒物品的失火宜用雾状水或沙土、二氧化碳灭火器进行扑救。但如氰化物着火，绝不能使用酸碱灭火器和泡沫灭火器，因为酸与氰化物作用能产生极毒的氰化氢气体，危害性极大。

（5）腐蚀性物品中，碱类和酸类的水溶液着火可用雾状水扑救，但遇水分解的多卤化合物、氯磺酸等，绝不能用水扑救，只能用二氧化碳灭火器扑救，也可用干沙灭火。

（6）遇水燃烧的商品，只能用干沙土和二氧化碳灭火器灭火。

（7）自燃性物品起火，可用大量的水或其他灭火器材。压缩气体起火，可用沙土、二氧化碳灭火器、泡沫灭火器扑救。

（8）放射性物品着火，可用大量水或其他灭火剂扑救。

仓库储存物品分类见表3-25。

表3-25　仓库储存物品分类表

类别	火灾危险性的特征	储存物品示例
甲类	1. 闪点<28 ℃的液体 2. 爆炸下限<10%的气体，以及受到水或空气中水蒸气的作用，能产生爆炸下限<10%气体的固体物质 3. 常温下能自行分解或在空气中氧化即能导致迅速自燃或爆炸的物质 4. 常温下受到水和空气中水蒸气的作用能产生可燃气体并引起燃烧或爆炸的物质 5. 遇酸、受热、撞击、摩擦以及遇有机物或硫磺等易燃的无机物，极易引起燃烧或爆炸的强氧化剂 6. 受撞击、摩擦或与氧化剂、有机物接触时能引起燃烧或爆炸的物质	1、乙烷、戊烷、石脑油、环戊烷、二硫化碳、苯、甲苯、甲醇、乙醇、乙醚、蚁酸甲酯、醋酸甲酯、硝酸乙酯、汽油、丙烯、丙酮、乙醛、60度以上白酒 2. 乙炔、氢、甲烷、乙烯、丙烯、丁二烯、环氧乙烷、水煤气、硫化氢、氯乙烯、液化石油气、电石、碳化铝 3. 硝化棉、硝化纤维胶片、喷漆棉、火胶棉、塞璐路棉、黄磷 4. 金属钾、钠、锂、钙、锶、氢化锂、四氢化锂铝、氢化钠 5. 氯酸钾、氯酸钠、过氧化钾、过氧化钠、硝酸铵 6. 赤磷、五硫化磷、三硫化磷
乙类	1. 闪点≥28 ℃至<60 ℃的液体 2. 爆炸下限≥10%的气体 3. 不属于甲类的氧化剂 4. 不属于甲类的化学易燃危险固体 5. 助燃气体 6. 常温下与空气接触能缓慢氧化，积热不散发引起自燃的物品	1. 煤油、松节油、丁烯醇、异戊醇、丁醚、醋酸丁酯、硝酸戊酯、乙酰丙酮、环己胺、溶剂油、冰醋酸、樟脑油、蚁酸 2. 氨气、液氯 3. 硝酸铜、铬酸、亚硝酸钾、重铬酸钠、铬酸钾、硝酸、硝酸汞、硝酸钴、发烟硫酸、漂白粉 4. 硫磺、镁粉、铝粉、塞璐路板（片）、樟脑、萘、生松香、硝化纤维漆布、硝化纤维色片 5. 氧气、氟气 6. 漆布及其制品、油布及其制品、油纸及其制品、油绸及其制品
丙类	1. 闪点≥60 ℃液体 2. 可燃固体	1. 动物油、植物油、沥青、蜡、润滑油、机油、重油、闪点≥60 ℃的柴油、糠醛，50至60度的白酒 2. 化学、人造纤维及其织物，纸张，棉、毛、丝、麻及其织物，谷类物，面粉，天然橡胶及其制品，竹、木及其制品，中药材，电视机、收录机等电子产品，计算机房已录数据的磁盘，冷库中的鱼、肉
丁类	难燃烧物品	自熄性塑料及其制品、酚醛泡沫塑料及其制品、水泥刨花板
戊类	非燃烧物品	钢材、铝材、玻璃及其制品、陶瓷制品、搪瓷制品、不燃气体、玻璃棉、硅酸铝纤维、矿棉、岩棉、陶瓷棉、石膏及其无纸制品、水泥、石、膨胀珍珠岩

二、仓库生产安全管理

仓库生产安全管理是仓库安全管理非常重要的一部分，由于社会治安、意外事故以及仓库存储物质具有易爆、易燃以及易腐蚀、有毒等不安全因素，使得仓库生产管理中潜存着较大的危险。一旦发生生产安全事故，将可能造成人员伤亡和物资的大量损失，因此，加强仓库生产安全管理具有非常重要的意义。

1. 仓库治安保卫管理

仓库治安保卫管理是仓库管理的重要组成部分，是仓库为了防范、制止恶性侵权行为的发生，减少意外事故对仓库及仓储财产造成的破坏和侵害，维护稳定安全的仓库环境，保证仓储生产经营的顺利开展所进行的管理工作。它不仅涉及财产安全、人身安全，执行国家的治安保卫管理法规和政策，同时也涉及仓库能否按合同如约履行各项义务，降低和防止经营风险等。

仓库治安保卫管理的原则是：预防为主、严格管理、确保重点、保障安全和主管负责制度。仓库的治安管理和治安保卫的具体工作主要有防火、防盗、防破坏、防抢、防骗、员工人身安全保护、保密等。在仓库治安保卫管理工作中，主要做好如下几方面的工作。

1）建立治安保卫管理制度

仓库需要依据国家法律、法规结合仓库治安保卫的实际需要，以保证仓储生产高效率进行、确保仓储安全、防止治安事故的发生为目的，科学地制定治安保卫规章制度。仓库治安规章制度有安全防火责任制度，安全设施设备保管使用制度，门卫值班制度，人员、车辆进出库管理制度，保卫人员值班巡查制度等。为了使治安保卫规章制度得以有效执行，规章制度需要有相对的稳定性，但规章制度也要适应情况变化进行相应修改。

2）搞好仓库大门和要害部门的守卫工作

仓库大门的守卫是维持仓库治安的第一道防线。大门守卫除了要负责开关大门，限制无关人员接近、接待入库办事人员并及时审核身份与登记以外，还要检查入库人员是否携带火源、易爆易燃物品，检查入库车辆的防火条件，指挥车辆安全行驶、停放，登记入库车辆。检查出库车辆，核对出库货物与放行条件是否相符，收留放行条，查问和登记出库人员随身携带的物品，特殊情况下有权查扣物品、封闭大门。对于危险品仓、贵重品仓、特殊品仓等要害部位，需要安排专职守卫看守，限制无关人员接近，防止危害、破坏和失窃。

3）做好治安检查工作

治安责任人应按规章准则检查治安保卫工作，治安检查实行定期检查与不定期检查相结合的制度。班组每日检查、部门每周检查、仓库按月检查，及时发现治安保卫漏洞、安全隐患，通过有效手段消除隐患。

4）加强巡逻检查工作

巡逻检查一般由两名保安人员共同进行，携带保卫器械和强力手电筒不定时、不定线、经常地巡视整个仓库的安全保卫工作。保安员应查问可疑人员，检查各部门的防卫工作，关闭无人逗留的办公室、关好仓库门窗、关闭电源，禁止挪用消防器材，检查仓库内有无异常现象，停留在仓库内过夜的车辆是否符合规定等。如果发现不符合治安保卫制度要求的情况，应采取相应的措施处理或者告知主管部门处理。

5）配备和使用防盗措施

仓库的防盗措施大至围墙、大门、防盗门，小到门锁、窗户，仓库应该根据法规规定和治安保管的需要设置和安装这些设施。仓库使用的防盗设备除了专职保安员的警械外，主要有视频监控设备、自动报警设备等，仓库应该按照规定合理配置设备，专人负责操作和管理，确保其有效运作。

6）制订治安应急预案

治安应急预案是指仓库发生治安事件，采取紧急措施，防止和减少事件造成损失的制度。治安应急预案应明确确定应急人员的职责，规定发生事件的信息发布和传递方法，在平时经常演习。

2. 仓库安全生产的内容

仓库生产安全管理的基本内容主要包括仓库作业人员的人力安全操作基本要求、仓储人员操作机械设备基本要求、安全技术以及作业人员的劳动保护制度。

1）人力安全操作基本要求

（1）人力操作仅限制在轻负荷的作业；

（2）尽可能采用人力机械作业；

（3）只在适合作业的安全环境进行作业；

（4）作业人员按要求穿戴相应的安全防护用具，使用合适的作业工具进行作业；

（5）合理安排工间休息；

（6）必须有专人在现场指挥和安全指导，严格按照安全规范进行作业指挥。

2）机械安全作业要求

（1）使用合适的机械、设备进行作业；

（2）所使用的设备具有良好的工况；

（3）设备作业要有专人进行指挥；

（4）汽车装卸时，注意保持安全间距；

（5）载货移动设备上不得载人运行；

（6）移动吊车必须在停放稳定后方可作业。

3）安全技术

（1）装卸搬运机械的作业安全。要经常定期地对职工进行安全技术教育，组织职工不断学习普及仓储作业技术知识，提高其对安全技术的认识。制定各项安全操作规程并严格执行是防止事故的有效方法。

（2）仓库存储物品保管保养作业的安全。作业人员作业前要做好准备工作，检查所用工具是否完好，与危险特性相适应的防护服装是否穿戴。作业时要轻吊稳放，防止撞击、摩擦和震动，不得饮食和吸烟。工作完毕后要根据危险品的性质和工作情况，及时洗手、洗脸、漱口或沐浴。

（3）仓库电器设备的安全。电器设备在使用过程中应有可熔保险器和自动开关；电动工具必须有良好的绝缘装置，使用前必须使用保护性接地；高压线经过的地方，必须有安全措施和警告标志；电工操作时，必须严格遵守安全操作规程；高大建筑物和危险品库房，要有避雷装置。

（4）仓库建筑物和其他设施的安全。对于装有起重行车的大型库房、储备化工材料和危险物品的库房，都要经常检查维护，各种建筑物都得有防火的安全设施，并按国家规定的建筑安全标准和防火间距严格执行。

4）劳动保护制度

劳动保护是为了改善劳动条件，提高生产的安全性，保护劳动者的身心健康，减轻劳动强度所采取的相应措施和有关规定。劳动安全保护包括直接和间接施行于员工人身的保护措施。仓库要遵守《中华人民共和国劳动法》的劳动时间和休息规定，依法安排加班，保证员工有足够的休息时间。提供合适和足够的劳动防护用品，如安全帽、手套、工作服、高强度工作鞋等，并督促作业人员使用和穿戴。具体如下。

要批判"事故难免论"的错误思想。重要的是要提高各级领导干部的安全思想认识和安全技术知识以及各班组安全员的责任心，使其认识到不安全因素是可以被认识的，事故是可以控制的。

建立和健全劳动保护机构和规章制度。实行专人、专事、专责管理与群众全员管理相结合，推行安全生产责任制。

结合仓库业务和中心工作，开展劳保活动。要根据上级指示和仓库具体情况，制订有效的预防措施及年度、季度和月度安排结合，经常检查，及时发现不安全因素，消除事故隐患。

还要经常组织仓库职工开展文体活动，丰富职工精神生活，增强体质，改善居住条件等。

除此之外，采用具有较高安全系数的作业设备、作业机械，作业工具应适合作业要求，作业场地必须具有合适的通风、照明、防滑、保暖等适合作业的条件。不进行冒险作业和不安全环境的作业，在大风、雨雪影响作业时暂缓作业，避免人员带伤病作业。

3. 库区的安全管理

库区的安全管理可以划分成几个环节，即仓储技术区、库房、物品保管、物品收发、物品装卸与搬运、物品运输、技术检查、修理和废弃物的处理等。其中，着重讨论以下几个环节。

1）仓储技术区的安全管理

仓储技术区是库区重地，应严格安全管理。技术区周围设置高度大于 2 m 的围墙，上置钢丝网，高 1.7 m 以上，并设置电网或其他屏障。技术区内道路、桥梁、隧道等通道应畅通、平整。

技术区出入口设置日夜值班的门卫，对进出人员和车辆进行检查和登记，严禁易燃易爆物品和火源带入。

技术区内严禁危及货物安全的活动（如吸烟、鸣枪、烧荒、爆破等），未经上级部门的批准，不准在技术区内进行参观、摄影、录像或测绘。

2）库房的安全管理

经常检查库房结构情况，对于地面裂缝、地基沉降、结构损坏，以及周围山体滑坡、塌方，或防水防潮层和排水沟堵塞等情况应及时维修和排除。

此外，库房钥匙应妥善保管，实行多方控制，严格遵守钥匙领取手续。对于存放易燃易爆、贵重货物的库房要严格执行两人分别掌管钥匙和两人同时进库的规定。有条件的库房，应安装安全监控装置，并认真使用和管理。

3）物品装卸与搬运中的安全管理

仓库机械应实行专人专机，建立岗位责任制，防止丢失和损坏，操作手应做到"会操作、会保养、会检查、会排除一般故障"。

根据物品尺寸、重量、形状来选用合理的装卸、搬运设备，严禁超高、超宽、超重、超速以及其他不规范操作。不能在库房内检修机械设备。在狭小通道、出入库房或接近物品时应减速鸣号。

4）仓库的其他安全管理

（1）防台风。

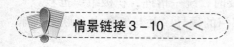

情景链接 3–10 <<<

台　风

台风和飓风都是产生于热带洋面上的一种强烈的热带气旋，只是发生地点不同，叫法不同，在北太平洋西部、国际日期变更线以西，包括南中国海范围内发生的热带气旋称为台风；而在大西洋或北太平洋东部的热带气旋则称飓风，也就是说在美国一带称飓风，在菲律宾、中国、日本一带叫台风。

台风经过时常伴随着大风和暴雨天气。风向呈逆时针方向旋转。等压线和等温线近似为一组同心圆。中心气压最低而气温最高。

我国所濒临的西北太平洋是热带气旋生成最多的地区，年平均约有 30 个，其中 7—10 月份最多，其他月份较少，因而我国将此段时间称为台风季节。台风有一部分在我国登陆，主要分布在 5—10 月份，12—4 月份基本上不在我国登陆。在我国登陆的地点主要集中在华南、华东地区，华北、东北极少。西北路径的台风经常在华东登陆后又回到东海，成为转向路径，这种台风的危害较大。一般台风在登陆后会迅速地转为热带低气压或者温带低气压，风力减弱，但是仍然还会随气流向内陆移动。

资料来源：http：//baike. baidu. com/view/951. htm。

在华南、华东沿海地区的仓库，都会受到台风的危害，处在这些地区的仓库要高度重视防台工作。仓库应设置专门的防台办公室或专门人员，负责研究仓库的防台工作，制订防范工作计划，接受天气预报和台风警报，与当地气象部门保持联系，组织防台检查，管理相关文件，承担台汛期间防台联络组织工作。在台汛期间，建立通信联络、物资供应、紧急抢救、机修、排水、堵漏、消防等临时专业小组。

对于台风，应做好以下几方面的预备措施。

① 积极防范。台风并不是年年都在一个地区登陆，防台工作是一项防患未然、有备无患的工作。企业要对员工特别是领导干部进行防台宣传和教育，促使保持警惕、不能麻痹。

② 全员参与。台风造成仓库的损害不仅是仓储物品，还包括仓库建筑、设备、设施、场地、树木，以及物料备料、办公设施等一切财产和生命安全，还会造成环境污染危害。防台抗台工作是所有员工的工作，需要全员参与。

③ 不断改善仓库条件。为了使防台抗台取得胜利，需要有较好的硬件设施和条件，提

高仓库设施设备的抗风、防雨、排水防水浸的能力；减少使用简易建筑，及时拆除危房危建和及时维修加固老旧建筑、围墙；提高仓库、货场的排水能力，注意协调仓库外围对排水的阻碍；购置和妥善维修水泵等排水设备，备置堵水物料；牢固设置仓库、场地的绑扎固定绳桩。

（2）防汛。洪水和雨水虽然是一种自然现象，但时常会对物品的安全仓储带来不利影响。所以应认真做好仓库防汛工作。

① 建立组织。汛期到来之前，要成立临时性的短期工作机构，具体组织防汛工作。

② 积极防范。平时要加强宣传教育，提高职工对自然灾害的认识；在汛期职工轮流守库，职能机构定员驻库值班，领导现场坐镇，以便在必要时，统一指挥，积极组织抢救。

③ 加强联系。仓库防汛组织要主动争取上级主管部门的领导，并与气象电台联系了解汛情动态，预见汛情发展，克服盲目性，增强主动性。

除此之外，还要注意对陈旧的仓库改造排水设施，提高货位，新建仓库应考虑历年汛情的影响，使库场设施能抵御雨汛的影响。

（3）防雷。仓储企业应在每年雷雨季节来临之前，对防雷措施进行全面检查。

主要应检查的方面有：

① 建筑物维修或改造后是否改变了防雷装置的保护情况；

② 有无因挖土方、铺设管线或种植树木而挖断接地装置；

③ 各处明装导体有无开焊、锈蚀后截面过小而导致损坏折断等情况；

④ 接闪器有无因接受雷击而熔化或折断；

⑤ 避雷器磁套有无裂缝、碰伤、污染、烧伤等；

⑥ 引下线距地 2m 一段的绝缘保护处理有无破坏；

⑦ 支持物是否牢固，有无歪斜、松动；

⑧ 引下线与支持物的固定是否可靠；

⑨ 断接卡子有无接触不良；

⑩ 木结构接闪器支柱或支架有无腐蚀；

⑪ 接地装置周围土壤有无塌陷；

⑫ 测量全部接地装置的流散电流。

（4）防震。为搞好仓库防震，首先在仓库建筑上，要以储存物品的价值大小为依据。审视其建筑物的结构、质量状况，从保管物品的实际需要出发，合理使用物力财力，进行相应的加固。新建的仓库，特别是多层建筑，现代化立体仓库更要结合当地地质结构类型，预见地震的可能性，在投资上予以考虑，做到有所准备。其次，在情报信息上，要密切注视毗邻地区及地震部门预测和预报资料。再次，在组织抢救上，要做充分的准备。当接到有关部门地震预报时，要建立必要的值班制度和相应的组织机构，当进入临震时，仓库领导要通盘考虑，全面安排，合理分工，各负其责，做好宣传教育工作，动员职工全力以赴，做好防震工作。

（5）防静电。爆炸物和油品应采取防静电措施。静电的安全应由懂有关技术的专人管理。并配备必要的检测仪器，发现问题及时采取措施。

所有防静电设施都应保持干净，防止化学腐蚀、油垢玷污和机械碰撞损坏。每年应对防静电设施进行 1～2 次的全面检查，测试应当在干燥的气候条件下进行。

三、仓库火灾保险

1. 火灾保险概述

1) 火灾保险起源

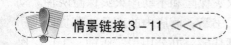 情景链接 3－11 <<<

火灾保险

　　火灾保险起源于 1118 年冰岛设立的 Hrepps 社，该社对火灾及家畜死亡损失负赔偿责任。1591 年，德国汉堡的酿造业者为了筹划重建被火灾烧毁的酿造厂的资金而成立了火灾合作社，凡加入的社员遇到火灾后均可从合作社得到重建建筑物的资金，还可以建筑物作担保来融资。由于执行效果很好，各地相同的合作社纷纷成立。1676 年，由 46 个合作社合并成立了汉堡火灾保险局。这便是公营火灾保险的始祖，也是德国公营保险的始祖。以后，通过立法，公营火灾保险机构在德国各地被强制组织起来。一般认为，德国的这种公营火灾保险只是原始的火灾保险，并不是真正意义上的现代火灾保险。真正的火灾保险是在伦敦大火以后才发展起来的。

　　1666 年 9 月 2 日凌晨，伦敦约翰·法里诺的面包房起火，窜出的火苗引燃了附近的斯塔客栈庭院中的干草堆，熊熊大火直冲天空。数千居民迅速跑到街上，不是为了救火，而是"看火烧"。因为在这个堆满沥青浸泡过的木头、到处都是木结构建筑的城市中，失火是司空见惯的。以往的大火仅给少数人带来祸害，所以人们并未意识到大火的灾难性后果。就连接到失火通知的伦敦市长，也是在大火燃烧了近一个小时才姗姗来迟，并对此不屑一顾。但大火越烧越旺，到了下午，大火已经烧到泰晤士河畔，装满木材、油料、白兰地酒和煤炭的仓库像炸弹一样，一个接一个爆炸，遍地火海。加上天气干燥、大风猛烈，大火更如虎添翼，肆无忌惮。市民试图扑灭大火，可无济于事。燃烧四天后，连市政厅和伦敦市的金融中心——皇家交易所，以及著名的圣保罗大教堂也化为灰烬，整个伦敦成为一片火海。人们恐慌起来，街道、河里到处挤满了仓皇出逃的人群。最后，由英王查理二世亲自指挥，英军参与灭火，又下了一场大雨，总算将延续五天的大火平息了。这场大火使伦敦 83.26% 的地区化为瓦砾，13 200 户住宅毁于一旦，1 200 多万英镑财产受到损失，20 多万人流离失所、无家可归。这场大火使得灾后余生的伦敦市民非常渴望有一种可靠的保障，使他们在遭遇火灾后不至于一无所有。火灾保险的需求从此迫切起来。这场大火为近代火灾保险业的兴起创造了一个契机，涌现出许多专营火险的保险公司，原先单营水险的许多公司也纷纷兼营火险业务。18 世纪末到 19 世纪中期，英、法、德等国相继完成了工业革命，机器生产代替了原来的手工操作，物质财富大量集中，使人们对火灾保险的需求也更为迫切。这一时期火灾保险发展异常迅速，火灾保险公司的形式以股份公司为主。进入 19 世纪，在欧洲和美洲，火灾保险公司大量出现，承保能力有很大提高。现代内容的一般财产保险均起源于火灾保险。火灾保险是财产保险的雏形，直至今日火灾仍是财产保险的主要责任范围。

　　资料来源：http：//www. 295. com. cn/insurance/knowledge/2000－12－3100005368. asp。

2）火灾保险的概念和特征

（1）火灾保险的概念。

火灾保险，简称"火险"，是指以存放或坐落在固定地点范围内的各种物质财富及有关利益为保险标的，主要以火灾包括其他灾害事故为保险危险的财产保险。

传统火灾保险根据保险标的种类不同而划分为动产火灾保险和不动产火灾保险两种。动产火灾保险的范围通常包括住宅内的家具、电器、衣着、书籍；商店内的商品、存货；工厂内的机器、原料及成品等。不动产火灾保险的范围则包括住宅、办公用房、店铺、工厂、医院、学校、影剧院等建筑物及其附属的固定设施，也包括在建中的建筑物。

火灾保险虽属于财产保险，但各国火灾保险一般都列有不保财产。不保财产通常为：金银条块及其制品、珠宝、玉石、首饰、古玩及艺术品；各种文件、证件、账簿或其他商业凭证、簿册以及文稿、图样、印花税票、票据及其他有价证券；爆炸物；寄托或寄售的财物。上述财物若经特别约定，亦可作为火灾保险的保险标的，否则，保险人对其毁损灭失不负赔偿责任。

火灾保险的期限多数约定为 1 年。其起讫时间，一般在保单中作明确的记载，如某年某月某日某时开始，至某年某月某日某时终止。如果仅约某日开始或终止，其生效或终止的具体时间，应自该日零时开始或至该日 24 时终止。

（2）火灾保险的特征。

① 承保的保险标的只能是存放在固定场所并处于相对静止状态下的各种财产物资。

② 承保财产的地址不得随意变动。

③ 承保的保险标的十分繁杂。

3）火灾保险责任

火灾保险责任是火灾所造成的损失。一般认为火灾构成至少应该具备两个条件：其一，必须是异常性燃烧；其二，必须一时失去控制并造成损失。常见的火灾所致损失有如下几种。

（1）意外失火。意外失火所造成的损失，属保险责任范围。

（2）物资自燃。因通风不良、内部发生氧化反应等引起的物资自燃所造成的损失都是火灾损失。

（3）他人纵火。他人纵火所造成的损失也属火灾损失。

（4）救火与邻火损失。救火所致保险财产的损失或者因邻处发生火灾致使保险财产所致的损失都属火灾损失。

现在火灾保险已不再仅承保单一的火灾。其保险责任范围不断扩大，基本上发展成为多种自然灾害和意外事故的保险。因此，雷击、爆炸等危险事故，通常也包括在火灾保险单承保范围之内。

4）火灾保险的赔偿处理

在保险期限内，对于火灾所致保险标的的毁损或灭失予以赔偿，这是火灾保险人最根本的责任。赔偿数额，以遭受的实际损失确定。而"实际损失"，则应包括直接损失和间接损失两部分，前者如房屋被焚、财物被毁等损害，后者如救护行为及拆除房屋所致保险标的物的损害等。

因为火灾保险赔偿以实际损失为限，所以，保险事故发生时，保险人应即行从事损失的估计，以便确定应给付的金额。世界各国火灾保险的索赔手续，一般的要求是，当火灾事故发生后，投保人（或被保险人）应于知悉时立即通知保险人，保持发生损失后的现场，并应于 30 日（或经保险人书面同意的延展期间）内，自行负担费用，提供要求补偿的损失清单、三证书（即补偿金申请书、火灾状况报告书、起火原因证明书）等文件或物证后才可办理索赔手续。

2. 企业投保火灾保险后应注意的问题

1）要正确处理好保险与防灾的关系

开展火灾保险是有利的。仓库火灾投保不等于防灾进入了保险箱。火灾投保后，如果不采取积极的防范措施，一旦失火造成重大经济损失，尽管承保企业按投保标的给予经济赔偿，但造成火灾事故的责任承保企业是保不了的，造成间接的经济损失和政治影响承保企业也是保不了的。企业法人以及每一位职工应依法对社会财产的安全负责。在防火问题上，如当事人该做而没有做到，造成火灾事故，保险公司也不一定赔款。

2）火灾投保后，企业消防组织不能削弱

即使企业投保了火灾险，仍要配置正常、合理的消防组织，以预防火灾的发生。

3）火灾投保后，企业防火意识不能淡薄

有一部分企业从干部到职工投保后对安全防范工作态度消极，放松了安全管理工作，对安全规章制度不检查、不贯彻、不落实，对事故隐患不及时整改。还有一些单位的领导为了减轻自身应承担的责任，向有关安全管理部门报的损失比向保险公司报的损失要大。这些做法都是不允许的，不管是企业的领导还是仓库职工，都要保持高度的防火意识。

4）企业火灾投保后，灭火设备投入不能减少

有些企业有钱交投保费，但企业的消防器材、消防泵年久失修，这些消防设备因资金不到位得不到更新。这样一旦发生火灾，消防设施不能发生正常作用，造成火灾损失的不必要扩大。

四、仓储安全新技术

1. 火灾自动报警技术

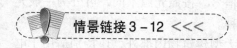

情景链接 3–12 ＜＜＜

火灾自动报警系统

火灾自动报警系统是 20 世纪 80 年代以来，随着电子、计算机及自动控制等技术的发展而发展起来的一种报警技术。火灾自动报警系统是人们为了早期发现和通报火灾，并及时采取有效措施，控制和扑灭火灾，而设置在建筑物中或其他场所的一种自动消防设施，是现代消防不可缺少的安全技术设施之一。

火灾自动报警系统是由触发器件、火灾警报装置以及具有其他辅助功能的装置组成的火灾报警系统。它能够在火灾初期，将燃烧产生的烟雾、热量和光辐射等物理量，通过感温、感烟和感光等火灾探测器变成电信号，传输到火灾报警控制器，并同时显示出火灾发生的部位，记录火灾发生的时间。一般火灾自动报警系统和自动喷水灭火系统、室内消火栓系统、

防排烟系统、通风系统、空调系统、防火门、防火卷帘、挡烟垂壁等相关设备联动，自动或手动发出指令，启动相应的防火灭火装置。

资料来源：http：//baike. baidu. com/view/348402. htm。

火灾自动报警系统通过对火灾特征进行实时监测，迅速发出声、光、电报警，并采取相应的措施进行灭火，并能通过网络传递相关信息到公安消防队。具有自动报警、自动灭火、内外联动的特点，大大降低了火灾发生的概率和因火灾造成的损失。而早期的火灾报警、防火、灭火均由人工方法形成，在发生火灾时才能组织人力在统一指挥下进行灭火，由于报警往往是在火灾发生以后，加之消防技术落后并且一些地点道路不畅、消防器材不足等诸多条件的限制，因此经常造成重大损失。火灾自动报警系统就是在这样的背景下产生的。

目前，火灾报警技术系统由火灾探测器和火灾报警器两部分组成。探测器装在需要监视的现场，报警器装在有人看守的值班室，两者之间用导线或无线方式进行连接。

1）火灾探测器

火灾探测器是整个报警系统的检测元件。它的工作稳定性、可靠性和灵敏度等技术指标直接影响着整个消防系统的运行。火灾探测器的种类很多，大致有如下几种。

（1）感烟火灾探测器。感烟火灾探测器在初燃生烟阶段，能自动发出火灾报警信号，以期将火扑灭在未成灾害之前。根据结构不同，感烟探测器可分为离子感烟探测器和光电感烟探测器。

① 离子感烟探测器。离子感烟探测器是由两个内含 Am241 放射源的串联室、场效应管及开关电路组成的。内电离室即补偿室，是密封的，烟不易进入；外电离室即检测室，是开孔的，烟能够顺利进入。在串联两个电离室的两端直接接入24 V 直流电源。当火灾发生时，烟雾进入检测电离室，Am241 产生的 α 射线被阻挡，使其电离能力降低，因而电离电流减少，检测电离室空气的等效阻抗增加，而补偿电离室因无烟进入，电离室的阻抗保持不变，因此，引起施加在两个电离室两端分压比的变化，在检测电离室两端的电压增加量达到一定值时，开关电路动作、发出报警信号。

② 光电感烟探测器。光电感烟探测器由光源、光电元件和电子开关组成。利用光散射原理对火灾初期产生的烟雾进行探测，并及时发出报警信号。按照光源不同，可分为一般光电式、激光光电式、紫外光光电式和红外光光电式等4 种。

光电式感烟探测器能实现早期火灾报警，除应用于大型建筑物内部外，还特别适用于电气火灾危险性较大的场所，如计算机房、仪器仪表室和电缆沟、隧道等处。

（2）感温火灾探测器。感温探测器按结构原理不同有双金属片型、膜盒型、热敏电子元件型等三种。

双金属片型是应用两种不同膨胀系数的金属片作为敏感元件的，一般制成定温和差温两种形式，定温式是当环境温度上升达到设定温度时，定温部件立即动作，发出报警信号；差温式是当环境温度急剧上升，其温升速率（℃/min）达到或超过探测器规定的动作温升速率时，差温部件立即动作，发出报警信号。

膜盒型探测器由波纹板组成一个气室，室内空气只能通过气塞螺钉的小孔与大气相通。一般情况下（指环境温升速率不大于 1 ℃/min），气室受热，室内膨胀的气体可以通过气塞螺钉小孔泄漏到大气中去。当发生火灾时，温升速率急剧增加，气室内的气压增大，波纹板向上鼓起，推动弹性接触片，接通电接点，发出报警信号。

电子感温探测器由两个阻值和温度特性相同的热敏电阻和电子开关线路组成，两个热敏电阻中一个可直接感受环境温度的变化，而另一个则封闭在一定热容量的小球内。当外界温度变化缓慢时，两个热敏电阻的阻值随温度变化基本相接近，开关电路不动作。火灾发生时，环境温度剧烈上升，两个热敏电阻阻值变化不一样，原来的稳定状态破坏，开关电路打开，发出报警信号。

（3）火灾探测器的选择。

① 根据火灾的特点选择探测器。火灾初期有阴燃阶段，产生大量的烟和少量热，很小或没有火焰辐射，应选用感烟探测器；火灾发展迅速，产生大量的热、烟和火焰辐射，可选用感烟探测器、感温探测器、火焰探测器或其他组合；火灾发展迅速、有强烈的火焰辐射和少量烟和热、应选用火焰探测器；火灾形成特点不可预料，可进行模拟试验，根据试验结果选择探测器。

② 根据安装场所环境特征选择探测器。相对湿度长期大于95%，气流速度大于5 m/s，有大量粉尘、水雾滞留，可能产生腐蚀性气体，在正常情况下有烟滞留，产生醇类、醚类、酮类等有机物质的场所，不宜选用离子感烟探测器；可能产生阴燃或者发生火灾不及早报警将造成重大损失的场所，不宜选用感温探测器；温度在0 ℃以下的场所，不宜选用定温探测器；正常情况下温度变化大的场所，不宜选用差温探测器。

③ 有下列情形的场所，不宜选用火焰探测器。可能发生无焰火灾；在火焰出现前有浓烟扩散；探测器的镜头易被污染；探测器的"视线"易被遮挡；探测器易被阳光或其他光源直接或间接照射；在正常情况下，有明火作业以及 X 射线、弧光等影响。

④ 根据房间高度选择探测器。不同种类探测器的使用与房间高度的关系参照表 3 – 26。

表 3 – 26　探测器选择标准

房间高度（m）	感烟探测器	感温探测器			火焰探测器
		I 级	II 级	III 级	
12 < h ≤ 20	不适合	不适合	不适合	不适合	适合
8 < h ≤ 12	适合	不适合	不适合	不适合	适合
6 < h ≤ 8	适合	适合	不适合	不适合	适合
4 < h ≤ 6	适合	适合	适合	不适合	适合
h ≤ 4	适合	适合	适合	适合	适合

此外，在选择探测器时还应考虑具体的情况，如空间的大小、梁柱的高度与距离等。设置自动灭火系统时，请消防专家代为设计安装相关的探测器及灭火装置是最为妥善的办法。

2）火灾报警器

火灾自动报警装置是包括报警显示、故障显示和发出控制指令的自动化成套装置。当接收到火灾探测器、手动报警按钮或其他触发器件发送来的火灾信号时，能发出声光报警信号，记录时间、自动打印火灾发生的时间、地点并输出控制其他消防设备的指令信号，组成自动灭火系统。目前，生产、使用的自动报警装置，多采用多线制，分为区域报警器、集中报警器和智能型火灾报警器。

（1）区域报警器。区域报警器是一种由电子电路组成的自动报警和监视装置。它连接一个区域内的所有火灾探测器，准确、及时地进行火灾自动报警。因此，每台区域报警器和所管辖区域内的火灾探测器经正确连接后，就能构成完整、独立的自动火灾报警装置。

区域报警器的基本原理如下：

① 接收探测器或手动报警按钮发出的火灾信号，以声光的形式进行报警；

② 电子钟可以记忆首次发生火灾的时间；

③ 可以带动若干对继电器触点给出适当外接功能；

④ 以配置备用直流电源，当市电断电时，直流备用电便自动投入；

⑤ 具有自检功能，当区域报警器与探测器之间有接触不良或断线时，报警器发出开路或短路的故障声、光报警信号并自动显示故障部位；

⑥ 具有"火警优先"功能，各类报警信号至区域报警器，经信号选择电路处理后，进行火灾、短路、开路判断，报警器首先发出火灾报警信号，指示具体着火部位，发出火警音响，记忆火警信号、开路、短路故障信号；

⑦ 通过通信接口电路将三类信号送至集中报警器。区域报警器将接收到的探测器火警信号进行"与""或"逻辑组合，控制继电器动用联动外部设备，如排烟阀、送风阀、防火门等。

目前国内各厂家生产的区域报警器的容量不同。不同型号的区域报警器需与不同型号的探测器相连接。如西安262厂生产的JB – QB – 2700/088A系列区域报警器最大容量为256路，一路是一个部位号，一个探测器占一个部位号。在工程设计中，选择区域报警器的容量应大于该区域的探测器数。如一建筑物以一层为一个区，共24个房间，每个房间一个探测器，共24个，则应选择30路区域报警器。若48个房间，则应选择50回路区域报警器。

（2）集中报警器。基本原理如下：

① 把若干个区域报警器连接起来，组成一个系统，集中管理；

② 可以巡回检测相连接的各区域报警器有无火灾信号或故障信号，并能及时指示火灾区部位和故障区域，同时发出声、光报警信号；

③ 其他功能、原理同区域报警。

在系统中如只有探测器和集中报警器是不能工作的。因为集中报警器的巡检功能、火灾报警功能、自检功能等都是与区域报警器构成系统后才具备的。所以，只有区域报警器与集中报警器配合使用，才能构成自动火灾报警系统。

集中报警系统适用于大型、复杂工程。集中报警器最大容量可接40台区域报警器。

（3）智能型火灾报警器。基本原理如下：

① 采用模拟量探测器，能对外界非火灾因素，诸如温度、湿度和灰尘等影响实施自动补偿，从而在各种不同使用条件下为解决无灾误报和准确报警奠定了技术基础；

② 报警器采用全总线计算机通信技术，实现总线报警和总线联动控制，减少了控制输出与执行机构之间的长距离管线；

③ 采用大容量的控制矩阵和交叉查寻程序软件包，以软件编程代替硬件组合，提高了消防联动的灵活性和可修改性。

262厂生产的NA1000系列火灾报警控制器就属此类形式。

（4）自动报警装置的选择。

① 火灾自动报警系统中，所选用的火灾报警装置应具有以下基本功能：

★ 能为火灾探测器供电；

★ 能接收来自火灾探测器或手动报警按钮的报警信号；

★ 能检测并发出系统本身的故障信号；

★ 能检查火灾报警器的报警功能；

★ 具有电源转换功能。

② 火灾报警器的选择，一般考虑下列因素：

★ 火灾探测器、火灾报警器宜选用同一厂家的配套产品；

★ 报警系统所需回路数量；

★ 是否需要自动消防联动控制功能；

★ 安装位置和安装方式等。

2. 防盗报警技术

1）防盗报警系统的概念

防盗报警系统是用物理方法或电子技术，自动探测发生在布防监测区域内的侵入行为，产生报警信号，并辅助提示值班人员发生报警的区域部位，显示可能采取对策的系统。防盗报警系统是预防抢劫、盗窃等意外事件的重要设施。防盗报警系统与出入口控制系统、闭路电视监控系统、访客对讲系统和电子巡更系统等一起构成了入侵防范系统。

防盗报警系统通常由探测器（又称防盗报警器）、传输通道和报警控制器三部分构成。其中探测器是整个报警系统的核心，是由传感器和信号处理组成的用来探测入侵者入侵行为的装置，而传感器又是报警探测器的核心元件。采用不同原理的传感器件，可以构成不同种类、不同用途、达到不同探测目的的报警探测装置。

2）防盗报警技术概述

防盗报警最初被应用于博物馆，20 世纪 60 年代主要采用的手段是声音报警，通过罪犯行窃时发出的声音作为报警信号，值班人员听到声音后再采取相应的措施；随着科学技术的发展，为了有效对付不断升高的盗窃技术与装备，防盗报警技术得到了进一步的发展。探测器向红外线、被动红外线、微波、超声波、声控、激光报警等防盗探测器多方向发展，同时防盗的设施得到了进一步的加强，通过采用闭路电视摄像与监控、互联网报警与防盗联动、防盗设施的建立，有效地抑制了偷盗犯罪活动，减少了损失。

目前，在现代计算机技术、自动控制技术和现代通信技术的支持下，电子地图、多媒体操作、管理与控制软件引入到防盗报警系统中。这种新的系统采用多媒体技术同时处理多种信息，并使信息之间、信息与设备之间、设备与设备之间建立逻辑联系，集成为一个交互式的系统，从而达到自动识别、自动预测、自动处理警情，使整个安防系统成为一种智能化的"活"的系统，具有巨大、有效、可靠、灵活的系统功能。

3）防盗报警系统的安装与使用

（1）防盗报警技术主要目的。

① 防止物品、设备在未经允许的情况下离开仓库，机密信息等未经过批准被人复制或盗取、灭失，因此工作重点就在于控制人员及物品的进出；

② 防止信息外泄或相关数据系统遭到破坏。

（2）安装防盗报警系统主要的步骤有：

① 根据企业需要，选择合适的报警探测器及与之相配套的系统；

② 安装调试把关系统;

③ 把人工管理与自动管理相结合,完善整个报警与防盗系统;

④ 把远程报警与近程报警结合起来,形成立体报警、防盗系统。

对于信息系统除了建立防火墙、安装杀毒软件以外,还必须强化安全设施,取消相关可复制信息的设备,禁止无关人员的进入,并做好上机记录与对人员的监控,上网的电脑加强信息保密、防止黑客袭击、强化应急还原手段与自动修复机制,服务与商品的交易活动必须在 CA 机构的认证下进行,提高安全管理技术、建立健全安全管理制度。加强核心技术资料与机密的备份和保管。

实训 项目3.5

实训项目:安全管理

实训目的	实训内容及要求	实训评价		
		评价标准	评价主体	评价结果
1. 能运用所学的安全管理的知识分析企业存在的安全隐患; 2. 能根据企业仓库的安全隐患,设计比较符合实际的安全条例方案	5~7 人组成项目小组,根据 3 则阅读材料提出的任务和问题分工合作完成任务,并推选一名代表做成 PPT 展示作品。其他小组和老师进行评价	1. 对安全隐患的分析有理有据; 2. 安全条例设计符合案例中的企业实际情况	老师评价占 40%	
			其他小组评价占 60%	
			总计	

阅读材料

材料 1

防止商品被偷窃已成为仓库经营管理中的一大关键问题。于是,就会对如何预防雇员偷窃提出要求。其结果会越来越显示出厂商在对各种干扰和民事骚乱方面的软弱无能,因此,对整个企业来说,每一个仓库都必须严格实施所有正常的预防措施,防患于未然。作为防止偷窃的标准程序,任何人必须经许可方能进入仓库设施及其周围场地,并且应严格通过一个大门进出库场。此外,无论是经理级别的人员还是顾客,凡是驾驶私人汽车,都毫不例外地不准穿过仓库附近的场地。为说明上述规定的重要性,下面所要介绍的实例也许对此有所帮助。有家厂商实施的防窃条例规定,私人车辆不允许进入库场,但对办公室里的两位残疾雇员网开一面。一天夜里下班后,其中一位雇员意外地发现他汽车的挡泥板下用胶布粘牢了一些东西。随后的检查发现该汽车已变成了一辆名副其实的送货卡车。此事迅速报告给安全部门,该安全部门通知雇员不要对用胶布粘牢在汽车上的该包装进行任何改变,并且该辆车继续停在库场内。但随后接下来的几天里,真相并未完全暴露,直至最后逮捕归案的几名案犯以及几位仓库雇员供认,他们已偷取了价值 10 万元的公司商品。可以设想一下,该公司如果买一辆小型车辆,专为残疾雇员提供从正常的停车地点到办公室的交通服务,情况将会更好些。

问题:试根据当前企业仓库的安全隐患,设计比较符合仓库安全条例的方案。

材料2　某企业仓储用房消防安全管理制度

1. 严禁堆放易燃易爆物品。
2. 严禁在仓储用房内私拉乱接电线。
3. 严禁在仓储房内使用超过60瓦的灯泡，灯泡和插座应距离货物50 cm以上。
4. 严禁在仓储用房内住人。
5. 仓库内严禁使用明火或携带火源进入仓储用房。
6. 严禁使用电炉、电取暖器、电炊具等用电器具。
7. 爱护消防设施，严禁擅自挪用、圈占、遮挡。
8. 不得改变原有建筑结构。
9. 人离开仓库时，必须切断电源。

问题：试根据以上安全条例，结合所学知识简述仓储过程中常见的火灾隐患。

材料3　上海国家储备棉库突发火灾，近万吨进口棉花受损

上海闵行区一座建筑面积约2万平方米，储存有近万吨进口棉的巨型国家储备棉仓库，2000年11月13日凌晨零时45分发生火灾。至当晚10时左右，经市消防局出动52辆消防车、近500名消防战士连续扑救，火势基本得到控制，但棉花阴燃现象仍在发生。

中国农业生产资料上海储运部棉花仓库位于上海闵行区通海路275号，在13日零时45分，值班人员发现仓库三楼有火情，但并未立即报警，而是先向值班领导作了汇报后才拨打"119"报警，延误了火灾初期紧要的20分钟时间。

据目击者称，火灾现场浓烟滚滚，一公里外就能看见，仓库3、4、5层均被火龙包围。下午3、4时，大火烧穿了仓库楼顶，由于承受大量的消防用水，仓库墙壁出现裂缝，有倒塌的危险，但无人员伤亡事故发生。

据市消防局有关人员介绍，中国农资棉花仓库存在重大火情隐患。按规定，储存棉花的仓库面积不得超过4 000平方米，每个防火分区的面积不得超过1 000平方米。但农资公司仓库总面积达20 000平方米，防火分区面积近1 800平方米；同时，仓库消防用水不足，消防泵房被擅自改为储藏室，进水管道直径仅10厘米，远未达到应有20厘米的基本要求，无法维持水枪喷射，近10辆消防车被迫到黄浦江边抽水应急；仓库内未装火警报警装置，没有喷水灭火器，且消防栓仅有两个，是规定应有最低限度的1/3。更严重的是，只有四五千吨储存量的仓库竟存放有近万吨棉花。严重违反了有关消防安全防火的规定。据消防人员介绍，这个棉花仓库3个楼面起火，而且两侧窗户紧闭，不易透风，对灭火不利。消防队员到场后，先是用高压水枪包围、喷射，控制火情后，再将玻璃打碎，让烟雾及时排放。而后，再派出突击队，分赴各楼面进入房间内部灭火。上午10点，仓库2至5层明火已得到控制。11点，仓库4层再度火光冲天。指挥员解释，棉花表层火虽不难扑灭，但隐藏在棉花中心的高温暗火极易复燃。记者在截稿前得知，为彻底灭火，13日晚有超过300名消防战士坚守火线彻夜作战。

（案例选编自《中国纺织报》2000年11月15日第1版）

问题：中国农资棉花仓库存在哪些重大火情隐患？是什么原因造成的？

课后 习题

1. 仓储过程中常见的火灾隐患有哪些？如何消除这些隐患？

2. 常规的灭火方法有哪些？各适合什么情况？

3. 在仓库治安保卫管理工作中，主要做好哪几方面的工作？

4. 仓库生产安全管理主要包括哪些基本内容？

5. 库区的安全管理可以划分成几个环节？

6. 安全管理有哪些新技术？

7. 如何做好防台、防汛、防雷、防震、防静电工作？

学习情境四

仓储信息技术及其应用

任务 1　条形码技术及其应用

知识 与能力目标

◎ 理解条码技术的理论知识
◎ 加深学生对条码构成、生成、应用的认识
◎ 掌握几种常用的扫描仪的扫描特性
◎ 能用扫描仪器进行条码扫描和制作条码

任务 描述

■ 案例放送

条码技术在仓库管理中的应用实例

以美国最大的连锁商业企业 Wal Mart 为例，该公司在全美有 25 个规模很大的配送中心，一个配送中心要为 100 多家零售店服务，日处理量约为 20 多万个纸箱。每个配送中心分三个区域：收货区、拣货区和发货区。在收货区，一般用叉车卸货。先把货堆放到暂存区，工人用手持式扫描器分别识别运单上和货物上的条形码，确认匹配无误才能进一步处理，有的要入库，有的则要直接送到发货区，称作直通作业以节省时间和空间。在拣货区，计算机在夜班打印出隔天需要向零售店发运的纸箱的条形码标签。白天，拣货员拿一叠标签打开一只只空箱，在空箱上贴上条形码标签，然后用手持式扫描器识读。根据标签上的信息，计算机随即发出拣货指令。在货架的每个货位上都有指示灯，表示那里需要拣货以及拣货的数量。当拣货员完成该货位的拣货作业后，按一下"完成"按钮，计算机就可以更新其数据库。装满货品的纸箱经封箱后运到自动分拣机，在全方位扫描器识别纸箱上的条形码后，计算机指令拨叉机构把纸箱拨入相应的装车线，以便集中装车运往指定的零售店。

在国内，条码在加工制造和仓储配送业中的应用也已经有了良好的开端。红河烟厂就是一例。成箱的纸烟从生产线下来，汇总到一条运输线。在送往仓库之前，先要用扫描器识别其条码，登记完成生产的情况，纸箱随即进入仓库，运到自动分拣机。另一台扫描器识读纸箱上的条码。如果这种品牌的烟正要发运，则该纸箱被拨入相应的装车线。如果需要入库，则由第三台扫描器识别其品牌，然后拨入相应的自动码托盘机，码成整托盘后通达运输机系

统入库储存。条码的功能在于极大地提高了成品流通的效率，而且提高了库存管理的及时性和准确性。

■ 案例讨论问题

在日常所消费的产品中，我们最早已经接触到了粘贴在商品上的条形码，也知道在购物时需要扫描条形码并把一些信息同步传输到商店的电脑上。在阅读了本案例后，你可能想进一步地知道以下问题：仓库中所用的条码及扫描仪器与购物时商品条码和仪器有不同吗？为何要在物品上面粘贴条形码？条形码到底起到什么作用？条码中排列的深色的条和浅色的空有排列规律吗？条码扫描器为何能扫描条码的信息？还有其他扫描仪器吗？条码信息为何显示在电脑桌面上？使用的条形码种类有何不同？条形码是如何编码并生成的？对于生成的条形码如何打印、粘贴和识别？条形码在仓储管理中是如何应用的？

■ 案例研讨

要解决这些疑问，你需要通过进一步的学习搞清楚条码编码的原理及结构，条码及扫描仪器的种类、性质、应用领域及工作原理，并掌握条码的编码及使用方法。

相关知识

一、条码技术概述

条码（Bar Code）技术或称为 BC 技术是在计算机应用中产生并发展起来的，广泛应用于商业、邮政、图书管理、仓储、工业生产过程控制、交通等领域的一种自动识别技术，具有输入速度快、成本低、可靠性强等优点。条码技术在物流行业更是得到了广泛的应用，成为物流高效运作的一个基础。

（一）条码的基本概念

1. 条码定义

条码即条形码，是由一组规则排列的条、空及其对应字符组成的标记，用以表示一定的信息。条形码通常用来对物品进行标识。这个物品可以是用来进行交易的一个贸易项目，如一瓶啤酒或一箱可乐；也可以是一个物流单元，如一个托盘。对物品的标识，就是首先给某一物品分配一个代码，然后以条形码的形式将这个代码表示出来，并且标识在物品上，以便识读设备通过扫描识读条形码符号对该物品进行识别。

"条"是指对光线反射率较低的部分（一般表现为黑色），"空"是指对光线反射率较高的部分（一般表现为白色）。这些条和空组成的标记，能够被特定的设备（如光电扫描器等）识读，以标识物品的各种信息，如名称、单价、规格等。如果某个这种条码的条或空标记模糊或被磨损，则条码上的对应字符可供人直接识读或通过键盘向计算机输入数据使用。

由于白色反射率比黑色高很多，而且黑白条粗细不同，在用光电扫描器进行扫描后，通过光电转换设备将条码中这些不同的反射效果转换为不同的电脉冲，形成可以传输的电子信息。当经过转换与计算机兼容的二进制或十进制的条码信息传输到计算机时，通过计算机数据库中已建立的条码与商品信息的对应关系，条码中的商品信息就被读出。条码不仅可以用于标识物品，还可以用于标识资产位置和服务关系等。

2. 代码

代码（Code）即一组用于表征客观事物的一个或一组有序的符号。在对项目进行标识时，首先要根据一定的编码规则为其分配一个代码，然后再用相应的条码符号将其表示出来。如图 4-1 所示，图中的阿拉伯数字 6921235122661 即是夏新直帅手机的商品标识代码，而在其上方由条和空组成的条码符号则是该代码的符号表示。一个代码只能唯一地标识一个物品，而一个物品只能有一个唯一的代码。

在不同的应用系统中，代码可以有含义，也可以无含义。有含义代码可以表示一定的信息属性（如分类、排序、逻辑意义等）。如某厂的产品有多种系列，其中代码 60000～69999 是电器类产品；70000～79999 为汤锅类产品；80000～89999 为压力锅类炊具等，从编码的规律可以看出，代码的第一位代表了产品的分类信息，是有含义的。无含义代码则只作为分类对象的唯一标识，不提供对象的任何其他信息，例如，001 普通碳素钢；002 优质碳素钢；003 低合金钢；009 特殊钢等这一顺序码中，各代码只是一个代号，代替对象的名称而已。

图 4-1　一款手机及其条码示意图

3. 码制

码制是指条码符号的类型，每种类型的条码符号都是由符合特定编码规则的条和空组合组成。每种码制都具有固定的编码容量和所规定的条码字符集。条码字符中字符总数不能大于该种码制的编码容量。常用的一维条码制包括：EAN 条码、UPC 条码、UCC/EAN 128 条码、交叉 25 条码、39 条码、93 条码、库德巴条码等。

4. 字符集

字符集是指某种码制的条码符号可以表示的字母、数字和符号的集合。有些码制仅能表示 10 个数字字符：0 到 9，如 EAN/PC 条码；有些码制除了能表示 10 个数字字符外，还可以表示几个特殊字符，如库德巴条码。39 条码可表示数字字符 0～9、26 个英文字母 A～Z 以及一些特殊符号。几种常见码制的字符集如下。

EAN/PC 条码、交叉 25 条码的字符集：数字 0～9。

39 条码的字符集：数字 0～9；字母 A～Z；特殊字符：- · \$ % 空格 / +；起始符；终止符。

5. 自校验特性

条码符号的自校验特性是指条码字符本身具有校验特性。若在一条码符号中，一个印刷缺陷（例如，因出现污点把一个窄条错认为宽条，而相邻宽空错认为窄空）不会导致替代错误，那么这种条码就具有自校验功能。如 39 条码、库德巴条码、交叉 25 条码都具有自校验功能；EAN 和 UPC 条码、93 条码等都没有自校验功能。自校验功能也只能校验出一个印刷缺陷，对于大于一个的印刷缺陷，任何自校验功能的条码都不可能完全校验出来。对于某种码制，是否具有自校验功能是由其编码结构决定的，码制设置者在设置条码符号时，均需考虑自校验功能。

6. 条码质量

条码质量指的是条码的印制质量，其判定主要从外观、条（空）反射率、条（空）尺寸误差、空白区尺寸、条高、数字和字母的尺寸、校验码、译码正确性、放大系数、印刷厚度、印刷位置等几个方面进行。

（二）条码的基本术语

为了方便对条码技术的理解，特将条码技术中的一些术语和解释介绍如表4－1所示。

表4－1　条码的基本术语

条码	由一组规则排列的条、空及其对应字符组成的标记，用以表示一定的信息
条码系统	由条码符号设计、制作及扫描识读组成的自动识别系统
条/空	条码中反射率较低的部分/条码中反射率较高的部分
空白区	条码起始符、终止符两端外侧与空的反射率相同的限定区域
保护框	围绕条码且与条反射率相同的边或框
起始符	位于条码起始位置的若干条与空
终止符	位于条码终止位置的若干条与空
中间分隔符	位于条码中间位置用来分隔数据段的若干条与空
条码字符	表示一个字符的若干条与空
条码数据符	表示特定信息的条码字符
条码校验符	表示校验码的条码字符
条码填充符	不表示特定信息的条码字符
条高	垂直于单元宽度方向的条的高度尺寸
条宽	条码字符中的条的宽度尺寸
空宽	条码字符的中空的宽度尺寸
条宽比	条码中最宽条与最窄条的宽度比
条码长度	从条码起始符前缘到终止符后缘的长度
长高比	条码长度与条高的比
条码密度	单位长度的条码所表示的条码字符的个数
模块	模块组配编码法组成条码字符的基本单位
条码字符间隔	相邻条码字符间不表示特定信息且与空的反射率相同的区域
单元	构成条码字符的条或空
连续型条码	没有条码字符间隔的条码
非连续型条码	有条码字符间隔的条码
双向条码	左右两端均可作为扫描起点的条码
附加条码	表示附加信息的条码
自校验码	条码字符本身具有校验功能的条码
定长条码	条码字符个数固定的条码

非定长条码	条码字符个数不固定的条码
条码字符集	某种条码所能表示的条码字符集合
UPC 条码	美国统一代码委员会制定的一种代码。它是定长的、连续型的四种单元宽度的一维条码。包括 UPC – A 码和 UPC – E 码两种类型。表示的字符集：数字：0 ～ 9
供人识别字符	位于条码符的下方，与相应的条码字符相对应的、供人识别的字符

（三）条码的结构

1. 条码符号的结构

条码符号包含机读符号与人读符号两部分。机读符号由功能符和数据符组成，其中功能符包括两侧空白区、起始符、数据符、校验符、终止符。人读字符提供了机读符号所表示的内容且能够供人识读的字符。图 4 – 2 给出了一个条码字符的完整结构。

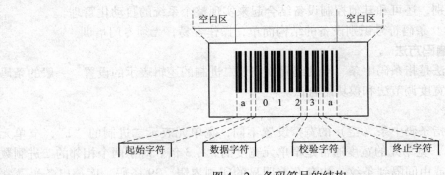

图 4 – 2　条码符号的结构

（1）空白区。没有任何印刷符和条形码信息，位于条码符号的两侧。空白区的作用是提示条码阅读器准备扫描。

（2）起始字符。条码符号的第一位字符是起始字符，用于标识一个条形码符号的开始。它具有特殊的条空结构。扫描器首先确认此字符的存在，然后处理由扫描器获得的一系列脉冲信号。

（3）数据字符。由条码字符组成，用于代表特定的信息。

（4）校验字符。在条码码制中定义了校验字符。在有些码制中，校验字符是必需的；在有些码制中，校验字符是可选的。校验字符是通过对数据字符进行某种算术运算而确定的。当符号中的各字符被解码时，译码器将对其进行同一种算术运算，并将计算结果与校验字符相比较。当两者一致时，说明读入的信息有效。

（5）终止字符。条码符号的最后一位字符是终止字符，用于标识一个条形码符号的结束。它也具有特殊的条、空结构。当扫描器识别到终止字符，便可知道条码符号已扫描完毕。

2. 条码符号的字符结构

条码符号的字符都是由表示数据信息的图形模块组成的。不同类型的条码采用的图形模块可能不同，如正方形、长方形、圆形、正多边形等。相同类型的条码采用的图形模块相同，但图形模块的尺寸可能不同。图形模块是组成条码符号字符的基本单位，图形模块具有标准的宽度，条码符号字符一般由若干个深色或浅色图形模块按一定规律排列构成。如一维条码符号字符由长方形的条和空组成，二维条码中 MaxiCode 码符号字符由 6 个深色或浅色的正六边形图形模块组成。

（四）条形码的特点

在目前的信息输入和识别技术中，有人工键盘输入、光学字符识别、条形码输入、射频识别、磁卡输入以及机器视觉等。与其他输入、识别方式相比，条形码技术具有以下特点。

（1）制作简单可印刷，因而被称作"可印刷的计算机语言"。条码标签易于制作，对印刷设备和印刷材料的要求比较低。

（2）数据输入速度快。和键盘输入相比，速度提高了五倍以上。

（3）准确率高。条码输入平均每 15 000 个字符有一个错误，若再加上校验位，出错率是千万分之一。

（4）灵活实用。条码作为一种识别手段既可以单独使用，也可以和有关设备组成识别系统实现自动化识别，还可和其他控制设备结合起来实现整个系统的自动化管理。

（5）设备简单。条码符号识别设备的结构简单，操作容易，无须专门培训。

（五）条码的编码方法

条码的编码方法是指条码中条、空的编码规则及二进制的逻辑表示的设置。一般的条码编码方法有两种：宽度调节法和模块组合法。

1. 宽度调节法

宽度调节法是指条码中条（空）的宽窄设置不同，宽单元表示二进制的"1"，窄单元表示二进制的"0"，宽单元的宽度通常是窄单元宽度的 2～3 倍。对于两个相邻的二进制数位，由条纹到间隔或由间隔到条纹，均存在着明显的印刷界限。39 条码、库德巴条码及常用的 25 条码、交叉 25 条码均属于宽度调节型条码。

下面以 25 条码为例，简单介绍宽度调节型条码的编码方法。

25 条码是一种只有条表示信息的非连续型条码。条码字符由规则排列的 5 个条构成，其中有两个宽单元，其余是窄单元。宽单元一般是窄单元的 3 倍，宽单元表示二进制的"1"，窄单元表示二进制的"0"。字符为"1"的 25 条码的结构如图 4 - 3 所示。

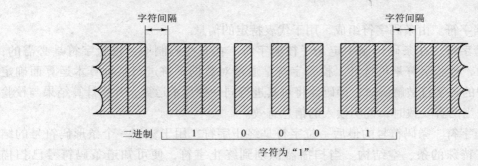

图 4 - 3　字符为"1"的 25 条码的结构

2. 模块组合法

模块组合法是指条码符号中条与空分别由若干个模块组合而成。一个模块的条表示二进制的"1"，一个模块的空表示二进制的"0"。EAN 条码、UPC 条码均属模块式组合型条码。商品条码的标准模块宽度为 0.33 mm。它的一个字符由 2 个条和 2 个空构成，每一个条或空由 1～4 个标准宽度模块组成，每一个条码字符的总模块数为 7。凡是在字符间用间隔（位空）分开的条码，称为离散码，否则称为连续码。模块组合法条码的结构如图 4-4 所示。

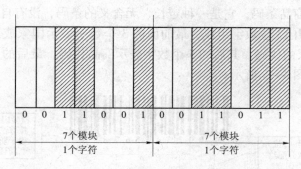

図 4-4　模块组合法条码的结构

（六）条码的分类

按照不同的分类方法、不同的编码规则可以分成许多种，现在已知的世界上正在使用的条形码就有 250 种之多。条形码的分类方法有许多种，主要依据条形码的编码结构和条形码的性质来决定。例如，就一维条形码来说，按条形码的长度可分为定长和非定长条形码；按排列方式可分为连续型和非连续型条形码；从校验方式又可分为自校验型和非自校验型条形码等；按维数可分为一维条形码和二维条形码。一维条形码按照应用可分为商品条形码和物流条形码，商品条形码包括 EAN 码和 UPC 码，物流条形码包括 128 码、ITF 码、39 码和库德巴（Codabar）码。二维条形码根据构成原理、结构形状的差异，可分为两大类型：一类是行排式二维条形码（2Dstackedbarcode）；另一类是矩阵式二维条形码（2Dmatrixbarcode）。

1. 一维条码

一维条形码是通常所说的传统条形码。一维条形码是由一个接一个的"条"和"空"排列组成的，条形码信息由条和空的不同宽度和位置来传递，信息量大小是由条形码的宽度来决定的，条形码越宽，包容的条和空越多，信息量越大。这种条形码只能在一个方向上通过"条"与"空"的排列组合来存储信息，所以叫它"一维条形码"。人们日常见到的印刷在商品包装上的条形码，即是普通的一维条形码。一维条形码只是在一个方向（一般是水平方向）表达信息，而在垂直方向则不表达任何信息，其一定的高度通常是为了便于阅读器对准。一维条码按照应用可分为商品条码和物流条码。常见的物流条码主要包括储运单元条码、交叉 25 条码、ITF 条码以及贸易单元 128 条码等几种。

1）通用商品条码

通用商品条码是用于标识国际通用的商品代码的一种模块组合型条码，又称 EAN 码，被广泛应用于超市等商品销售环境中。EAN 码较紧凑，信息丰富，容易识读，但是只能包含数字信息，且所携带的信息量极为有限。EAN 码是一种定长、无含义的条码，并且没有自校验的功能。

目前我国的 EAN 码标准与国际标准兼容，采用同样的结构，并且同样分为 13 位标准版商品条码和 8 位缩短版商品条码两种。一般单件商品包装上印制的大多都是 13 位标准 EAN

码，只有当 EAN－13 条码的面积超过总印刷面积的 25% 时，才能够申报使用 EAN－8 码。

通用商品条码是用于标识国际通用的商品代码的一种模块组合型条码。

（1）EAN 标准版商品条码。

标准版 EAN 码由 13 位数字构成，故又简称为 EAN－13 码。它是国际物品编码协会在全球推广使用的一种商品条码，它是一种定长、无含义的条码，没有自校验功能。

标准版商品条码由 13 位数字组成，最前面的 3 个数字表示国家或地区的代码，接着的 4 个数字表示生产厂家的代码，其后的 5 个数字表示商品代码，最后的 1 个数字用来防止机器发生误读错误。如图 4－5 所示。

国家代码（3位）由IANA分配给各会员国家

厂商代码（4位）我国是由中国物品编码中心分配给各申请厂商

产品代码（5位）各申请厂商可以自由设定

检验码（1位）按算法求得，用于防止扫描阅读错误

图 4－5　EAN－13 标准码

（2）EAN 条码符号缩短版。EAN－8 是 EAN－13 码的压缩版，由 8 位数字组成，用于包装面积较小的商品上。与 EAN－13 码相比，EAN－8 码没有制造厂商代码，仅有前缀码、商品项目代码和校验码。

2）储运单元条码

储运单元是指为便于搬运、仓储、订货、运输等，由一个或多个消费单元组成的商品包装单元，分为定量储运单元和变量储运单元。前者是指由定量消费单元组成的储运单元，如成箱的牙膏、瓶装酒、药品、烟等；而后者指由变量消费单元组成的储运单元，如布匹、农产品、蔬菜、鲜肉类等。

储运单元条码是专门表示储运单元编码的条码，分为定量储运单元条码和变量储运单元条码，储运单元条码多以交叉 25 码的形式出现。

（1）定量储运单元条码。

定量储运单元一般采用 13 位或 14 位数字编码。当定量储运单元同时又是定量消费单元时，应按定量消费单元编码，采用 13 位数字编码。如电冰箱等，其定量消费单元的编码同通用商品编码。当定量储运单元内含有不同种类定量消费单元时，储运单元的编码方法是按定量消费单元的编码规则，为定量储运单元分配一个区别于它所包含的消费单元代码的 13 位数字代码；当由相同种类的定量消费单元组成定量储运单元时，定量储运单元可用 14 位数字代码进行编码标识。其编码的代码结构如表 4－2 所示。采用 13 位数字编码定量储运单元一般采用 13 位或 14 位数字编码。

表 4－2　含相同种类的定量消费单元组成的定量储运单元的代码结构

定量储运单元包装指示符	定量消费单元代码（不含校验字符）	校验字符
V	$X_1 X_2 X_3 X_4 X_5 X_6 X_7 X_8 X_9 X_{10} X_{11} X_{12}$	C

定量储运单元包装指示符（V）用于指示定量储运单元的不同包装，取值范围为 V = 1，2，…，8。定量消费单元代码是指包含在定量储运单元内的定量消费单元的代码去掉校验字符后的 12 位数字代码。

（2）变量储运单元条码。

变量储运单元编码由 14 位数字的主代码和 6 位数字的附加代码组成。变量储运单元的主代码和附加代码也可以用 EAN – 128 条码标识，其代码结构如表 4 – 3 所示。

表 4 – 3　变量储运单元代码结构

主代码			附加条件	
变量储运单元包装指示符	厂商识别代码与商品项目代码	校验字符	商品数量	校验字符
V_1	$X_1 X_2 X_3 X_4 X_5 X_6 X_7 X_8 X_9 X_{10} X_{11} X_{12}$	C_1	$Q_1 Q_2 Q_3 Q_4 Q_5$	C_2

3）交叉 25 条码

交叉 25 条码在仓储和物流管理中被广泛应用。它是一种连续、非定长、具有自校验功能，且条和空都表示信息的双向条码。从图 4 – 6 可以看出，交叉 25 条码由左侧空白区、起始符、数据符、终止符和右侧空白区构成，其中每一个条码数据符由 5 个单元组成，2 个是宽单元（用二进制"1"表示），3 个是窄单元（用二进制"0"表示）。交叉 25 条码的字符集包括数字 0 ~ 9。组成条码符号的条码数据符个数为偶数。条码符号从左到右，表示奇数位字符的条码数据符由条组成，表示偶数位字符的条码数据符由空组成。条码数据符所表示的字符个数为奇数时，应在字符串左端加"0"，如图 4 – 7 所示。

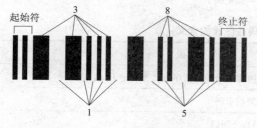

图 4 – 6　表示"3185"的交叉 25 条码

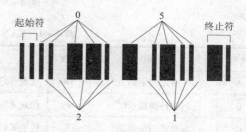

图 4 – 7　表示"251"的交叉 25 条码

4）ITF – 14 条码和 ITF – 6 条码

ITF 条码是一种连续型、定长、具有自校验功能，并且条、空都表示信息的双向条码。ITF – 14 和 ITF – 6 条码由矩形保护框、左侧空白区、条码字符、右侧空白区组成。其条码字符集、条码字符的组成与交叉 25 码相同。如图 4 – 8 所示。

图 4 – 8　ITF – 14 条码

5) 贸易单元 128 条码

贸易单元条码与商品条码和储运条码不同，是可变长度的连续型标识码，可以携带和传递诸如生产日期、有效日期、运输包装序号、重量、尺寸、体积、送出地址以及送达地址等信息。与其他一维条码相比，贸易单元 128 条码不仅可以支持数字的传递，也可以支持字母的传递，又可以采用不同的编码方式，因此应用范围较为广泛，主要应用于制造业的生产流程控制、批发物流业或运输业的仓储管理、车辆调配、货物追踪、医院血液样本的管理以及政府对管制药品的追踪等诸多方面。

目前所推行的贸易单元 128 码是 EAN – 128 码，EAN – 128 码是根据 EAN/UCC – 128 码作为标准将资料转变成条码符号，并采用 128 码逻辑，具有完整性、紧密性、连接性和高可靠度的特性。辨识范围包含生产过程中一些补充性能且易变动之资讯，如生产日期、批号、计量等，可运用于货运标签、携带式资料库、连续性资料段、流通配送标签等。EAN – 128 码如图 4 – 9 及表 4 – 4 所示。

图 4 – 9　EAN – 128 码

表 4 – 4　EAN – 128 码各区段的含义

代号	码别	长度	说　　明
A	应用识别码	18	代表其后的资料内容为运送容器序号，为固定 18 位数字
B	包装性能指示码	1	代表无定义的包装指示码
C	前置码与公司码	7	代表 EAN 前置码与公司码
D	自行编定序号	9	由公司指定序号
E	检查码	1	检查码
F	应用识别码		代表其后的资料内容为配送邮政码，应用于仅有一邮政当局
G	配送邮政码		代表配送邮政码

（1）EAN – 128 条码的结构。128 条码是一种可变长度的连续型条码，其结构如表 4 – 5 所示。它是用一组平行的条、空及其相应的字符表示，由起始符号、数据符、校验符、终止符及左右侧空白区组成。每个条码字符由 3 个条、3 个空共 11 个模块组成。每个条、空由 1.4 个模块构成。起始符标识 128 条码符号的开始，由两个条码字符组成；校验符用以校验 128 条码的正误，条码结构同数据符；终止符标识 128 条码的结束，由 13 个模块组成，其中有 4 个条、3 个空；左右侧空白区则分别由 10 个模块组成。

表 4 – 5　EAN – 128 条码的结构

左侧空白区	双字符起始符	数据字符	符号校验符	终止符	右侧空白区
11 模块	22 模块	11N 模块	11 模块	13 模块	10 模块

注：N 为数据字符与辅助字符。

128 条码的模块宽度尺寸为 1.0 mm，条码总长度的计算公式为：

$$W = (66 + 11/N) \text{ 模块} \times 1.0 \text{ mm}$$

（2）EAN – 128 条码的编码标准。EAN – 128 条码是根据 EAN/UCC – 128 条码的定义标准将数据转变成条形码符号，条码符号的长度依字符的数量、类型和尺寸的不同而变动。如果数据长度已经给定，符号的大小可在一定的限度内变动。图 4 – 10 所示为 128 条码在物流中的应用。

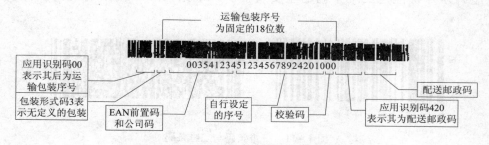

图 4 – 10　EAN – 128 条码在物流中的应用

上述几种条码是物流条码中常用的码制，它们的具体应用在实际中有所不同。一般来说，EAN – 13 条码用在单个大件商品的包装箱上，当包装箱内含有预先确定的、规则数量的商品的时候也可用 EAN – 13 条码码制给每个货运单元分配一个与消费单元不同的 EAN – 13 条码；交叉 25 码可用于定量储运单元的包装箱上，ITF – 14 和 ITF – 6 条码共同使用也可以用于变量储运单元；贸易单元 128 条码的使用是物流条码实施的关键，它可以弥补商品通用代码和交叉 25 码的不足，更多地标识贸易单元的信息，如产品批号、数量、规格、生产日期、有效期、交货地点等，而且条码的印刷要求更为宽松，在许多粗糙、不规则的包装上都可以印刷，识别也比前两种码制容易得多。

2. 二维条码

条码给人们的工作生活带来巨大变化是有目共睹的。然而，一维条码仅仅只是一种商品的标识，它不含有对商品的任何描述，人们只有通过后台的数据库，提取相应的信息才能明白这一商品标识的具体含义。在没有数据库或联网不便的地方，这一商品标识变得毫无意义。例如，我们手上有一个"6901028072151"的条码标识，我们从 690 可知它产于中国，但还是不清楚究竟是什么商品。当然，当我们通过网络的数据库连接后，在数据库中找到其对应的信息后才知道这是北京牌香烟。此外，一维条码无法表示汉字的图像信息，在有些应用汉字和图像的场合，则显得十分不便。同时，即使我们建立了数据库来存储产品信息，而这些大量的信息需要一个很长的条码标识。如应用储运单元条码和 EAN/UPC – 128 条码，都需要占有很大的印刷面积，给印刷和包装带来的困难就可想而知了。于是人们迫切希望不从数据库中查出信息，便能直接从条码中获得大量产品信息。现代高新技术的发展迫切要求条码在有限的几何空间内表示更多的信息，从而满足千变万化的信息需求。二维条码正是为了解决一维条码无法解决的问题而诞生的，在有限的几何空间内印刷大量的信息。这一问题的解决可用两种方法：一是在一维条码的基础上向二维条码方向发展；二是利用图像识别原理，采用新的几何图像和结构设计出二维条码制。

1）二维条码的特点

二维条码（见图 4 - 11（b））除了左右（条宽）的粗细及黑白线条有意义外，上下的条高也有意义。与一维条码（见图 4 - 11（a））相比，由于左右（条宽）上下（条高）的线条皆有意义，故可存放的信息量就比较大。从符号学的角度讲，二维条码和一维条码都是信息表示、携带和识读的手段。但从应用角度讲，尽管在一些特定场合可以选择其中的一种来满足我们的需要，但它们的应用侧重点是不同的：一维条码用于对"物品"进行标识，二维条码用于对"物品"进行描述。信息容量大、安全性高、读取率高、错误纠正能力强等特性是二维条码的主要特点。一维条码和二维条码的比较如表 4 - 6 所示。

　　（a）一维条码　　　　　　　　　　　　　　（b）二维条码

图 4 - 11　一维条码与二维条码

表 4 - 6　一维条码和二维条码的比较

条码类型＼项目	信息密度与信息容量	错误校验及纠错能力	垂直方向是否携带信息	用途	对数据库和通讯网络的依赖	识读设备
一维条码	密度低容量小	可通过校验字符校验错误，但不能纠错	不携带信息	对物品进行识别	多数场合依赖	可用线扫描器识读，如光笔、激光枪等
二维条码	密度高容量大	具有错误校验和纠错能力，可根据需求设置不同的纠错级别	携带信息	对物品进行描述	可不依赖，可单独使用	行排式：可用线扫描器多次扫描 矩阵式：仅能用图像识别器识读

2）二维条码的分类

根据二维条码实现原理、结构形状的差异，可分为堆积式或层排式二维条码（Stacked Bar Code）和棋盘式或矩阵式二维条码（Dot Matrix Bar Code）两大类型。

（1）堆积式或层排式二维条码。堆积式二维条码的编码原理建立在一维条码基础之上，按需要堆积成二行或多行。它在编码设计、校验原理、识读方式等方面继承了一维条码的特点，识读、设备与条码印刷与一维条码技术兼容。但由于行数的增加，行的鉴定、译码算法与软件不完全相同于一维条码。具有代表性的堆积式二维条码有 CODE49、PDF417、CODE16K 等。

（2）棋盘式或矩阵式二维条码。矩阵式二维条码的形式组成：在矩阵相应元素位置上，用点（方点、回点或其他形状）的出现表示二进制的"1"，点的不出现表示二进制的"0"，点的排列组合确定了矩阵码所代表的意义。矩阵码是建立在计算机图像处理技术、组合编码原理等基础上的一种新型图形符号自动识读处理码制。具有代表性的矩阵码有 CODE ONE、DATAMATRIX、CP 码等。

一维条码和二维条码都是便于携带的识读的信息符号，将所需的信息以一定的编码原则制作在条码符号中，需要时再将其解码为我们所需要的信息。实际应用时可选择其中一种来满足实际要术。由于一维条码和二维条码的不同特征，它们各有侧重点。

二、条码识读与应用

（一）条码识别原理

1. 条码符号的光学特性

常见的条码是黑条与白空（也叫白条）印制而成的。因为黑条对光的反射率最低，而白空对光的反射率最高。当光照射到条码符号上时，黑条与白空产生较强的对比度。条码识读器正是利用条和空对光的反射率不同来读取条码数据的。条码符号不一定必须是黑色和白色，也可以印制成其他颜色，但两种颜色对光必须有不同的反射率，保证有足够的对比度。

2. 条码识别系统

条码的阅读与识别涉及光学、电子学、数据处理等多学科技术。为了阅读出条码所代表的信息，需要一套条码识别系统，由条码扫描器、放大整形电路、译码器和计算机系统等部分组成，如图 4 - 12 所示。

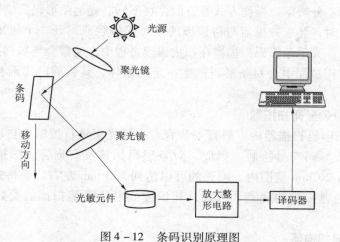

图 4 - 12　条码识别原理图

3. 光电转换、信号放大及整形

由光源发出的光线经过光学系统照射到条码符号上面，被反射回来的光经过光学系统成像在光点转换器上，使之产生电信号，信号经过电路放大之后产生一模拟电压，它与照射到

条码符号上被反射回来的光成正比，再经过滤波、整形，形成与模拟信号对应的方波信号，经译码器解释为计算机可以直接接收的数字信号（见图4－13）。

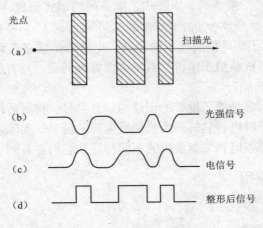

图4－13   条码的扫描信号

（二）条码识读设备

条码识读设备由条码扫描和译码两部分组成。现在绝大部分条码识读器都将扫描器和译码器集成为一体。条码识读设备，从扫描方式上可分为接触式和非接触式；从操作方式上可分为手持式和固定式；从扫描方向上可分为单向和全向条码扫描器。以下介绍常见的条码识读设备。

1. 光笔条形码扫描器

光笔条形码扫描器是一种轻便的条形码读入装置。在光笔内部有扫描光束发生器和反射光接收器。目前，市场上出售的这类扫描器有很多种，它们主要在发光的波长、光学系统结构、电子电路结构、分辨率、操作方式等方面存在不同。光笔条形码扫描器有一个特点，即在识读条形码信息时，要求扫描器与待识读的条形码接触或离开一个极短的距离（一般仅0.2～1 mm左右）。光笔条形码扫描器在扫描识读过程中，通常会与被扫描识读的条形码相接触。因此，在使用过程中会对条形码产生一定的破坏，其目前已逐渐被电子耦合器件所取代。

2. 手持式枪型条形码扫描器

手持式枪型条形码扫描器内一般都安装有对扫描光束进行控制的自动扫描装置。在使用过程中不需与条形码符号接触，因此，对条形码标签没有损害。扫描头与条形码标签的距离短的在0～20 mm范围内，而长的可以达到500 mm左右。手持式枪型条形码扫描器具有扫描光点匀速扫描的优点，因此，其识读效果比光笔扫描器要好，而且扫描速度也快。

3. 台式条形码扫描器

台式条形码扫描器适用于不便使用手持式扫描方式进行条形码识读的场合。例如，某些工作环境下不允许操作者用一只手处理附有条形码信息的物体，而用另一只手操纵手持条形码扫描器进行操作，这时就可以选用台式条形码扫描器。这种扫描器可以被安装在生产流水线传送带旁的某一固定位置，当标附有条形码标签的待测物体以平稳、缓慢的速度进入扫描范围时，可对其进行识读，从而对自动化生产线进行控制。

4. 激光式条形码扫描器

激光式扫描器的优点是扫描光强度高，可进行远距离扫描，而且扫描速度快。某些产品的扫描速度可达到每秒 1200 次，这种扫描器可以在百分之一秒的时间内对某一条形码标签进行多次扫描，而且可以做到每一次扫描不重复上次扫描的轨迹。扫描器内部光学系统可以将单束光转换成十字光或米字光，从而保证了被测条形码从各个不同角度进入扫描范围时都可以被识读。

5. 卡式条形码阅读器

卡式条形码阅读器通常用于身份验证、考勤、医院病历档案管理及生产管理等领域。这种阅读器的内部机械结构能够保证标有条形码的卡式证件或者文件在插入槽后自动沿轨道做直线运动，在卡片行进过程中，扫描光点将条形码的信息读入。卡式条形码阅读器一般都具有与计算机进行传送数据的能力，同时还能进行声光提示以表明识别正确与否。

6. 便携式条形码阅读器

便携式条形码阅读器通常配接光笔式或轻便的枪型条形码扫描器，有时也配接激光扫描器。便携式条形码阅读器本身就相当于一台专用计算机，有的甚至就是一台通用微型计算机。这种阅读器本身具有对条形码信号的译码能力。在对条形码信息进行译码后，可将数据直接存入机器的存储器中。便携式条形阅读器通常本身带有显示屏、键盘，具有条形码识别结果声响指示及用户编程功能。在使用时，这种阅读器可以与计算机主机分别安装在两个地点，通过线路连成网络。也可以通过电池供电，进行脱机使用。这种设备特别适合于流动性数据采集环境。采集到的数据可以被定时地传送到主机。在某些场合下，标有条形码信息的载体体积大，比较笨重，不适于搬运到同一数据采集中心进行数据采集，此时采用便携式条形码阅读器进行处理就显得十分方便。

（三）条码应用流程

1. 条码的生成

条码是代码的图形化表示，其生成技术涉及从代码到图形的转化技术以及相关的印制技术。条码的生成过程是条码技术应用中一个相当重要的环节，直接决定着条码的质量。条码的生成过程如图 4 - 14 所示。

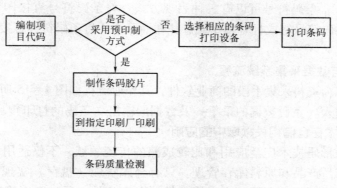

图 4 - 14 条码的生成过程

条码生成的第一步就是为标识项目编制一个代码,在代码确定以后,应根据具体情况来确定采用预印制方式还是采用现场印制方式来生成条码。当印刷批量很大时,一般采用预印制方式,如果印刷批量不大或代码内容是逐一变化时,可采用现场印制的方式。

当项目代码确定以后,可采用条码生成软件生成条码。需要生成条码的厂商可以自行编制条码的生成软件,也可选购商业化的编码软件,以便更加迅速、准确地完成条码的图形化编辑。

2. 商品条码使用流程

(1)申请厂商代号。需采用商品条码的厂商向编码中心及各地分支机构申请厂商代码。

(2)核发厂商代号。编码中心将申请者的申请表单及文件审核后,发给登记证书及厂商代号,并附赠印制条码的相关技术资料。

(3)设定商品代号。申请厂商可依商品代号设定原则自由设定商品代号,再求得校验码,就完成了商品条码的编号工作,校验码亦可委托条码正片制作者计算得出。

(4)印刷。厂商依印制商品条码的有关规定,与印刷厂商取得妥善沟通后,将条码符号印制于包装材料上。

(5)包装出货分发商品基本资料一览表。商品基本资料一览表与相关业者——商品条码的应用与交易体系中的零售商、批发商均有密切的关系,因此制造商应将含有条码编号的商品基本资料一览表分发给有关业者备查。

3. 条码的使用标准

条码的使用标准主要包括两方面的内容:一是条码码制的选择,即某一行业采用何种码制;二是条码符号的印刷位置与表示方法。条码标准的制定一般与某一行业的具体习惯和特点有关。

(1)码制的选择。条码码制的选择、条码符号所代表的数据结构与所能编码的数据类型有关。所选择的条码的数据类型应包括行业所需的全部数据信息。

(2)印刷位置。因行业的习惯不同和物品形状的不同,条码符号的印刷位置选择也不同。在工业生产领域,一般印在物品所在面的右下角。在商品流通领域,物品所印刷位置具体规定如下:首先选择所在物品的正面;其次选择所在物品的背面;再次选择所在物品的侧面。如上述各面均不能使用,采用悬挂标签挂在物品上。凡有提手的物品,印在提手侧面的左下角。不可选择在有弯曲、隔断、转角的位置上印刷。

(3)表现方式。条码符号可以有三种表现方式:将条码符号直接印刷在商品的表面或包装容器上;将条码符号制成标签粘贴或悬挂在商品上;将条码符号直接印在商品的外包装或运输包装上。

4. 条码打印与数据采集系统流程

一般以条码作为资料采集手段的商业软件,其作业流程如图4-15所示,其包括了以条码为介质的数据输入(条码数据的采集)及数据的输出(条码的打印)。

(四)条码技术在仓储相关领域中的应用

仓库管理是条形码技术广泛应用和比较成熟的传统领域,不仅适用于商业商品库存管理,而且适用于工厂产品和原料库存管理。只有仓库管理(盘存)实现电子化,才能使产品、原料信息资源得到充分利用。仓库管理是动态变化的,通过仓库管理(盘存)电子化系统的建立,管理者可以随时了解每种产品或原料当前在货架上和仓库中的数量及其动态变

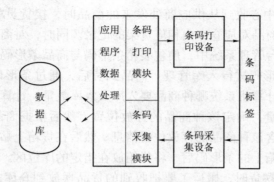

图 4 – 15　条码资料采集作业流程

化，并且定量地分析出各种产品或原料的库存、销售、生产情况等信息。管理者通过它可及时决策进货数量、调整生产，以保持最优库存量，改善库存结构，加速资金周转，实现产品和原料的全面控制和管理。

1. 条码在仓库管理系统方面的应用

条码在仓库管理系统方面的应用主要是企业利用条码技术，对企业的物流信息进行采集，并建立起相应的管理信息系统进行跟踪。通过一系列的活动，满足企业对物料准备、生产制造、仓储运输、市场销售、售后服务、质量控制等方面的信息管理需求，并最终达到优化支持决策的作用。具体应用内容如下。

（1）货物库存管理。仓库管理系统根据货物的品名等划分货物品种，并且分配唯一的"货号"，最终实现对存货的管理。

（2）仓库库位管理。仓库管理系统是按仓库的库位记录仓库货物库存，在产品入库时将库位条码号与产品条码号一一对应，在出库时按照库位货物的库存时间可以实现先进先出或批次管理的信息。

（3）货物单件管理。即不光管理货物品种的库存，还管理货物库存的具体每一单件。采用产品标识条码记录单件产品所经过的状态，从而实现了对单件产品的跟踪管理。

（4）仓库业务管理。包括出库、入库、盘库、月盘库、移库，不同业务以各自的方式进行，完成仓库的进、销、存等多方面的管理。

（5）出入库操作管理。即辅助工作人员更加准确地完成仓库出入库操作。条码仓库管理采集货物单件信息，处理采集数据，建立仓库的入库、出库、移库、盘库数据。这样，使仓库操作完成更加准确。

（6）综合过程管理。即对整个工作流程进行监控。一般仓库管理只能完成仓库运输差错处理，而条码仓库管理可以根据采集信息，建立仓库动态信息，直接处理实际中的各种差错，同时能够根据采集单件信息并及时发现出入库的货物单件差错，提供差错处理。

2. 在仓储作业中的应用

（1）订货。无论是企业向供应商订货，还是销售商向企业订货，都可以根据订货簿或货架牌进行订货。不管采用哪种订货方式，都可以用条形码扫描设备，将订货簿或货架上的条形码输入。这种条形码包含了商品品名、品牌、产地、规格等信息。然后通过主机，利用网络通知供货商或配送中心订货的品种、数量。这种订货方式比传统的手工订货效率高出数倍。

（2）收货。当配送中心收到从供应商处发来的商品时，接货员就会在商品包装箱上贴一个条形码，作为该种商品对应仓库内相应货架的记录。同时，对商品外包装上的条形码进行扫描，将信息传到后台管理系统中，使包装箱条形码与商品条形码一一对应。

（3）入库。应用条形码进行入库管理。商品到货后，通过条形码输入设备将商品基本信息输入计算机，告诉计算机系统哪种商品要入库及入库数量。计算机系统根据预先确定的入库原则、商品库存数量，确定该种商品的存放位置。然后根据商品的数量发出条形码标签，这种条形码标签包含该种商品的存放位置信息。然后在货箱上贴上标签，并将其放到输送机上。输送机识别货箱上的条形码后，将货箱放在指定的库位区。

（4）摆货。在人工摆货时，搬运工要把收到的货品摆放到仓库的货架上。在搬运商品之前，首先扫描包装箱上的条形码，计算机就会提示搬运工将商品放到事先分配的货位，搬运工将商品运到指定的货位后，再扫描货位条形码，以确认所找到的货位是否正确。这样，在商品从入库到搬运至货位存放的整个过程中，条形码起到了相当重要的作用。商品以托盘为单位入库时，把到货清单输入计算机，就会得到按照托盘数发出的条形码标签。将条形码贴于托盘面向叉车的一侧，叉车前面安装有激光扫描器，叉车将托盘提起，并将其放置于计算机所指引的位置上。在各个托盘货位上装有传感器和发射显示装置、红外线发光装置和表明货区的发光图形牌。叉车驾驶员将托盘放置好后，通过叉车上装有的终端装置，将作业完成的信息传送到主计算机。这样，商品的货址就存入计算机中了。

（5）分拣。有时候是依据物品的名称属性进行分拣，这时就需要对物品的身份进行辨认，此时就需要通过扫描条形码来完成对货物身份的识别。如果需要根据其来源或流向进行分拣，这就需要专用的物流行业条码辅助完成作业。在使用自动分拣机进行作业时，条码的作用尤其显著。货品通过自动分拣机的同时，即可完成对条码的阅读，并根据预先设定好的条件对货品进行分拣。

（6）补货。查找商品的库存，确定是否需要进货或者货品是否占用太多库存，同样需要利用条形码来实现管理。另外由于商品条形码和货架是一一对应的，也可通过检查货架达到补货的目的。条形码不仅仅在配送中心业务处理中发挥作用，配送中心的数据采集、经营管理同样也离不开条形码。通过计算机，利用条形码，对商品运营、库存数据进行采集，可及时了解货架上商品的存量，从而进行合理的库存控制，将商品的库存量降到最低点；也可以做到及时补货，减少由于缺货造成的分店补货不及时而发生的销售损失。

（7）配送运输。在运输过程中，当管理人员需要对货品进行跟踪，或是需要了解货品流转过程的时候，也需要对相应的条码进行读取。将预先打印好的条码标签贴在要发送的货品上，可以用于标志货品的来源身份。

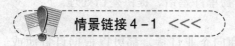
情景链接 4 - 1 <<<

条码技术在物料搬运系统中的应用

一、物料搬运系统的特点

条码技术在物料搬运系统中的应用则有很多突出的特点。主要特点如下。

1. 货品种类繁多，信息量大

物料搬运系统所涉及的货品是多种多样的。以商品流通环节的配送中心为例，进入系统的货品品种可以多达几千种，每种货品需要识别的信息也多，除了货品品名、供货厂商等信息外，有时还需要识别生产批号，生产日期，保质期等信息，以确保实现先入先出的配送原则。

2. 包装规格不一

以邮包为例，通常只对邮包的最大尺寸有所限制，邮包规格参差不齐。邮包与固定式扫描器的距离会有较大的差异。

3. 经常不能确定条码标签的方向和位置

以机场的旅客行李为例，行李有长有短，有大有小，有的竖立，有的平躺。行李标签在行李上的位置是不确定的，而行李在运输机上的位置也是不确定的。

4. 货品通过扫描器的速度比较快

随着流通量的不断增大，运输机的速度不断提高，货品通过扫描器时的相对速度比较高，可达 2.5 m/s。

二、保证条码扫描技术取得成功的要素

条码技术是一项能极大地改善管理、提高效率的新技术。但如同所有新技术一样，预期的效果不是自然而然就得到的，而必须在一开始就注意一些主要问题。

1. 要明确条码所应包含的信息量

条码技术是信息技术的一部分。货品的信息极多，除了品名、规格、数量、生产厂名等信息外，还可能有生产批号、流水号、生产日期、保质期、发运地点、到达地点、收货单位、承运单位、包装类型、运单号等信息。前一类信息可称为静态信息，后一类信息可称为动态信息。所有的信息都应保存在数据库内。而有一部分信息则应由条码来表示以便随时提取。条码所表示的信息越多，越能随时获得这些信息，但是条码标签的尺寸随之增大，识读所需的处理时间也随之增加。因此，在应用条码技术之前，必须合理地确定条码所应包含的信息量。

2. 要明确货品包装所能允许的条码尺寸，选择合适的码制

条码尺寸是影响识读率的主要因素之一。条码由宽窄不一的条和空组成。条码尺寸中最主要的是窄条的宽度，通常以密耳（mil，$1 \text{ mil} = 2.54 \times 10^{-5} \text{ m}$）值表示。如果包装尺寸较大，可以粘贴比较大的条码标签，则可以采用 40 mil 的条码。反之，如果包装尺寸很小，可能只允许 10 mil 的条码。mil 值越小，要求印刷的分辨率越高，远距离识读越困难。另一个因素是整个条码的长高比。长高比越大，识读越困难。因此在包装尺寸允许的情况下，应尽量增大条的高度。

码制的选择取决于行业规范。如果没有行业规范，则主要考虑条码的内容。有些码制只能表示数字，如交叉 25 码；有些码制则既能表示数字，又能表示字母，如 39 码。近年来推广应用的 EAN - 128 码可以表示全部 ASCII 字符集。而且在表示数字时，一个条码字符可以表示二位数字，从而大大缩小了条码的尺寸，是值得优选的码制。

3. 要明确货品通过扫描器时的位置偏差和相对速度

根据应用条件的不同，货品通过扫描器时的相对位置可以比较确定，也可以有很大的差

别。就条码标签而言，可以有三个方向的偏角。

平面偏角指的是条码绕垂直于标签平面的轴线回转的偏角。纵向偏角指的是条码绕垂直于条的纵向轴线回转的偏角。横向偏角指的是条码绕平行于条的横向轴线回转的偏角。

当激光束扫描条码时，平面偏角相当于降低了条码的高度，纵向偏角也产生相同的效果，程度稍轻，横向偏角则相当于减小了窄条的宽度，都会在不同程度上影响扫描效果。相对速度则影响扫描次数。在选用扫描器时，这些参数都是需要予以确定的，因为每种型号的扫描器都有各自的适用范围。选用不当会降低识读率，影响系统的可靠性。

4. 要从整个信息管理系统的角度来考虑条码的应用

条码技术是信息管理系统的一部分。应用条码的目的主要是为了实时而准确地获取信息。在当今信息社会中，及时掌握准确的库存信息后能对客户的需求作出快速响应，从而最大限度地占有市场份额。通过条码获取货品的信息比人工抄写或键盘输入要快得多，而且准确，可以极大地加快货品的流通，减少配送过程中的差错。根据货品上的条码可以追踪产品的生产日期、生产班组以至所用的原材料。它有利于找到质量问题的根源，从而加以改进，总之，不能单纯地从条码本身来衡量其应用的必要性和经济性，而必须从总体目的考虑条码所应包含的信息及其对占有市场的意义。

资料来源：http://www.ot51.com/infoview/Article_10077.html

3. 条码技术应用流程

条码技术在仓库管理中应用设计时，需要根据不同的需求选用条码终端使用的软件和在仓库计算机中心或服务器上使用的软件。前者只完成数据的采集功能，较为简单。后者包括数据库系统和仓库管理软件。另外，系统中还需要配置条码打印机，以便打印各种标签，如货位、货架使用的标签、物品标识用的标签等。图4-16为仓库条码技术应用流程图。

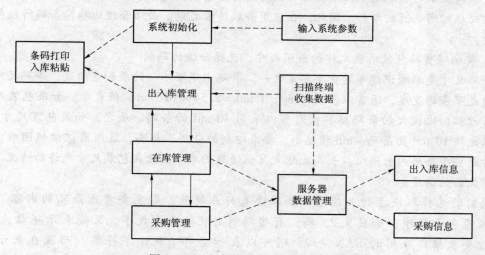

图4-16　仓库条码技术应用流程图

实训 项目4.1 🔍

实训项目：条码的收集、制作与扫描

实训目的	实训内容及要求	实训评价		
		评价标准	评价主体	评价结果
1. 使学生进一步理解条码技术的理论知识； 2. 加深对条码构成、生成、应用的直观认识； 3. 让学生进一步掌握条码扫描和制作条码的技巧； 4. 了解条码扫描仪的使用方法，掌握其识读、译码原理； 5. 掌握几种常用的扫描仪的扫描特性	1. 选择一家仓储公司或超市为实训基地，要求学生（条码管理人员）根据验货清单，收集和检索出商品的条码； 2. 运用条码技术生成并打印条码标签； 3. 将打印好的条码标签贴到商品上； 4. 了解条码扫描仪的简单使用方法； 5. 掌握几种常用的扫描仪的扫描特性	1. 收集常用的条码； 2. 调用条码生成模块，生成条码标签； 3. 检测条码标签的制作效果及粘贴位置是否正确； 4. 掌握条码识读、译码过程； 5. 通过采用不同类型的扫描仪分别扫描不同的条码，进行条码性能分析； 6. 总结并归纳不同类型扫描仪的性能	老师评价占40% 其他小组评价占60% 总计	

课后 习题 🔍

1. 什么是条码？条码的编码方法有哪些？
2. 常用的物流条码有哪几种？它们的结构如何？
3. 条码识读的原理是什么？
4. 常用的条码识读设备有哪几种？
5. 条码技术在仓储管理中的应用有哪些？
6. 举例说明条码技术在你身边的应用。

任务2　射频技术及其应用

知识 与能力目标 🔍

◎ 掌握射频识别技术的概念
◎ 熟悉射频识别系统的构成及原理
◎ 掌握射频识别技术在仓储管理中的应用

任务 描述

■ 案例放送

RFID 仓库物流管理系统

1. 概述

仓库管理在企业的整个管理流程中起着非常重要的作用，如果不能保证及时准确地进货、库存控制和发货，将会给企业带来巨大损失，这不仅表现为企业各项管理费用的增加，而且会导致客户服务质量难以得到保证，最终影响企业的市场竞争力。

传统的仓库管理，一般依赖于一个非自动化的、以纸张文件为基础的系统来记录、追踪进出的货物，完全由人工实施仓库内部的管理，因此仓库管理的效率极其低下，所能管理的仓库规模也很小。

随着计算机的应用普及，目前大多数企业的仓库管理数据资料已开始采用计算机数据系统管理，但数据还是采用先纸张记录再手工输入计算机的方式进行采集和统计整理。这不仅造成大量的人力资源浪费，而且由于人为的因素，数据录入速度慢、准确率低。

随着企业规模的不断发展，仓库管理的物资种类及数量在不断增加、出入库频率剧增，仓库管理作业也已十分复杂和多样化，传统的人工仓库作业模式和数据采集方式已难以满足仓库管理的快速、准确要求，严重影响了企业的运行工作效率，成为制约企业发展的一大障碍。

基于 RFID 的仓库管理系统是在现有仓库管理中引入 RFID 技术，对仓库到货检验、入库、出库、调拨、移库移位、库存盘点等各个作业环节的数据进行自动化的数据采集，保证仓库管理各个环节数据输入的速度和准确性，确保企业及时准确地掌握库存的真实数据，合理保持和控制企业库存。通过科学的编码，还可方便地对物品的批次、保质期等进行管理。利用系统的库位管理功能，更可以及时掌握所有库存物资当前所在位置，有利于提高仓库管理的工作效率。

2. RFID 系统架构

仓库管理系统设计采用三层架构，如图 4 – 17 所示。

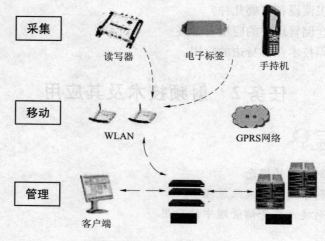

图 4 – 17　仓库管理系统设计

第一层是采集（Capture），主要是通过射频识别设备以及其他自动识别设备采集数据，包括库位标签、货物标签、无线数据终端、AGV 车等；

第二层是移动（Movement），即通过无线通信技术，把采集来的数据传递到中央数据库，包括无线接入设备和相关的网络设备；

第三层是管理（Management），对采集的数据进行管理，包括数据库服务器、网络服务器等设备和仓库管理系统软件。

系统构成如图 4 - 18 所示。

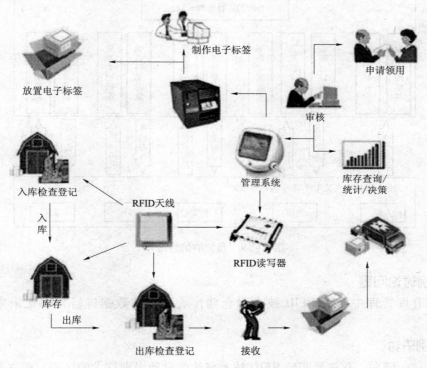

图 4 - 18 系统构成

仓库管理信息系统由三部分组成。

1）仓库管理中心子系统

负责仓库管理数据库的集中管理与维护，负责进货计划、出库计划的制订和指令下达；打印生成各种管理报表。

2）仓库管理现场子系统

发行入库标签、进行实时库存管理（库位管理）、通过无线网络发布仓库管理作业指令。

3）仓库管理执行子系统

完成入库、出库、移库、盘库等作业具体操作，并返回执行实况。

系统的信息流程如图 4 - 19 所示。

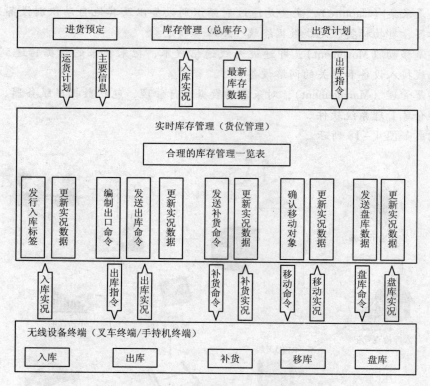

图 4-19　系统的信息流程

■ 案例讨论问题

如何在仓库管理中引入 RFID 技术对仓储作业环节的数据进行自动化采集、传输和管理?

■ 案例研讨

要解决这个问题,首先要明确 RFID 技术与其他自动识别技术的区别,根据其原理及其与仓储管理系统的关系,分析其在仓储管理中的运用现状。因此,需要学习相关的知识。

一、射频技术概述

(一) RFID 概念

(1) 射频技术 (Radio Frequency, RF 或无线射频) 是一种无线电通信技术,其基本原理是电磁理论,利用无线电波对记录媒介进行读写。目前,RF 用得较多的是 IEEE802. 11b 标准,且 2. 4 GHz 的高频道使服务器与终端之间的通信速度可达 12 Mbps,这段频道干扰小,在绝大部分国家都不受无线管理制约。RF 技术以无线信道作为传输媒体,建网迅速,通信灵活,可以为用户提供快捷、方便、实时的网络连接,也是实现移动通信的关键技术之一。RF 技术的应用已渗透到商业、工业、运输业、物流管理、医疗保险、金融和教学等众多领域。

(2) 射频识别技术 (Radio Frequency Identification, RFID) 是指利用射频信号及其空间耦合 (交变磁场或电磁场) 和传输特性进行非接触双向通信,实现对静止或移动物体的自动识别，并进行数据交换的一项自动识别技术。

射频识别技术是 20 世纪 90 年代逐渐发展起来并走向成熟的，被认为是一种较为先进和具有突破性的技术。射频识别技术通常被归入自动识别技术的领域中，与摄像、条码、磁卡、IC 卡等相比较，它是一种具有广阔应用范围的识别技术，具有很多突出的优点。

①非接触操作，长距离识别，识别距离从几厘米至几十米不等，完成识别工作时无须人工干预，应用便利；

②无机械磨损，寿命长，并可有效工作于各种油渍、灰尘污染等恶劣环境；

③可识别高速运动物体并可同时识别多个电子标签；

④读写器具有不直接对最终用户开放的物理接口，可以有效保证其自身的安全性；

⑤数据安全方面除电子标签的密码保护外，数据部分也可采用相应算法实现安全管理；

⑥读写器与标签之间存在的相互认证过程，能够保证安全通信和存储的顺利实现。

（二）射频系统的构成及工作原理

一个射频识别系统的基本构成包括以射频识别标签（Tag）为代表的信号发射机、射频识别阅读器（Reader）以及应用软件几个主要部分。其中射频识别标签和射频识别阅读器是一个射频识别系统中的核心硬件设备。根据射频识别标签和射频识别阅读器功能的不同，又产生了一些特殊功能的标签、阅读设备以及相关仪器，其中包括专用的射频标签打印机，用于遥测的专属射频识别标签等。

1. 射频系统的构成

1）射频识别标签

射频识别标签由射频识别芯片以及射频识别天线两部分组成，每个标签都具有唯一的电子编码，电子编码在该标签出厂时就已经设置完成，并可以根据实际中的应用需要加以改写。射频识别标签附着在物体上作为识别的目标对象，供射频阅读设备识别。

常见的射频识别标签可以依照信息发送模式的不同而划分为被动标签（Passive Tags）和主动标签（Active Tags）两类。

被动标签也称无源标签，本身并不携带电源，它在接收到阅读器发出微波信号后，将部分微波能量转化为直流电供自己工作，一般可做到免维护，成本很低并具有很长的使用寿命，比主动标签更小也更轻，但读写距离要求较近。

主动标签也称为有源标签，自身带有电池供电，自动地按照设定的时间间隔向阅读设备发送信号。一般具有较远的阅读距离，但体积较大、成本较高，且电池不能长久使用。主动标签通常应用在对贵重物品的远距离遥测方面。

此外，按照标签所携带的信息是否能够被改写，也可以将其分为只读式标签和可读写标签。只读式标签内的信息在集成电路生产时即将信息写入，以后不能修改，只能被专门设备读取；可读写标签将保存的信息写入其内部的存储区，需要改写时也可以采用专门的编程或写入设备擦写。

射频识别标签与射频识别阅读器之间的通信是在一定的工作频率下进行的。射频识别标签的工作频率可以划分为低频（LF，125～134 kHz）、高频（HF，13.56 MHz）、超高频（UHF，430 MHz，868～930 MHz）以及微波（Microwave，2.45 & 5.8 GHz）。各工作频率的射频识别标签和阅读器各自适合的应用环境也有所不同，低频标签多用于门禁或是动物控制，高频标签则用于智能卡系统，超高频可以用于高速公路管理，而微波标签较多用于物品管理。射频识别标签在不同国家或地区的使用时，由于对无限频段的管制范围不同，会造成障碍。

2）射频识别阅读器

射频识别阅读器的主要任务是空置无线载波向射频识别标签发送读取信号，并从标签的反馈中接受应答，对标签返回的信息进行解码，将对象标识信息和其他相关信息传输到主机以便处理。通常情况下，射频识别阅读器通常使用 RS232 或者 RS485 接口与计算机主机进行连接。

射频识别阅读器按照使用方式的不同可以被划分为手持式阅读器和固定式阅读器。通常来说，手持式阅读器的体积较小，内置天线，并且工作距离较短；而固定式阅读器的体积则较大，天线多采用外置形式，工作距离相对较远。此外，固定式阅读器通常还可以对射频识别标签的内容进行擦除或改写，因此也被称为射频识别读写器。

3）其他射频识别系统设备

射频识别标签打印机，主要用于对射频识别标签封装进行打印，也可以对标签的射频内容进行识读。这种打印机是将射频识别阅读器和打印机加以结合产生的，可以在标签的封装上打印其他信息，如条码，更方便标签的使用和发行工作。

目前国际上许多企业开发出了一些各具特色的射频识别设备。包括在射频识别标签中添加温湿度测试模块，便可以远程进行温湿度的测试，以及与多个射频识别阅读器结合使用，并采取一定的算法，组成室内无线定位信息接收设备等。

2. 射频系统的工作原理

射频识别系统的工作原理如图 4-20 所示。

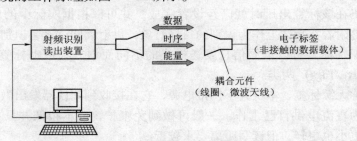

图 4-20　射频系统工作原理图

其中，电子标签又称为射频标签、应答器、数据载体；阅读器又称为读出装置、扫描器、通讯器、读写器（取决于电子标签是否可以无线改写数据）。电子标签与阅读器之间通过耦合元件实现射频信号的空间（无接触）耦合。在耦合通道内，根据时序关系，实现能量的传递和数据的交换。阅读器读取标签的自身编码等信息并解码后送至数据交换、管理系统处理。

3. 射频识别系统的分类

根据射频识别系统完成的功能不同，可以粗略地把 RFID 系统分成四种类型：EAS 系统、便携式数据采集系统、网络系统以及定位系统。

1）EAS 技术

Electronic Article Surveillance（EAS）是一种设置在需要控制物品出入的门口的射频识别技术。这种技术的典型应用场合是商店、图书馆、数据中心等地方，当未被授权的人从这些地方非法取走物品时，EAS 系统会发出警告。

在应用 EAS 技术时，首先在物品上粘附 EAS 标签，当物品被正常购买或者合法移出时，在结算处通过一定的装置使 EAS 标签失活，物品就可以取走。物品经过装有 EAS 系统的门口时，EAS 装置能自动检测标签的活动性，发现活动性标签 EAS 系统会发出警告。EAS 技术的应用可以有效防止物品的被盗，可以让顾客自由地观看、检查商品，很适合自选。

2）便携式数据采集系统

便携式数据采集系统是使用带有射频识别阅读器的手持式数据采集器采集射频识别标签上的数据。这种系统具有比较大的灵活性，适用于不宜安装固定式射频识别系统的应用环境。手持式阅读器可以在读取数据的同时，通过无线电波数据传输方式（RFDC）实时地向主计算机系统传输数据，也可以暂时将数据存储在阅读器中，再成批地向主计算机系统传输数据。

3）物流控制系统

在物流控制系统中，射频识别阅读器分散并固定布置在给定的区域，并且阅读器直接与数据管理信息系统相连；信号发射机是移动的，一般安装在移动的物体、人上面。当物体、人流经阅读器时，阅读器会自动扫描标签上的信息并把数据信息输入数据管理信息系统存储、分析、处理，达到控制物流的目的。

4）定位系统

定位系统用于自动化加工系统中的定位以及对车辆、轮船等进行运行定位支持。阅读器放置在移动的车辆、轮船上或者自动化流水线中移动的物料、半成品、成品上，信号发射机嵌入到操作环境的地表下面。信号发射机上存储有位置识别信息，阅读器一般通过无线的方式或者有线的方式连接到主信息管理系统。

二、射频识别技术在仓储相关领域的应用

1. 实时定位系统

在某些情况下，管理人员需要知道一天中所有存货的位置，通过将射频识别标签贴附于希望被监测到的物品上，并在监测的区域内合理地布置射频识别天线，就可以实现实时定位的功能。放置于固定位置的射频识别天线以有规律的时间间隔传送射频信号，阅读设备接收信号并过滤出有用的部分，进一步辨认射频识别系统作用范围内的存货位置，并将该信息输入中心数据库。这样就可以使管理人员随时获取特定时间内监控范围中所有存货的具体位置，实时制订仓储作业计划，减少存货的搬运时间和距离。

2. 智能托盘系统

以射频识别技术为核心的智能托盘系统，可以有效地解决企业中对生产原材料在仓库中的装卸、处理和跟踪等问题，以及其他各方面与物资流通相关的信息的管理问题。

智能托盘系统是将射频识别标签附着于托盘上，再将射频识别阅读器安装在托盘进出仓库必经的通道口上，这样，当叉车叉载着托盘货物通过出入口时，相应的信息系统就可以通过射频识别阅读器了解到究竟是哪些托盘以及货物通过了通道口。此外，当托盘装满货物时，自动称重系统会自动比较装载着货物的托盘总重量和存储在计算机中的原始单个托盘重量，并获取其中差异，了解到货物的实时信息。

智能托盘系统利用射频识别技术得以有效提高效率，能够准确处理日常进出仓库的大量托盘货物，并可以保证获取信息的准确性和可靠性。

3. 通道控制系统

在汽车制造业的仓库中，存在着一种以射频识别技术为核心的"红绿信号"系统，这种系统可以有效地控制数千个进出仓库的包装箱的流转。在这些被控制的包装箱上，都固定着射频识别标签，而在包装箱可能途经的各个出入口都安装有射频识别阅读设备。阅读器的天线固定在通道上方，当包装箱通过天线所在位置的时候，标签所携带的标识信息会被及时读取并与主数据库中存放的信息进行比较，若信息一致，则绿灯亮，对于包装箱可以放行通过；若信息不一致，则激活红灯，同时将时间等信息资料记录在数据库中，并且包装箱不予放行。

这种通道控制系统消除了以往采用纸张单证管理系统常出现的人为错误，排除了意外不堪重负的运输超负荷状况，建立了高速有效和良好的信息输入途径，可以在物体高速运动的状况下有效地获取信息，大大地节省了时间。同时该系统采用射频识别标签还可以使企业快速获取到信息回馈，包括破损信息、可能取消的订货信息等众多方面，从而有效降低企业的经营风险。

4. 配送过程保护系统

这种保护系统通常应用于保税仓库中。保税仓库中存放着价值昂贵的货物，为了防止货物被盗，也为了防止装着这些货物的托盘因为放错位置而导致交货延迟，故在仓库内部常采用射频识别技术。建立这样一个配送过程保护系统，可以保证叉车按照正确设定的路线移动托盘，降低了在非监控道路上货物被盗的可能。

在这种保护系统中，仓库方需要建立一个悬浮在上方的射频识别阅读系统，并为每个叉车装备射频标签。叉车沿途经过的详细资料都会通过射频连接从中央数据库下载到叉车，这些信息包括正确的装货位置，以及设定好的行走路线等众多方面。如果阅读系统发现标签的位置错误，叉车就会被强行停止，并会由管理者重新设定运作路径。并且与此同时，自动称重系统也将实时提供监控信息。

三、射频识别技术的应用阻力

射频识别技术在实际应用的过程中，却并非完全一帆风顺。其包括以下应用阻力。

（一）隐私权问题

隐私权是顾客最大的忧虑之一。识别购买商品时使用的信用卡或赊账卡的射频识别技术标签，会将顾客和商店数据库的特定产品联系在一起，商家可以使用这些数据准确地跟踪客户购买的产品，这些数据将和特定的销售定位一起，更好地追踪客户。而这样的情况却不是顾客愿意看到的。

（二）失业问题

企业采用射频识别系统后，将接手原来由人工完成的工作并进一步取代人工操作，许多劳工面临失去工作的危机。

（三）技术的问题

调查显示，即使贴上双重卷标，RFID 卷标牌仍有 3% 无法判读；只贴一个标签的吊牌则只有 78% 能够正确判读。此外，射频识别标签与读取机具有方向性及射频识别讯号，容易被某些特殊物体所阻断，亦为射频辨识技术未来发展的一大挑战。

（四）成本的问题

仓储是对大批量的物品进行存储，如果每个物品都贴上电子标签，那带来的仓储成本也将大大提高。只有电子标签的价格降下来，厂家承受得起，才有可能对 RFID 进行批量定购和使用。

此外，对于仓储物流来说，当前制约射频识别技术发展的最大障碍是技术标准。目前针对 RFID 在物流的应用存在两种编码体系：一种是由日本 UID 中心提出的 UID 编码体系；另一种则是由美国的 EPC（电子产品代码）环球协会提出的 EPC 电子产品编码标准。两者之间的不兼容已经成为 RFID 的一大推广障碍。

其他方面，比如射频接收距离限制，射频对人身的辐射，以 RFID 所面临的频率限制等方面的问题，也是 RFID 发展中的障碍。

尽管如此，随着信息科技的逐步发展，日常生活中对于信息的快速获取以及处理需求的不断升温，射频识别技术也逐渐显现出自身巨大的发展潜力。

实训　项目4.2

实训项目：射频阅读器和标签的识别

实训目的	实训内容及要求	实训评价		
		评价标准	评价主体	评价结果
1. 通过实训使学生进一步理解射频识读的理论知识。 2. 加深学生对射频阅读器和标签种类的直观认识。 3. 总结并归纳各种射频阅读器和标签的特性。 4. 培养学生协作与交流的意识与能力，让学生进一步掌握射频识读的原理，为学生应用射频技术奠定基础	1. 通过网络查找各种类型的射频阅读器和各种标签的型号规格。 2. 归纳各种类型的射频阅读器和标签的特性。 3. 总结各种型号射频阅读器的应用场合。 4. 将实训结果填入射频阅读器和各种标签规格表中	1. 根据学生收集的射频阅读器和标签的型号规格来评分。 2. 根据学生总结归纳的射频阅读器和标签的特性、应用场合的正确性以及完成时间来评分	老师评价占40% 其他小组评价占60% 总计	

射频阅读器和各种标签规格表

	射频阅读器型号	标签型号	特性	应用场合
极低频				
甚低频				
低频				
中频				
高频				
甚高频				
特高频				
极高频				

课后 习题

1. 什么是射频识别技术？
2. 简述射频识别系统的工作流程。
3. 常用的条码识读设备有哪几种？
4. 在仓储管理领域中如何应用射频识别技术？

任务3　电子数据交换及其应用

知识 与能力目标

◎ 掌握 EDI 的基本知识
◎ 了解 EDI 的标准
◎ 了解 EDI 的作用及效益，EDI 与电子商务的区别
◎ 能够运用 EDI 相关技术进行数据传输

任务 描述

■ 案例放送

EDI 的应用实例

这是一个物流 EDI 系统的应用实例，由发送货物业主、物流运输业主和接收货物业主共同构成整个模型。这个物流模型的主要步骤如下。

（1）发送货物业主在接到订货后制订货物运送计划，并把运送货物的清单及运送时间安排等信息通过 EDI 发送给物流运输业主和接收货物业主，以便物流运输业主预先制订车辆调配计划和接收货物业主制订货物接收计划。

（2）发送货物业主依据顾客订货的要求和货物运送计划下达发货指令、分拣配货、打印出物流条形码的货物标签并贴在货物包装箱上，同时把运送货物品种、数量、包装等信息通过 EDI 发送给物流运输业主，物流运输业主取运货物时，利用车载扫描读数仪读取货物标签的物流条形码，并与先前收到的货物运输数据进行核对，确认运送货物。

（3）物流运输业主在物流中心对货物进行整理、集装、制出送货清单并通过 EDI 向收货业主发送发货信息。在货物运送的同时进行货物跟踪管理，并在货物交纳给收货业主之后，通过 EDI 向发货物业主发送完成运送业务信息和运费请示信息。

（4）收货业主在货物到达时，利用阅读设备读取货物标签，并与先前收到的货物运输数据进行核对确认，开出收货发票，货物入库。同时通过 EDI 向物流运输业主和发送货物业主发送收货确认信息。

（5）物流运输业主及各组织都要基于标准化的信息格式和处理方法，通过 EDI 共同分享信息、提高流通效率、降低物流成本。例如，对零售商来说，应用 EDI 系统可以大大降低进货作业的出错率，节省进货商品检验的时间和成本，能迅速核对订货与到货的数据，易

于发现差错。

应用传统的 EDI 成本较高，一是因为通过增值网络（VAN）进行通信的成本高；二是制定和满足 EDI 标准较为困难，因此过去只有大企业因得益于规模经济能从利用 EDI 中得到利益。近年来，互联网的迅速普及，为物流信息活动提供了快速、简便、廉价的通信方式，从这个意义上说互联网将为企业进行有效的物流活动提供坚实的基础。

■ 案例讨论问题

EDI 是何种技术？它为何能传递不同格式的文件？它与电子商务是什么关系？

■ 案例研讨

EDI 中文译为"电子数据互换"，是一种数据交互技术，只有在学习了它自身的特点和作用后才能掌握其传递数据的原理以及它与纸面单证传递方式和电子商务传递方式的区别。

一、电子数据交换技术概述

（一）EDI 的定义

EDI 是英文 Electronic Data Interchange 的缩写，EDI 通过计算机通信网络将贸易、运输、保险、银行和海关等行业信息，用一种国际公认的标准格式，实现各有关部门或公司与企业之间的数据交换与处理，并完成贸易为中心的全部过程。EDI 是一种信息管理或处理的有效手段，它是对供应链上的信息流进行运行的有效方法。EDI 的目的是充分利用现有计算机及通信网络资源，提高贸易伙伴间的通信效益，降低成本。

EDI 主要用于电子计算机之间商业信息的传递，包括日常咨询、计划、采购、到货通知、询价、付款、财政报告等多个方面，同时还可应用于安全、行政、贸易伙伴、规格、合同、生产分销等信息交换，并且目前在积极发展的应用领域还包括政府、保险、教育、娱乐、司法、保健和银行抵押业务等方面。

近年 EDI 在物流中广泛应用，被称为物流 EDI。物流 EDI 是指货主、承运业主以及其他相关的单位之间，通过 EDI 系统进行物流数据交换，并以此为基础实施物流作业活动的方法。物流 EDI 参与单位有货主、承运业主、协助单位以及其他的物流相关单位，如仓库业者、配送中心等。

（二）EDI 的特点

由 EDI 的定义不难看出，EDI 作为企业自动化管理的工具之一，具有以下特点：

（1）EDI 是在企业与企业之间传输商业文件数据；

（2）EDI 传输的文件数据都采用共同的标准；

（3）EDI 是通过数据通信网络（一般是增值网和专用网）来传输数据；

（4）EDI 数据的传输是从计算机到计算机的自动传输，不需人工介入操作。

二、EDI 的分类

1. 按功能分类

（1）贸易数据互换系统（Trade Data Interchange，TDI），主要用电子数据文件来传输订单、发货票和各类通知。

（2）电子金融汇兑系统（Electronic Fund Transfer，EFT），即在银行和其他组织之间实行电子费用汇兑。

（3）交互式应答系统（Interactive Query Response），它常应用在旅行社或航空公司，作为机票预定系统。这种 EDI 在应用时要询问到达某一目的地的航班，要求显示航班的时间、票价或其他信息，然后根据旅客的要求确定所要航班，打印机票。

（4）这一类是带有图形资料自动传输的 EDI，最常见的是计算机辅助设计（Computer Aided Design，CAD）图形的自动传输。例如，设计公司完成一个厂房的平面布置图，将其平面布置图传输给厂房的主人，请主人提出修改意见。一旦该设计被认可，系统将自动输出订单，发出购买建筑材料的报告。在收到这些建筑材料后，自动开出收据。

2. 按连接和数据传输方式分类

1）直接型的 EDI（封闭式 EDI）

直接型的 EDI 系统是通过用户与用户之间直接相连而构成的。EDI 的用户开发各自的系统，这样开发的系统只同自己的客户相联系，不与其他的系统相联系，即所谓的封闭式 EDI 系统。

2）基于增值网的 EDI

增值网（Value Added Network，VAN）是指能提供额外服务的计算机网络系统。增值网可以提供协议的更改、检错和纠错功能等。

基于增值网的 EDI 的单证处理过程包括以下内容。

（1）生成 EDI 平面文件。EDI 平面文件是通过应用系统用户的应用文件或数据库中的数据映射成一种标准的中间文件，这是一种普通的文本文件，用于生成 EDI 电子单证。

（2）翻译生成 EDI 标准格式文件。翻译器按照 EDI 标准将平面文件翻译成 EDI 标准格式文件，即 EDI 电子单证。电子单证是 EDI 用户之间进行业务往来的依据，具有法律效力。

（3）通信。用户通过计算机系统由通信网络接入 EDI 信箱，将 EDI 电子单证投递到对方的信箱中，具体过程由 EDI 信箱系统自动完成。

（4）EDI 文件的接收和处理。用户接入 EDI 系统，打开自己的信箱，将来函接收到自己的计算机中，经过格式校验、翻译、映射之后还原成应用文件，并对应用文件进行编辑、处理和恢复。

基于增值网的 EDI 技术比较成熟，已经有多年的运行经验，服务性和安全性也得到了认可，在国际贸易、报关、交通运输、政府招标、公用事业中有广泛应用。

3）基于因特网的 EDI

由于增值网的安装和运行费用较高，许多中小型企业难以承受，他们大都使用传真和电话进行贸易往来。即使使用 EDI 的大公司也不能完全做到节省费用，因为他们的许多贸易伙伴并没有使用 EDI。因特网的发展则提供了一个费用更低、覆盖面更广且服务更好的基于因特网的 EDI 系统，使小型公司和个人都能使用电子商务。它又可分为 3 种类型。

（1）基于电子邮件 EDI。采用多种因特网邮件扩展协议（Multipurpose Internet Mail Extension，MIME）来传输 EDI 单证。MIME 协议可以详细说明和自动识别具有任意类型内容的电子邮件，使邮件的客户机识别 EDI 主体的分段。在采用因特网电子邮件传输 EDI 单证时必须采用特殊的封装技术，首先对 EDI 单证进行必要的传送编码处理，并封装在因特网 MIME 电子邮件的体部，然后再利用因特网邮件传输系统进行传输。

（2）基于 Web 的 EDI。使用 Web 作为 EDI 单证的接口，被认为是目前最好的基于因特网的 EDI。参与者作为 EDI 用户，确定相应的 EDI 用户，确定相应的 EDI 标准，在 Web 上发布表单，供中小客户登录到 Web 站点后选择并填写。提交填写结果后，由服务器网关程序转换成 EDI 报文并进行常规 EDI 单证处理。对中小型企业来说，这种解决方案是可行的，只需一个浏览器和 Internet 连接就可完成。

（3）基于 XML 的 EDI。可扩展标记语言（Extensible Markup Language，XML）是一种数据描述语言，它支持结构化的数据，可以更详细地定义和查询某个数据对象的数据结构以及如何解释消息，能够做到无须编程就可以实现消息的映射。软件代理用最佳方式解释模板和处理消息，可以自动完成映射，并产生正确的消息，同时，代理可以为用户生成一个 Web 表单。与基于 Web 的 EDI 不同，基于 XML 的 EDI 可以在客户端处理消息，自动完成映射，花费很小。通过模板，用户可以得到对其环境的最佳集成，模板可以存储在别处，动态结合到本地应用程序中。基于 XML 的 EDI 能让所有参与者都从 EDI 中得到好处，它是对称的 EDI。

XML 本身的互操作性使基于 XML 的 EDI 的参与者都能从中获得好处，无论是大企业还是中小企业。

三、EDI 的标准

标准化的工作是实现 EDI 互通和互联的前提和基础。EDI 的标准体系包括 EDI 网络通信标准、EDI 处理标准、EDI 联系标准和 EDI 语义语法标准等几个方面。

（1）EDI 网络通信标准是要解决 EDI 通信网络应该建立在何种通信网络协议之上，以保证各类 EDI 用户系统的互联。目前国际上主要采用 MHX（X. 400）作为 EDI 通信网络协议，以解决 EDI 的支撑环境。

（2）EDI 处理标准是要研究那些不同地域不同行业的各种 EDI 报文相互共有的"公共元素报文"的处理标准。它与数据库、管理信息系统等接口有密切关系。

（3）EDI 联系标准主要用于解决 EDI 用户所属的其他信息管理系统或数据库与 EDI 系统之间的接口问题。

（4）EDI 语义语法标准，又称 EDI 报文标准，是用于解决各种报文类型格式、数据元编码、字符集和语法规则以及报表生成应用程序设计语言等问题的标准，是 EDI 技术的核心。

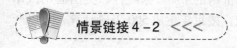

情景链接 4－2　<<<

EDI 标准

20 世纪 80 年代，德国、加拿大、英国、法国、澳大利亚、新加坡等国家纷纷制定了自己的 EDI 标准。由于这些标准互不统一，无法进行国际间的运行，因此，开发国际 EDI 标准的工作开始。美国国家标准局特许标准委员会（ANSIASC）与欧洲的同行们联合研究国际标准。1985 年，由欧洲和北美 20 多个国家的代表开发了一种新的国际标准一 EDIFACT（Electronic Data Interchange For Administration，Commerce and Transport），用于行政管理、商业和运输的电子数据互换，在联合国的支持下，1978 年成为国际标准，称 UNEDIFACT 标准体系。该标准的开发主要是由两个国际组织负责的，国际标准组织（ISO）负责开发句法规则和数据词典，联合国欧洲经济委员会（UN/ECE）负责开发单据标准。

四、EDI 的作用及效益

由于使用 EDI 可以减少甚至消除贸易过程中的纸面文件，因此又被人们通俗地称为"无纸贸易"，但 EDI 的作用却不仅仅于此。

手工条件下贸易单证的处理方式如图 4－21 所示。它显示了通过普通邮件在组织之间传递的纸面单证信息流。当购买者向销售者发出采购订单时，相关的数据需要从内部数据库中提取出来并打印到纸面上，这些纸面单证通过几个仓库与库存管理实务中间步骤后最终传递到销售商那里。这些信息由一个数据录入人员用手工输入到接收方的内部管理信息系统中。这一过程将产生大量冗余劳动力成本和时间消耗，信息的手工复制还增加了出错的危险。

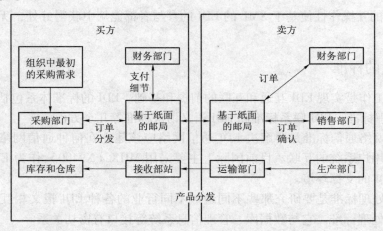

图 4－21　手工条件下贸易单证的处理方式

使用 EDI 的贸易单证的处理方式如图 4－22 所示。

（1）使用 EDI 可以改进企业间的通信，更快地处理问题，减少纸面单证，降低成本。根据联合国组织的一次调查，进行一次进出口贸易，双方需交换近 200 份文件和表格，其纸张、行文、打印及差错可能引起的总开销等大约为货物价格的 7%。据统计，美国通用汽车公司采用 EDI 后，每生产一辆汽车可节约成本 250 美元，按每年生成 500 万辆计算，可以产生 125 亿美元的经济效益。

（2）通过对数据进行电子式的记录可以减少错误，提高总体质量，降低数据对人的依赖性，减少无意义的处理时间。减少了许多重复劳动，提高了工作效率。如果没有 EDI 系统，即使是高度计算机化的公司，也需要经常将外来的资料重新输入本公司的电脑。调查表明，从一部电脑输出的资料有多达 70% 的数据需要再输入其他电脑，既费时又容易出错。

（3）减少库存。EDI 的间接效益来自改进的管理，因为 EDI 一般都会与管理系统连接。EDI 能更快、更精确地填写订单，以便减少库存，达到库存管理的优化。EDI 使整个

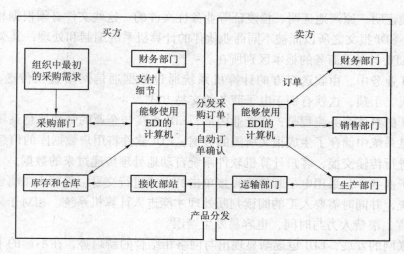

图 4-22　使用 EDI 的贸易单证处理方式

生产过程顺利进行，生产管理也有条不紊，组装线上部件用完的时候，就是补充部件抵达的时候，既不会使生产线停工待料，也不需要庞大的仓库存放大量的部件，经济效益也由此而提高。

（4）EDI 使贸易双方能够以更迅速有效的方式进行贸易，大大简化了订货或存货的过程，使双方能及时地充分利用各自的人力和物力资源。美国 DEC 公司应用了 EDI 后，使存货期由 5 天缩短为 3 天，每笔订单费用从 125 美元降到 32 美元。新加坡采用 EDI 贸易网络之后，使贸易的海关手续从原来的 3～4 天缩短到 10～15 min。同时，EDI 可以降低成本，EDI 存储了完备的交易信息和审计记录，为管理决策提供更好的信息，进而为企业增加效率和减少成本提供了更大的可能性。

（5）改善客户服务。EDI 的战略效益在于通过发展与客户和供应商的密切联系，巩固和增强企业的竞争地位，使企业能为客户提供优质服务，从而提高销量和利润。通过 EDI 可以改善贸易双方的关系，厂商可以准确地估计日后商品的需求量，货运代理商可以简化大量的出口文书工作，商户可以提高存货的效率，大大提高其竞争能力。

EDI 的使用，能够提高企业内部的生产效率，降低运作成本，改善渠道关系，提高对客户的响应，缩短事务处理周期，减少订货周期以及不确定性，提高企业的国际竞争力。利用 EDI 相关数据，并借助于某些 ERP 软件，能够对未来一段时期内的销售进行预测，从而控制库存水平，缩短订单周期，提高顾客满意度。据 Texas Instruments 公司的报告，EDI 已经将其装运差错减少 95%，实地询问减少 60%，数据登录的资源需求减少 70%，以及全球采购的循环时间减少 57%。DEC 公司通过将 EDI 和 MRP 结合起来，使 MRP 实现电子化，公司库存因而减少 80%，交货时间减少 50%。

五、EDI 与电子商务的区别

EDI 作为一种网络传输技术，又显著地区别于电子商务，其自身特点及其与电子商务的区别正是在互联网时代 EDI 仍能进一步发展的基础。

（1）EDI 传送的资料是业务资料，而非一般性通知，即 EDI 是面向诸如订单、发票、装箱单、商检证明、原产地证明、检疫证等业务性文件的。这些文件必须根据相应的统一标准格式编制。EDI 报文之所以能被不同商业伙伴的计算机系统编制和处理，其关键就在于标准。这也是 EDI 与电子商务的根本区别所在。

（2）EDI 业务中，由收送双方的计算机系统通过数据通信网络直接传送、交换资料，中间不需要人工干预，这就有别于电子商务的交易方式。

（3）EDI 的具体业务流程是：在企业内部，EDI 直接与企业的管理信息系统连接，而用户的管理信息系统中储存了生成报文所需的数据。EDI 软件将用户数据库的信息译成 EDI 标准格式，并进行传输交换，客户计算机软件系统自动地处理传递过来的数据。

而在电子商务中，采用电子邮件或直接单击的方式进行交易，需要人工将资料重复地输入计算机系统，并同时需要人工的阅读判断处理才能进入计算机系统。相对于采用标准化格式的 EDI 而言，浪费人力与时间，也容易发生错误。

随着互联网的发展，EDI 也逐渐显现出与网络相结合的新趋势，在不远的未来必将发挥越来越大的作用。

实训　项目4.3

实训项目：上海华联超市集团 EDI 系统案例分析

实训目的	实训内容及要求	实训评价		
		评价标准	评价主体	评价结果
1. 通过实训使学生进一步熟悉 EDI 的理论知识。 2. 加深学生对应用 EDI 的必要性的认识。 3. 对 EDI 信息传递过程有个直观认识	5～7 人组成项目小组，各小组成员就阅读资料后面所提问题进行扩展阅读和讨论，并推选一名代表进行主讲，评价结果作为小组成绩	1. 运用理论正确； 2. 分析理由充分； 3. 表达流利	老师评价占40%	
			其他小组占60%	
			综合	

阅读材料

上海华联超市集团 EDI 系统

一、基本情况

上海华联超市集团成立于 1992 年，目前已发展到有门店 1 000 多家。有直营店、加盟店、合营店三种经营方式，其中直营店有 80 多家，加盟店分布在浙江、江苏等外省市，合营店主要以控股方式经营，主要分布在远郊区、县。直营、加盟、合营三种方式的门店都由总部统一进货。

随着经营规模越来越大，管理工作越来越复杂。公司领导意识到必须加强高科技的投入，搞好计算机网络应用。从 1997 年开始，成立了总部计算机中心，完成经营信息的汇总、处理。配送中心也完全实现了订货、配送、发货的计算机管理，各门店的计算机系统由总部统一配置、统一开发、统一管理。配送中心与门店之间的货源信息传递通过上海商业高新技术公司的商业增值网以文件方式（E-mail）完成。

　　每天中午12点钟，配送中心将商品的库存信息以文件形式发送到增值网上，各门店计算机系统从自己的增值网信箱中取出库存信息，然后根据库存信息和自己门店的销售信息制作"要货单"。但由于要货单信息没有通过网上传输，而是从计算机中打印出来，通过传真形式传送到配送中心，配送中心的计算机工作人员再将要货信息输入计算机系统。这样做的结果不仅导致了数据二次录入可能发生的错误和人力资源的浪费，也体现不出网络应用的价值和效益，因此，公司决定采用EDI系统管理公司的业务。

二、系统结构

　　上海联华超市集团公司作为国家科委"九五"科技公关项目"商业EDI系统开发与示范"的示范单位之一，从1998年3月开始，与北京商学院、杭州商学院、上海商业高新技术开发公司合作开发自己的EDI应用系统。这个EDI应用系统包括配送中心和供货厂家之间、总部与配送中心之间、配送中心与门店之间的标准格式的信息传递，信息通过上海商业增值网EDI服务中心完成。

三、应用信息流（见图4-23）

图4-23　应用信息流

回答下列问题：

1. 联华超市为什么要采用EDI系统？
2. 简述联华超市EDI应用信息流的流动过程。

课后 习题

1. 什么是EDI？其具体分为哪些类别？
2. EDI有哪些标准？
3. 简述EDI的作用及效益。
4. 简述EDI与电子商务的区别。

任务4　全球卫星定位技术与 地理信息系统技术及其应用

知识 与能力目标

◎ 掌握GPS的概念及构成
◎ 掌握GIS的概念及应用

◎ 能对物流领域的定位产品有个直观的认识，为具体运用奠定基础

任务 描述

■ 案例放送

物流车队即时货况管理应用案例
——以精技电脑（股）公司为例

精技电脑（股）公司创立于 1979 年，为台湾地区主要的资讯科技产品通路商之一。国内科技产品通路产业竞争激烈，营业毛利率也偏低，同时因为资讯产品硬体本身的差异化不明显，市场以价格导向为主，因此如何提供快速服务效率来回应客户需求，成为提升企业服务价值的一大思考方向，也是竞争力的主要来源之一。为了有效物流管理并控制成本，精技电脑（股）公司于 2000 年于林口自建物流中心，同时也自行拥有配送物流车队，针对人员、流程、物品与资讯流通强调做更有效的管理，除了建置 ERP 系统，物流中心也建置完善的仓储管理系统，另外于物流配送环节之中也导入了卫星车队即时货况追踪的资讯系统，将物流管理走向更精致化发展。

在导入此套系统应用后，每日由主管派遣调度车辆后，并由系统下载该班次配送订单于手持终端机，司机领取货物并比对订单无误后出车，每台运输车上都配置安装 GPS 卫星定位的车机系统，于每间隔时间内传输坐标资讯，后台资讯系统于接收到车辆坐标后，对应于电子地图中的相对位置，主管可随时了解在外所有车辆的即时位置，并可远端随时调度与掌握全局，当司机将货物送至客户端时，透过 PDA 扫描记录到点时间，并可记录送达状态，若想要了解货品是否已经顺利送达客户手上，主管或客服人员可以立即上网查询，第一时间即可给予客户满意的回应，同时也结合客户关系管理（CRM）系统提供顾客个人化服务，更可以节省传统纸笔作业所花费的时间成本与人力成本，真正实现提升工作效率与客户满意度。

精技电脑（股）公司采用系统的效益，可由三个面向区分为：

（1）客户：提供企业客户查询货品到货的服务平台，加速客户回应速度，不论是货主或者是其客户皆可轻松掌握货品位置与状况。

（2）管理者：易于管理在外车辆、机动调度能力增加、减低不必要的沟通及同时经由自动化的管理方式，充分掌握运输工作的资讯，协助管理者制定配送的物流策略并有效降低营运成本。

（3）司机：工作日志电子化减少文书作业时间，绩效统计透明化，轻轻松松完成每日工作任务。

■ 案例讨论问题

精技电脑（股）公司在其 ERP 系统中导入了卫星车队即时货况追踪的资讯系统后为何能取得很多效益？

■ 案例研讨

它之所以能够取得效益主要是因为每台运输车上都配置安装 GPS 卫星定位的车机系统，对应电子地图，可以定位，并传输信息给系统以便跟踪。要搞清楚具体的原因，还要对其相

关原理及应用进行相应的学习。

一、全球卫星定位技术

（一）GPS 的概念

GPS 即全球定位系统，它是利用一组通信卫星和相关的地面控制部分，以及信号接收器对对象进行动态定位的系统。GPS 可以对目标进行动态空间信息的获取，能够做到反应迅速、精度均匀，且不受天气和时间的限制。通过卫星可以采集到观测点的经纬度以及高度参数，GPS 系统具有导航、定位、授时等功能，可以用来引导飞机、船舶、车辆以及个人，安全、准确地沿着选定的路线，准时到达目的地。

GPS 系统包括以下三个重要组成部分。

（1）GPS 空间部分，即 GPS 卫星。GPS 系统中的所有卫星共计 21 颗工作卫星和 3 颗备用卫星共同组成其空间部分，统称为 GPS 星座。在使用 GPS 时，至少要能够观测到 4 颗卫星，即定位星座，它们的分布直接影响到定位的精度。

（2）GPS 地面监控部分，即地面支持系统。GPS 地面监控部分专门负责卫星的监测和控制工作。用于监测卫星的健康状况和空中定位精度，定时向卫星发送控制指令、轨道参数和时间修正数据。

（3）用户部分，即 GPS 信号接收机。GPS 接收机负责接收卫星发出的信号，并根据卫星信号计算出接收机所处的地理位置数据。

GPS 导航系统的基本原理是测量出已知位置的卫星到用户接收机之间的距离，然后综合多颗卫星的数据就可知道接收机的具体位置。要达到这一目的，卫星的位置可以根据星载时钟所记录的时间在卫星星历中查出。而用户到卫星的距离则通过纪录卫星信号传播到用户所经历的时间，再将其乘以光速得到。当 GPS 卫星正常工作时，会不断地用 1 和 0 二进制码元组成的伪随机码发射导航电文。

（二）GPS 的应用

具体而言，GPS 在物流领域的应用主要包括以下方面。

（1）实时监控、查询功能。在任意时刻通过发出指令查询运输工具所在的地理位置，包括经度、纬度、目前行驶方向和速度等信息，并在电子地图上直观地显示出来，随时掌握货物的在途信息。

（2）调度功能。GPS 的用户可使用 GSM 的话音功能与司机进行语言通话或使用本系统安装在运输工具的车载设备的汉字液晶显示终端进行汉字消息收发对话。监控、调度中心可将调度信息发布至车载调度屏上，驾驶员按下相应的功能键，将该信息反馈到中心，调度员可在中心工作站的显示屏上确认其工作的正确性，了解并控制整个运输作业的准确性。

（3）求助、报警功能。当车辆遇到紧急情况时，司机只需触动报警按钮，就可以将求助信号和当前的位置信息用无线通信方式传回公司，由中心协助处理，使货物的安全保障得到提高。

（4）运载管理。将运输工具的运载信息、维修记录信息、车辆运行状况信息、司机人员信息、运输工具的在途信息等多种信息提供调度部门决策，以提高装车率，尽量减少空车时间和空车距离，充分利用运输工具的运载能力。

（5）服务质量跟踪。在中心设立服务器，并将车辆的有关信息让有该权限的用户能在异地方便地获取自己需要的信息。依据资料库储存的信息，可随时调阅每台运输工具以前的工作资料，并可根据各管理部门的不同要求制作各种不同形式的报表，使各管理部门能更快速、更准确地作出判断及提出新的指示。

二、GIS 技术

GIS 即地理信息系统，它是近十年发展起来的一门综合应用系统。GIS 能把各种信息与地理位置和有关的视图结合起来，并把地理学、几何学、计算机科学及各种应用对象、CAD 技术、遥感、GPS 技术、Internet、多媒体技术及虚拟现实技术等融为一体，利用计算机图形与数据库技术来采集、存储、编辑、显示、转换、分析和输出地理图形及其属性数据，并根据需要将这些信息图文并茂地输送给用户，便于分析及决策使用。

地理信息系统的主要特征是存储、管理、分析与位置相关的信息，因而可以据此对地理信息系统进行定义：地理信息系统 GIS 是多种学交叉的产物，它以地理空间数据为基础，采用地理模型分析的方法，适时地提供多种空间的和动态的地理信息，是一种为地理研究和地理决策服务的计算机技术系统。

目前在物流领域中，GIS 的主要用途是协助 GPS 实现对在外运输车辆的监测和控制，其应用主要有以下几个方面。

（1）车辆路线模型。主要用于解决一个起始点、多个终点的货物运输中，如何降低物流作业费用，并保证服务质量的问题。包括车辆数量的使用以及各车辆的行驶路线等。

（2）网络物流模型。用于解决如何设置路线可使配送总成本最小等网络问题。

（3）分配集合模型。用于解决服务范围和销售市场范围等范围覆盖确定方面的问题。

（4）设施定位模型。用于研究物流网络中一个或多个设施的位置确定问题，包括确定仓库的数量、位置和规模，以及仓库网点之间的物流关系等问题。

实训　项目4.4

实训项目：GPS 在手机上的应用案例分析

实训目的	实训内容及要求	实训评价		
		评价标准	评价主体	评价结果
1. 通过实训使学生进一步了解 GPS 及 GIS 的理论知识。 2. 加深学生对应用定位技术的直观认识。 3. 对定位技术与移动通信技术结合的趋势及克服其应用障碍有进一步的认识	5～7 人组成项目小组，各小组成员就阅读资料后面所提问题进行扩展阅读和讨论，并推选一名代表进行主讲，评价结果作为小组成绩	1. 运用理论正确； 2. 分析理由充分； 3. 表达流利	老师评价占40%	
			其他小组占60%	
			综合	

阅读材料

随着无线定位服务的广泛应用与安全、保障等需求的提升，GPS 技术与手机的整合亦被视为是未来 3～5 年内行动终端的主要发展重点之一。

目前利用 GPS 来进行行动定位的方式有用户终端定位技术与混合式定位技术两种。前者以行动终端内建 GPS 接收器为主要的定位解决方案。此技术利用放置在距地面 20 200 公里的 24 颗同步卫星群所发出的信号，以空间为基准，利用无线电波与时间差来测量距离。其定位测量的基本方式为同步卫星利用载波频道以无线电信息发送卫星位置与时间相关数据，GPS 接收器接收 GPS 卫星传送的讯号后，经由接收器内的运算单元，解算出定位、速度、时间等使用者所需之信息。每颗卫星的位置可经由卫星星历轨道数据求得，透过四颗以上卫星至接收器之距离，便可算出接收器在地球上的三维坐标值。由于 GPS 的定位信号完全由卫星传递并直接于 GPS 接收器内进行位置计算，故营运业者无须在网络端加装任何定位设备，便可达到 10 公尺以内的准确度。

后者则以 A－GPS（Assisted－GPS）为主。同 GPS 一样，A－GPS 的运作原理是由手机接收并处理定位信息。不过，与 GPS 最大的差别在于 A－GPS 定位法在网络端也同时加装接收卫星定位信号的 GPS 接收器，借以辅助手机端之定位。此种方法的定位过程为：在网络端加装 GPS 接收器以接收定位信息，将定位信息由网络端传送至手机，再由手机计算由网络端传来的定位信息与自卫星接收而来的信号，从而获得准确的所在位置。

不过，GPS 应用在行动定位中仍面临三个主要的难题。首先，GPS 必须在直视线（line of sight）的情形下才能接收卫星信号，因此，一旦进入室内或在高楼林立的都会区中，将会严重影响 GPS 的准确度，甚至收不到定位信号；其次，现有的手机必须内建 GPS 芯片或外挂模块才能进行定位，但是内建 GPS 芯片后之耗电量与成本提高的问题将会阻碍 GPS 在手机上的应用；最后，也是影响 GPS 在手机上应用最大的障碍，便是无线通信系统与手机业者的配合。现有的无线通信系统中，除了 CDMA 系统可以配合 A－GPS 的运作外，使用人口数量最多的 GSM 系统无法配合 GPS 技术进行定位信号的处理，也因此影响手机业者开发具有 GPS 功能的 GSM 系统手机。

问题：

1. 查找资料探究无限定位技术的工作原理及应用领域。
2. 查找资料探究终端定位技术与混合式定位技术的区别及其在国内外应用发展情况。
3. 请提出解决行动定位中 GPS 应用面临的三个主要难题的对策。

课后 习题

1. 什么是 GPS 技术？
2. GPS 系统由哪几部分组成？
3. GIS 在物流领域中有哪些应用？

任务 5　仓储管理信息系统

知识 与能力目标

◎ 掌握仓储信息管理系统的概念及特点
◎ 掌握仓储信息管理系统的功能、架构及构成
◎ 了解几种常用的仓储信息管理系统支撑技术
◎ 能设计和应用仓储信息管理系统

任务 描述

■ 案例放送

联华超市股份有限公司信息化进程

联华超市股份有限公司是当前国内连锁零售业的领军企业，总部设在上海，连锁门店已经扩张到全国各个区域。联华超市现有便利、标准门店、大卖场三种业态的门店 1 000 多家，多种资产结构（自营、加盟、合资合作）并存。建有 2 个常温配送中心和 1 个生鲜配送中心。

一、企业对信息化的需求

联华超市结合国际的先进实施经验，充分考虑集团的实际情况，因地制宜，为便利店"量体裁衣"，设计了一套完整的解决方案，即利用现有的建筑物改建成物流中心，采用仓库管理系统（Warehouse Management System，WMS）实现整个配送中心的全计算机控制和管理，而在具体操作中实现半自动化，以货架形式来保管，以上海先达条码技术有限公司提供的无线数据终端进行实时物流操作，以自动化流水线来输送，以数字拣选系统（Data k System）来拣选。另外，在设备的选择方面也采取进口货与国产货合理搭配。这个方案既导入了先进的物流理念，提升了物流管理水平，又兼顾了联华便利店配送商品价值低、物流中心投资额有限的实际情况。在整个方案设计里，不求一步到位，不求设备的先进性，而是力求使合理的投入得到较高的回报。

二、配送中心应用信息化项目的作业流程

1. 进货入库

进货后，立即由 WMS 进行登记处理，生成入库指示单，同时发出是否能入库的指示。如果仓库容量已满，无法入库时，系统将发出向附近仓库入库的指示。接到系统发出的入库指示后，工作人员将货物堆放在空托盘上，并用手持终端对该托盘的号码及进货品种、数量、保质期等数据进行进货登记输入。

在入库登记处理后，工作人员用手动叉车将货物搬运至入库品运载装置处。按下入库开始按钮，入库运载装置开始上升，将货物送上入库输送带。在货物传输过程中系统将对货物进行称重和检测，如不符合要求（如超重、超长、超宽等），系统将指示其退出；符合要求的货物，方可输送至运载升降机。

根据输送带侧面安装的条码阅读器，对托盘条码确认，计算机将对托盘货物的保管和输

送目的地发出指示,托盘升降机自动传输到所需楼层。当升降机到达指定楼层后,由各层的入库输送带自动搬运货物到入库区。

货物在下平台前,根据入库输送带侧面设置的条码阅读器,将托盘号码输入计算机,并根据该托盘情况,对照货位情况,发出入库指示,然后由叉车从输送带上取下托盘。叉车作业者根据手持终端指示的货位号将托盘入库,经确认后,在库货位数将进行更新。

2. 商品拣选

当根据订单进行配货时,仓库管理系统(WMS)会发出出库指示,各层平台上设置的激光打印机根据指示打印出货单。在出库单上,货物根据拣选路径依次打印。这时,系统中的商店号码显示器显示出需要配送的商店号码,数据显示器显示出需要拣选的数量,同时工作人员在空笼车上的塑料袋里插好出库单,在黑板上写上楼层号和商店号,并将空笼车送到仓库。做好以上准备后,方可进行商品拣选工作。

工作人员在确认笼车在黑板上记载的商店号码与商店号码显示器显示的一致后,开始进行拣选工作。根据货位上数码显示器显示拣选的数量,依次进行拣选。数码显示器配备的指示灯可以显示三种不同颜色,分别对应箱、包、件三种不同的拣选单位,以满足各种拣选需求。当拣选作业结束后,按"完了"按钮。

各平台仓库分成 17 个拣选区域,区域内拣选结束后,区域拣选"完了"指示灯会自动闪亮,工作人员再按下区域拣选"完了"按钮,便可继续进行下一个区域的拣选工作。当各个区域内所有拣选处理结束后,系统将自动显示出下一个商店的拣选数据。

3. 笼车出库

当全部区域拣选结束后,装有商品的笼车由笼车升降机送至一层。工作人员将不同商店分散在多台笼车上的商品归总分类,附上交货单,依照送货平台上显示器显示的商店号码将笼车送到等待中对应的运输车辆上。计算机配车系统将根据门店远近,合理安排配车路线。

4. 托盘回收

出货完成后,工作人员将空托盘堆放在各层的空托盘平台返回输送带上,然后由垂直升降机将空托盘传送至第一层,并由第一层进货区域的空托盘自动收集机收集起来,随后送到进货区域的平台上堆放整齐。

三、信息化项目的实施为企业带来了很大的生产效率和经济效益

联华超市充分运用信息化技术在上海建成了第一个大型智能化物流配送中心、第一个现代化生鲜加工配送中心,一上就是两个,总面积达 56 713 平方米,条码、扫描仪、铲车、计算机房、门店的计算机……组成了现代化信息物流系统,在具体的实际运作中收到了良好的经济效益和社会效益。例如,百货类配送,从门店发出要货指令到配货作业来完毕,以前要 4 小时以上,现在只要 40 分钟。生鲜类配送更加讲究效率,门店从网上发出要货指令后,配送中心会根据每个门店的要货时间和地点远近,自动安排生产次序,自动加工,自动包装。以一盒肉糜为例,从原料投入到包装完毕,整个过程不超过 20 分钟。

原来为集团便利门店配送的配送中心,场地狭小,科技含量低,人力资源浪费。每天的拆零商品在一万箱左右,单店商品拆零配置时间约需 4 分钟,人工分拣的拆零差错率达 0.6%,而且每天只能配送 200 多家门店。

集团便利配送中心建成后,以其高效率、低差错率和人性化设计受到各界的好评。物流中心所有操作均由计算机中心的 WPS 管理,将在库存信息与公司 ERP 系统连接,使采购、发货有据可依。新物流中心库存商品可达 10 万箱，每天拆零商品可达成 3 万箱，商品周转期从原来的 14 天缩短到 3.5 天，库存积压资金大大降低；采用 DPS 方式取代人工拣选，使差错率减少到万分之一，配送时间从 4 min/店压缩到 1.5 mis/店，每天可配送 400 多家门店，配送准确率、门店满意度等有了大幅提升，同时降低了物流成本在整个销售额中所占的比例，从而为集团的便利店业态的良好稳定发展奠定了坚实的基础。

（案例选编自：中国物流产品网　联华超市配送中心条码解决方案）

■ **案例讨论问题**

联华超市股份有限公司配送中心的 WMS 在配送中心作业中发挥了什么作用？

■ **案例研讨**

WMS 在配送中心从入库到操作的过程中，结合硬件操作和人工操作，起到了接受和传输信息、发出指令等作用。要搞清它的作用原理，我们还需要进一步学习系统的功能、架构、构成及支撑技术等相关知识。

相关知识 🔍

一、仓储管理信息系统及其特点

（一）仓储管理信息系统（WMS）

伴随着仓储作业过程，仓库中产生大量信息。一旦这些信息流动不顺利，就会影响仓储作业，造成许多不良现象，比如，在收货作业中，货车等待、设备不合用等；在临时存放区段，起重车操作员不知道将货物放在什么地方、收货地点过分拥塞、指定地点被占用等；在储存区段，货道拥塞、出现过多的蜂窝形空缺、不同种类货物的不规则混存等；在订货拣选区段，拣选不到所需货物、拣选某一份或某一批货物时通过同一货道两次以上；在包装区段，材料无法利用，产品贴错标签等；在货物集结区段，货场拥塞、货物归类不对等；在运输区段，运输延迟、车辆等待、客户抱怨等。这些问题都严重阻碍了仓库管理效率的提高。因此，计算机仓库管理信息系统可以说是仓库提高工作效率、减少库存、提高客户服务水平的重要手段。

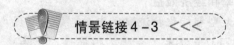

情景链接 4-3 <<<

管理信息系统

管理信息系统（Management Information System，MIS），是一个由人、计算机及其他外围设备等组成的能进行信息的收集、传递、存储、加工、维护和使用的系统。它以获得企业战略竞争优势、提高收益和效率为目的，同时支持企业高层决策、中层控制和基层操作。提供给管理者需要的信息来实现对组织机构的有效管理。管理信息系统涉及三大主要资源：人（people）、科技（technology）和信息（information）。管理信息系统不同于其他用来分析组织机构业务活动的信息系统。

WMS 是面向仓储服务行业的管理信息系统，是使用系统的观点、思想和方法建立起来的，以电子计算机为基本信息处理手段，以现代通信设备为基本传输工具，并且能够为仓储管理决策提供信息服务的人机系统。

（二）仓储管理信息系统的特点

1. 人机系统

计算机仅仅是从物质上给予信息管理以保障，而只有管理工作人员也参与其中，充分地发挥能动作用，才能真正地对计算机等科技资源实现有效的利用。

2. 综合系统

仓储管理信息系统是一个综合性的系统，这体现在多个方面。首先，仓储管理信息系统开发和应用过程中是一个涉及系统论、信息论、控制论、行为科学、管理科学以及计算机技术等多学科交叉的系统；其次，仓储管理信息系统开发和维护需要多方面人才的结合，同时也是一个培养综合型人才的过程；再次，仓储管理信息系统是软件与硬件的集成；最后，仓储管理信息系统还是一个涉及配送、供需等很多方面的系统。

3. 动态系统

从开发应用角度上看，仓储管理信息系统是一个根据实际情况不断开发修正及变化的过程，具有动态特性。

二、WMS 的功能

仓储管理信息系统的功能结构主要包括如下几个方面。

（一）信息处理功能

信息处理功能是仓储管理信息系统最基本的功能，包括了对信息的收集、加工整理、存储转换以及输出等多方面的任务。一般意义上信息系统的数据传输通常只包括信息系统内部各个模块之间的传输，而仓储管理信息系统的数据传输则包含了由信息采集端向信息系统之间的传输行为，在一部分数据传输的安全性上更值得开发方加以考虑。

（二）事务处理功能

仓储管理信息系统能够从事部分常规的事务管理工作，其中包括账务处理以及常规核对、统计核算和报表处理等工作。

（三）预测功能

仓储管理信息系统不仅可以准确实时地反映仓储活动目前的状况，更可以运用一定的模型或方法对历史数据展开分析，并从某些角度、一定程度上反映和预测仓储活动未来的大体趋势。并可以根据具体情况作出行业预测，确定出组织内部的相关发展方向。

（四）计划功能

仓储管理信息系统可以针对不同管理层级提出不同要求，来根据收集得到的种种信息对其工作进行合理的计划和安排，如库存补充计划等，从而利于保证整体管理工作的顺利进行，也可以在一定程度上避免人为失误的产生。

（五）控制功能

仓储管理信息系统能够对仓储活动中各个环节的运作情况展开实时监控，并比较实际工作的开展状况与计划之间的差异，从而能够及时发现问题，进而分析原因，采取相应的手段进行纠偏，确实保证原计划活动的展开。

（六）决策支持功能

决策支持功能常常会成为仓储管理信息系统的一个附加功能。一个优秀的信息系统常常不仅具有管理信息的职能，同时还可以具备支持决策的能力。在实际操作中，系统可以通过运用各种非结构化或是半结构化的决策相关模型技术来对决策进行优化，从而达到为各个管理层级提供最优决策建议的目的。这一职能对于合理利用企业资源、提高整体经济效益以及提升企业综合竞争力有显著作用。

三、WMS 的基本架构

（一）仓储管理信息系统的物理构成

仓储管理信息系统作为一个人机系统，从物理构成上说分为硬件、软件以及相关人员等几个层次。

1. 硬件支持

硬件支持主要包括建成网络所需要的各类节点以及网络互联设备，即计算机、服务器以及相应的通信设备。硬件支持是仓储管理信息系统的基础物理设备与硬件资源，是实现仓储管理信息系统的基础，是构成系统运行的硬件平台。

2. 操作系统

操作系统管理计算机硬件资源，控制其他程序运行并为用户提供交互操作界面的系统软件的集合。操作系统在对硬件的管理中，对于上层各类软件以及用户来说完全透明，有效地将计算机硬件系统和软件系统加以统一，增加了整体系统的可用性。

3. 数据库与数据仓库

数据库相关技术是实现仓储管理信息系统的必要基础和保证。而数据仓库则是面向主题的、集成的、稳定的、不同时间的数据组合，主要用于支持经营管理工作中的决策制定问题。

4. 应用软件

应用软件是负责解决现实中实际问题的软件系统。它可以调用其下各层的硬件以及软件资源，根据实际工作的需求，依照相关人员下达的指令提供数据采集、整理、统计、检索等服务，并可以做到生成报表、预测经营状况甚至是支持决策。

5. 相关人员

仓储管理信息系统中的相关人员同样包括两个层次的概念：对计算机的知识十分熟悉的系统的开发和维护人员，以及并不要求对计算机知识了解太多的系统的最终使用者。

（二）仓储管理信息系统的功能模块

从结构上说，仓储管理信息系统一般在横向上都包括若干个并行的模块，同时在纵向上包括若干个层级，并且每个企业的仓储管理信息系统都有所针对，因而会略有不同。

通常仓储管理信息系统的每个模块都代表仓储业务中的一种独立职能，对于一个第三方物流企业来说，一个基本的信息系统大体包括如下几个方面的模块：仓储信息基础管理模块、客户管理模块、业务受理模块、入库管理模块、库存管理模块和出库管理模块。

仓储基础信息管理模块：主要完成库存初始化、库存限额、结账日期管理等，从而实现整个仓储的基本信息资料的管理和初期数据的设置。

客户管理模块：针对客户的相关事务进行管理，主要完成客户档案管理、客户管理服务和合同管理。包括对客户的代号、名称、联系电话和联系地址等基本信息的录入、修改和删除等。

业务受理模块：它是第三方物流公司用于受理客户的仓储业务需求基础。公司仓储管理人员根据仓储业务申请仓储业务的受理操作，为入库管理做准备。客户需要对货物提供储存业务的联系人信息和货物信息，以便管理人员做出合理的仓储管理方案。

入库管理模块：仓库管理员根据业务受理清单列出入库信息，经过审核确认后，根据客户要求或货物性质选择仓库，并根据仓位的占用信息进行仓位的分配，同时修改仓库信息，从而完成实际入库操作，生成入库单。

库存管理模块：负责各种物料或货物的收发存管理，实时处理入库作业管理系统和出库作业管理系统提供的数据，随时更新库存信息来反映库存的动态变化。该功能模块可以提供某段时间内库存物流的信息状况，随时显示打印当前的库存量等信息，帮助用户清楚地统一管理库存的每一次出库入库及盘点情况，提高库存管理效率。

出库管理模块：仓库管理员根据客户的实际需求和实际库存情况，提前做好出库的准备。一旦确定出库后，以最快的速度生成出库货物的明细通知单，同时要修改仓库库存信息，完成出库作业并申请进行审核，以保证出库货物的正确无误。

四、WMS 构成

仓库管理信息系统是以条码技术和数据库技术为基础，从而实现仓库管理中货物的进货、出货、库存控制、点仓等管理功能，并可依托互联网进行客户订单和查询管理的管理信息系统。它包括入库作业管理系统、出库作业管理系统、库存控制系统三个系统。

（一）入库作业管理系统

入库作业系统包括预定进货数据处理系统和实际进货作业。预定进货数据处理为进货调度、人力资源组织及设备资源分配提供依据。其基本数据有：预定进货日期、进货商品品种、数量、供应商预先通告的进货日期、商品品种及入库数量。

实际入库交货时，输入的数据有采购单号、厂商名称、商品名称、数量等。通过输入采购单号来查询进货商品的名称、数量和内容是否与采购单内容相符，并确定进货的月台，由仓管员指定卸货地点及方式。仓管员检验后将入库数据输入库存数据库并调整库存数据库。

货物入库后，对于需立即出库的商品，入库系统需具备待出库数据查询并连接派车及出货配送系统，当入库数据输入后即访问订单数据库，取出该商品待出库数据信息并转入出库配送数据库，同时调整库存数据库。对于需要上架入库再出库的商品，进货系统需具备货位指定功能，当进货数据输入时即启动货位指定系统，由货位数据库、产品明细数据库来计算入库商品所需的货位大小，根据商品特性和货位状况来确定最佳货位。货位管理系统则主要完成商品货位登记、跟踪并提供货位状况报表，为货位分配提供依据。货位跟踪时可将商品编码或入库编码输入货位数据库来查询商品所在货位，输出的报表有货位指示单商品货位报表、可用货位报表、各时间段入库一览表、入库数据统计等。

（二）出库作业管理系统

出库作业管理系统以客户为对象，涉及的作业有自客户处取得订单、进行订单处理、仓库管理系统、从出库准备到实际将货物运送至客户手中为止的一系列作业。

1. 订单处理系统

主要包括客户询价、报价和订单接收、确认及输入。自动报价系统需输入的数据有客户名称、询价商品的名称、规格等，然后系统根据这些数据调用产品明细数据库、客户交易此商品的历史数据库、此客户报价的历史数据库、客户数据库、厂商采购报价等，以取得此商品的报价历史资料、数量折扣、客户以往交易记录及客户折扣、商品供应价等数据，再由系统按其所需净利润与运输成本、保管成本等来制定估价公式并计算销售价格，然后可打印报价单送交客户，客户签回后即成为正式订单。订单的传送可采用邮寄、电话、传真、因特网传输 EDI 报文或直接用 E-mail 传送。

2. 销售分析及销售预测

主要包括销售分析、销售预测和商品管理。销售分析主要是为了使管理人员对销售现状有全面的了解。通过输入销售日期、月份、年度、商品类别、名称、客户名称、操作员名称等查询各种销售统计资料，可提供商品销售统计表、年度商品数量统计表、年度及月份商品数量统计比较分析报表、商品成本利润分析表，并可查询每个业务员的销售业绩。销售预测分析系统可根据不同的统计分析方法（如时间序列分析、指数平滑法、多元回归分析等方法）生成商品销售预测表、库存需求预测表、成本需求预测表、设备需求预测表等。商品管理系统可生成商品销售排行榜、商品销售周转率、获利率分析表。

（三）库存控制系统

库存控制系统主要完成库存商品分类分级、定购数量和订货地点的确定、库存跟踪管理及库存盘点等作业。商品分类分级可根据分类分级标志按库存量排序和分类，生成各种排序报表。定购数量和订货点可根据库存数据库、厂商报价数据库、采购批量计算公式数据库等生成。库存盘点方式有两种：定期盘点和循环盘点。盘点作业系统是定期打印库存商品报表，待实际盘点后输入实际数据生成并打印盈亏报表、库存损失分析报表等。实际盘点前，库管员调用盘存清单打印系统，输入某类商品的名称或仓库货区、货位名称，系统自动调用库存数据库或货位数据库进行检索并打印出盘点清单。库管员根据此清单会同有关人员用手持式数据采集器采集商品库存数据，然后将采集到的数据输入到中央数据库调整库存数据库的内容，最后由盘点打印系统打印出盘亏报表、库存损失报表等结果。

根据需要，库存控制系统还可以设定定期盘点和循环盘点时点，使系统能够在预定的时间自动启动盘点系统、打印各种报表，以便于实际进行盘点作业。

五、WMS 建立步骤

（一）考证仓库建立管理信息系统的必要性

首先回顾一下仓库过去作业情况，检查仓库库存准确度、运送库存量、服务水平和综合生产能力。接着对仓库进行全面考察，以确定完成仓库职能所必需的信息。如收货便需要掌握仓库空储存点信息，同时还要检查哪些数据已经有了，建立系统还需要收集哪些类型的数据（有时还根据情况决定是否安装自动化数据采集系统）。通过考察，便可决定仓库应改进的范围并决定是否采用仓库管理信息系统。

（二）建立系统详细说明书

一旦仓库确定了建立管理信息系统的计划，接下来便应着手建立系统的详细说明书，包括系统软件功能、灵活性（可否适应业务发展要求）以及软件供应者异地提供支持的能力。一般来说，一个仓库管理系统应具备以下基本功能：运输、收货、包装、物资登录、储存订货拣选、集结物资和资源管理。

（三）寻找合适的软件商，建立系统

建立仓库管理信息系统不需要一切都从头做起。企业可以开出一个认为系统应具备的功能清单，然后对照清单看哪家提供的商品软件满足要求。当然，一般情况下不可能找到一个完全满足企业要求的现存系统。一般而言，有20%～40%的功能要求专门设计。所以，比较好的做法是找一家能完全理解企业需求的软件商，双方合作编制出满意的软件。

下列几种技术的发展使得仓库管理系统软件的水平可以进一步提高：窗式接口技术、目标程序语言技术、分布式处理机技术、加速运动快速处理技术和并行处理技术。

六、WMS 支持技术

（一）仓储管理信息系统的开发支持技术

涉及仓储管理信息系统的开发技术总体可以划分为软硬件支持技术和开发技术两类。软硬件支持技术方面，主要包括各类计算机硬件及软件技术和数据库相关技术等多个方面，而开发技术则主要指管理信息系统的众多开发方法。

1. 计算机硬件技术

这一方面的技术主要是针对涉及网络中作为节点的各台计算机的硬件构成技术，包括对于 CPU、主板、内存、硬盘等各个硬件部分的相关技术，以及其间的配合问题研究。计算机的硬件是仓储管理信息系统赖以存在的物理环境，只有计算机的基础设施处于健康的状态，仓储管理信息系统才有可能正常运行。

此外，硬件技术还包括网络硬件部分。目前随着网络技术的不断深入，仓储管理信息系统常常需要组建局域网络才能真正发挥其效力，因而与网络相关的硬件技术也是信息系统的支持技术之一。

2. 计算机软件技术

在这里，计算机软件技术更注重于客户端的操作系统以及网络操作系统。操作系统是硬件之上的第一层软件系统，能够对硬件实现有效的控制和管理，同时起着优化硬件的作用。操作系统的正确安装和顺利运作，是上层软件运行的有效保障，同时通过操作系统，也可以在一定程度上提高计算机硬件的可用性。

3. 数据库技术

数据库作为目前广泛普及的一种技术，已经成了众多信息系统必要的软件基础。数据库技术可以有效地实现对海量数据的存储访问和维护，同时还能够解决数据的一致性和安全等众多问题，是仓储管理信息系统的有效软件支持。

在仓储相关领域中，无论是条形码技术、射频识别技术，或是 GPS 等识别技术，都离不开数据库系统的支持。对于其他各种信息技术而言，数据库是基础的数据支持工具，只有首先建立起能够对众多数据进行高效访问，优化管理的数据库系统，其他众多的信息采集技术才能真正得以发挥作用。也就是说，我们常见的条码等信息技术，只是面向于某一种特殊应用的技术，必须在数据库的基础之上才能有效发挥作用。

此外，数据库系统还是管理信息系统和决策支持系统的有力基础。只有在对大量数据的自由存取和安全存储的基础上，才能进一步发展对大量数据的合理规划、有效加工，并最终用于支持辅助进行决策活动。

4. 开发方法

目前常见的系统开发方法主要包括生命周期法、原型法、面向对象法几种。其中生命周期法是将整个系统开发的过程作为一个生命周期的方法；原型法是依照一个切实的原型并在其基础上进一步完善的开发方法；面向对象法则将对象视为模型的基本单元，并在此基础上进行系统的开发。此外，还有可以用于系统开发辅助作业的 CASE 法。

在开发技术方面，并非只用方法理论可以遵循。除了一般理论以外，也存在着一些用于专门进行系统开发的方法，Rational Rose 就是其中一例。Rational Rose 是基于 UML 的可视化建模工具，应用这种软件，可以依靠计算机将模型直接映射为代码，大大提高了系统开发的效率。

（二）仓储管理信息系统的实现支持技术

仓储管理信息系统的实现支持技术，重点是指在实际应用过程中，被整合在整个仓储管理信息系统内的各方面技术。其中重点包括前面所提到的条形码等方面的技术。

这一类技术本身是一种相对独立的技术元素，但是从仓储管理信息系统整体的角度看，类似于条码一类的信息采集技术主要作为信息的采集手段出现在仓储活动中，并因此成为仓储管理信息系统的有力支持。

其他一些信息技术，虽然对仓储活动不直接产生影响，但对于物流过程却日益重要，像 GPS 与 GIS 系统、互联网技术和电子数据交换（EDI）技术等也可以作为 WMS 的支持技术。

实训 项目4.5

实训项目：仓储管理系统（WMS）案例分析

实训目的	实训内容及要求	实训评价		
		评价标准	评价主体	评价结果
1. 掌握各种类型的 WMS 及其特点； 2. 能够根据使用系统企业的实际情况选择合适的系统	5～7 人组成项目小组，阅读并讨论阅读材料及其后面的问题，形成的结论或成果做成 PPT 派代表展示	1. 运用理论正确； 2. 分析理由充分； 3. 表达流利	老师评价占40%	
			其他小组评价占60%	
			总计	

阅读材料

仓储管理系统

仓储管理系统（WMS）是仓储管理信息化的具体形式，它在我国的应用还处于起步阶段。目前在我国市场上呈现出二元结构：以跨国公司或国内少数先进企业为代表的高端市场，其应用 WMS 的比例较高，系统也比较集中在国外基本成熟的主流品牌；以国内企业为代表的中低端市场，主要应用国内开发的 WMS 产品。下面从应用角度对国内企业的 WMS 概况作个分析。

第一类是基于典型的配送中心业务的应用系统，在销售物流中如连锁超市的配送中心，在供应物流中如生产企业的零配件配送中心，都能见到这样的案例。北京医药股份有限公司的现代物流中心就是这样的一个典型。该系统的目标，一是落实国家有关医药物流的管理和控制标准 GSP 等；二是优化流程，提高效率。系统功能包括进货管理、库存管理、订单管理、拣选、复核、配送、RF 终端管理、商品与货位基本信息管理等功能模块；通过网络化和数字化方式，提高库内作业控制水平和任务编排。该系统把配送时间缩短了 50%，订单处理能力提高了一倍以上，还取得了显著的社会效益，成为医药物流的一个样板。此类系统多用于制造业或分销业的供应链管理中，也是 WMS 中最常见的一类。

第二类是以仓储作业技术的整合为主要目标的系统，解决各种自动化设备的信息系统之间整合与优化的问题。武钢第二热轧厂的生产物流信息系统即属于此类，该系统主要解决原材料库、半成品库与成品库之间的协调运行问题，否则将不能保持连续作业，浪费能源。该系统的难点在于物流系统与轧钢流水线的各自动化设备系统要无缝连接，使库存成为流水线的一个流动环节，也使流水线成为库存操作的一个组成部分。各种专用设备均有自己的信息系统，WMS 不仅要整合设备系统，也要整合工艺流程系统，还要融入更大范围的企业整体信息化系统中去。此类系统涉及的流程相对规范、专业化，多出现在大型 ERP 系统之中，成为一个重要组成部分。

第三类是以仓储业的经营决策为重点的应用系统，其鲜明的特点是具有非常灵活的计费系统、准确及时的核算系统和功能完善的客户管理系统，为仓储业经营提供决策支持信息。华润物流有限公司的润发仓库管理系统就是这样的一个案例。此类系统多用于一些提供公仓仓储服务的企业中，其流程管理、仓储作业的技术共性多、特性少，所以要求不高，适合对多数客户提供通用的服务。该公司采用了一套适合自身特点的 WMS 以后，减少了人工成本，提高了仓库利用率，明显增加了经济效益。

上述三类 WMS 只是从应用角度来做的一个简单分类。第一类 WMS 比较标准，但是并非所有企业就能一下子用起来；第二类是企业内部物流发展进程中经常会用到的，当生产企业或商贸企业在推进其信息化的时候，物流部分往往先从自动化开始，然后与企业的其他信息系统整合起来；第三类则是传统仓储企业向现代物流业过渡的进程中经常会见到的情况。WMS 的这些分类反映了我国物流需求还不很成熟的现状，所以各有其用武之地。

问题：

1. 根据上述实际情况考虑 WMS 的优势和特性。
2. 认真考虑 WMS 与其他信息系统之间，如进销存软件以及物流信息系统之间的差异。
3. 设想 WMS 是如何利用各种信息化手段，并最终融入 ERP 系统中的。

课后 习题

1. 何为仓储管理信息系统？它具有什么特点？
2. 第三方物流企业仓储具有哪些基本功能模块？
3. 简述 WMS 系统的架构。
4. WMS 系统是如何构成的？如何建立 WMS 系统？
5. WMS 有哪些支撑技术？

库存控制与仓储绩效考核

任务 1 仓储成本与库存控制

知识 与能力目标

◎ 掌握仓储成本的构成
◎ 掌握降低仓储成本的措施
◎ 掌握库存控制的几种方法
◎ 能够运用库存控制方法进行库存控制

任务 描述

■ 案例放送

摩托车自行车专营商店的库存控制

摩托车自行车专营商店，是一家批发和零售各种型号摩托车、自行车及其零配件的商店，每年销售各种类型摩托车约 7 000 辆，自行车 30 000 辆，年销售额近 5 000 万元。过去几年产品畅销，商店效益好，但是管理比较粗放，主要靠经验管理。由于商店所在地离生产厂家距离较远，前几年铁路运输比较紧张，为避免缺货，商店经常保持较高的库存量。近两年来，经营同类业务的商店增加，市场竞争十分激烈。

商店摩托车经销部新聘任徐先生担任主管，徐先生具有大学本科管理专业学历，又有几年在百货商店实际工作的经验。他上任以后，就着手了解情况，寻求提高经济效益的途径。

摩托车自行车采购的具体方式是，参加生产厂家每年一次的订货会议，签订下年度的订货合同，然后按期到生产厂办理提货手续，组织进货。徐先生认为摩托车经营部应当按照库存控制理论，在保证市场供应的前提下，尽量降低库存，这是提高经济效益的主要途径。

■ 案例讨论问题

如何通过库存控制方法实现既降低成本又保证供应的目标？

■ 案例研讨

库存与采购订货紧密相连，每次订货多了，订购价格和订购费用降低了，但会造成积压，增加保管费用；订货少了，订购价格和订购费用提高了，保管费用减少了，可能造成脱销，损失销售额。看来要进行一系列的数据收集、分析、计算与比较工作了，在对库存及其他费用有一个初步认识的基础上，还要学习相关的库存控制知识才能解决问题。

相关知识

一、仓储成本的构成

仓储成本指仓储企业在储存物品过程中，即装卸搬运、存储保管、流通加工、商品出库入库等各业务活动以及建造、购置仓库等设施设备所消耗的人力、物力、财力及风险成本的总和。由于角度不同，专门仓储物流企业与生产型和销售型企业在仓储成本的构成上也不同。

（一）专门仓储物流企业的仓储成本构成

可以分为固定成本和变动成本两部分。

（1）固定成本：仓库固定成本是在一定的仓储范围内，不随出入库量变化的成本。它主要包括：① 库房折旧；② 设备折旧；③ 库房租金；④ 库房固定人工工资等；

（2）变动成本：仓库变动成本是仓库运作过程中与进出入库货量有关的成本。它主要包括：① 水、电、气费；② 设备维修费；③ 货品损坏成本费；④ 保管费；⑤ 货物搬运费；⑥ 流通加工费；⑦ 电力、燃料费；⑧ 货物仓储保险费；⑨ 资金利息；⑩ 营销费；⑪ 外协费；⑫ 营业税金等。

（二）生产型和销售型企业仓储成本

对于持有库存的生产型及销售型企业，仓储成本主要包括以下内容。

1. 仓储订购或生产准备成本

仓储订购成本是由于存货而发生的除储存成本以外的各种成本，包括：

① 订货或生产准备成本；② 资金占用成本；③ 存货风险成本。

2. 缺货成本

缺货成本是指由于库存供应中断而造成的损失，包括原材料供应中断造成的停工损失、产成品库存缺货造成的延迟发货损失和丧失销售机会的损失（还应包括商誉损失）。

（1）缺货成本是由于外部和内部中断供应所产生的。当企业的客户得不到全部订货时，叫做外部缺货；而当企业内部某个部门得不到全部订货时，叫做内部缺货。

（2）如果发生外部缺货，将导致以下情况的发生：① 保险库存的持有成本；② 延期交货及其成本；③ 失销成本；④ 失去客户的成本。

3. 仓储运作成本

仓储运储存本是发生在仓储过程中，为保证商品合理储存，正常出入库而发生的与储存商品运作有关的费用。

4. 在途库存持有成本

在途成本与选择的运输方式有关。

二、影响仓储成本的因素以及仓储定价的原则

（一）影响仓储成本的因素

1. 商品的堆存期

物流需求方的商品在仓库的堆存时间是影响仓储成本的一个因素，商品在仓库堆存的时

间越长，累计占用的仓库面积越大，仓储成本越高。

2. 商品的堆存量

物流需求方的商品在仓库堆存的数量越多，占用的仓库面积越大，且入库、出库的工作量也越大，仓储成本越高；而商品的堆存高度越高，占用的仓库面积越小，也会影响到仓储成本。

3. 商品的周转率

在库商品的周转率越低，商品在仓库的平均堆存天数越长，占用仓库的面积越多，占用仓库的时间越长，仓库的利用率越低，仓储成本会越高。

4. 商品的积载因数

商品的积载因数影响到仓库的利用率，商品的积载因数越高，表示每吨货所需占用的库容量也越大，仓库的利用率降低，仓储成本升高。

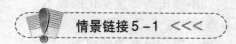

情景链接 5 - 1 <<<

货物积载因数

货物积载因数（STOWAGE FACTOR，SF）是指某种货物每一吨重量所具有的体积或在船舶货舱中正常装载时所占有的容积。前者为不包括亏舱的货物积载因数，俗称理论积载因数（＝货物量尺体积/货物重量）；后者为包括亏舱的货物积载因数（＝货物占用货舱的容积/货物的重量）。

5. 商品的品种

物流需求方的商品的品种越多，需要码的垛就越多，实际占用仓库的面积越大，仓库的利用率就越低，仓储成本越高。

6. 商品的保管条件

按照商品不同的保管要求，有些商品对温度要求很高，如奶制品、熟食品等，需要仓库配备相应的冷藏措施；有些商品对湿度也有要求，如糕点、饼干类产品要求仓库通风性强，保持干燥。仓库为满足不同客户的商品储存要求，需配备相应的设施、设备，仓储成本会随之升高。

（二）制定仓储价格的准则

（1）在周转率一定的情况下，客户商品日均库存量越高，仓储价格应越高；客户商品日均库存量越低，则仓储价格应越低，旨在鼓励客户增加货品的流通速度。

（2）在日均库存量一定的条件下，周转率越高，仓储价格应越低。

（3）在日均库存量、库存周转率一定的情况下，品种数越多，仓储价格越高。

另外，还有其他制约仓储价格的因素，如商品的堆放条件，这影响到仓库的实际使用空间；商品所需的保管条件，有的商品需要冷藏，有的商品需要通风、恒温，这影响到仓库的投入成本；商品的品种，商品不同的品种在仓库中储放时，需要码不同的垛型，这就影响到了仓库的使用面积，使仓容的使用率降低。因此，在制定价格时，不仅要考虑到影响价格的重要因素，还应综合其他相关因素，这样才能合理定价。

三、降低仓储成本的措施

仓储成本是物流成本的重要组成部分。仓储费用的增加，必然会冲减利润，从而导致企业经济效益的降低。因此，采取各种有效的方法，合理地安排仓储，减少装卸搬运环节，提高作业效率，最大限度地发挥仓储设施的效用、确保商品质量完好和数量准确，是加强仓储费用管理，有效降低仓储成本的有效途径，也是物流成本管理的重要方面。

（一）采用"先进先出"方式，减少仓储物的保管风险

"先进先出"是储存管理的准则之一，它能保证每个被储物的储存期不至过长，减少仓储物的保管风险。有效的先进先出方式主要有以下几种。

（1）贯通式（重力式）货架系统。利用货架的每层形成贯通的通道，从一端存入物品，另一端取出物品，物品在通道中自行按先后顺序排队，不会出现越位等现象。贯通式（重力式）货架系统能非常有效地保证先进先出。

（2）"双仓法"储存。给每种被储物都准备两个仓位或货位，轮换进行存取，再配以必须在一个货位中出清后才可以补充的规定，则可以保证实现"先进先出"。

（3）计算机存取系统。采用计算机管理，在存货时向计算机输入时间记录，编入一个简单的按时间顺序输出的程序，取货时计算机就能按时间给予指示，以保证"先进先出"。这种计算机存取系统还能将"先进先出"保证不做超长时间的储存和快进快出结合起来，即在保证一定先进先出的前提下，将周转快的物资随机存放在便于存储之处，以加快周转，减少劳动消耗。

（二）提高储存密度，提高仓容利用率

这样做的主要目的是减少储存设施的投资，提高单位存储面积的利用率，以降低成本、减少土地占用，具体有下列三种方法。

（1）采取高垛的方法，增加储存的高度。具体方法有采用高层货架仓库、集装箱等，可比一般堆存方法大大增加储存高度。

（2）缩小库内通道宽度以增加储存有效面积。具体方法有采用窄巷道式通道，配以轨道式装卸车辆，以减少车辆运行宽度要求，采用侧叉车、推拉式叉车，以减少叉车转弯所需的宽度。

（3）减少库内通道数量以增加有效储存面积。具体方法有采用密集型货架，采用不依靠通道可进车的可卸式货架，采用各种贯通式货架，采用不依靠通道的桥式起重机装卸技术等。

（三）采用有效的储存定位系统，提高仓储作业效率

储存定位的含义是被储存物位置的确定。如果定位系统有效，能大大节约寻找、存放、取出的时间，节约不少物化劳动及活劳动，而且能防止差错，便于清点及实行订货点等。储存定位系统可采取先进的计算机管理，也可采取一般人工管理。行之有效的方式主要有以下两种。

（1）"四号定位"方式。"四号定位"是用一组四位数字来确定存取位置的固定货位方法，是我国手工管理中采用的科学方法。这四个号码是：库号、架号、层号、位号。这就使每一个货位都有一个组号，在物资入库时，按规划要求，对物资编号，记录在账卡上，提货时按四位数字的指示，很容易将货物拣选出来。这种定位方式可对仓库存货区事先做出规

划，并能很快地存取货物，有利于提高速度，减少差错。

（2）电子计算机定位系统。电子计算机定位系统是利用电子计算机储存容量大、检索迅速的优势，在入库时，将存放货位输入计算机。出库时向计算机发出指令，并按计算机的指示人工或自动寻址，找到存放货，拣选取货的方式。一般采取自由货位方式，计算机指示入库货物存放在就近易于存取之处，或根据入库货物的存放时间和特点，指示合适的货位，取货时也可就近就便。这种方式可以充分利用每一个货位，而不需要专位待货，有利于提高仓库的储存能力，当吞吐量相同时，可比一般仓库减少建筑面积。

（四）采用有效的监测清点方式，提高仓储作业的准确程度

对储存物资数量和质量的监测有利于掌握仓储的基本情况，也有利于科学控制库存。在实际工作中稍有差错，就会使账物不符，所以，必须及时且准确地掌握实际储存情况，经常与账卡核对，确保仓储物资的完好无损，这是人工管理或计算机管理必不可少的。此外，经常的监测也是掌握被存物资数量状况的重要工作。监测清点的有效方式如下。

（1）"五五化堆码"。"五五化堆码"是我国手工管理中采用的一种科学方法。储存物堆垛时，以"五"为基本计数单位，堆成总量为"五"的倍数的垛形，如梅花五、重叠五等。堆码后，有经验者可过目成数，大大加快了人工点数的速度，而且很少出现差错。

（2）光电识别系统。在货位上设置光电识别装置，通过该装置对被存物的条形码或其他识别装置（如芯片等）扫描，并将准确数目自动显示出来。这种方式不需人工清点就能准确掌握库存的实有数量。

（3）电子计算机监控系统。用电子计算机指示存取，可以避免人工存取容易出现差错的弊端，如果在储存物上采用条形码技术，使识别计数和计算机联结，每次存、取一件物品时，识别装置自动将条形码识别并将其输入计算机，计算机会自动做出存取记录。这样只需向计算机查询，就可了解所存物品的准确情况，因而无须再建立一套对仓储物实有数的监测系统，减少查货、清点工作。

（五）加速周转，提高单位仓容产出

储存现代化的重要课题是将静态储存变为动态储存，周转速度一快，会带来一系列的好处：资金周转快，资本效益高，货损货差小、仓库吞吐能力增加、成本下降等。具体做法诸如采用单元集装存储，建立快速分拣系统，都有利于实现快进快出，大进大出。

（六）采取多种经营，盘活资产

仓储设施和设备的巨大投入，只有在充分利用的情况下才能获得收益，如果不能投入使用或者只是低效率使用，只会造成成本的加大。仓储企业应及时决策，采取出租、借用、出售等多种经营方式盘活这些资产，提高资产设备的利用率。

（七）加强劳动管理

工资是仓储成本的重要组成部分，劳动力的合理使用是控制人员工资的基本原则。我国是具有劳动力优势的国家，工资较为低廉，较多使用劳动力是合理的选择。要对劳动进行有效管理，避免人浮于事，出工不出力或者效率低下也是成本管理的重要方面。

（八）降低经营管理成本

经营管理成本是企业经营活动和管理活动的费用和成本支出，包括管理费、业务费、交易成本等。加强该类成本管理，减少不必要支出，也能实现成本降低。当然，经营管理成本费用的支出时常不能产生直接的收益和回报，但也不能完全取消，加强管理是很有必要的。

四、库存概述

（一）库存及其分类

库存（Inventory）表示某段时间内持有的存货（可看见、可称量和可计算的有形资产）。库存里的物资叫存货，是储存作为今后按预定目的使用而处于闲置或非生产状态的物料。存货可以为消耗品、原材料、在制品和成品。消耗品是组织在正常运营中消耗掉但不构成成品的库存物品，典型的消耗品诸如铅笔、纸张、灯泡、打字机带以及各种设备维修用品。原材料是在生产过程中将变形或转变为成品的投入物。家具制造厂商典型的原材料是木材、染色剂、胶、螺丝钉、油漆等。在制品是指仍处于生产过程中已部分完工的制品。成品是指可以拿去出售、分配、使用或储存的最终产品。

下面从几种角度来看库存的分类。

（1）按价值划分，分为贵重物品和普通物品，如库存 ABC 分类法就属于按价值分类。

（2）按物品在企业的产品成型状态及在生产中的地位划分，可分成原材料库存、组件、半成品库存以及产品库存。

（3）按库存物品的形成原因（或用处）划分，有如下几种。

① 安全库存。是为了应付需求、制造与供应的意外情况而设立的一种库存。例如，原材料有时会因为供应商可能发生的生产事故、原材料采购意外等造成材料供应短缺；产品销售的不可预测性，也要存储一定量的成品库存；预防本企业生产发生的意外情况，设立半成品的安全库存量，等等。

② 储备库存。一般是企业用于应付季节性市场采购与销售情况，如采购困难、材料涨价、销售旺季等。

③ 在途库存是由于材料和产品运输而产生的库存量。

④ 正常周期库存。是指用于生产等企业经营需要而产生的库存，如按生产计划采购的物资等。

（4）按物品需求的相关性可分为独立需求库存和相关需求库存，独立需求库存是指某一物品的库存量和有些物品有关系，存在一定量与时间的对应关系。

企业要针对不同的库存物品类别，采取不同的库存管理策略。

（二）库存的功能

在现实经济生活中，商品的流通并不是始终处于运动状态的，作为储存表现形态的库存是商品流通的暂时停滞，是商品运输的必需条件，"没有商品储存就不会有商品流通"。库存在商品流通过程中有其内在的功能。

1. 具有调节供需矛盾，消除生产与消费之间时间和空间差异的功能

不同的产品（商品），其生产和消费情况是各不相同的。有些产品的生产时间和空间相对集中，而消费则是均衡的；有些产品生产时间和空间是均衡的，而消费则是不均衡的。比如粮食作物集中在秋季收获，但在一年之中是均衡消费的；清凉饮料和啤酒等产品一年四季都在生产，但其消费在夏季相对比较集中。北方消费南方的水果需要从南方运过去，本地不生产。这表明，生产与消费之间，供给与需求两方面，在一定程度上存在着时间和空间上的差别。为了尽可能地消除供求之间、生产与消费之间这种时间上的不协调性，库存起到了调节如缓冲供需矛盾的作用。

2. 具有创造商品的"时间效用"功能

"时间效用"就是同一种商品在不同的时间销售（消费），可以获得不同的经济效果（支出）。为了避免商品价格上涨造成损失或从商品价格上涨中获利而建立的投机库存恰恰满足了库存的"时间效用"功能。也应该看到，在增加投机库存的同时，也占用了大量的资金和库存维持费用。但只要从经济核算角度评价其合理性，库存的"时间效用"功能就能显示出来。

3. 具有降低物流成本的功能

对于生产企业而言，保持合理的原材料和产成品库存，可以消耗或避免因上游供应商原材料供应不及时而需要进行紧急订货所增加的物流成本，也可以消除或避免下游销售商由于销售波动进行临时订货而增加的物流成本。

五、库存控制模型

库存控制的重点是对库存进行控制，但是对库存控制还没有统一的模型，而且每个企业都有自己特殊的存货管理要求，所以不同企业只能根据自己的具体情况，建立有关模型，解决具体问题。库存管理模型应抓住"补充—存货—供给"这几个相互联系的过程。为了确定最佳库存的管理模型，需要掌握每日存货增减状态的情况和有关项目的内容。

建立模型时，采用如下步骤，如图 5-1 所示。

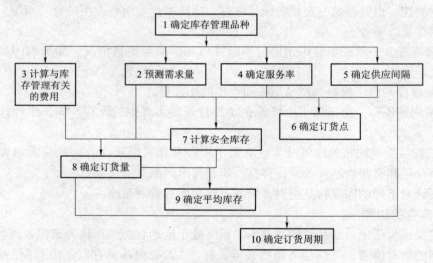

图 5-1 确定最佳库存模型

（一）确定库存管理品种

仓库若对全部物品一视同仁，势必会造成顾此失彼的现象出现，因此，要对物品进行分类管理，即 ABC 分类法。A 类物品，品种比例在 5%～15%，年消耗的金额比例在 60%～80%，是关键的少数，是需要重点管理的库存。B 类物品，品种比例在 15%～25%，年消耗的金额比例在 15%～25%，其品种比例和金额比例大体上相近似，是需要常规管理的库存。C 类物品，品种比例在 60%～80%，虽然表面上只占用了非常小的年消耗的金额，但是由于数量巨大，实际上占用了大量的管理成本，是需要精简的部分，是需要一般管理的库存。然后在分类的基础上，按照 A、B、C 群的顺序，寻求管理的不同对策。

（二）预测需求量

预测需求量时，首先要选择预测方法。预测方法不是越复杂越好，它主要是用来提高重要品种物品的预测准确度，对其他种类物品要采用简单作业的方法。其次要确定预测期间。预测期间可以分为按年和按供应期间预测两种方式。预测值和实际值完全一致的情况很少，所以要考虑预测的误差值，以安全库存来保证。由于实际和模型之间存在一定差异，必须对模型进行修正。具体的预测方法如下：

（1）掌握过去调查的实际需要量的分布状况和趋势；

（2）用统计分布理论作近似模型，进行简单的预测；

（3）当用分布理论做出模型时，使用指数平滑法进行预测，要注重历史资料。

（三）计算与库存管理有关的费用

在划分商品品种的基础上，计算各类商品库存管理费用分为两步：第一，掌握库存管理的所有费用；第二，对费用进行计算。库存管理费用一般包括与订货有关的费用和保管有关的费用，如表 5 – 1 所示。

表 5 – 1　库存管理有关的费用

项　目	内　容
1　订货费用	由于订货次数不同，费用也不同，以每次订货所用的费用来表示
1.1　购入费	商品的进价，要掌握大量进货时折价的情况
1.2　事务费	与订货有关的通信费，工作时间的外勤费、运输费、入库费等都属于此项
2　保管费	根据库存量不同而发生变化的费用
2.1　利息	库存占用资金要支付的利息；增大库存而支付的费用；企业对库存投资希望得到的利益；在上述费用中取最大的
2.2　保险金	防止库存风险而发生的费用
2.3　搬运费	库存量发生变化时，产生的库内搬运费
2.4　仓库经费	包括建筑物设备费、地租、房租、修理费、光热费、电费、水暖费
2.5　盘点货物损耗费	货物变质、丢失、损耗的费用
2.6　税金	库存资产的税金
3　库存调查费	进行需要量的调查、费用调查、库存标准调查发生的相关费用
4　缺货费	也称机会损失费

（四）确定服务率

所谓服务率，是指对于一定时期内，如一年、半年等需要量，能做到不缺货的比率。服务率的大小对企业经营有重要意义，服务率越高，要求拥有的库存量就越多，必须根据企业的战略、商品的重要程度来确定。重要商品（如 A 类商品和促销品）的服务率可定为95% ～100％，对于次重要或不重要商品的服务率，可以定得相对低些。应当注意的是，服务水平每提高1％，库存费用随之增加。总之，服务水平最终取决于经营者的判断。

（五）确定供应间隔

供应间隔是指从订货到交货，需要多少天，又称供货期间。它主要是根据供应商的情况决定其内容的。如果是从生产商处直接进货，必须充分了解生产商生产过程、生产计划、工厂仓库的能力等，并进行全面的相互讨论后再确定供应时间。更有必要和其他供应商加深相互了解。供货期间长，意味着库存量增加，所以企业希望供应期短。还有，由于供应期间有变动，则要增加安全库存量（安全库存量与供应期间的平方根成比例）。因此，为了满足交易条件，就要确定有约束的安全供应期间，作为模型所规定的供应间隔期，是平均供应间隔期和标准误差（如标准偏差等）指标。如果达到正常的程度，那就是最理想的、最大的供应间隔期。

（六）确定订货点

订货有两种方式：一是定量（订货点）订货方式；二是定期订货方式。定期订货方式是指在一定期间内补充库存的方式。定期订货是以每周、每月或三个月为一个订货周期，预先确定订货周期，以防止缺货。订货点方式指库存降到订货点时的订货。订货点是指在补充库存之前，仓库所具备的库存量。

（七）计算安全库存

安全库存是指除了保证在正常状态下的库存计划量之外，为了防止由于不确定因素引起的缺货，而备用的缓冲库存。如果不确定因素考虑过多，就会导致库存过剩。不确定因素主要来自两个方面：需求量预测不确定和供应间隔不确定。

（八）确定订货量

订货量越大，库存和与库存有关的保管费越多。但由于订货次数的减少，与订货有关的各项费用也相应减少。所以订货费和保管费两者随着订货量的变化而变化，反映出反方向的变动关系。保管费用和订货费用之和的总费用是最小值时，对应的订货量就是经济订货量。

（九）确定平均库存

平均库存是指在某一定期间内的平均库存量，一般采用下面的公式计算：

$$平均库存量 = （订货点/2） + 安全库存量 \qquad\qquad (5-1)$$

六、库存控制的方法

库存管理要根据用户需求量的大小，指定一个订货进货策略，来控制订货进货过程，达到既满足用户需要，又控制库存水平，使得库存总费用最小的目的。库存控制方法，实际上又可以叫做订货策略，其主要解决与订货有关的三个问题，什么时候订货，即订货点、订货时机；订多少，即订货批量；如何实施，即订货法。

（一）储备存货的有关成本

1. 取得成本

取得成本指为取得某种存货而支出的成本，通常用 TC_a 来表示。其又分为订货成本和购置成本。订货成本指取得订单的成本，如办公费、差旅费、邮资、电报电话费等支出。订货成本中有一部分与订货次数无关，如常设采购机构的基本开支等，称为订货的固定成本，用 F_1 表示；另一部分与订货次数有关，如差旅费、邮资等，称为订货的变动成本。每次订货的变动成本用 K 表示；订货次数等于存货年需要量 D 与每次进货量 Q 之商。购置成本指存货本身的价值，经常用数量与单价的乘积来确定。年需要量用 D 表示，单价用 U 表示，于是购置成本为 DU。

其公式可表达为：

$$取得成本 = 订货成本 + 购置成本$$

$$= 订货固定成本 + 订货变动成本 + 购置成本$$

$$TC_a = F_1 + K \times D/Q + DU \qquad (5-2)$$

2. 储存成本

储存成本指为保持存货而发生的成本，包括存货占用资金所应计的利息（若企业用现有现金购买存货，便失去了现金存放银行或投资于证券本应取得的利息，是为"放弃利息"；若企业借款购买存货，便要支付利息费用，是为"付出利息"）、仓库费用、保险费用、存货破损和变质损失，等等，通常用 TC_c 来表示。

储存成本也分为固定成本和变动成本。固定成本与存货数量的多少无关，如仓库折旧、仓库职工的固定月工资等，常用 F_2 表示。变动成本与存货的数量有关，如存货资金的应计利息、存货的破损和变质损失、存货的保险费用等，单位成本用 K_c 来表示。用公式表达的储存成本为：

$$储存成本 = 储存固定成本 + 储存变动成本$$

$$TC_c = F_2 + K_c Q/2 \qquad (5-3)$$

3. 缺货成本

缺货成本是指由于存货供应中断而造成的损失，包括材料供应中断造成的停工损失、产成品库存缺货造成的拖欠发货损失和丧失销售机会的损失（还应包括需要主观估计的商誉损失）；如果生产企业以紧急采购代用材料解决库存材料中断之急，那么缺货成本表现为紧急额外购入成本（紧急额外购入的开支会大于正常采购的开支）。缺货成本用 TCs 表示。

如果以 TC 来表示储备存货的总成本，它的计算公式为：

$$TC = TC_a + TC_c + TC_s = F_1 + K \times D/Q + DU + F_2 + K_c Q/2 + TC_s \qquad (5-4)$$

（二）经济订货量模型

1. 经济订货量基本模型

经济订货量基本模型需要设立的假设条件是：

（1）企业能够及时补充存货，即需要订货时便可立即取得存货；

（2）能集中到货，而不是陆续入库；

（3）不允许缺货，即无缺货成本，TC_s 为零，因为良好的存货管理不应该出现缺货成本；

（4）需求量稳定，并且能预测，即 D 为已知常量；

（5）存货单价不变，不考虑现金折扣，即 U 为已知常量；

（6）企业现金充足，不会因现金短缺影响进货；

（7）所需存货市场供应充足，不会因买不到需要的存货而影响其他。

假设年需求量是一恒定值 D，订货批量是 Q。由此，得出年订货次数为 D/Q。首先建立年总库存成本的数学模型。经济批量模型就是通过平衡采购进货成本和保管成本，确定一个最佳的订货数量来实现年总库存成本最低的方法。订货批量 Q 依据经济批量（EOQ）的方法来确定，即总库存成本最小时的每次订货数量。通常，年总库存成本的计算公式为：

$$年总库存成本 = 年购买成本 + 年订货成本 + 年保存成本 + 缺货成本$$

假设不允许缺货，年总库存成本 = 年购买成本 + 年订货成本 + 年保管成本

年购买成本 = 单位价格(C) × 年需求总量(D) = $C \times D$

年订货成本 = 单位订货成本(C_T) × 订货次数(D/Q) = $C_T \times D/Q$

年保管成本 = 单位保管成本(C_H) × 平均库存水平($Q/2$) = $C_H \times Q/2$

把三个方面的成本相加，可以得出：

库存总成本 TC = 购买成本 + 订货成本 + 保存成本 = $C \times D + C_T \times D/Q + C_H \times Q/2$

$$\text{EOQ} = Q^* = \sqrt{\frac{2 \times C_T \times D}{C_H}} \qquad (5-5)$$

相应可以求出年经济订货次数 N^* 和经济订货周期 T^*：

$$N^* = \frac{D}{D^*} = \sqrt{\frac{C_H \times D}{2C_T}} \qquad (5-6)$$

$$T^* = \frac{Q^*}{D} \qquad (5-7)$$

将 EOQ 代入总成本 TC 的表达式，得到经济订货批量下的年库存成本为：

$$\text{TC (EOQ)} = C \times D + C_T \times D/\text{EOQ} + C_H \times \text{EOQ}/2 = C \times D + \sqrt{2 \times D \times C_T \times C_H} \qquad (5-8)$$

[例1] 甲仓库 A 商品年需求量为 30 000 个，单位商品的购买价格为 20 元，每次订货成本为 240 元，单位商品的年保管费为 10 元，求该商品的经济订购批量、最低年总库存成本、每年的订货次数及平均订货间隔周期。

解：经济批量 $\text{EOQ} = \sqrt{\frac{2 \times C_T \times D}{C_H}} = \sqrt{\frac{2 \times 240 \times 30\ 000}{10}} = 1\ 200$ （个）。

每年总库存成本 $\text{TC} = C \times D + C_T \times D/\text{EOQ} + C_H \times \text{EOQ}/2$

$$= 20 \times 30\ 000 + 240 \times 30\ 000/1\ 200 + 10 \times 1\ 200/2 = 61\ 200 \text{ （元）}$$

每年的订货次数 $N^* = 30\ 000/1\ 200 = 25$ （次）

平均订货间隔周期 $T^* = 365/25 = 14.6$ （天）

2. 不允许缺货、持续到货的确定型存储模型

设每批订货数为 Q，由于每日送货量为 P，故该批货全部送达所需日数为 Q/P，称为送货期。因存货每日耗用量为 d，故送货期内全部耗用量为 $\frac{Q}{P} \cdot d$。由于存货边送边用，所以每批送完时，最高库存量 $E = Q - \frac{Q}{P} \cdot d$，平均存量 $\bar{E} = \frac{1}{2}\left(Q \frac{Q}{P} \cdot d\right)$。$E$ 表示最高库存量，$\bar{E}$ 表示平均库存量。

这样，与批量有关的总成本为：

$$\text{TC}(Q) = \frac{D}{Q}K + \frac{1}{2}\left(Q - \frac{Q}{P}d\right)K_c = \frac{D}{Q}K + \frac{Q}{2}\left(1 - \frac{d}{P}\right)K_c \qquad (5-9)$$

在订货变动成本与储存变动成本相等时，$TC(Q)$ 有最小值，故存货持续到货和使用的经济订货量公式为：

$$\frac{D}{Q}K = \frac{Q}{2}\left(1 - \frac{d}{P}\right)K_c$$

$$Q^* = \sqrt{\frac{2KD}{K_c} \cdot \frac{P}{P-d}} \qquad (5-10)$$

[**例2**] 某零件年需用量为 3 600 件，每日送货量为 30 件，每日耗用量为 10 件，单价为 10 元，一次订货成本为 25 元，单位储存变动成本为 2 元，则：

$$Q^* = \sqrt{\frac{2KD}{K_c} \cdot \frac{P}{P-d}} = \sqrt{\frac{2 \times 25 \times 3\,600}{2} \times \frac{30}{30-10}} = 367 \text{（件）}$$

3. 考虑数量折扣的经济订货量模型

上述公式的推导是假设所有成本都是固定的，并且这些数值是已知的和恒定不变的。但在实际中，销售批量大会给供应商带来很多效益。诸如，减少销售时间、减轻销售劳动量；减少商品的保管费用；减少多次零售磅秤的误差积累；减少订货费用；简化包装装卸和检验；提高物质周转率和经济效益。

供应商为了吸引顾客一次购买更多的商品，往往会采用批量折扣购货的方法，即对于一次购买数量达到或超过某一数量标准时给予价格上的优惠。这个事先规定的数量标准，称为折扣点。在批量折扣的条件下，由于折扣之前购买的价格与折扣之后购买的价格不同，因此，需要对原经济批量模型做必要的修正。

在多重折扣点的情况下，如表 5 - 2 所示，先依据确定条件下的经济批量模型，计算最佳订货批量（Q^*），而后分析并找出多重折扣点条件下的经济批量。其计算步骤如下。

（1）用确定型经济批量的方法，计算出最后折扣区间（第 n 个折扣点）的经济批量 Q_n^* 与第 n 个折扣点的 Q_n 比较，如果 $Q_n^* \geqslant Q_n$，则取最佳订购量 Q_n^*；如果 $Q_n^* < Q_n$，就转入下一步骤。

表 5 - 2　多重折扣价格表

折扣区间	0	1	…	t	…	n
折扣点	Q_0	Q_1	…	Q_t	…	Q_n
折扣价格	P_0	P_1	…	P_t	…	P_n

（2）计算第 t 个折扣区间的经济批量 Q_t^*。

若 $Q_t \leqslant Q_t^* < Q_{t+1}$ 时，则计算经济批量 Q_t^* 和折扣点 Q_{t+1} 对应的总库存成本 TC_t^* 和 TC_{t+1}，并比较它们的大小，若 $\mathrm{TC}_t^* \geqslant \mathrm{TC}_{t+1}$，则令 $Q_t^* = Q_{t+1}$，否则就令 $Q_t^* = Q_t$。

如果 $Q_t^* < Q_t$，则令 $t = t + 1$，再重复步骤（2），直到 $t = 0$，其中：$Q_0 = 0$。

[**例3**] 甲仓库 A 商品年需求量为 30 000 个，单位商品的购买价格为 20 元，每次订货成本为 240 元，单位商品的年保管费为 10 元，A 商品供应商为了促销，采取以下折扣策略：一次购买 1 000 个以上打 9 折；一次购买 1 500 个以上打 8 折。如表 5 - 3 所示。若单位商品的仓储保管成本为单价的一半，求在这样的批量折扣条件下，甲仓库的最佳经济订货批量应为多少？

表 5 - 3　多重折扣价格表

折扣区间	0	1	2
折扣点（个）	0	1 000	1 500
折扣价格（元/个）	20	18	16

解：根据题意列出：

（1）计算折扣区间 2 的经济批量：

$$经济批量\ Q_2^* = \sqrt{\frac{2 \times C_T \times D}{C_H}} = \sqrt{\frac{2 \times 240 \times 30\,000}{0.5 \times 0.8 \times 20}} = 1\,342\ （个）$$

$$1\,342 < 1\,500$$

（2）计算折扣区间1的经济批量：

$$经济批量\ Q_1^* = \sqrt{\frac{2 \times C_T \times D}{C_H}} = \sqrt{\frac{2 \times 240 \times 30\,000}{0.5 \times 0.9 \times 20}} = 1\,265\ （个）$$

$\because 1\,000 < 1\,265 < 1\,500$

$\therefore$ 还需计算 TC_1 和 TC_2 对应的年总库存成本：

$$TC_1 = 30\,000 \times 18 + 20 \times 0.5 \times 1\,265 = 551\,385\ （元）$$

$$TC_2 = 30\,000 \times 16 + 30\,000 \times \frac{240}{1\,500} + 1\,500 \times 16 \times \frac{0.5}{2}$$

$$= 490\,800\ （元）$$

由于 $TC_2 < TC_1$，所以在批量折扣的条件下，最佳订购批量 Q^* 为 1 500 个。

（三）ABC 库存管理法

1. ABC 分类法的原理

ABC 分类法源自于帕累托曲线。1879 年意大利经济学家帕累托在研究财富的社会分配时得出一个重要结论：80% 的财富掌握在 20% 的人手中，即"关键的少数和次要的多数"规律。事实上，这一规律存在于社会的各个领域，称为帕累托现象。

ABC 库存管理方法运用数理统计的方法，对库存货物进行分类，以找出占用大量资金的少数库存货物，并加强对其的控制与管理；对那些占用少量资金的大多数货物，则实行较简单的控制和管理。一般地，人们将价值比率为 65% ～ 80%、数量比率为 15% ～ 20% 的物品划为 A 类；将价值比率为 15% ～ 20%、数量比率为 30% ～ 40% 的物品划为 B 类；将价值比率为 5% ～ 15%、数量比率为 40% ～ 55% 的物品划为 C 类。

2. ABC 库存分类管理法的操作步骤

1）收集数据

根据分析要求、分析内容，收集分析对象的有关数据。如要对库存商品占用资金的情况进行分析，可以收集各类库存商品的进库单位、数量、在库平均时间等，以便了解哪几类商品占用的资金较多，以便分类重点管理。

2）处理数据

将收集来的数据资料进行汇总、整理，计算出所需的数据。一般以平均库存乘上单价，求出各类商品的平均资金占用额。

3）绘制 ABC 分类管理表

ABC 分类管理表由 9 栏构成，如表 5 - 4 所示。制表的步骤如下：

表 5 - 4　ABC 分类表

物品名称	品目数累计	品目累计百分数（%）	物品单价	平均库存	物品平均资金占用额	平均资金占用额累计	平均资金占用累计百分数（%）	分类结果
①	②	③	④	⑤	⑥ = ④ × ⑤	⑦	⑧	⑨

　　将以上第二个步骤计算出的平均资金占用额的数据，从大到小进行排队；

　　将平均资金占用额按高到低的顺序填入表中的第 6 栏；

　　以第 6 栏为准，依次在第 1 栏填入相对应的商品名称，在第 4 栏填入商品的单价，第 5 栏填入平均库存，第 2 栏填入 1、2、3、4、5……编号，为品目累计数；

　　计算品目累计百分数，并填入第 3 栏；

　　计算平均资金占用额累计，填入第 7 栏；

　　计算平均资金占用额累计百分数，填入第 8 栏。

　　4）ABC 方法的分类

　　根据 ABC 分类表中第 3 栏中品目累计百分数（%）和第 8 栏平均资金占用额累计百分数（%），进行 A、B、C 三类商品的分类。

　　A 类：品目累计百分数为 5% ～ 15%，平均资金占用额累计百分数为 60% ～ 80%；

　　B 类：品目累计百分数为 20% ～ 30%，平均资金占用额累计百分数为 20% ～ 30%；

　　C 类：品目累计百分数为 60% ～ 80%，平均资金占用额累计百分数为 5% ～ 15%。

　　5）绘制 ABC 分类管理图

　　以品目累计百分数为横坐标，以平均资金占用额累计百分数为纵坐标，按 ABC 分类表第 3 栏和第 8 栏提供的数据，在直角坐标图上取对应点，联结各点的曲线，即为 ABC 分类曲线。按 ABC 分类表上确定的 ABC 三个类别，在图上表明。ABC 分类管理图也可用直方图表示。

　　[例 4] 某公司仓库的库存商品共有 26 种商品，现要对库存商品进行 ABC 分类法管理，具体操作如下：

　　（1）收集 26 种库存商品的名称、单价、平均库存量等资料；

　　（2）计算 26 种库存商品的平均资金占用额；

　　（3）绘制 26 种库存商品 ABC 分类表，如表 5 - 5 所示。

表 5 - 5　库存商品 ABC 分类表

物品名称	品目数累计	品目累计百分数（%）	物品单价（百元/件）	平均库存（件）	物品平均资金占用额（百元）	平均资金占用额累计	平均资金占用累计百分数（%）	分类结果
①	②	③	④	⑤	⑥ = ④ × ⑤	⑦	⑧	⑨
× ×	1	3.85	48.0	380	18 240.0	18 240.0	48.02	A
× ×	2	7.69	25.0	258	6 450.0	24 690.0	64.99	A
× ×	3	11.54	5.0	592	2 960.0	27 650.0	72.79	A
× ×	4	15.38	4.5	520	2 340.0	29 990.0	78.95	B
× ×	5	19.23	3.0	350	1 050.0	31 040.0	81.71	B
× ×	6	23.08	4.6	200	920.0	31 960.0	84.13	B
× ×	7	26.92	1.5	580	870.0	32 830.0	86.42	B
× ×	8	30.77	1.4	560	784.0	33 614.0	88.49	B
× ×	9	34.62	1.1	660	726.0	34 340.0	90.40	B
× ×	10	38.46	0.8	840	672.0	35 012.0	92.17	B

续表

物品名称	品目数累计	品目累计百分数（%）	物品单价（百元/件）	平均库存（件）	物品平均资金占用额（百元）	平均资金占用额累计	平均资金占用累计百分数（%）	分类结果
××	11	42.31	2.1	250	525.0	35 537.0	93.55	B
××	12	46.15	2.5	156	390.0	35 927.0	94.58	C
××	13	50.00	0.6	552	331.2	36 258.2	95.45	C
××	14	53.85	0.3	920	276.0	36 534.2	96.17	C
××	15	57.69	0.1	2 620	262.0	36 796.2	96.86	C
××	16	61.54	0.4	530	212.0	37 008.2	97.42	C
××	17	65.38	1.0	200	200.0	37 208.2	97.95	C
××	18	69.23	0.3	550	165.0	37 373.2	98.38	C
××	19	93.08	0.7	215	150.5	37 523.2	98.78	C
××	20	76.92	0.6	180	108.0	37 823.7	99.06	C
××	21	80.77	0.8	120	96.0	37 727.7	99.32	C
××	22	84.62	0.5	150	75.0	37 802.7	99.52	C
××	23	88.46	0.9	80	72.0	37 874.7	99.70	C
××	24	92.31	0.3	210	63.0	37 937.7	99.87	C
××	25	96.15	0.2	150	30.0	37 967.7	99.95	C
××	26	100.00	0.1	200	20.0	37 987.7	100.00	C

ABC 分类表按库存商品平均资金占用额的大小，由高到低依次排队，列表。再在第①栏中填入对应商品名称，在第④栏中填入商品单价，在第⑤栏中填入平均库存量。在第②栏中填入库存商品的编号（即品目累计数），在第③栏中填入品目累计百分数（如 1/26 ≈ 3.85%），在第⑦栏中填入平均资金占用额累计数。最后，计算并在第⑧栏中填入平均资金占用累计百分数（如 18 240/37 967.7 = 48.02%，24 690/37 987.7 = 64.99%）。

（4）根据库存商品 ABC 分类表中品目累计百分数和平均资金占用累计百分数，参考 A 类、B 类、C 类商品的分类原则、比例及商品在生产、销售中的重要性，对 26 种库存商品进行分类，分类结果如表 5 - 5 中第 9 栏所示。

（5）绘制 ABC 分类管理图，如图 5 - 2 所示。

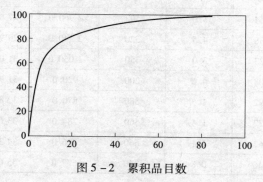

图 5 - 2　累积品目数

3. ABC 库存管理措施

表 5 – 6　ABC 库存管理措施

分类管理方法	A	B	C
库存配置	配送中心	仓库或配送中心	工厂仓库
定额的查定	技术计算法	现场查定法	经验估算法
检查	经常检查	一般检查	以季或年检查
统计	详细统计	一般统计	按金额统计
控制	严格控制	一般控制	金额总量控制
安全库存量	尽可能低	较大	允许较高

（四）定量订货法与定期订货管理法

库存控制的重点是对库存量的控制，订货点技术是传统的库存控制方法，它是从影响实际库存量的两个方面，即一是销售的数量和时间，二是进货的数量和时间，来确定商品订货的数量和时间，从而达到控制库存量的目的。因此订货点技术的关键在于订货的时机，具体的方法包括定量订货法和定期订货法两种。

1. 定量订货管理法

1）定量订货法的原理

定量订货法也称连续检查控制方式或订货点法。其工作原理是：连续不断地监视库存余量的变化，当库存余量下降到某个预定数值时，就向供应商发出固定批量的订货请求，经过一段订货时间，订货到达后补充库存。详细情况见图 5 – 3。

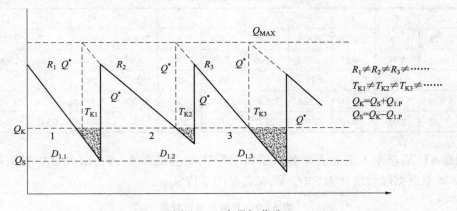

图 5 – 3　定量订货法

2）定量订货法控制参数的确定

实施定量订货法需要确定两个控制参数：一个是订货点，即订货点库存量；另一个是订货数量，即经济订货批量 EOQ。

（1）订货点的确定。影响订货点的因素有三个：订货提前期、平均需求量和安全库存。根据这三个因素确定订货点。

在需求和订货提前期确定的情况下，不需要设安全库存即可直接求出订货点，公式如下：

$$订货点 = 订货提前期（天）× 每天的需求量 \qquad (5-11)$$

[**例题 5**] 某仓库每年出库商品业务量为 18 000 箱，订货提前期为 10 天，计算订货点。

解： 订货点 = 订货提前期（天）× 每天的需求量

$$= 10 ×（18\ 000/360）$$

$$= 500\ 箱$$

在需求和订货提前期都不确定的情况下，需要安全库存（安全系数表见表 5 - 7），公式如下：

$$订货点 =（最大订货提前期 × 平均需求量）+ 安全库存 \qquad (5-12)$$

$$安全库存 = 安全系数 ×（最大订货提前期）^{1/2} × 需求量变化偏差值 \qquad (5-13)$$

表 5 - 7 安全系数表

缺货概率（%）	30.0	27.4	25.0	20.0	16.0	15.0	13.6
安全系数值	0.54	0.60	0.68	0.84	1.00	1.04	1.10
缺货概率（%）	11.5	10.0	8.1	6.7	5.5	5.0	4.0
安全系数值	1.20	1.28	1.40	1.50	1.60	1.65	1.75
缺货概率（%）	3.6	2.9	2.3	2.0	1.4	1.0	
安全系数值	1.80	1.90	2.00	2.05	2.20	2.33	

$$需求量变化偏差值 =（最大需求量 - 最小需求量）/d \qquad (5-14)$$

d 为随统计期数的多少而变动的常数，可查表 5 - 8 得到。

表 5 - 8 随统计期数而变动的 d 值

n	2	3	4	5	6	7	8	9	10	11	12	13
d	1.128	1.693	2.059	2.326	2.534	2.704	2.847	2.970	3.078	3.173	3.258	3.336
$1/d$	.8865	.5907	.4857	.4299	.3946	.3098	.3512	.3367	.3249	.3152	.3069	.2998
n	14	15	16	17	18	19	20	21	22	23	24	
d	3.407	3.472	3.532	3.588	3.640	3.689	3.735	3.778	3.820	3.858	3.896	
$1/d$	.2935	.2880	.2831	.2787	.2747	.2711	.2677	.2647	.2618	.2592	.2567	

[**例题 6**] 某仓库 A 商品去年各月份需求量实际值见表 5 - 9，最大订货提前期为 2 个月，缺货概率根据经验统计为 5%，求 A 商品的订货点。

表 5 - 9 月需求量资料表

月份	1	2	3	4	5	6	7	8	9	10	11	12	合计
需求量	162	173	167	180	181	172	170	168	174	168	163	165	2052

解： 平均月需求量 = 2 052/12 = 171 箱 (1)

由缺货概率 5% 查表得安全系数为 1.65； (2)

由 $n = 12$，查表得出 $1/d$ 为 0.306 9；

$$需求变动值 =（181 - 162）× 0.306\ 9 = 5.831 \qquad (3)$$

$$安全库存 = 安全系数 ×（最大订货提前期）^{1/2} × 需求量变化偏差值$$

$$= 1.65 \times (2)^{1/2} \times 5.831 = 14（箱） \tag{4}$$

$$订货点 = （最大订货提前期 \times 平均需求量）+ 安全库存$$

$$= （2 \times 171）+ 14 = 356 （箱） \tag{5}$$

当 A 商品的库存量下降到 356 箱时就应该发出订货。

（2）订货批量的确定。订货批量就是一次订货的数量。它直接影响库存量的高低，同时也直接影响物资供应的满足程度。在定量订货中，对每一个具体的品种而言，每次订货批量都是相同的，通常是以经济批量作为订货批量。

所谓经济批量，是使库存总成本达到最低的订货数量，是通过平衡订货成本和储存成本两方面得到的。计算公式如下：

$$Q^* = \sqrt{\frac{2DS}{C_i}} \tag{5-15}$$

式中：Q^*——经济订货批量；

$\qquad$ D——商品年需求量；

$\qquad$ S——每次订货成本；

$\qquad$ C_i——单位商品年保管费。

（3）定量订货法的适用范围

① 单价比较便宜，不便于少量订货的产品，如螺栓、螺母等。

② 需求预测比较困难的维修材料。

③ 品种数量繁多、库房管理事务量大的物品。

④ 消费量计算复杂的产品。

⑤ 通用性强、需求量比较稳定的产品等。

2. 定期订货管理法

定期订货法是按预先确定的订货时间间隔进行订货补充的库存管理方法。

1）定期订货法原理

预先确定一个订货周期 T 和最高库存量 Q_{max}，周期性地检查库存，根据最高库存量、实际库存、在途订货量和待出库商品数量，计算出每次订货批量，发出订货指令，组织订货。如图 5-4 所示。

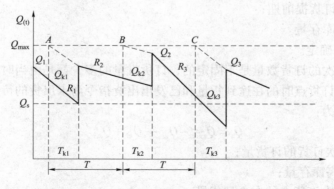

图 5-4 定期订货法原理图

2）定期订货法的实施

定期订货法的实施需要解决三个问题：订货周期如何确定；最高库存量如何确定；每次订货的批量如何确定。

（1）订货周期的确定。

在定期订货法中，订货点实际上就是订货周期，其间隔时间总是相等的。它直接决定最高库存量的大小，即库存水平的高低，进而也决定了库存成本的多少。订货周期过长，库存成本上升；订货周期过短，增加订货次数，增加订货成本。为使总费用达到最小，采用经济订货周期的方法来确定订货周期，公式如下：

$$T^* = \sqrt{\frac{2s}{C_i R}} \qquad\qquad (5-16)$$

式中：T^*——经济订货周期；

S——单次订货成本；

C_i——单位商品年储存成本；

R——单位时间内库存商品需求量。

[例题7] 某仓库 A 商品年需求量为 16 000 箱，单位商品年保管费用为 20 元，每次订货成本为 400 元，经济订货周期 T。

解：

$$T^* = \sqrt{\frac{2s}{C_i R}} = \sqrt{\frac{2 \times 400}{20 \times 16\,000}} = 1/20 \ （年） \ = 18 \ （天）$$

（2）最高库存量的确定。

定期订货法的最高库存量是用以满足（$T + T_k$）期间内的库存需求的，所以可以用（$T + T_k$）期间的库存需求量为基础。考虑到随机发生的不确定库存需求，再设置一定的安全库存。公式如下：

$$Q_{max} = R \ （T + T_k） \ + Q_s \qquad\qquad (5-17)$$

式中：Q_{max}——最高库存量；

R——（$T + T_k$）期间的库存需求量平均值；

T——订货周期；

T_k——平均订货提前期；

Q_s——安全库存量。

（3）订货量的确定。

定期订货法每次的订货数量是不固定的，订货批量的多少都是由当时的实际库存量的大小决定的，考虑到订货点时的在途到货量和已发出出货指令尚未出货的待出货数量，则每次订货量的计算公式为：

$$Q_i = Q_{max} - Q_{ni} - Q_{ki} + Q_{mi}$$

式中：Q_i——第 i 次订货的订货量；

Q_{max}——最高库存量；

Q_{ni}——第 i 次订货点的在途到货量；

Q_{ki}——第 i 次订货点的实际库存量；

Q_{mi}——第 i 次订货点的待出库货物数量。

[例题8] 某仓库 A 商品订货周期18天，平均订货提前期3天，平均库存需求量为每天120箱，安全库存量360箱。另某次订货时在途到货量600箱，实际库存量1 500箱，待出库货物数量500箱，试计算该仓库 A 商品最高库存量和该次订货时的订货批量。

解： 根据 $Q_{max} = R(T + T_k) + Q_s$

$$= 120(18 + 3) + 360$$
$$= 2\ 880\ （箱）$$

$$Q_i = Q_{max} - Q_{ni} - Q_{ki} + Q_{mi}$$
$$= 2\ 880 - 600 - 1\ 500 + 500$$
$$= 1\ 280\ （箱）$$

3）定期订货法适用范围

（1）消费金额高、需要实施严格管理的重点物品，如常见的 A 类商品。

（2）根据市场的状况和经营方针经常调整生产或采购数量的物品。

（3）需求量变动幅度大，但变动具有周期性，可以正确判断其周期的物品。

（4）建筑工程、出口等时间可以确定的物品。

（5）受交易习惯的影响，需要定期采购的物品。

（6）多种商品一起采购可以节省运输费用的。

（7）同一品种物品分散保管、同一品种物品向多家供货商订货、批量订货分期入库等订货、保管和入库不规则的物品。

（8）取得时间很长的物品，定期生产的物品。

（9）制造之前需要人员和物料的准备，只能定期制造的物品等。

（五）MRP 库存控制法

1. MRP 的基本原理

MRP 英文全称为 Material Requirements Planning，译为"物料需求计划"。即由主生产进度计划（Master Production Schedule，MPS）和主产品的层次结构逐层逐个地求出产品所有零部件的出产时间、出产数量，如果是自己加工，就形成了加工任务单；如果是向外采购，就形成了采购任务单。因此，MRP 的基本原理是：从最终产品的生产计划导出相关物料的需求量和需求时间；根据物料需求时间和生产（订货）周期确定其开始生产（订货）的时间。

2. MRP 的基本任务

MRP 的基本任务是编制零件的生产计划和采购计划。要正确编制这些计划，首先必须落实产品的出产进度计划，即主生产计划，这是 MRP 展开的依据。MRP 还需要知道产品的零件结构，即物料清单（Bill of Materials，BOM），才能把主生产计划展开成零件计划。同时，还必须知道所需物料的库存数量才能准确计算出零件的采购数量。

3. MRP 系统的运行

基本 MRP 的依据是：主生产计划（MPS），物料清单（BOM），库存信息。它们之间的逻辑流程关系如图 5-5 所示。

1）主生产计划

主生产计划是确定每一具体的最终产品在每一具体时间段内生产数量的计划。这里的最终产品是指对于企业来说最终完成、要出厂的完成品，它要具体到产品的品种型号。这里的具体时间段，通常是以周为单位，在有些情况下，也可以是日、旬、月。主生产计划详细规

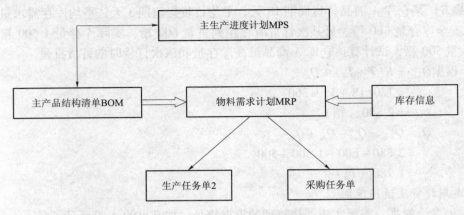

图 5-5　基本 MRP 逻辑图

定生产什么，什么时间应该产出，它是独立需求计划。主生产计划根据客户合同和市场预测，把经营计划或生产大纲中的产品系列具体化，使之成为展开物料需求计划的主要依据，起到了从综合计划向具体计划过渡的作用。如表 5-10 所示。

表 5-10　最终产品 A 的主生产进度计划表

时期（周）	1	2	3	4	5	6	7	8
产量（件/周）	25	15	20		60		15	

2）产品结构与物料清单

MRP 系统要正确计算出物料需求的数量和时间，首先要让系统能够知道企业所制造产品的结构（如图 5-6 所示）和所有要使用的物料。当然，这并不是最终的 BOM。为了便于计算机识别，必须把产品结构图转换成规范的数据格式，这种用规范的数据格式来描述产品结构的文件就是物料清单。它必须说明部件中各种物料需求的数量和相互之间的组成结构关系。表 5-11 就是一张与自行车产品结构相对应的物料清单。

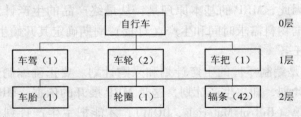

图 5-6　简化的自行车结构图

表 5-11　自行车产品的物料清单

层次	物料号	物料名称	单位	数量	类型	成品率	ABC 码	提前期
0	GB950	自行车	辆	1	自制件	1	A	2
1	GB120	车架	件	1	自制件	1	A	3
1	GB120	车轮	个	2	自制件	1	A	2
2	GB300	轮圈	件	1	外购件	1	A	5

层次	物料号	物料名称	单位	数量	类型	成品率	ABC 码	提前期
2	GB890	轮胎	套	1	外购件	1	B	7
2	GBA30	辐条	根	42	外购件	1	B	4
1	113 000	车把	套	1	外购件	1	A	4

3）库存信息

库存信息是保存企业所有产品、零部件、在制品、原材料等库存状态的数据，在 MRP 系统中，将产品、零部件、在制品、原材料等统称为"物料"或"项目"。

（1）毛需求：指物料的需求数据根据独立需求和相关需求的数量直接合计得出，尚未考虑库存已有数量和未来的预计到货量等信息，即一个周期内总的需求量。其中：

独立需求（最终产品）的毛需求 = 主生产计划的规定数量

相关需求物料的毛需求 = 父项的净需求 × 倍数

（2）计划接受量（在途量）：是指根据正在执行中的采购订单或生产订单，在未来某个时段物料将要入库或将要完成的数量。

（3）计划投入量：生产系统计划投入产品数量，安排产品什么时候开始生产。

（4）计划产出量：生产系统计划产出的产品数量，安排产品什么时候生产完工。

（5）已分配量：是指尚保存在仓库中但已被分配掉的物料数量。

（6）预计可用库存量：某个时段期末的库存量。

预计可用库存量 = 前期可用库存量 + 本时段的计划接受量 − 本期毛需求 + 计划产出量

（7）提前期：是指执行某项任务由开始到完成所消耗的时间。

（8）订购（生产）批量：在某个时段内向供应商订购或要求生产部门生产某种物料的数量。

（9）安全库存量：为了预防需求或供应方面的不可预测的波动，在仓库中应经常保持最低库存数量作为安全库存量。

（10）净需求 = 本期毛需求 − 前期可用库存量 − 本时段的计划接受量 + 安全库存

根据以上定义和公式，可以计算相应的数据。见表 5 - 12。

表 5 - 12　A 产品的库存文件

可用库存：10　　　　　　　　　　　　　安全库存：5　　　　　　　　　　　　　分配量：0
批量规则：固定批量　　　　　　　　　　批量：10　　　　　　　　　　　　　　　计划周期：周
提前期：7 天

类别	时段	1	2	3	4	5	6	7	8	9	10
	期初	4/01	4/08	4/15	4/22	4/29	5/06	5/13	5/20	5/27	6/03
毛需求量		30	20	30	20	30	30	30	30	20	0
计划接收量		40									
预计可用库存量	5	15	5	5	5	5	5	5	5	5	
净需求		0	10	30	20	30	30	30	30	20	
计划产出量			10	30	20	30	30	30	30	20	
计划投入量		10	30	20	30	30	30	30	20		

4. MRP 运行实例

生产木质百叶窗和书架的某厂商收到两份百叶窗订单：一份要 100 个，另一份要 150 个。在当前时间进度安排中，100 单位的订单应于第 4 周开始时运送，150 单位的订单则于第 8 周开始时运送。每个百叶窗包括 4 个木制版条部分和两个框架。木制部分是工厂自制的，制作过程耗时 1 周。框架需要订购，生产提前期是 2 周。组装百叶窗需要 1 周。第 1 周在途的订货数量是 70 个木制部分。为使送货满足如下条件，请求解计划发出订货的订货规模与订货时间。

订货批量为 320 单位框架与 70 个木制部分的订货批量订货。

解：（1）制订生产进度计划，如表 5 – 13 所示。

表 5 – 13 百叶窗进度安排

周数	1	2	3	4	5	6	7	8
数量				100				150

（2）制作产品结构树，如图 5 – 7 所示。

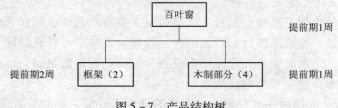

图 5 – 7　产品结构树

（3）利用主生产进度计划，求解百叶窗总需求，然后再计算净需求。假设在配套批量订货条件下，求解满足主生产进度计划时间安排的计划收到订货与计划发出订货数量。

主生产进度计划显示需要运送 100 个百叶窗，在第 4 周开始时没有计划持有量，因此净需求也是 100 单位。于是，第 4 周的计划接收数量等于 100 个百叶窗。由于装配百叶窗耗时 1 周，这就意味着计划发出订货是在第 3 周开始时。运用同样逻辑，150 个百叶窗必须在第 7 周组装，这样才能在第 8 周运送出去。

在第 3 周开始时 100 个百叶窗的计划发出订货，指的是那时必须得到 200 个框架。因为没有预期持有量，净需求就是第 3 周开始时的 200 个框架，以及必备条件：200 个框架的计划收到订货。生产提前期为 2 周意味着厂商必须在第 1 周开始时订购 200 个框架。同样的，第 7 周时 150 个百叶窗的计划发出订货产生第 7 周的总需求与净需求：300 个框架以及当时的计划收到订货。两周的生产提前期标志着厂商必须在第 5 周开始时订购框架。

第 3 周开始时 100 个百叶窗的计划发出订货同时生成 400 单位木制部分的总需求。然而，由于计划的持有量为 70 个木制部分，净需求即为 400 – 70 = 330。这意味着第 3 周开始时的计划接收为 330 单位。制作过程历时 1 周，因此制作必须在第 2 周开始时进行。同样，第 7 周 150 个百叶窗的计划发出订货产生的总需求是 600 个木制部分。由于木质部分净需求也是 600 单位，计划收到订货是 600 单位。此外，1 周的生产提前期意味着 600 个木制的制作安排是在第 6 周开始时，如表 5 – 14 和表 5 – 15 所示。

表 5 – 14　配套批量订货下的 MRP 时间进度安排

周数	1	2	3	4	5	6	7	8
数量	2 倍			100				150

表 5 – 15　百叶窗的时间计划总表

		1	2	3	4	5	6	7	8
百叶窗 LT = 1 周	总需求				100				150
	已在途订单								
	计划持有量								
	净需求				100				150
	计划收到订货				100				150
	计划发出订货			100				150	
			2 倍		2 倍				
框架 LT = 2 周	总需求				200				300
	已在途订单								
	计划持有量								
	净需求				200				300
	计划收到订货				200				300
	计划发出订货		200				300		
			4 倍		4 倍				
木制部分 LT = 1 周	总需求				400				600
	已在途订单	70							
	计划持有量			70	70				
	净需求				330				600
	计划收到订货				330				600
	计划发出订货			330			600		

（4）在进货批量订货条件下，唯一的不同点就是计划接收数量超过的净需求量的可能性。超过部分记为下一期计划存货。如表 5 – 16 所示，框架的订货批量是 320 单位，木制部分的订货批量是 70 单位，成为下一周的计划存货量。第 3 周框架净需求是 200 单位，因此，超过量为 320 – 200 = 120 单位，成为下一周计划库存量。类似地，第七周框架净需求 180 单位，比订货批量 320 小了 140 单位，成为第八周计划存货量。木制部分计算同理，注意，计划发出订货必须是订货批量的倍数，第三周是批量 70 的 5 倍，第七周是批量 70 的 9 倍。

表 5 – 16　订货批量下的 MRP 时间进度安排

周数	1	2	3	4	5	6	7	8
数量	2 倍			100				150

续表

		1	2	3	4	5	6	7	8
百叶窗 LT=1周 订货数量=配套批量订货	总需求				100				150
	已在途订单								
	计划持有量								
	净需求				100				150
	计划收到订货				100				150
	计划发出订货			100				150	
				2倍	2倍				
框架 LT=2周	总需求			200				300	
	已在途订单								
	计划持有量			120	120	120	120	140	
	净需求			200				180	
	计划收到订货			320				320	
	计划发出订货	320				320			
				4倍	4倍				
木制部分 LT=1周	总需求			400				600	
	已在途订单	70							
	计划持有量	70	70	20	20	20	20	50	
	净需求			330				580	
	计划收到订货			350				630	
	计划发出订货		350				630		

　　MRP 为最终产品及其各组附件、部件做出了计划。从概念上说，其数值可以用图描述出来。但实际上，即便是比较简单的产品的部件数量，也足以生成宽度令人无法控制的表格。因而，如前例所示，计划是由个别部件堆砌起来的。正因为如此，产品树对于追踪各部件之间的关系来说显得极为重要。

5. MRP 系统的发展

　　尽管 MRP 的目标之一是将库存保持在最低水平又能保证及时供应所需的物品，但是 MRP 仍存在一些缺陷，即没有考虑到生产企业现有的生产能力和采购的有关条件的约束。因此，计算出来的物料需求的日期有可能因设备和工时不足而没有能力生产，或者因原料不足而无法生产。同时，它也缺乏根据计划实施情况的反馈信息对计划进行调整的功能。

　　正是为了解决以上问题，MRP 系统在 20 世纪 70 年代发展为闭环 MRP 系统。闭环 MRP 系统除了物料需求计划外，还将生产能力需求计划、车间作业计划和采购计划全部纳入 MRP，形成一个封闭的系统。

　　随后闭环 MRP 系统中又加入了对制造范围的资金控制，计划方法的名称随着控制对象的升级而改为"制造资源系统（Manufacturing Resource Planning）"，即 MRP Ⅱ。20 世纪 90 年代初美国人总结当时 MRP Ⅱ 在应用环境和功能方面的主要发展趋势，提出"企业资源计划（Enterprise Resources Planning，ERP）"的概念。ERP 在资源计划和控制功能上的进步表现为：其一计划和控制的范围从制造延伸到整个企业；其二资源计划的原理和方法应用到非制造业。

实训　项目5.1

实训项目：库存控制

实训目的	实训内容及要求	实训评价		
		评价标准	评价主体	评价结果
1. 掌握 ABC 分类管理法的操作方法及步骤； 2. 掌握定量及定期订货管理法的适用条件，使用参数、操作方法及步骤； 3. 掌握 MRP 的运行过程	5～7 人组成项目小组，根据阅读材料提出的任务和问题分工合作完成任务，并推选一名代表做成 PPT 展示作品。其他小组和老师进行评价。具体要求如下： 1. 遵循各类库存控制方法的操作步骤； 2. 能填写 ABC 分类管理表和 MRP 运行表； 3. 会绘制 ABC 分类管理图并进行分析； 4. 能针对不同货物提出有效的管理措施； 5. 技能操作认真、积极；团队合作情况良好	1. 步骤正确； 2. 按要求处理数据，计算和填表准确； 3. 分析充分，方法得当。	老师评价占 40% 其他小组评价占 60%	
			总计	

阅读材料

材料1　ABC 分类管理法

某企业年底对库存 10 种商品进行盘点，它们年平均库存品种数量和单价情况如下所示，试对其进行 ABC 分类，填写分类管理表，绘制 ABC 曲线图，确定管理方法。

序号	产品代码	年平均库存量（千件）	单价（元）
1	X—30	50	8
2	X—23	200	12
3	K—9	6	10
4	G—11	120	6
5	H—40	7	12
6	N—15	280	9
7	Z—83	15	7
8	U—6	70	8
9	V—90	15	9
10	W—2	2	11

材料 2　定量订货法与定期订货法

某企业对库存商品实施分类管理，其中某商品是 C 类商品，此商品年需求量为 30 000 个，单位价格为 20 元，每次订货成本为 240 元，单位商品的年保管费为 10 元。另外，此种商品的订购提前期是 6 天，保险储备定额为 200 个。

任务：判断该种商品采用什么订货方式更合适；若确定了订货方式，请确定订购点和订货数量及年最小库存总成本。

如果在另一企业某种 A 类商品，订购日的现有库存量为 450 个，已订购但尚未到货的数量为 45 个。判断该种商品采用什么订货方式更合适，并确定订货周期、最大库存量及此次的订货数量。

材料 3　MRP 库存控制法

下面给出了两种成品（D 和 E）的相关数据，计算 D、E 的计划订单发布数量和预计库存量。其中，订货批量 Q、提前期 LT、安全库存 SS 的相关数据在表后的备注中给出。

D	1	2	3	4	5	6
总需求	7	11	9	5	8	6
预计入库量						
预计库存量 10						
净需求						
订单计划发布						

注：$Q = 30$；LT $= 1$；SS $= 0$

E	1	2	3	4	5	6
总需求	10	12	15	11	6	8
预计入库量						
预计库存量 15						
净需求						
订单计划发布						

注：$Q = 35$；LT $= 2$；SS $= 3$

F	1	2	3	4	5	6
总需求						
预计入库量	60					
预计库存量	20					
净需求						
订单计划发布						

注：$Q = 60$；LT $= 1$；SS $= 0$

课后 习题

1. 什么是库存？怎么认识库存的作用和功能。
2. 库存控制策略有哪些？
3. ABC 分析法的原理如何？在库存管理中如何应用？
4. 定量订货法与定期订货法有何区别？各自适用于什么情况下的订货？
5. 画出基本 MRP 逻辑图，并简要说明其运行过程。
6. 某商品在过去三个月中的实际需求量分别为：1 月份 126 箱，2 月份 110 箱，3 月份 127 箱，求该商品的需求变动值。
7. 某产品年需求量 1 000 件，订货成本 5 元/次，单价 12.5 元/件，储存费率为 10%，提前期为 5 天，求订购批量、总订购成本、订货点。（注：一年 365 天）

任务 2　仓储绩效评价

知识与能力目标

◎ 理解仓储绩效评价的概念
◎ 掌握仓储绩效评价的标准、原则及仓储绩效评价的方法
◎ 掌握仓储绩效评价的指标
◎ 掌握绩效评价指标体系存在的问题及改进建议

任务描述

■ 案例放送

天津物流市场问卷调查报告——需求篇

工商企业是物流市场的需求方。调查和了解工商企业的物流需求是把握物流市场发展走势的前提和基础，而通过对天津市物流需求与物流供给情况的对比分析，有助于促进物流企业改进服务及工商企业内部物流的合理化运作。本次调研从工商企业回收有效问卷 38 份，其中工业企业 20 份，占 52.6%；商业系统 18 份，占 47.4%。

一、物流运作绩效

1. 物流费用占销售额的比例

在宏观层面上，社会物流成本占 GDP 的比例是反映社会物流运行效率的重要指标。在微观层面上，企业的物流费用比例也可以作为衡量企业物流运作效率的指标。调查显示，物流费用占销售额比例为 5% 以下的企业占 50%，6%～15% 的占 31.25%，16%～30% 的占 12.5%，31%～50% 的占 6.25%。这反映出工商企业的物流成本，从总体上看仍处于较高水平。究其原因，一是工商企业内部物流效率不高；二是社会物流服务的成本费用较高。因此，如何降低物流成本，提高物流效率，是需要重点解决的问题。

2. 成品平均库存期

这项调查主要反映工商企业的原材料和成品库存的周转速度，也反映仓库的使用效率。工商企业的成品平均库存期普遍集中在 11～30 天和 1～3 个月的范围内，所占比例分别为 36.84% 和 31.58%；10 天以下的比例为 23.68%；超过 3 个月的比例较低，为 7.89%。这说明工商企业较重视库存管理，注重加速库存周转。

二、物流需求

工商企业物流需求的调查，一方面反映了工商企业本身产品的辐射范围和所选择的运输方式等情况；另一方面可反映工商企业对物流企业的选择条件和评价，这对物流企业适应需求、改进服务有着重要的意义。

1. 产品辐射范围

调查显示，产品辐射范围超过 1 800 公里以上的企业所占比例最高，占 43.75%；其次是 800～1 800 公里，占 21.88%；最后是 300 公里以内和 300～800 公里，分别是 18.75% 和 15.63%。这一结果反映出天津市是全国重要的制造基地，工业产品辐射全国；同时从商业企业看，天津市是华北地区重要的商品集散地，商品销售范围大部分也在 1 800 公里以内。

2. 运输方式

工商企业选择的运输方式仍以公路运输为主，选择比例达 93.75%；其次是铁路，为 75%；再次是海运，为 43.75%。其中工业品输出选择海运的比例高达 55.5%，商业企业选择海运的仅占 28.57%，这与工业企业产品的辐射范围大于商业企业的分析结果是一致的。另外，商业企业使用铁路公路联运的比例为 21.88%，已具有一定的规模。由于天津市工商企业的产品价值相对较高，公路水路和铁路水路联运比例较低，分别只有 6.25% 和 3.13%。同时，选择空运作为主要运输方式的比例已经达到 28.13%，航空运输出现上升趋势，表明随着天津市空港物流区的建设，航空运输呈现出良好的发展趋势。

3. 选择物流服务商的标准

被调查企业在选择物流外包服务商时，主要考虑价格水平的选择比例为 71.43%，信誉的选择比例为 64.29%，运营能力为 50%，信息服务水平为 42.86%。由此可见，企业选择物流外包商的标准，已经由单一的价格主导转变为综合因素的考虑。但价格仍然是企业衡量物流外包商的第一标准。其次，物流服务商的信誉也被列为较重要的因素。

4. 物流服务商类型

被调查企业在选择外包服务商时，选择民营物流企业的比例最高，占被调查企业的 75%，说明民营企业在物流发展的过程中以其灵活的服务、较低的收费适应了市场需求，得到了认可，正在迅速崛起；其次为国有物流企业，选择比例为 62.5%，显示了这些企业仍拥有一定的基础优势；合资和外商独资物流企业的市场份额也日益提高。这说明，物流市场多元化的格局正在逐步形成。

5. 对物流服务商的评价

被调查企业认为，物流服务商需要在以下几方面改进服务：一是信息传递效率，选择比例为 62.5%；二是作业速度，为 56.25%；三是运作成本，为 46.88%；四是服务一体化，为 40.63%；五是破损率，为 34.38%；六是作业差错、服务态度和需求波动的适应能力，均为 18.75%；七是运作网点数量，为 9.38%。这再次表明，物流企业应在信息化水平、降低物流成本以及提高服务质量方面加以改进，以促进天津市物流行业整体水平的提高。

资料来源：http：//www3.tjtc.edu.cn/cping2006/JPKC/6-6-5.asp

■ 案例讨论问题

结合案例分析，如何根据物流客户的需求确定选择物流服务商的标准和对其评价的标准？

■ 案例研讨

物流企业内部的经营能力是满足客户需求的手段，客户对其选择和评价的标准也要体现在其内部绩效上。而要客观地评价企业的仓储绩效，必须通过一系列仓储绩效考核指标来评价。因此，需要学习相关绩效评价的标准、方法和指标。

一、仓储绩效评价概念及意义

（一）仓储绩效评价的概念

仓储绩效评价是指在一定的经营期间内仓储企业利用指标对经营效益和经营业绩以及服务水平进行考核，以加强仓储管理工作，提高管理的业务和技术水平。

企业经营效益主要表现在盈利能力、资产运营水平、偿还债务能力和后续发展能力等方面。经营业绩主要通过经营者在经营管理企业的过程中对企业的经营和发展所做贡献反映出来。评价内容重点在盈利能力、资产运营水平、偿还债务能力、服务水平和后续发展能力等方面；评价的主要依据是准确反映这些内容的各项定量及定性指标。将这些指标同全国甚至世界同行业、同规模的平均水平比较，从而获得一个公正、客观的评价结论。

（二）仓储绩效评价的意义

仓储活动担负着社会生产所需的各种货物的运输、收发、储存、保管、保养、加工、配送、控制、监督和保证生产需要等多项业务职能，而这些活动都与仓储的经济效益密切联系。仓储活动的各项考核指标是经营管理成果的集中反映，是衡量仓储管理水平高低的尺度，也是考核评价仓储各方面工作和各作业环节工作成绩的重要手段。因此，利用指标考核管理手段，对加强仓储经营管理工作和提高管理的业务及技术水平是十分有效的。

对仓储活动开展绩效评价的意义主要表现在以下方面。

1. 对内加强管理，降低仓储成本

（1）有利于提高仓储的经营管理水平。仓储的每一个绩效指标都反映某部分工作或全部工作的一个侧面，通过对指标的对比和分析，能发现工作中存在的问题。特别是对几个指标的综合分析，能发现彼此间的联系，找出问题的关键所在。通过对比分析，能激发仓储管理人员自觉地钻研业务，提高业务能力以及管理工作的水平。

（2）有利于落实仓储管理的经济责任制。仓储的各项绩效指标是实行经济核算的根据，也是衡量仓储工作好坏的尺度。要推行仓储管理的经济责任制，实行按劳取酬和各种奖励的评定，都离不开指标的考核。

（3）有利于加快仓库企业的现代化建设。仓储活动必须依靠技术设备才能正常进行，而在仓库里，如果设施装备落后、利用率低，则通过对绩效指标的考核就会找出仓储作业的薄弱环节，对消耗高、效率低、质量差的设备，进行挖潜、革新、改造，并且有计划、有步骤地增添先进技术设备，提高仓储机械化水平。

（4）有利于提高仓储的经济效益。经济效益是衡量仓储工作的重要标志，通过绩效指标的考核，可以对仓库的各项活动进行全面的测定、比较、分析，选择合理的储备定额、仓储设备、最优的劳动组合、先进的作业定额、提高储存能力、作业速度和收发保养工作质量，降低费用开支，加速资金周转，以最可能少的劳动消耗获取最大的经济效益。

2. 对外沟通客户，接受客户评价

仓库还可以充分利用生产绩效考核指标对外进行客户沟通，给货主企业提供相对应的质量评价指标和参考数据，以利于市场的开发。具体表现如下。

（1）有利于说服客户和扩大市场占有率。货主企业在仓储市场中寻找服务商的时候，在同等价格的基础上，重点考虑的是服务水平因素。这时如果仓储企业能提供令客户信服的服务指标体系和数据，将在竞争中获得有利地位。

（2）有利于稳定客户关系。目前，我国的物流市场，以供应链方式确定下来的供需关系并不太多，供需双方的合作通常以 1 年为期，到期客户将对物流服务商进行评价，以决定今后是否继续合作。这时如果客户评价指标反映良好，仓储企业将继续拥有这一合作伙伴。

二、仓储绩效评价标准及原则

（一）仓储绩效评价标准

仓储绩效评价标准是对评价对象进行分析评价的标尺，是评价工作的准绳和前提。根据不同的用途，评价标准可以分为以下四类。

1. 计划（预算）标准

计划（预算）标准是仓储绩效评价的基本标准，是指以事先制订的计划、预算和预期目标为评价标准，将仓储绩效实际达到的水平与其进行对比。该标准反映了仓储绩效计划的完成情况，并在一定程度上代表了现代企业经营管理水平。但该标准人为因素较强，主观性较大，要科学合理地制定才能取得较好的激励效果。

2. 历史标准

历史标准是以历史同期水平或历史最好水平为衡量标准，将仓储绩效实际达到的水平与其自身历史水平进行纵向比较。这种比较能够反映仓储绩效指标的发展动态和方向，为进一步提升仓储绩效提供决策依据。但历史标准的评价结果缺乏横向可比性，具有排他性。

3. 客观标准

客观标准是以国际或国内同行业绩效状况作为评价本企业仓储绩效的标准。采用这一评价标准，评价结果较为真实且具有横向可比性，便于了解企业本身在行业中所处的位置，有助于企业制定仓储发展战略。

4. 客户标准

客户标准是以客户来衡量企业的仓储绩效。以客户的满意程度来评价仓储企业运作服务水平的关键要素，是企业改进和提高仓储水平的重要依据。

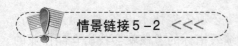 情景链接 5 - 2 <<<

不同的绩效观

绩效的评价分成总体评价和具体评价两个方面。总体评价建立在具体评价的基础之上，是具体评价指标经过科学的归纳和计算而得出的。总体的绩效评价指标比较单纯，反映总体和本质，它的背后是具体的评价绩效，可能需要一套复杂的指标系统。

不同的物流活动、不同的企业类型，对物流绩效的基本认识是不同的。我们必须首先摆正物流的位置，物流对企业起什么样的作用，这决定了有一个什么样的物流绩效观。物流绩效观主要有以下三种。

1. 以成本为核心的绩效观

物流在企业中起"成本中心"的作用。有两种情况。

第一，企业的主体业务不是物流，但是在企业整个经营活动中，物流成本在企业成本中有比较大的影响。在这种情况下，企业的总体效益和物流成本有比较大的关系，这就要求在实现物流价值的前提下，尽量降低物流工作的成本。

第二，企业的主体业务是物流，但是在更宏观的定位上，如在国民经济中，企业承担的任务，是以物流来支持国民经济其他部门和整个国民经济的活动，从宏观政策上，则要求企业以"成本中心"定位。

2. 以利润为核心的绩效观

物流在企业中起"利润中心"的作用。这主要是以物流业务为主体的企业，也包括一些大企业中的物流事业部，这种企业其物流业务是实现企业价值的全部或主体，同时它的社会定位也是独立型的盈利企业。很显然，这种企业的绩效评价应是以利润为核心。

3. 以战略发展为核心的绩效观

有一些物流业务，特别是物流平台建设，关系到整个国家经济发展的战略问题，承担这种业务的企业，虽然也必须具有效益的观念，需要有效地控制成本和获取利润，但是，这是在保证战略发展的前提下对成本的控制和利润的获取。

非常明显，持不同绩效观的企业，对绩效评价从评价体系到评价方法是不同的，尤其是反映总体核心的绩效指标。

资料来源：王之泰，《新编现代物流学》，首都经济贸易大学出版社，2005 年 2 月

（二）仓储绩效评价原则

1. 科学性原则

科学性原则要求设计的指标体系应能够客观地、如实地反映仓储管理的实际水平。

2. 可行性原则

可行性原则要求指标简单易行，数据容易获取，便于统计计算和分析比较，使现有人员能够很快地灵活掌握和运用。

3. 协调性原则

协调性原则要求各项指标之间相互联系、互相制约，应使之相互协调、互为补充，不能使指标之间相互矛盾或彼此重复。

4. 可比性原则

在对指标的分析过程中，重要的是要对指标进行比较，如现在与过去比、本企业与同类企业比等，所以要求指标必须具有可比性。

5. 稳定性原则

指标体系一旦确定之后，应在一定时间内保持相对稳定，不宜经常变动、频繁修改。在执行一段时间之后，可以通过总结不断地进行改进和完善。

三、仓储绩效评价方法

要全面、准确地认识仓储企业的现状和规律，把握企业的发展趋势，必须对各个评价指标进行系统而周密的分析，以便发现问题，并透过现象认识内在的规律，采取相应的措施，使仓储企业各项工作水平得到提高，从而提高企业的经济效益。仓储绩效评价的方法主要有以下几种。

（一）价值分析法

开源和节流是提高现代仓储经营效益的有效方法，而降低成本便是为了节流。在降低成本开支的分析方法中，价值分析（Value Analysis，VA）是一种比较有效的方法。价值分析也称价值工程，是从分析价值、功能和成本三者的关系入手，以提高使用价值为目的，以功能分析为核心，以开发信息资源为基础，以科学的分析方法为工具，用最低的成本来实现产品必要功能的一种技术经济方法。价值分析法中的价值是指产品（作业环节或工作）的功能与成本两者的比值，即

$$价值（V）=价值系数（k）\times \frac{功能（F）}{成本（C）} \tag{5-18}$$

采用价值分析法分析有三条基本原则：消除浪费，排除无用作业环节和工作；尽可能采用标准化和规范化方法；经常分析有无更好的方法可以替代现在使用的方法。

在这三条基本原则下，结合仓储经济效益分析指标，通过考察以下问题进行价值分析，实现各项仓储工作的功能与成本的最佳匹配，使物流仓储达到最佳经济效益。

（1）现在采用什么方法？

（2）其作用（或功能）是什么？

（3）采用这种方法的成本是多少？

（4）是否存在其他可以完成同样工作的方法？

（5）如果存在，其成本开支是多少？

（二）对比分析法

对比分析法是将两个或两个以上有内在联系、可比的指标（或数量）进行对比，从对比中找矛盾、寻差距、查原因。对比分析法是指标分析法中使用最普遍、最简单和最有效的方法。

根据分析问题的需要，运用对比分析法对指标进行对比分析时，首先选定对比标志，然后进行对比。通常情况下有以下几种对比方法。

1. 计划完成情况的对比分析

计划完成情况的对比分析是将同类指标的实际完成数或预计完成数与计划数进行对比分析，从而反映计划完成的绝对数和相对程度，分析计划完成或未完成的具体原因，肯定成绩，总结经验，找出差距，提出措施。

2. 纵向动态对比分析

纵向动态对比分析是将不同时间上的相同种类的仓储经济效益指标进行对比，可以是本期与基期（或上期）比，也可以是本期与历史同期实际指标比、与历史平均水平比、与历史最高水平比等。通过对比分析，掌握事物发展的方向和速度，寻找指标增长或降低的原因，提出改进措施。

3. 横向类比分析

横向类比分析是指同一时期、不同空间条件下，相同类型的仓储经济效益指标的对比分

析。类比单位的选择可以是同类仓储企业的同期同类指标对比分析，或同一仓储企业中不同库房、货场间同期同类指标进行对比分析，这些企业一般是同类企业中的先进企业，可以是国内的，也可以是国外的。通过横向对比，企业能够正确定位，找出差距，采取措施赶超先进。

如表 5 - 17 所示为某仓储企业计划完成情况的对比分析、纵向动态对比分析和横向类比分析。

表 5 - 17　某仓储企业计划完成情况的对比分析、
纵向动态对比分析和横向类比分析

指　　标	本期		上年实际	同行先进	差距（增 + ）（减 - ）		
	实际	计划			比计划	比上年	比先进
吞吐量							
收发差错率							
业务赔偿费率							
平均收发货时间							
仓库面积利用率							
周转次数							
设备利用率							
平均仓储成本							
利润总额							
资金利润率							
⋮							

4. 结构对比分析

结构对比分析是将总体分为不同性质的各部分，通过部分指标与总体指标之比，反映事物总体内部构成情况，一般用百分数表示。

通过结构对比分析，可以研究各组成部分占总体的比重及变化情况，从而加深认识仓储工作中各个部分的问题及其对总体的影响。例如，在分析物品保管损失时，可分析霉变残损、丢失短少、错收错发、违规作业等各部分发生损失所占的比重（见表 5 - 18）。所占比重较大的为主要原因，采取相应的改进措施。

表 5 - 18　物品保管损失结构对比分析

物品保管损失分类	计量单位	数量	金额（元）	所占比重（%）	
				数量	金额
霉变残损					
丢失短少					
错收错发					
违规作业					
合　计					

应用对比分析法进行对比分析时，要注意所对比的指标或现象之间的可比性。在进行纵向对比时，根据现象的性质并结合分析研究的目的，必须考虑指标所包括的范围、内容、计

量单位、计算方法、所属时间等要相互适应，彼此协调；在进行横向对比时，要考虑的是对比单位之间的经济职能或经济活动性质、经营规模应基本相同，否则就缺乏可比性。

另外，要结合使用各种对比分析方法。每个对比指标只能从一个侧面来反映情况，只作单项指标的对比，会出现片面结果，有时甚至会得出误导性的分析结果。把有联系的对比指标结合运用，有利于全面、深入地研究分析问题。

最后，还需要正确选择对比的基数。对比基数的选择，应根据不同的分析和目的进行，一般应选择具有代表性的时期作为基数。如在进行指标的纵向动态对比分析时，应选择企业发展比较稳定的年份作为基数，这样的对比分析才更具有现实意义，否则与过高或过低的年份所作的比较，都达不到预期的目的和效果。

（三）因素分析法

因素分析法是用来分析影响指标变化的各个因素以及它们对指标各自的影响程度。因素分析法的基本做法是：在分析某一因素变动对总指标变动的影响时，假定只有这一个因素在变动，而其余因素是固定不变的，我们称其为同度量因素（固定因素）；然后逐个进行替代，使某一项因素单独变化，从而得到每项因素对该指标的影响程度。

在采用因素分析法时，应注意各因素按合理的顺序排列，并注意前后因素按合乎逻辑的衔接原则处理。如果顺序改变，各因素变动影响程度之积（或之和）虽仍等于总指标的变动数，单个因素的影响值就会发生变化，得出不同的答案。

在进行两因素分析时，一般是数量因素在前，质量因素在后。在分析数量指标时，另一质量指标的同度量因素固定在基期（或计划指标）；在分析质量指标时，另一数量指标的同度量因素固定在报告期（或实际指标）。在进行多因素分析时，同度量因素的选择，要按顺序依次进行。此又称石川图和鱼刺图，在对仓储经济效益分析指标进行计算和分析的基础上，从物料、设备、人员和方法四个方面对仓储工作进行深入的分析，找出可能的质量问题并设立相应的检查点进行重点管理。例如，在仓储工作中，仓储经济效益分析指标如收发差错率、业务赔偿费率、平均收发货时间等若超出了一定的界限，将会带来客户满意度的下降，采用因果分析图法就能找出质量问题，并采取相应的措施进行重点管理（如图5-8所示）。

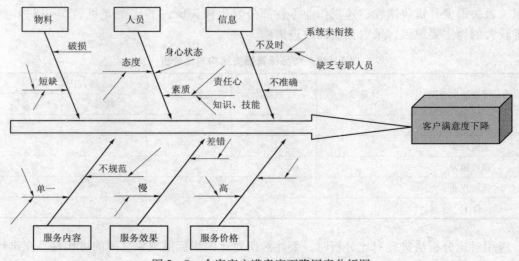

图5-8　仓库客户满意度下降因素分析图

（四）因果图分析法

因果图分析法即是用因果分析图分析各种问题产生的原因和由此原因可能导致后果的一种管理方法。由于因果分析图形状像鱼刺，所以又称为鱼刺图。它由结果、原因和枝干三部分组成。结果表示期望进行改善、追查和控制的对象。原因表示对结果可能施加影响的因素。枝干表示原因与结果、原因与原因之间的关系。画因果图时首先确定结果（即客户满意度），然后从主要原因、次要原因、分支原因一层层进行分析，直到基本原因为止，依次用大、中、小箭头标出。如图 5 - 8 仓库客户满意度下降因素分析图。

四、仓储绩效评价指标体系

仓储的绩效如何，需要用绩效评价指标来评价分析。仓储绩效考核的指标是由多方面的指标所构成的指标体系，主要包括资源利用程度方面的指标、服务水平方面的指标、能力与质量方面的指标、库存效率方面的指标等。

（一）资源利用程度方面的指标

1. 仓库面积利用率

仓库面积利用率是衡量和考核仓库利用程度的指标。仓库面积利用率越大，表明仓库面积的有效使用情况越好。其计算公式为：

$$仓库面积利用率 = \frac{仓库可利用面积}{仓库建筑面积} \times 100\% \tag{5-19}$$

2. 仓容利用率

仓容利用率是衡量和考核仓库利用程度的另一项指标。仓容利用率越大，表明仓库的利用效率越高。其计算公式为：

$$仓容利用率 = \frac{库存商品实际数量或容积}{仓库应存数量或容积} \times 100\% \tag{5-20}$$

仓库面积利用率和仓容利用率是反映仓库管理工作水平的主要经济指标。考核这两项指标，可以反映货物储存面积与仓库实际面积的对比关系及仓库面积的利用是否合理，也可以为挖潜多储和提高仓库面积的有效利用率提供依据。

3. 设备完好率

设备完好率是指处于良好状态、随时能投入使用的设备占全部设备的百分比。其计算公式为：

$$设备完好率 = \frac{期内设备完好台日数}{同周期设备总台日数} \times 100\% \tag{5-21}$$

期内设备完好台日数是指设备处于良好状态的累计台日数，其中不包括正在修理或待修理设备的台日数。

4. 设备利用率

设备利用率是考核运输、装卸搬运、加工、分拣等设备利用程度的指标。设备利用率越大，说明设备的利用程度越高。其计算公式为：

$$设备利用率 = \frac{全部设备实际工作时数}{同期设备日历工作时数} \times 100\% \tag{5-22}$$

仓储设备是企业的重要资源，设备利用率高表明仓储企业进出业务量大，是经营绩效良好的表现，为了更好地反映设备利用状况，还可用以下指标加以详细计算。

（1）设备工作日利用率。是指计划期内装卸、运输等设备实际工作天数与计划工作天数之比值，反映各类设备在计划期内工作日被利用程度，其计算公式为：

$$设备工作日利用率 = \frac{计划期内设备实际工作数}{计划期内计划工作天数} \times 100\% \qquad (5-23)$$

（2）设备工时利用率。是指装卸、运输等设备实际日工作时间与计划日工作时间之比值。反映设备工作日实际被利用程度，其计算公式为：

$$工时利用率 = \frac{设备每日实际工作时间}{设备每日计划工作时间} \times 100\% \qquad (5-24)$$

5. 设备作业能力利用率

设备作业能力利用率是指计划期内设备实际作业能力与技术作业能力的比值，其计算公式为：

$$设备作业能力利用率 = \frac{计划期内设备作业能力}{计划期内设备技术作业能力} \times 100\% \qquad (5-25)$$

作业能力单位根据不同的性能特点而定，如起重设备表示为单位时间内的起重量；设备技术作业能力可根据其标记作业能力参考设备服役年数核定。该指标反映设备的技术作业能力被利用的程度。

6. 装卸设备起重量利用率

装卸设备起重量利用率指标反映各种起重机、叉车、堆垛机等的额定起重量被利用程度，也反映了装卸设备与仓库装卸作业量的适配程度，其计算公式为：

$$装卸设备起重量利用率 = \frac{计划期内设备每次平均起重量}{设备额定起重量} \times 100\% \qquad (5-26)$$

7. 资金利润率

资金利润率是指仓储所得利润与全部资金占用之比，它可以用来反映仓储的资金利用效果，其计算公式为：

$$资金利用率 = \frac{利润总额}{固定资产平均占用额 + 流动资金平均占用额} \times 100\% \qquad (5-27)$$

8. 劳动生产率

劳动生产率是指劳动投入与收益的比值，通常以平均每人所完成的工作量或创造的利润额来表示。全员劳动生产率计算公式为：

$$全员劳动生产率 = \frac{利润总额}{同期平均全员人数} \times 100\% \qquad (5-28)$$

（二）服务水平方面的指标

1. 客户满意程度

客户满意程度是衡量企业竞争力的重要指标，客户满意与否不仅影响企业经营业绩，而且影响企业的形象。考核这项指标不仅反映出企业服务水平的高低，同时衡量出企业竞争力的大小，其计算公式为：

$$客户满意程度 = \frac{满足客户要求数量}{客户要求数量} \times 100\% \qquad (5-29)$$

2. 缺货率

缺货率是对仓储商品可得性的衡量尺度。将全部商品所发生的缺货次数汇总起来与客户订货次数进行比较，就可以反映一个企业实现其服务承诺的状况，其计算公式为：

$$缺货率 = \frac{缺货次数}{客户订货次数} \times 100\% \qquad (5-30)$$

3. 准时交货率

准时交货率是满足客户需求的考核指标，其计算公式为：

$$准时交货率 = \frac{准时交货次数}{总交货次数} \times 100\% \qquad (5-31)$$

4. 货损货差赔偿费率

货损货差赔偿费率反映仓库在整个收发保管作业过程中作业质量的综合指标，其计算公式为：

$$货损货差赔偿费率 = \frac{货损货差赔偿费总额}{同期业务收入总额} \times 100\% \qquad (5-32)$$

（三）能力与质量方面的指标

1. 货物吞吐量

货物吞吐量是指计划期内进出库货物的总量，一般以吨表示。计划指标通常以年吞吐量计算。其计算公式为：

$$计划期货吞吐量 = 计划期货物总进库量 + 计划期货物出库量 + 计划期货物直拨量 \qquad (5-33)$$

其中，计划期货物总进库量指验收后入库的货物数量，计划期货物出库量指按调拨计划、销售计划发出的货物数量，计划期货物直拨量指从港口、车站直接拨给用户或货到专用线未经卸车直拨给用户的货物数量。吞吐量是反映仓储工作的数量指标，是仓储工作考核中的主要指标，也是计算其他指标的基础和依据。

2. 账货相符率

账货相符率是指仓储账册上的货物存储量与实际仓库中保存的货物数量之间的相符合程度。一般在对仓储货物盘点时，逐笔与账面数字核对。账货相符率指标反映出仓库的管理水平，是避免企业财产损失的主要考核指标，其计算公式为：

$$账货相符率 = \frac{账货相符笔数}{库存货物总笔数} \times 100\% \qquad (5-34)$$

3. 进、发货准确率

进、发货准确率是仓储管理的重要质量指标，进、发货的准确与否关系到仓储服务质量的高低。因此，应严格考核进、发货差错率指标，将进、发货差错率控制在 0.005% 以下，其计算公式为：

$$进、发货准确率 = \frac{期内货物吞吐量 - 进、发货差错总量}{期内货物吞吐量} \times 100\% \qquad (5-35)$$

4. 商品缺损率

商品缺损主要由两种原因造成：一是保管损失，即因保管养护不善造成的损失；二是自然损耗，即因商品易挥发、失重或破碎所造成的损耗。商品缺损率反映商品保管与养护的实际状况，考核这项指标是为了促进商品保管与养护水平的提高，从而使商品缺损率降到最低，其计算公式为：

$$商品缺损率 = \frac{期内商品缺损量}{期内库存商品总量} \times 100\% \tag{5-36}$$

5. 平均储存费用

平均储存费用是指保管每吨货物每月平均所需的费用开支。货物保管过程中消耗的一定数量的活劳动和物化劳动的货币形式即为各项仓储费用。这些费用包括在货物出入库、验收、存储和搬运过程中消耗的材料、燃料、人工工资和福利费、固定资产折旧、修理费、照明费、租赁费以及应分摊的管理费等，这些费用的总和构成仓库总的费用。

平均储存费用是仓库经济核算的主要经济指标之一，它可以综合地反映仓库的经济成果、劳动生产率、技术设备利用率、材料和燃料节约情况和管理水平等，其计算公式为：

$$平均储存费用 = \frac{每月储存费用总额}{月平均储存量} \tag{5-37}$$

（四）库存效率方面的指标

库存效率方面的指标主要以库存周转率来反映，影响库存效率的其他指标最终都通过库存周转率反映出来。

1. 库存周转率的概念

库存周转率是用于计算库存货物的周转速度，反映仓储工作水平的重要效率指标。它是在一定时期内销售成本与平均库存的比率，用时间表示库存周转率就是库存周转天数。

在货物总需求量一定的情况下，如果能降低仓库的货物储备量，其周转的速度就快。从降低流动资金占用和提高仓储利用效率的要求出发，就应当减少仓库的货物储备量。但若一味地减少库存，就有可能影响到货物的供应。因此，仓库的货物储备量应建立在一个合理的基础上，做到在保证供应需求的前提下尽量地降低库存量，从而加快货物的周转速度，提高资金和仓储效率。

2. 库存周转率的表示方法

1）基本表示方法

一般情况下，货物的周转速度可以用周转次数和周转天数两个指标来反映，其计算公式为：

$$货物年周转次数（次/年） = \frac{年发货总量}{年货物平均储存量} \tag{5-38}$$

$$货物周转天数（天/次） = \frac{360}{货物年周转次数} \tag{5-39}$$

其中，年货物平均储存量通常采用每月月初货物储存量的平均数。货物周转次数越少，则周转天数越多，表明货物的周转越慢，周转的效率越低；反之则效率越高。

2）库存数量表示方法

其计算公式为：

$$库存周转率 = \frac{使用数量}{库存数量} \tag{5-40}$$

或者

$$库存周转率 = \frac{出库数量}{库存数量} \tag{5-41}$$

由于"使用数量"并不等于"出库数量"，在实际经营观念中一般认为使用数量包含一部分备用数量，因此用使用数量为对象计算库存周转率更合理。

3）库存金额表示方法

如果将数量用金额表示出来，则库存周转率公式为：

$$库存周转率 = \frac{使用金额}{库存金额} \tag{5-42}$$

或者

$$库存周转率 = \frac{该期间的出库总金额}{该期间的平均库存金额} \tag{5-43}$$

计算周转率的方法，根据需要可以有周单位、旬单位、月单位、半年单位、年单位等，一般企业所采取的是月单位或年单位，大多数以年单位计算，只有零售业常使用月单位、周单位。

例如，假定库存数量是 10 000 个单位，月使用数量是 50 000 个单位时，依照库存数量表示方法可计算出：

$$库存周转率 = \frac{50\ 000}{10\ 000} = 5（次）$$

因为使用数量为库存数量的 5 倍，所以库存量在一个月之内就周转了 5 次。

3. 商品周转率

商品周转率是用一定期间的平均库存额去除该期间的销售额而得，表示商品的周转情形。可以用它来区分"销路奇佳的商品"和"销路不佳的商品"，使该指标能提供适宜而正确的库存管理所需的基本资料。

由于使用周转率的目的各不相同，可按照以下各种方法来变更分子的销售额和分母的平均库存额，计算库存周转率。

1）售价方法

$$商品周转率 = \frac{销售额}{平均库存额（按成本）} \tag{5-44}$$

2）成本方法

$$商品周转率 = \frac{销售成本（销售原价）}{平均库存额（按成本）} \tag{5-45}$$

3）数量方法

$$商品周转率 = \frac{销售数量}{平均库存数量} \tag{5-46}$$

4）销售金额方法

$$商品周转率 = \frac{销售金额}{平均库存} \tag{5-47}$$

5）利益与成本方法

$$商品周转率 = \frac{总销售额}{平均库存额（成本）} \tag{5-48}$$

一般情况下，用售价来计算商品周转率，适用于采用售价盘存法的单位；用成本来计算商品周转率时，则便于观察销售库存额与销售成本的比率；用销售量来计算商品周转率时，这种方法用于订立有关商品的变动、置放商品的场所及销售作业人员等计划时，实行库存的"单位库存管理"；用销售金额来计算商品周转率时，便于周转资金的安排；如果采用利益和成本来计算商品周转率时，则应以总销售额为分子，而平均库存额则用成本（原价）计算。当使用此方法时，商品周转率显得较大，这是由于销售额里面多包含了应得利润部分金额的缘故。

4. 周转期间与周转率的关系

有时用周转期间来代替周转率。周转率所表示的是一定期间（如年间、月间、周间等）的库存周转比率。周转期间则是假定一年为期间单位时，在这期间单位中每一周转所需的时间，其计算式为：

$$周转期间（月数表示） = \frac{12}{年间周转率} \qquad (5-49)$$

假定商品周转率是一年之间四次或八次，其"周转期间"的计算方法分别为：

$$周转期间 = \frac{12（个月）}{4（周转）} = 3（个月）$$

$$周转期间 = \frac{12（个月）}{8（周转）} = 1.5（个月）$$

事实上，我们无法毫无遗漏地计算一切库存品的周转率，通常只能是按照几十到几百种类的类似品别，分别计算其不同种类、小分类的周转率。因此，库存量及提货量等都不以数量而是用金额来表示。

所谓"物品周转日数"，是以年为单位，每一次周转所需的期间即周转期间。换句话说，就是手头上持有的足以供几天用的库存的意思。

"商品周转率"和"商品周转期间"以一年365天为期间单位，假定一年期间的周转率为10次，则其周转期间为：

$$周转期间 = \frac{12（月）}{10（次）} = 1.2（月）$$

$$周转期间 = \frac{365（日）}{10（次）} = 36.5（日）$$

对于库存周转率，并没有一种绝对的标准比例作为一般的判断标准。通常是和同行业公司相互比较，或是与企业内部的其他期间相比拟、分析，用这两种方法作为评判库存周转率优劣的标准。

（五）仓储管理绩效评价指标的管理

在制定了相应的仓储管理指标体系之后，为了充分发挥指标在仓储管理中的作用，应做好以下几项工作。

1. 仓储管理指标的归口管理

仓储管理的各项主要指标的完成情况与每个员工的工作情况有直接关系。为了更好地完成计划指标，首先要加强指标管理的领导。领导和仓库管理人员懂得指标的意义和重要性，掌握了指标管理的方法。其次，要充分发挥各职能管理机构的作用，将各项指标按职能管理机构归口管理，分工负责，形成一个完整的指标管理体系，保证指标的全面完成。如由调运部门负责管理吞吐量、发运速度、装卸搬运质量等指标，由库存管理部门负责验收速度、保管质量、仓库利用率等指标；劳动工资部门负责管理劳动生产率等指标；财务部门负责管理仓库储存成本等指标。

2. 指标的分解和分级管理

在现代化仓储管理中，应将反映仓储综合管理水平的综合指标进行分解，层层落实到各部门、班组和个人。

3. 开展指标分析，实施奖惩措施

在现代化仓储管理中，应定期开展指标执行情况的分析，这样才能对仓库的作业活动作出全面评价，找出问题的原因，提出解决问题的方法，提高仓库管理水平。另外，应定期组织对指标分析结果的奖罚，把指标完成情况的好坏与每个部门、员工的利益密切结合起来，提高员工的积极性及部门工作效率。

五、改进物流绩效的建议

物流绩效评价研究的目的是为了通过绩效评价找出物流运作中的薄弱环节，通过持续改进从而更好地实现物流目标。改进物流绩效的措施一般有以下几个方面。

1. 加强员工的培训和激励

物流绩效是通过员工实现的，高素质的员工是实现物流绩效的根本保证。所以，加强员工知识、技能、技巧、服务意识等的培训十分重要，而更为重要的是要建立与物流绩效挂钩的管理激励体系，使员工的回报与工作质量、物流绩效、战略目标一致。

2. 加强客户关系管理、知识管理

通过关系管理和知识管理，获取并共享信息和知识以及客户的感知，寻找企业与客户感知差距，从而缩小与客户感知的差距，改进物流绩效。

3. 要有明晰的与企业竞争战略匹配的物流战略

物流绩效要始终以战略为导向，围绕战略目标提出关键绩效指标进行绩效评估指标设计、考核与改进。

4. 整合物流功能

物流整合与物流绩效改进显著相关。整合包括内部整合与外部整合，内部物流整合成功的重要因素包括高层管理者的支持、公司范围内的承诺或态度变革、组织内的交流与培训、切实的计划、好的信息获取、支持客户服务的系统设计、易于使用与系统柔性、成本收益比率等；外部的整合就是要实施供应链管理，建立实时、互动、共享的信息集成平台。

5. 以优秀企业为标杆

追踪优秀企业的物流绩效，以此为学习和持续改进的标杆，收集信息，制订追赶措施计划。

6. 改进合作伙伴的物流绩效

建立与供应商、第三方物流提供商的战略伙伴关系，帮助其改进物流绩效。

优秀的物流绩效基于测量—评估—计划—改进循环的有效性。所以，要建立有效的物流绩效管理体系，确保有效的监督和交流系统。

实训 项目5.2

实训项目：仓储绩效评价

实训目的	实训内容及要求	实训评价		
		评价标准	评价主体	评价结果
1. 掌握仓储绩效评价的标准； 2. 掌握绩效评价方法； 3. 能为企业建立仓储绩效评价体系	5～7人组成项目小组，走访调查仓储企业，考察他们的绩效指标体系。结合所学的仓储绩效评价方法，谈谈该企业仓储经济效益如何。成果为各小组的调查分析报告	1. 绩效指标齐全； 2. 数据真实； 3. 分析充分，方法得当	老师评价占40%	
			其他小组评价占60%	
			总计	

课后 习题

1. 仓储评价的意义是什么？
2. 仓储绩效评价的标准及原则是什么？
3. 仓储绩效评价的方法有哪些？
4. 仓储绩效评价的指标有哪些？

参 考 文 献

[1] 宋玉. 仓储实务. 北京：对外经济贸易大学出版社，2005.

[2] 徐杰，田源. 采购与仓储管理. 北京：北京交通大学出版社，2004.

[3] MURPHY P R Jr, WOOD D F. Contemporary Logistics. 8th ed. Pearson Education Inc. , 2004.

[4] 李永生，郑文岭. 仓储与配送管理. 北京：机械工业出版社，2004.

[5] 王蓓彬. 现代仓储管理. 北京：人民交通出版社，2003.

[6] 梁军. 仓储管理实务. 北京：高等教育出版社，2003.

[7] 孙秋高. 仓储管理实务. 上海：同济大学出版社，2007.

[8] 陈华，杨自辉. 仓储管理实务. 长沙：湖南人民出版社，2007.

[9] 浦震寰. 现代仓储管理. 北京：科学出版社，2006.

[10] 李雪松. 现代物流仓储与配送. 北京：中国水利水电出版社，2006.

[11] 中华人民共和国劳动和社会保障部. 仓储物流员. 北京：中国劳动社会保障出版社，2006.

[12] 田源，张文杰. 仓储规划与管理. 北京：清华大学出版社，2009.

[13] 曾宏，王兰会. 仓库管理人员岗位培训手册. 北京：人民邮电出版社，2007.